名·家·说·史

中国古代名君

肖　黎　主编

华文出版社
SINO-CULTURE PRESS

图书在版编目（CIP）数据

名家说史：中国古代名君 / 肖黎主编. -- 北京：华文出版社，2025. 3. -- ISBN 978-7-5075-6106-7

Ⅰ. K827=2

中国国家版本馆 CIP 数据核字第 20250NK708 号

名家说史：中国古代名君

编　　者：肖　黎
责任编辑：刘超平
出版发行：华文出版社
地　　址：北京市西城区广外大街 305 号 8 区 2 号楼
邮政编码：100055
网　　址：http://www.hwcbs.cn
电　　话：总编室 010-58336239　责任编辑 010-58336222
发行部 010-58336267
经　　销：新华书店
印　　刷：三河市人民印务有限公司
开　　本：710mm×1000mm　1/16
印　　张：26.25
字　　数：360 千字
版　　次：2025 年 3 月第 1 版
印　　次：2025 年 3 月第 1 次印刷
标准书号：ISBN 978-7-5075-6106-7
定　　价：98.00 元

前言

在中华民族的历史长河中，曾经涌现出许许多多杰出的政治家、军事家、思想家、科学家和艺术家。就是在历代君王中，也不乏有作为、有影响的人物。

中国历代君王很多，限于篇幅，只能从中选择一部分有代表性的人物。本书选录的君王，其中大多数是对中华民族的历史做出过重大贡献的人物。

在我国历史上，有的君王，特别是开国之君，在新王朝建立之初，为了巩固刚刚取得的政权，采取了一系列稳定政局和发展经济的措施，有力地促进了社会的发展。

也有的君王在国家、民族危亡之时，他们坚持统一、反对分裂，表现出了强烈的爱国主义热忱；有的君王在国家、民族遭到侵略时，为了维护祖国的主权和独立，他们果敢地率领广大人民进行英勇抵抗，体现了为国献身的精神。尽管受到时代和阶级的局限，但他们的爱国思想和行动，都不同程度地顺应了历史的潮流，或者在一定程度上代表了历史发展的方向。因此，他们的爱国主义精神是值得肯定的。

还有一些君王，本身就是改革家。在社会转折的关键时刻或国家危难的紧急关头，他们不畏艰险，锐意进取，推动着历史车轮继续向前。因此，他们的改革业绩是伟大的、不朽的。改革是新与旧、进步与落后的一场大搏斗。在搏斗中，自然有成功也有失败。然而，无论这些改革家的结局是成功或是失败，他们斗争的历史经验与教训，对于今天从事伟大事业的人们来说，都是有所启迪的。有鉴于此，我们组织有关的专家和史学工作者，编写了这部《中国古代名君》，于1987年由河南人民出版社出版。

“名君”不同于“明君”。只要知名度高，理应收录，故本书也选了一些以“昏君”“暴君”而闻名于史的人物。对于这些阻碍社会发展的君王，作者也都采取实事求是的态度予以鞭挞和揭露，以利于今人正确地总结历史的经验和教训。

本书收录的人物，除了历代统一王朝的名君外，也收录了春秋战国时期诸侯国的名君，分裂时期并存政权中的名君，少数民族建立独立政权的名君。农民起义中建立的政权很多，时间短，情况又十分复杂，故本书不予收录。

社会上有许多偏见，认为通俗历史读物不算科研成果就是一种。因此，许多研究者对撰写历史读物是不屑一顾的。值得庆幸的是，参加本书撰写的作者都有一定的研究水平，其中还有不少是专家学者。作为编者，深表谢意。

此次承华文出版社修订再版，我们将书名改为《名家说史：中国古代名君》，删去了一些人物，并对部分文字作了修订。同时，精选一些图片插入文中，还在每篇文章前头加上人物的“个人小档案”，使文本形式更加活泼，以期更好地适应读者的阅读口味。

囿于我们的水平，书中肯定会有不少缺点和疏漏之处，恳请广大读者批评指正。

肖黎

2017年10月

目录

001 | 商朝的建立者商汤……………………………孙晓春

009 | 为振兴商朝而迁都的盘庚………………孙晓春

016 | 西周王朝的奠基者周文王姬昌…………陈维礼

023 | 西周的开国之君周武王姬发……………陈维礼

031 | 春秋时期第一个霸主齐桓公姜小白 ………高晓莉

041 | 卧薪尝胆的越王勾践…………………………张义德

054 | 千古一帝秦始皇嬴政…………………………柳维本

075 | 西汉王朝的缔造者汉高祖刘邦…………李桂海

097 | 雄才大略的汉武帝刘彻……………………臧　嵘

119 | 旷世奸雄王莽……………………………………舒绍昌

138 | 东汉王朝的建立者汉光武帝刘秀………赵忠文

158 | 促进南方经济发展的宋武帝刘裕………王同策

174 | 北魏的改革家魏孝文帝拓跋宏…………司马卒

190 杰出的封建君主唐太宗李世民…………… 瞿林东

211 我国历史上唯一的女皇帝武则天………… 胡 戟

231 由皇帝到囚徒的南唐后主李煜…………… 曹月堂

243 强化封建专制主义中央集权的宋太祖赵匡胤 … 王瑞来

266 力图革新的政治家金世宗完颜雍………… 王宏志

283 “一代天骄”元太祖铁木真……………… 陈高华

304 卓越的政治家和军事家明太祖朱元璋…… 陈梧桐

333 促进明王朝巩固和发展的明成祖朱棣…… 陈梧桐

349 杰出的封建政治家清康熙帝玄烨………… 闻性真

375 倡导改革的清雍正帝胤禛 ………………… 冯尔康

392 自称文治武功第一人的清乾隆帝弘历…… 左步青

商汤

商朝的建立者

商汤个人小档案

姓名：子履

别称：成汤、天乙、天乙汤、大乙等

所处时代：夏末商初

生卒年：？一前1587年

出生地：今河南商丘一带

在位：约前1600—前1588年

定都：亳（今河南商丘）

主要成就：建商灭夏，施仁政德化于天下

相关作品：《汤誓》《汤诰》

轶事典故：网开一面，商汤灭葛

葬地：葬地据传有六处，说法最多的是在亳（今河南商丘）

庙号：太祖

谥号：武王

继位人：外丙

最得意：代夏建商

最失意：被囚夏台

商汤

商汤，在商人后裔所传唱的诗歌中被称为武汤、天乙、成汤、武王，在甲骨刻辞中又作大乙、高祖乙，是商王朝的创始人。商人及其后裔在祀祖时，经常追颂汤的功德，赞美他的业绩，孔子则把他与夏禹、周文王、周武王并称为“三代之英”，可见，在历史上商汤有着十分重要的地位。

商人原是活动于黄河下游地区的一个部落，根据历史传说，大约在汤的十四世祖契（音xiè）的时候，商人进入了父系氏族公社阶段。以后，商部落内部的经济逐渐发展起来，在汤的七世祖王亥的时候，开始用牛做负重的工具，在各部落之间进行贸易。在王亥子上甲微做部落首领时，消灭了北方的一个强大的部落有易氏。随着经济的发展，部落内部出现了阶级分化，到汤即位的时候，商人已经迈进了文明时代的门槛。

当时中国的中心地区，即今天的豫北、晋南一带，是夏王朝直接控制的区域。这里依山傍水，形势险要，河洛之间地势平坦，物产丰饶。依据这些有利条件，夏人较早地完成了由部落向国家的转化过程，依靠武力控制着周围的被征服部落，这些部落向夏王朝称臣、纳贡，汤所在的商部落也是如此。

但是，在汤即位以后，情况发生了明显的变化。一方面，经过上甲微以来几代人的努力，商部落的经济力量、军事力量有了很大的发展，从而具有了与夏王朝抗衡的实力。同时，在社会发展阶段上，由于部落内部的阶级分化，商人由部落向国家的转化也已经基本完成，夏商之间在文明程度上的距离明显缩小了。另一方面，夏王朝的统治江河日下，以夏王桀为首的奴隶主贵族骄奢淫逸到了极点，残贼海内，赋敛无度，对夏民和所属部落实行残酷的奴役和压榨，引起了夏民和各部落普遍的不满。夏商之间力量对比的变化，预示着夏商之间的从属关系以及与此相关的对各部落的统治权力最终将发生改变。灭夏的条件在汤即位以后逐渐成熟起来。

第一，亳都的建立。据《史记·殷本纪》的记载，从契到汤十四世之间，商部落共八次迁都，这八次迁徙的详细情况至今已经不可得知，但至少可以说明，商人在成汤以前的社会生活是不固定的。汤即位后，在亳（音bó，今河南商丘市北）建立都城，标志着商人已经进入了一个新的历史发展阶段。亳都的建立，对于商部落定居农业的发展起到了十分重要的促进作用。据说，汤曾经派人帮助葛部落耕田，说明在汤定都亳之后，商人的农业生产在东方各部落中已经处于领先地位。

第二，选用贤才，整饬内政。当时，有一个部落叫有莘氏，与商人通婚。有莘氏嫁女于汤，用一个名叫伊尹的奴隶陪嫁，伊尹到了商部落以后，负着鼎、俎（古代的两种炊具），借喻于烹调滋味与汤谈论王道，汤发现了伊尹的政治才能，便擢他为右相。之后，又从另一个部落选用了一个名叫仲虺（音huī）的人为左相，把部落内部的事务交给他们处理。

↑ 伊尹像

选拔伊尹、仲虺的举动，表现出汤敢于改革部落制度的勇气。在远古的部落制度下，部落公职人员的选拔范围，不能超出部落界限，而被汤选用的伊尹、仲虺都不是本部落的人，表明汤已经不同于原始时代的部落首领，古老的部落界限正在被冲破。

事实证明，汤在用人方面是成功的。伊尹、仲虺都是十分难得的人才，特别是伊尹，在商灭夏的整个历史过程中，许多谋策都是由他制定的，而且，在灭夏以后的很长一段历史时期内，伊尹对于商王朝的巩固和发展做出了巨大的贡献。据载，汤的长孙太甲即位后，政治昏暗，暴虐乱德，一度导致阶级矛盾的尖锐，伊尹便把太甲流放到桐宫（今河南虞城东北），自己代理国政，在太甲改过之后，伊尹又还政于太甲，商王朝的政治局势逐渐稳定下来。正像后人所赞颂的那样："实维阿衡，实左右商王"，意思是说阿衡（即伊尹）辅佐了商王。商灭夏的成功和商朝初年的政治稳定，是与汤任人唯贤的举措分不开的。

第三，反夏联盟的形成。从汤即位起，商部落进入了向外扩张的时期，在伊尹的谋划下，商汤开始了一系列的与夏王朝争夺与国的活动。

↑ **解网施仁**

汤争取与国的活动，一方面是通过宣传自己的"仁德"，对周围的部落施加影响。《史记·殷本纪》记载了汤的这样一件事：一次，汤外出，看见有人在野外四面张网捕鸟，张网的人说："但愿天下四方的鸟都飞入我的网内。"汤听见之后说："这太过分了。"便让人把网撤去三面，留其一面，张网的人只好说："愿意向左飞的鸟就向左飞，愿意向右飞的鸟就向右飞，时运不好的鸟就飞到我的网里。"这件事虽小，但在那时，人们往往通过这样的事情来评论一个人的贤否。当这件事传到其他部落之后，人们都说："汤的仁德，能及于禽兽。"这对汤争取与国的活动起了良好的作用。

汤争取与国的活动，另一方面是与其他部落通婚和选用外部落的人到商部落任职。通过这一途径，许多部落与商人结成了联盟，如仲虺所在的部落，原是夏的盟国，仲虺的祖先奚仲曾做过夏的车正，汤选用仲虺为左相，实际上已将这个部落从夏王朝的联盟中争取过来。这样，黄河下游的诸部落大都摆脱了夏王朝的控制，以商人为核心形成了强大的反夏联盟。

反夏联盟初步形成后，汤便着手巩固其根据地的建设，清除夏王朝在亳都附近的盟国。当时，在今天的河南宁陵一带有一个叫葛的部落，是夏的同盟。葛的首领葛伯十分贪暴，不祭祀神明和自己的祖先。在当时，祭祀是部落的头等大事，不祀是最大的失政。汤便以此为理由对葛的事务进行干预。但是，如果仅仅因为"葛伯不祀"就兴兵征伐，势必损害汤在各部落中的威望。于是，汤派人到葛询问他们为什么不祀，葛伯回答说："我们没有用来祭祀的牛羊。"汤立即派人送去了牛羊，可是，这些牛羊并没有被用于祀祖，反而却成了葛伯的菜肴。汤又派人去问葛伯："为什么还不祭祀祖先呢？"葛伯又以没有粮食为托词。汤又一次容忍了葛伯的无礼，从自己的部落中派一些青壮年去帮助葛人耕种土地，又派一些老人和儿童到田里送饭。对于汤的援助，葛伯不仅不感恩戴德，反而却率领葛人拦路抢劫饭食，杀戮送饭的老人和儿童。讨伐葛的时机成熟了，汤派出军队征服了葛。

对于葛的征服，扫除了夏王朝在东方的一个重要据点，商人有效地控制了黄河下游的广大地区，建立了稳固的根据地。对此，《吕氏春秋·具备》说汤曾经"约于郼、薄"，薄，即亳。郼，古人读如衣，即殷，泛指黄河下游的古兖州一带，即今冀、鲁、豫的交界地区。稳固的根据地，是汤灭夏的物质基础，如同战国时人们所说的那样，汤如果没有郼，就和周武王没有岐（今陕西岐山周原）一样，即使贤才毕至，也不可能取得灭夏的胜利。

征服了葛之后，汤又先后十余次征伐夏的属国，逐一剪除夏的羽翼，据传，汤“十一征而无敌于天下”。这时，以夏王桀为首的夏统治集团正沉湎于酒色之中，既无力也无心顾及他的东方盟国，更没有办法遏止商人的崛起。在商人的强大攻势下，夏王朝在东方的屏障韦（今河南滑县东）、顾（今河南范县）、昆吾（今河南滑县东）都先后被征服了，夏王朝暴露在商部落及其联盟的面前。

在伊尹的谋划下，汤开始向夏桀直接挑战，停止对夏王朝的纳贡。果然，夏桀被激怒了，他调动东方九夷的军队，企图前后夹攻商部落，形势对汤极为不利。

九夷人帮助夏桀，是汤始料不及的。为了避免腹背受敌，汤又向夏桀称臣，交纳贡物，夏桀见物心喜，便草草收兵，夏商之间的激烈冲突暂时告一段落。趁此时机，汤一面积蓄力量，准备灭夏；一面与东方的九夷人通好，瓦解了夏与九夷人的联盟。第二年，汤又停止了对夏的纳贡，这一次，更激怒了夏桀。为解燃眉之急，夏桀召集他的属国在有仍（今山东济宁）会盟，企图驱使这些部落与商人决战。可是，夏桀所依赖的九夷之师却没有应召，夷人中的有缗氏带头反叛，于是，爆发了夏王朝与有缗氏的战争。

与商人决战的愿望没有实现，却挑起了征伐盟国的战争。这场战争，使夏的盟国进一步看清了桀的无道，人们愤怒地咒骂道：“你这个太阳什么时候才能落山，我们宁愿和你一起死去。”频繁的对外战争，也扰乱了夏民的正常生活，沉重的兵役、劳役，使夏桀失去了夏民的支持，最终成了孤家寡人。

灭夏的时机成熟了，商汤率领大军向夏王桀发起了总攻，两军在鸣条（今河南封丘东）展开了决战。

鸣条之战，是商灭夏的决定性战役。双方都投入了最大的兵力，决战前夕，为了鼓舞士气，汤在军前发布了动员令。这篇动员令，在《尚书》中被完整地保存下来。商汤说：“不是我大胆地发动战争，是因为夏桀犯了许多罪行，上天命令我前往讨伐他。”然后，汤又列举了夏桀的罪恶：其一，夏桀连年穷兵黩武，使人们没有时间从事农业生产；其二，夏桀荒淫无道，向人民摊派沉重的赋役，民力已被用竭了。这是所有被夏桀奴役的部落的共同语言，在全军上下引起了共鸣。战争的结果如人们所预料的那样，众叛亲离的夏桀被商汤的军队打得惨败，向南方狼狈逃去，最后死在南巢（今安徽寿县东南）。商汤则乘胜前进，攻灭了夏的属国三朡（今山东菏泽市定陶区东北），掠取了当地的宝玉。随后，又挥师西上，进至夏王朝的腹地。

灭夏之后，汤实行了一系列稳定社会秩序的措施。

其一，迁都有夏之墟。商人在灭夏以后，取代了夏王朝对中原地区各个部落的统治权。为了实现对这一地区的有效控制，迅速接受和发展夏人的先进文化，汤决定迁都西亳。今天，这座东西长一千二百米、南北长一千七百米的古城已经在河南偃师被发掘出来。这座古城的发现，表明在成汤时期，商人的物质文明已经达到了相当高的程度。迁都西亳之后，原来僻处东方的商部落进入了中原地区，直接继承了黄河流域的先进文化。在以后的几个世纪里，黄河流域的人民创造了辉煌灿烂的青铜文化，这具有历史意义的进步，与汤所开创的事业是分不开的。

其二，实行内外服制。据史书记载，在夏王朝统治时期有“诸侯万国”，这些部落在事实上都是“自然长成的结构”。夏王朝虽然享有对这些部落的统治权，但相互间仅仅是松散的联盟。商王朝建立之后，汤为了加强对这些方国部落的控制，明确规定：王畿以内为内服，由商王室直接控制，王畿以外的诸部落为外服，依其住地距王畿的远近，依次分为侯服、甸服、男服、卫服，由各方国部落的首领实行自治，服侍于商王，对王室承担纳贡等义务。内外服制的建立，进一步加强了专制王权，使黄河流域的各个部落之间的联系更加紧密了，这对于具有共同地域、共同语言、共同心理素质的华夏族的形成，起到了极大的推动作用。

商汤灭夏之后，由于持续不断的扩张，商王朝的疆域较之夏代更为辽阔，《诗经·商颂·殷武》说：在成汤的时候，远方的羌人、氐人，没有不来进贡的，没有不称臣的。从考古发现来看，商朝的统治区域已经拥有今天的河南、山东、河北、辽宁、山西、陕西、安徽、湖北的大部，中原的先进文化，随着商王朝的扩张，传播到边远地区，这在客观上促进了各地区、各民族之间的文化交流，推动了整个中华民族的历史发展。

孙晓春

南开大学政府学院教授，主要从事中国政治思想史教学与研究工作。主要专著有《中国传统政治哲学》《中国政治思想史论》《传统儒学的历史命运》等。

为振兴商朝而迁都的

盘庚

盘庚个人小档案

姓名：子旬

别称：般庚、盘庚

所处时代：商朝

生卒年：不详

出生地：邢邑（今河北邢台）

在位：前1300年前后

迁都：殷（今河南安阳西北）

主要成就：迁殷复兴商朝

相关作品：《盘庚》三篇

轶事典故：盘庚迁殷

葬地：殷（今河南安阳县小屯庄）

庙号：世祖

谥号：文成

继位人：小辛

最得意：成功迁殷

盘庚

↑《盘庚迁殷图》，采自清光绪年间孙家鼐等编《书经图说》

盘庚，是汤的九世孙。在商代历史上，盘庚是一位政绩卓著的国王。他在位期间，把国都迁到殷（今河南安阳），平息了商王朝历时几代的政治动乱，从此，商代进入了迅速发展的历史时期。

在盘庚即位的时候，商王朝正面临着动荡不安的政治局势，动乱的根源集中地表现在对王位继承权的争夺上。

商王朝建立以后，商人最终完成了由部落形态向国家的转化，最初的父系氏族公社的各级家族长，演变为奴隶制国家机器的各个环节。但是，作为初期的奴隶制国家，商王朝在许多方面仍然保留着氏族公社的遗迹，特别是文明时代的王位继承制度还没有固定下来。从《史记·殷本纪》的记载来看，这期间的王位继承基本是兄终弟及的，直到幼弟死后，才由下一代人继承。可是，王位在两代人之间应该怎样传递，商王朝没有严格的规定，这就促使同一代诸王的子孙都有践登王位的欲望，王位纷争成为不可避免的历史现象。从仲丁到阳甲九个国王之间，商王朝基本上是在激烈的王位争夺中度过的，史称这一时期为“九世之乱”。在盘庚的曾祖父祖乙死后，王位先是传给长子祖辛，祖辛死后，传位于其弟沃甲，沃甲死后，根据习惯应该传王位于他的儿子南庚。可是，不知什么原因，继承王位的却是祖辛的儿子祖丁，祖丁之后，王位继承权又转到南庚手中。从《史记》的记载来看，这一阶段诸王的在位时间都不长，而且祖丁和南庚之间的王位相互传递是很不正常的现象。阳甲把王位传给自己的弟弟盘庚，标志着两个家系中的力量均衡被打破了，但是，矛盾和动乱也在酝酿之中。

王位纷争，极大地影响了商人的社会生活。每当这种纷争激烈的时候，在位的国王便往往以迁都为手段削弱敌对集团的力量，以求得暂时的安定。仲丁的时候，把国都由西亳（今河南偃师）迁到隞（今河南荥阳东北），河亶甲即王位以后，又把国都迁到相（今河南内黄东南），祖乙迁邢（今河南温县东），南庚又由邢迁于奄（今山东曲阜）。至此，商人离开了已经习惯居住的河洛平原，从华夏的中心地区迁到了偏远的东方。国都迁徙无常，受害最深的是社会下层平民，国都每迁徙一次，人们的生产条件和生活条件就受到一次破坏，这也就是史书中所说的“民无定处”。

仲丁以后，商王朝的国势也几度中衰。王位纷争和屡次迁都，大大削弱了商王朝的政治力量，与商王朝敌对的方国则乘机向商及其属国进攻。从仲丁时起，商王朝与东方夷人的一支——兰夷进行了旷日持久的战争。原来臣服于商的方国也纷纷摆脱商王朝的控制，停止向商纳贡，司马迁在《史记·殷本纪》中写道：“诸侯不朝。”

所以，如何结束长时期的王位纷争，稳定商王朝的政治局势，巩固和扩大商王朝的政治统治，是盘庚必须着手解决的难题。终于，盘庚发现了解决这些难题的关键，迁都于殷。

迁殷，对于商王朝来说，具有多方面的有利因素。位于河南境内的殷都，近于洹河，有充足的水利资源可以利用。而且，这里地势平坦，土地肥沃，为发展定居农业，提供了良好的条件。河南境内，最初是夏人居住的地方，自商汤在西亳定都以后，商人对这里的气候、地理条件已经完全适应。并且这一地区是当时中国的中心地区，商王朝对周围的方国有较深的影响，盘庚以恢复"成汤之政"为号召，重返河洛平原，既得地利，又得人和。

更为重要的是，迁都于殷，对于商王朝混乱的政治局面是一个转机。自南庚迁奄以后，南庚家系在奄地盘根错节，形成了一股势力，这一势力的存在，使得南庚家系在任何时候都有篡夺王位的可能。把国都从奄地迁出来，南庚家系也就失去了与商王抗衡的基础，其他贵族也将变得易于摆布。

↑ 河南安阳殷墟妇好墓出土的玉龙

但是，迁都并不是一件容易的事情。对于贵族来说，在迁都过程中，他们的家产要受到一定程度的损失，从他们的切身利益出发，他们不会赞同迁都。对于下层平民来说，迁都也将使他们的生产和生活在短时间内受到影响，特别是经过了以往的屡次迁移，人民都渴望安定的生活。这样，盘庚在迁殷之始，就遇到了来自各方面的阻力。《尚书·盘庚》三篇完整地记述了盘庚迁殷的全过程。在迁殷过程中，专制王权起到了决定性的作用。

在盘庚将迁殷的打算公之于众以后，引起了一些臣民的不满。于是，盘庚召集全体臣民进行训话，向他们解释道："我们不能在这里继续生活了。过去，由于上天把大祸降给我们，先王不能在自己的住所安定下来，只好四处迁徙。现在，我也是顺从你们的意向，迁到新的地方，使你们能够过上安定的生活，在那里建设我们的国家。”

盘庚看到，真正的阻力来自贵族集团。自仲丁以来，贵族们日益腐化，盘剥人民，所以，他们与下层平民之间也存在着矛盾。于是，盘庚严肃地指出：反对迁都的只是少数顽固分子，警告大家不要被浮言所迷惑，否则，就要被这些人利用。接着，盘庚又指斥那些乱政的大臣只知道聚敛财货珍宝，不能够体恤平民。从而，盘庚得到了广大平民的支持。

迁殷的愿望终于实现了。盘庚率领全体商人渡过黄河，迁到殷地。在那里，安顿了人们的住处，修建了宫殿和宗庙，修筑了城墙，一座崭新的城市初具规模。

为了打消人民的疑虑，盘庚又召集臣民发表演说。他说：“古时候，我们的先王成汤把人们迁到亳都，使我们的国家繁荣昌盛起来。后来，由于水旱之灾，我们流离失所，没有固定的住处。你们曾经责问我为什么不惜使万民震动迁到这里，现在我告诉你们，就是要顺从上帝的旨意，恢复我们的高祖成汤的事业，把我们的国家从动乱中解救出来。”

那么，恢复成汤之政的关键在哪里呢？当时，给人民造成极大危害的，就是贪官污吏的残酷剥削，人民对于贵族的贪暴有着强烈的不满情绪。针对这一点，盘庚宣布了自己的施政方针，他说：“我不任用那些贪财聚货的人，而要倚重那些为臣民着想，能够体恤人民，使人民能够生财致富、安居乐业的人，并要以此考察他们的政绩。”这个施政方针，其核心就是选贤任能，惩恶扬善，因功行赏。一方面，可以缓和日益尖锐的阶级矛盾，取得广大平民的支持；另一方面，打击了不法贵族的势力，加强和巩固了专制王权。

由于盘庚的施政方针切中时弊，所以得到了广大下层平民的支持，人们在新都的生活开始走上了正轨。但是，那些在迁殷过程中受到沉重打击的贵族集团并没有因此而罢休，他们利用人们尚没有完全适应殷地生活的时机，在暗地里散布流言，在平民中间煽动不满情绪。贵族集团的不合作，使盘庚进一步意识到，遏止贵族势力的膨胀，已经成为刻不容缓的事情。于是，他把百官召集到朝廷，进行了严厉的训斥："从前，我的先王任用旧臣管理政事，大臣们都不敢说越轨的话，现在你们编造出一些邪恶的话来蛊惑人心，我不知道你们的用意何在。我根据先王的法度办事，没有失德的地方，而你们却对下隐瞒我的政令。现在，你们所做的坏事已经败露，这正害了你们自己。你们有意见为什么不向我说，却用浮言蛊惑人心呢？今后，你们要努力做好本职以内的事，不许乱说乱道，否则将受到惩罚，到那时，你们后悔也来不及了。我对群臣不分远近，都一样看待，用刑罚惩治恶行，用爵禄表彰善事。"

盘庚的训话，在贵族中引起了极大的震动。慑于专制王权的威严，贵族集团再也不敢轻举妄动了。

盘庚迁殷，是专制王权对于部落贵族的胜利。在商代前期，文武百官在很大程度上保留着部落贵族的性质。从商王朝建立开始，他们与专制王权之间就存在着尖锐的矛盾，贵族集团往往利用氏族社会遗留下来的某些权利干预国家事务，这对奴隶制国家的发展是严重的障碍。这种阻碍作用在盘庚迁殷的过程中自然也会表现出来。盘庚迁殷的完成，在客观上打击了贵族势力，使专制王权得到了加强。当然，专制王权本身是残酷的，但对于发展中的商王朝又是必不可少的。

盘庚迁殷，扭转了商王朝动乱的政治局面。迁殷以后，盘庚开始致力于建立稳定的奴隶制秩序的工作，特别应该指出的是，盘庚以后，王位继承制度固定了下来。从《史记·殷本纪》以及甲骨文所记载的商代世系来看，盘庚以后的王位

↑ 甲骨文

继承是按照一定的规定进行的，同一代的诸兄弟之间，王位是兄终弟及的，而下一代人中，则由幼弟的儿子继承王位。到武乙、文丁以后，又进一步废除了兄终弟及的制度。王位继承制度的变化，是与盘庚迁殷紧密联系的，这在根本上清除了政治动乱的根源。从此，商王朝进入了稳定的发展时期。

迁殷以后，由于经济发展和政治局面的安定，商王朝的国力得到了恢复，与商王朝相邻的方国纷纷向商称臣、朝贡，在商王朝统治区域内，秩序井然。从殷墟发现的甲骨文中可以看到，盘庚死后不久，到武丁时，商王朝进入了全盛时期。商人屡次兴兵攻打居住在西方和北方的舌方、土方、鬼方等方国，这些方国都是与商及其属国相近的游牧部落，曾经多次侵扰商的属国和边境地区，对商王朝的统治构成了严重的威胁。经过几次战争，商王朝终于制服了这些方国，从而解除了来自北方的威胁。

盘庚迁殷，促进了商王朝经济文化的繁荣。从此，商人结束了流徙不定的生活，直到殷末二百七十三年之间没有徙都。从盘庚到商末的几代人之间，劳动人民创造了比商前期更为繁荣的青铜文化。近几十年来，考古工作者通过对安阳殷墟的系统发掘，在那里发现了规模宏大的宫殿遗址，造型优美的青铜器。面对这些丰富而珍贵的历史遗产，常常使人们想起殷都的奠基人——盘庚。

孙晓春

南开大学政府学院教授，主要从事中国政治思想史教学与研究工作。主要专著有《中国传统政治哲学》《中国政治思想史论》《传统儒学的历史命运》等。

姬昌

西周王朝的奠基者周文王

周文王个人小档案

姓名：姬昌

别称：西伯昌

所处时代：商末

生卒年：约前1152—前1056年

出生地：岐周（今陕西岐山）

在位：约前1105—前1056年

定都：丰京（今陕西西安西南）

主要成就：励精图治，为武王克商奠定基础

相关作品：《周易》

轶事典故：断讼称王，西伯戡黎

葬地：毕原（今陕西咸阳渭城区周陵镇）

谥号：文王

继位人：周武王姬发

最得意：“天下三分，其二归周”

最失意：被囚羑里

姬昌

周文王，名昌，姬姓，周武王的父亲。文，是他死后的谥号（上古有号无谥。谥法为周人首创，即古代帝王、贵族、大臣、士大夫死后，根据其生前行事的善恶而给予的称号）。据《史记·周本纪》说，古公亶（音dǎn）父有三个儿子：老大太伯、老二虞仲（亦叫仲雍）、老三季历（也叫王季、公季）。季历就是周文王的父亲。季历的夫人叫太任。太任端庄贤惠，生下姬昌，聪明伶俐，不同凡响。据说，曾有过口衔丹书的赤雀落在小时候姬昌的门前，古人迷信，或者是周人对祖先的神化，便说这是姬昌有“圣瑞”。他当政的话，周人就能兴旺发达。所以古公亶父特别喜爱姬昌，明显地透露出要传位给他的意思。老大太伯，老二虞仲心领神会，为成全其父志，哥俩便不辞而别，逃到东南沿海的“荆蛮”地区（今江苏苏州、无锡一带）。入乡随俗，断发文身，以适应江南水乡的生活习惯，在那里定居下来。古公亶父死，季历即位。季历死，传位给姬昌，这就是中国历史上有名的周文王。、

周人是活动在我国西北黄土高原一带的一个古老的部落。与此同时，在中原地区有以禹为代表的崇部落和北方以契为代表的番（音bō）部落。周人最早的老家在邰（音tái，《诗经·大雅·生民》说周的始祖弃“即有邰家室”），即今天的陕西省武功县。周的男系始祖叫后稷，名弃。曾在以尧、舜为首的部落联

盟中担任农师，主管农业。后稷的母亲姜嫄（音yuán）是有邰氏之女。姜，即羌族。姬、姜两姓是互为婚姻的两个集团，直到西周初年，姜太公封在齐地，周人仍称之为甥舅之邦。

↑ 后稷

在夏朝统治时期，由于有一段时期不重视农业，周先人不窋（音kū）失掉农官，逃往西北，与戎狄杂居（《国语·周语》说“不窋自窜于戎狄之间”）。后来公刘率周人沿泾水上游迁徙到豳（音bīn）地（今陕西旬邑县、彬县一带）。这时周人已进入原始公社制的后期，开始修筑城郭，使用战俘、奴隶。到古公亶父的时候，由于被狄人所侵逼，率领周人来到岐山之下渭水流域的周原。这里土地肥沃，土质松软，非常适宜农耕。连荼（音tú）、堇（音jǐn）这类苦菜，也像糖浆般甜美（《诗·大雅·绵》：“周原膴膴，堇荼如饴”）。再加上周的先人历任农官，善于种植，积累了丰富的农业生产经验，周人如鱼得水，便在这里定居下来。这时，他们才开始称为周。古公亶父偕同妻子来到旷野，察看地形，修筑城郭，营建宫室，在商朝奴隶制的影响下，开始向阶级社会转变。农业生产一天天发展，国势也就一天天地强盛起来。

这时，在中原地区已是商代的后期了。周是商在西方的一个属国。周承认商的天下共主地位，并定期向商缴纳贡品。为了扩张领土、掠夺财富和奴隶，周人不断对周围后进的戎狄部落发动侵略性战争。先后征伐西落鬼戎、燕京之戎、余无之戎以及始呼之戎、翳徒之戎等部，取得了一连串的胜利，成为西方强大的方伯之国。后来商王文丁受到了周的威胁，就杀死了季历。

季历死，子昌继立，史称西伯文王。《史记·周本纪》说西伯文王能继承后稷、公刘开创的事业，仿效古公亶父、公季制定的法度，实行仁政，敬老爱幼，礼贤下士。他先从自己的大家庭做起，上孝父母，早晚请安；下对妻子兄弟严加要求，为整个家族做出表率。以自己的大家庭为核心，靠此来凝聚、团结族人，巩固内部。并以商纣王为反面教员，极力抑制物质享受的欲望，不敢骄奢淫逸，玩物丧志；严于律己，宽以待人。他始终保持周人质朴的美德，过着俭朴无华的生活。他勤于政事，兢兢业业地治理自己的国家。他重视农业，亲自督促众人开荒种地，大力发展生产事业。从中体察民情，以了解小人稼穑之艰难。他还注意关照那些鳏寡孤独、孤苦无靠的小民，想法为他们解决衣食之难。

周是一个新兴的国家，正处在上升时期。它刚从原始公社制脱胎出来，还带有浓厚的大家庭公社民主、平等的遗俗，统治阶级与被统治阶级的对立并不那么突出。周文王又是一个有政治头脑的人，他采取了一系列的积极措施，不断对政治做出相应的调整。这就延缓了阶级矛盾的激化，使国家出现了政通人和、上下相安的大好局面。这和当时商王朝内部一团糟的混乱情况不可同日而语。

与此同时，周文王还推行了其他比较开明的政策。在经济上采用了一种类似劳役地租的剥削方法。一夫耕种百亩田地，再出力为公家助耕一定的数量，剥削率为十分之一，比商朝奴隶制国家轻些。再就是打通关隘，自由经商。关市只检查异言异服，而不征税，促进了商业的发展。百姓可以随便进入山川林泽，任意猎取野物。此外，还规定罪犯只及其身，不许把他们的家属籍没为奴。这就防止了自由民的分化，保证农业战线有足够的劳动人手。这些都是为了巩固奴隶制的经济基础、笼络人心，以换取更多的人对他政治上的支持。不过，周文王所实行的“仁政”也确实奏效了。《诗·大雅·灵台》说他修筑灵台，老百姓像儿子给父亲干活一样奋勇争先，唯恐落后。结果，灵台很快就建成了。但周文王毕竟是奴隶制政权的代表人物，阶级本性决定他一定要维护奴隶主阶级的根本利益，而决不会事事处处为奴隶们着想。为了稳定奴隶制的统治秩序，他制定了“有亡荒阅”的法令，即定期大规模地清查逃亡的奴隶，有奴隶逃跑就把他们抓回来，谁的还归谁所有。另外，还允许“仕者世禄”，即在朝为官的人，其子孙世世代代享受国家的俸禄，这就得到了奴隶主贵族的一致拥护。这样一来，商王朝属下的一些小国，有的被武力征服，有的因害怕周人的势力，同时也为了逃避商奴隶制国家的控制而主动依附于周。甚至在商政权内部的一些奴隶、平民以及中小奴隶主，也不堪忍受残酷的政治压迫和经济剥削而逃亡到周这边来。

周文王知人善任，不求全责备。他的两个弟弟虢（音guó）仲、虢叔贤明而有才干，就内举不避亲，用作卿士。后来对周王室多有建树。孤竹（今河北卢龙南）君有两个儿子，一个叫伯夷，一个叫叔齐。父亲临终时，欲立次子叔齐为继承人。孤竹君死后，叔齐让位给伯夷。伯夷不受，叔齐也不愿践位，两人相持不下。他们听说西伯文王善养老敬贤，先后都逃到周国。辛甲，原是商纣王的臣子。纣王淫乱，辛甲数谏不听，便离殷而至周。周文王亲自接见，知其贤能，用作公卿，封在长子（今山西长治）。其他如太颠、闳（音hóng）夭、散宜生、鬻（音yù）子等社会贤达也慕名而来。周一时间人才济济，众望所归。与商纣王远贤近谗、众叛亲离的状态形成鲜明的对照。

↑ 商代青铜钺，作为刑具与军权象征

商纣王的亲信崇侯虎是商统治集团中比较有头脑的人物，他觉察到了周人的威胁，提醒商纣王说："西伯侯行善积德，诸侯都争先恐后归附于他，这对帝王您将要大大的不利呀!"商纣王觉得言之有理，便下令把周文王逮起来，关押在羑里（今河南汤阴县）这个地方，以为这样就可以解决问题了。周臣闳夭等人为营救周文王，就设法求得有莘氏的美女、骊戎的骏马，还有其他的奇珍异宝，通过宠臣费仲献给商纣王。纣王见了大喜，说："仅此一物（指美女）就足够了，何况宝物如此之多!"于是就轻易地赦免了周文王，并赏赐给弓、矢、斧、钺（音yuè），授权他讨伐不听命的诸侯。这无疑是放虎归山，养痈贻患。

据《尚书·无逸》和《吕氏春秋·制乐》说，周文王享国五十年。在位时间之长，这就使他能够从容地、持续不断地推进周的事业。《尚书大传》说文王最后七年称王，那么称王前已立国四十三年。四十多年的惨淡经营，成就是不可低估的。不仅在国力上有了前所未有的增强，而且在同商政权的关系上，也酝酿着根本的转变。正是在这四十多年中，周文王使周人树立了明确的灭殷目标。而受命称王，实际上是周在政治上宣告独立，脱离商朝中央政权。这就使周由商的臣属而终于变为与殷相抗衡的力量。《论语·泰伯》说："三分天下有其二"，这即是说周文王实际上已控制了大半个天下，灭殷只是个时间问题了。自此以后，周人鉴于自己力量的壮大和殷商政治的腐败，就完全抛弃了"以服事殷"的假面具。周的历史发展到了一个新的转折点。

周人推翻商朝统治，夺取全国政权的实际准备工作是在周文王称王后的七年，也就是在他生前的最后七年中完成的。据《尚书大传》说，文王称王七年干了六件大事。头一年调解了虞（今山西平陆县东北）、芮（音ruì，今陕西潼关西北）两国的纠纷。虞、芮都是商西方的属国，两国相邻，发生了领土争端。有了争端，本来应该找殷君裁决。可是，两国之君因慕周文王的威名，不朝殷，却一块去朝周，求周文王审断。他们进入周的境内以后，所见所闻，深受感动。据《诗经·大雅·绵》篇的毛传说，他们看到"耕者让畔（田界），行者让路"，"男女异路，斑白不提携"（男女各走各的路，大防森严。老人没有背负之苦），"士让为大夫，大夫让为卿"（在朝的不争位，有谦有让），一派君子之风。两相对照，内心感到十分羞愧。事实教育了他们，回国以后自动地将所争之地做了闲田处理，并把这块地方叫"闲原"。周文王不费唇舌，用活生生的事实教育了虞、芮两国之君。消息不胫而走，无形中提高了自己在诸侯心目中的威望，自动来附者四十余国，在政治上、外交上取得了极大的好处。当然，毛传对周国景况的描述未免过于理想化，它绝对不会如此恬静美好，但在殷的这两个小小属国的眼里，周是值得信赖的，比他们的共主殷要强得多。他们在事实上承认它，拥戴它，却是不容置疑。

周文王即位以后，继承季历的事业，仍然用主要力量对付西北各少数民族。他北逐狎狁，西攘昆夷，灭了泾水上游的阮（泾川东南）、共（泾川北）等小国，开拓了西北的疆土，巩固了大后方。对周围的一些小国，则诉诸武力，一个一个地加以扫荡。称王的第二年，便出兵讨伐犬戎，第三年攻打密须（今甘肃灵台西南）。犬戎在周的北边，密须在周的西边。周文王用武力征服了这两个商的属国，解除了后顾之忧，可以放心大胆地向东方推进了。

第四年伐耆（又作黎，即《西伯戡黎》的黎，今山西长治西南），第五年伐邗（又作于，今河南沁阳西北）。两国均在周的东方，距离殷王畿较近。伐耆、伐邗实际上是开始了对殷的正面进攻，构成了对殷都朝歌的直接威胁。无怪乎当耆和邗被周灭掉时，殷统治者大为惊慌。商臣祖伊在向纣王报告这个不幸的消息时竟然失声惊呼："上天就要结束我殷朝的命运啦!"（见《尚书·西伯戡黎》："天既讫我殷命！"）

第六年伐崇。耆和邗毕竟是地处殷王畿之外的小小属国，而到伐崇，则等于把战争推进到殷的心腹地带了。崇国在嵩山（今河南嵩山）附近，是殷属下的一个大国，是周人向殷进攻的最后一个也是最大的一个障碍。崇的城墙高大坚固（《诗·大雅·皇矣》："崇墉言言，崇墉仡仡。"），防守严密。周兵动用攻城器械，前钩后挠，左冲右突，打得难解难分，异常艰苦。以至交战一个月，崇侯虎仍负隅顽抗，拒不投降。但崇终于被周击灭。

周都城在岐时，地处西陲，距商都遥远，鞭长莫及。灭了西北各小国，稳定了后方，重心开始步步东移。先在泾水、渭水之间建立毕邑（今陕西咸阳北阪），作为向东扩张的前沿阵地。灭耆、灭邗、灭崇，完成了对殷都朝歌的包围之后，把国都由岐迁至丰（今陕西户县东北），为灭殷做好了最后一项准备工作。就在这大功垂成之际，周文王不幸去世了。

由于周文王卓越的政治才能和他所创立的丰功伟绩，在周的历史上具有特殊的、崇高的地位，受到后人的推崇。他不仅使周具备了灭殷的力量，也为后来周武王伐纣时长驱直入扫清了道路，做好了奠基的事业。

陈维礼

吉林大学古籍研究所教授，著有《山海经》《韩非子》等书，编写《历代名臣奇谋妙计全书》《蒙学全书》等多部普及中国古代历史文化知识的著作。

西周的开国之君周武王

姬发

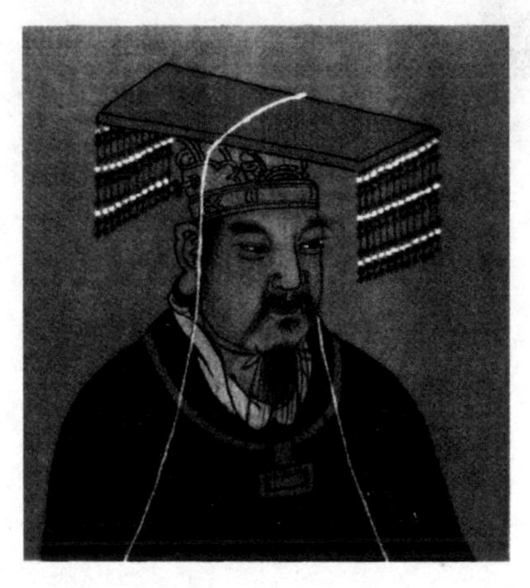

周武王个人小档案

姓名：姬发

所处时代：商末周初

生卒年：约前1087—前1042年

出生地：岐周（今陕西岐山）

在位：约前1056—前1042年

定都：镐京（今陕西西安西南）

主要成就：代商建周

相关作品：《牧誓》

轶事典故：孟津观兵，巨桥发粟

葬地：今陕西咸阳周陵

谥号：武王

继位人：周成王姬诵

最得意：牧野之战打败商军

最失意：父亲遭囚禁

姬发

周武王，名发，文王姬昌子。武是他死后的谥号。周文王有十个儿子，武王排行老二。长子伯邑考早亡。武王同母弟八人，有管叔鲜、周公旦、蔡叔度、叔振铎、成叔武、霍叔处、康叔封、丹季载。兄弟十人中，武王和周公旦最有才干，经常帮助父亲处理政事。周文王死后，武王即位。据《礼记·文王世子》说，武王只比父亲小十四岁。

周文王生前的最后七年中，一年断虞、芮之讼，二年伐犬戎，三年伐密须，四年败耆国，五年伐邘，六年伐崇侯虎。七年干了六件大事，造成了“三分天下有其二”的大好形势。周武王继承父志，采取正确的政策和策略，稳扎稳打，终于完成了灭殷的大业，开创了有周一代七百余年的江山。《史记·周本纪》说：“武王克商，成王定之，康王息民。”这就是说，周人夺取全国政权是武王一手实现的，从而把中国历史推向一个新的阶段。周武王功不可没，往往同文王相提并论，成为历史上的名王之一，而被后人所称颂。

周武王即位后，商纣王愈加荒淫残暴，日甚一日，阶级矛盾日趋激化，到了不可收拾的地步。这时，伐纣的条件已基本成熟。虽然如此，周武王并没有头脑发热，轻举妄动，而是对面临的形势做了冷静、客观的分析，以便制定正确的政策和策略，出师必胜，绝不打无把握之仗。事实也是如此。商已经营了数百年，

“百足之虫，死而不僵”，对它的实力不可低估。低估了，就肯定要犯错误。后来的情况也恰好说明了这一点。牧野大战时，商纣王发兵十七万（《史记·殷本纪》作七十万，误）以拒敌。《诗经·大雅·大明》形容商纣王的军队之多，像树林一样，密密麻麻。这未免是夸大、渲染之辞，但也说明战前双方兵力相差悬殊，殷众周寡。周原是偏处西陲的小国，其政治、军事实力远不能和殷商相比。如不顾实力硬拼，无疑是鸡蛋碰石头，肯定是要坏事的。周武王对此有比较清醒的认识，他分析了双方力量的对比，采取对策缩短二者之间的距离。对内重贤用能，因才录用。同母弟周公为太宰，康叔为司寇，丹季为司空。其他如召（音shào）公、太公、毕公等贤良各当其位。一时人才荟萃，政治蒸蒸日上。对外，则尽量争取与国，联合反殷力量，孤立敌人，壮大自己。

九年，周武王把都城由丰迁至镐（音hào，今陕西西安西南、丰水东岸，谓之宗周，又称西都）积极做灭商的准备。然后到毕邑祭扫文王墓，将文王的木主载在车中。自称太子发，其意是奉文王之命伐纣，不敢自专，利用文王的威望来号召诸侯罢了。他亲率大队人马，东观兵于孟津（今河南孟州南）。所谓“观兵”，实际上是一次军事大演习、大检阅。此举是在用武力向敌人示威，给对方造成心理上的压力，锻炼自己的士兵，以取得实战经验。同时，这也是一次外交上的重大盟会，据说主动参加盟会的各路诸侯有八百之多。周武王赢得如此众多的盟友，人心向背可想而知。事实表明，周在政治上、军事上都取得了对殷的优势。人心向周，商纣王陷于孤立无援的境地。有鉴于此，参加盟会的诸侯都劝武王说：“可以伐纣了！”但武王仍不为所动，心中自有主张，他说：“诸位不知天命，伐纣现在还不是时候。”他深知，伐纣这一仗事关全局，不打则已，打则必胜。若稍有差错，便一步失着，全盘皆输。他考虑再三，决定班师暂回西土，静观时变。

又过了两年，周武王得知商纣更加昏庸暴虐，杀王子比干，囚禁箕子，太师疵、少师彊（同强）也抱着乐器逃奔周。贤臣离位，商纣王成了名副其实的孤家寡人。周武王认为时机已到，便向诸侯打招呼说：“殷的罪孽实在深重，为顺天应人，不能不加讨伐！”于是，周武王果断决定发兵伐纣，进行灭殷的殊死决战。

周武王虽已高龄，但他意气风发，老当益壮，亲率大军向纣都朝歌进发。据《荀子·儒效》说，是在“兵忌”日出发，行军时又迎太岁星，在汜水遇到洪水泛滥，到怀城遇到城坏，到共头山遇到山崩，都是兵家认为不吉利的事。但周武王不迷信鬼神，他认为自己的事业是正义的，而正义的事业是战无不胜的。他们充满着朝气，抱着必胜的信念，餐风饮露，晓行夜宿，长驱直入，一往无前。那时候，只在国都设防，一般的城邑很少布兵。从西土镐京到商都朝歌九百余里，行军一个月，一路上没有遇到什么抵抗。他亲自率领的戎车三百乘，勇猛的武士三千人，甲士四万五千人，再加上由各地来会的诸侯军旅和庸、蜀、羌、髳（音máo）、微、卢、彭、濮等众多部落的军队，从孟津渡过黄河。然后，沿河向东挺进，于周武王十一年正月甲子日清晨天将亮未亮之时开到商都郊外七十里处的牧野（今河南卫辉南）。[①]

到了牧野前线，周武王没有急于进攻。他左手持着黄钺，右手握着白旄，左右挥舞着，威严不可侵犯。他向全军将士发表誓词，做战前动员，勉励他们奋勇杀敌，义无反顾。紧接着，列举了商纣王的主要罪状。大意是说：“商纣王宠幸妲己，唯妇人之言是听。把妲己比作母鸡，说母鸡不能早晨打鸣，母鸡打鸣，家境就要破败。妇人干政，商朝必定完蛋。商纣王不祭祀祖先神明，祖先神明就不保佑他。商纣王遗弃自己的同母兄弟，而重用那些逃亡的罪犯，并放纵他们作践百姓，在商邑施凶肆虐。今天，我姬发，替天行道，代表上天来惩罚他！”这样做，无非是在正式交战前把商纣王搞臭，瓦解敌军的士气。同时说明自己出师有名，周代商是势所必然。周武王的战前动员令，极大地鼓舞了早已高涨起来的周军士气，使战士更加痛恨殷纣的罪恶，更加懂得了这次远征作战的意义和每个人肩负的历史使命，使他们万众一心，同仇敌忾，勇敢地投入灭殷的战斗中。

战斗的场面是极其壮观的。广阔的牧野战场上，极目望去，周军兵强马壮，到处是辉煌明亮的战车（《诗·大雅·大明》：“牧野洋洋，檀车煌煌”）。决战一开始，周武王便命令师尚父（姜太公、姜子牙）率勇士数人前去挑战。一方

①据1983年第9期出版的《青年文摘》，武王伐纣的时间是公元前1057年3月7日。这个结论是由南京紫金山天文台的科研人员根据哈雷彗星绕太阳运转的规律进行科学推算得出的。

面是为了探测敌阵的虚实，另一方面也是为了长自己的志气，灭敌人的威风。只见大将师尚父如老鹰奋击长空，大有一口将商纣吞下去的气势，似乎在一个早晨就可结束战斗，扭转乾坤，使天下政治变得清明。接着，就以精锐部队“虎贲三千人，戎车三百辆”为先导，如疾风暴雨般向纣军掩杀过去。商纣王早已听说周武王率军打来，并做了相应的准备，但纣兵面对周人凌厉的攻势，不堪一击。那些被迫从军的奴隶，不愿为商纣王卖命。他们一到阵前，便倒转矛头杀了个回马枪，把周武王当作救星，引导周军攻入朝歌。商纣王见大势已去，绝望地登上鹿台，投火自焚而死。商都朝歌内的百姓欢天喜地迎接周武王的到来。武王好言好语安抚一番，然后来到鹿台之下，对纣的尸体射了三箭，再用黄钺斩下纣的头颅，高挑在太白旗的顶端，以示商纣作恶多端，罪有应得。新兴的周人及其友军赢得了战争的胜利，殷朝宣告灭亡，周人终于夺取了全国政权。

↑ **利簋，有铭文32字，载武王克商事件**

江山易姓，政权到手，但能否取得普天下人的承认则是另一码事。武王意识到这一点，在灭殷的第二天就命人扫除道路，修缮社稷，立即举行即位仪式。其场面隆重而又热烈：勇士们肩扛名为“九流云罕”的大旗为前导，武王弟弟叔振铎、周公旦手持大钺（古兵器，用于斫杀，状如大斧），毕公手持小钺，夹辅在武王的左右。散宜生、太颠、闳夭执剑护卫武王……先是卜官尹佚宣读策书祝文以祭社，再次批判商纣的罪行。读毕，武王再拜稽首，当众宣布道：“按照上天的旨意，周革殷命，政权更迭，当今是周家天下啦!”这个仪式为新生的周政权大造了革命舆论，使天下人一体周知：周家从此为天下共主。这在心理上的作用是不可低估的。

周原是殷属下西方的一个小国，要想对新占领的广大地区实行直接有效的统治，在当时的历史条件下是很难办到的。特别是在殷的老巢——殷王畿建立新的政权，安抚殷的遗民，更使人感到棘手。面对新的问题，周武王有点茫然无措。于是和周公商量，采纳殷遗老（殷的守旧派，首先降周的人）“复盘庚之政”的意见。周武王用以殷治殷、分而治之的办法，把殷王畿内地划分为三个区域。在北的叫作邶（也写作鄁、北），在东的叫作东（也写作鄘、庸），在西的叫作殷（亦称卫）。邶封给纣子武庚（禄父），让他祭祀殷的祖先，保证香火不断。但周武王不放心，同时派自己的弟弟管叔治鄘，蔡叔治卫。令他二人监视武庚，号称“三监”（关于“三监”，历来说法不同。一说武庚、管叔、蔡叔为三监，一说管叔、蔡叔、霍叔为三监。其实，三监的“三”并非确指）。很显然，在当时的历史条件下没有比这更好的办法了。这只是一种权宜之计。在《尚书》里，周人自称“小邦周”，而称殷为“大邦殷”。周的胜利是小国对大国的胜利，这固然已属不易，而以小国统治大国，其难度更可想而知。周武王不但未杀死武庚，放他一条生路，而且还封他地盘，让他继续统治卫畿内的殷遗民，这并不是史书上所说的周武王有什么仁慈之心，而是一种不得已而求其次的办法。由武庚出面治殷比周人直接行使统治权更容易被接受。这正是周武王在政治上的高明之处。尽管如此，周武王死后不久，武庚就急不可耐地联合周政权内部的管叔、蔡叔，还有东方的奄（今山东曲阜）、蒲姑

（今山东博兴）、徐、淮、熊盈等起兵反周。周公旦花了三年时间把叛乱平定下去，周的统治才转危为安。

接下来，周武王又释放囚犯，赈济贫民。据《史记·周本纪》记载：命令召公去监狱给箕子松绑，命令毕公把百姓（这里的“百姓”指的是国人，即生活在商都里的自由民）从大牢里放出来，并到殷贤臣商容的故宅进行表彰。命令南宫括散放鹿台的财物和钜桥的粮食，救济那些无衣无食的人们。周武王采取的这一系列措施，确确实实使纣王统治下的殷人得到了某种程度上的解放。两相比较，生活在新政权下要比在旧政权的禁锢下好得多，他们自然乐于接受了。

周武王还对在灭殷的大业中做出贡献的姬姓亲族和有功之臣论功行赏，这实际上是胜利了的统治阶级在上层进行的权力再分配。最高统治者在政治上、经济上给予贵族们一些好处，来换取他们对政权的支持。《尚书》有《分器》篇，《书序》说：“武王胜殷以后，分封诸侯，颁发宗彝，作《分器》。”可惜《分器》篇今已不传，武王论功行赏的细节——到底封了哪些诸侯，分给什么彝器，就不得而知了。但推想大概同后来周成王时封邦建国的大分封内容差不多，只是数量、规模有所不同罢了。

周武王还曾设想营建洛邑（今河南洛阳市内王城）。在当时，洛邑被认为是天下之中，东、南、西、北都够得上，一旦有事，很快就可以开到。其意图是要以洛邑为东都，加强对东方的控制。《史记·周本纪》明确提到周武王出于巩固政权的考虑，和周公讨论过在洛邑建都的问题，以至于心事重重睡不着觉。周由老根据地岐下经文王迁丰、武王迁镐，重心步步东移，在当时显然是为了夺取政权的需要。而在夺取政权以后，又进一步计划迁都洛邑，无疑是为了便于对新占有的东部广大地区实行有效统治。可惜，周武王没来得及做就去世了。后来，在镇压了武庚的叛乱以后，周公实现了武王营建洛邑的愿望。

周人灭殷夺取全国政权，周文王做了奠基的工作，而最后是由周武王亲手实现的。他确是一位严谨、稳重的政治家，具有卓越的政治、军事才能，没有辜负先人的厚望。这就使他继周文王之后，成为在周的历史上占有特殊地位的人物。

虽然当今的史学家在历史分期上有着不同的认识，但周武王推动历史前进的功绩还是值得后人尊敬和纪念的。

陈维礼

吉林大学古籍研究所教授，著有《山海经》《韩非子》等书，编写《历代名臣奇谋妙计全书》《蒙学全书》等多部普及中国古代历史文化知识的著作。

春秋时期第一个霸主齐桓公

姜小白

齐桓公个人小档案

姓名：姜小白

别称：公子小白

所处时代：春秋

生卒年：？一前643年

出生地：临淄（今山东淄博临淄区）

在位：前685—前643年

主要成就：尊王攘夷，九合诸侯

轶事典故：射钩之恨，老马识途，庭燎招士，风马牛不相及

葬地：今山东淄博

谥号：桓公

继位人：齐中废公姜无诡

最得意：葵丘之盟

最失意：内乱中饿死

姜小白

齐桓公，姜姓，名小白，周庄王十二年至周襄王九年（前685—前643年）在位，是春秋初年首先称霸中原的国君。桓公霸业的成功，固然与他本人才识胆略以及用人得当有关，而追根溯源，也是齐国几代君臣苦心经营的结果。

齐国是西周元勋姜尚的封地。灭商之后，因姜尚出谋最多，功劳最大，周王便封他到东方营丘（今山东淄博）做齐国诸侯。姜尚尊重当地民俗，发展齐国近海优势，交通工商，渔盐之利，得天独厚，很快国势强盛，民心归齐。周齐原有世代姻亲之好，成王时又授齐更多土地。东临大海，西至黄河，南近淮南河，北到无棣，这广大区域的侯国部落，均属姜尚节制，齐国又获得对诸侯的征伐之权，成为东方大国。

郑武公元年（前770年），周平王即位，镐京被戎族劫掠一空，关中地区人口锐减，荒凉萧条，形势严峻，军队也已溃散，只得将周朝国都从关中镐京迁到洛邑（今洛阳）。平王东迁后的周朝史称“东周”。东周王室，区域狭小，力量薄弱，天子自有的土地已所存无几。周王地小贡少，名义上保留“天下共主”的地位，却根本无力指挥诸侯。有的诸侯名曰“尊王”，实际是“挟天子以令诸侯”，争夺霸主之权；有的诸侯则公然与周王作战。王室衰微与大国争霸，构成了东周前期即春秋时期政治形势的基本特点。争霸的实质是迫使各国向霸主贡赋，获取周天子过去享受的政治经济特权。

春秋初年，中原地区的郑国一度颇有起色，小霸一时，终因国力有限而未成大气候。此时，晋国长期内乱，秦国偏隅西方，楚国盘桓于江汉流域，只有齐国是东方大国，地广物丰，具备称霸条件。齐桓公登位后，进行了政治、经济、军事各方面的改革，实力大增，最后成为中原霸主。

桓公之父是齐釐公，哥哥诸儿是齐襄公。襄公在位时，害死鲁桓公，压服有长期姻亲关系的鲁国，又插手郑国的内乱，等郑庄公去世，齐国已有称雄诸侯之势。齐襄公虽小有谋略，但生活糜烂，荒淫无道，行无准则，对臣属暴虐，终于使国家出现大乱征兆。为了不陷入齐国内乱的旋涡，齐襄公的两个弟弟都逃出齐国避祸。公子纠在管仲、召忽的辅佐下逃到鲁国（今山东曲阜）；公子小白在鲍叔牙辅佐下逃到莒国（今山东莒县）。

周庄王十一年（前686年），齐国内乱发生。齐襄公的堂弟公孙无知联合大夫连称、管至父杀死襄公，无知自立为齐君。次年，无知被雍廪（齐大夫）杀死。齐国一时出现国无君主的局面。齐国贵族高氏、国氏派人到莒，请公子小白回齐；鲁庄公也速派军队护送公子纠和管仲回国。从路程看，莒国距齐国比鲁国近，管仲怕君位被公子小白捷足先登，先带领人马去拦阻小白一行。管仲赶到莒国通往齐国的必经之路即墨（今山东平度县东南）守候，等公子小白车队一到，便对准小白射了一箭。箭正巧射中小白的铜衣带钩，紧急关头，小白机智地伪装中箭，僵卧车上。竟然骗过了才智超人的管仲。鲍叔牙下令驱车速奔，日夜兼程，赶回齐国国都临淄。管仲以为小白已死，便不再追赶；护送公子纠的鲁国军队，也以为对手已除，就放慢了行进速度，六天后才到达齐国。

在大贵族高氏、国氏家族支持下，小白当了齐国君主，这就是齐桓公。他立即派军队阻挡护送公子纠的鲁军。鲁国很不甘心，一直企图赶桓公下台，以公子纠取而代之。公元前685年秋天，齐鲁两军会战于乾时（今山东博兴县南），鲁军大败，连鲁庄公的战车都落入齐军手中，退路被截断，鲁国的汶阳（今山东宁阳县北）也被齐军夺去。齐国派使者送信给鲁国，提出：“子纠是齐君兄弟，不忍心亲手杀他，请鲁国代为处置；管仲和召忽是齐君的仇人，齐君要亲自杀他们解恨，请鲁君将他们押送齐国。如不答应，齐国对鲁国就要采取军事行动。”鲁庄公不敢公开与齐国抗命，只好杀死公子纠。召忽自杀。鲁国的施伯深知管仲的才能，警告鲁庄公说：“齐国要管仲回去，并非想杀死他，而是要重用他。管仲一旦任用，必将威胁鲁国，不如杀了他，把尸首交给齐国。”鲁庄公不敢，便用囚车装押管仲去齐。

作为公子纠的谋士、齐桓公的政敌，管仲返齐当然是凶多吉少。齐桓公发兵攻鲁时，确实想擒拿管仲以报当年一箭之仇，经鲍叔牙劝说利害后，才改变初衷。鲍叔牙深切了解管仲有辅佐国君完成霸业的相才，也明知桓公对管仲有恼恨之心，但他不避嫌疑，冒着危险力荐管仲。他谏劝桓公说：“您如果要治理好齐国，有我和高氏、国氏相助就可成功；您如果要称霸诸侯，就非用管仲不可。管仲在哪国主事，哪国就可以成大业。您千万不能失去他。”鲍叔牙同齐桓公共过患难，深得信任，照说坐享高官厚禄、忠心辅助治国也就可以了。但他最关心的是齐国的强盛和霸业，也最清楚这离不开雄才大略的管仲。为了说服桓公，鲍叔牙又进一步用对比自己的方法，称颂管仲确是难得的人才，他说：“我有五点不如管仲：宽惠爱民不如他；治国而不失权柄不如他；忠信可赢得百姓不如他；制礼仪而推行四方不如他；担任主帅可以使士卒勇气倍增不如他。国君您如能重用他，一定能使齐国成就大业。”桓公说：“可就是他差点用箭射死了我。”鲍叔牙说：“那是他为了主人利益才干的。如果您能饶恕他让他回齐国，他同样会把您当成主人而效力的。”

权衡利弊，比较得失，齐桓公决定放下私仇，不计前嫌，接受鲍叔牙的举荐，隆重地迎接管仲返回并任命他为卿，位在鲍叔牙之上。重用管仲，是桓公成就霸业的关键一着。

管仲出身低微，当过商人、军士，属于士的行列，能当上大国卿相，反映出春秋初期宗法制度的动摇。鲍叔牙一心为齐，举荐贤才，自己甘居下属的品德，难能可贵。桓公破格起用原是公敌私仇的管仲，表明称霸前的齐君，不仅虚心纳谏，胆识过人，而且确实具有知人善任、豁达大度的政治家风度。桓公之明、鲍叔牙之贤和管仲之才，这三者的结合，使齐国的政风民气在春秋初期大放异彩。

不过，桓公对管仲并不是一开始就言听计从的。当桓公见鲁国练兵造戈，准备攻齐时，便想先发制人进攻鲁国，管仲劝阻说："国家尚未安定，不能动兵攻鲁。"桓公不听，结果被鲁国的曹刿在长勺打得大败。桓公更恨鲁国，又派人到宋国借兵，宋闵公派南宫长万帮助齐国攻鲁，不料齐军再次大败，南宫当了鲁国的俘虏。军事上的连续失利，使桓公认识到管仲预见的高明，便增强了对管仲的信赖。在鲍叔牙、隰朋、高傒等重臣帮助下，桓公采纳了管仲的建议，在齐国成功地进行了经济、内政、军事等方面的改革。

↑ 春秋时期的青铜戈范

在经济方面，主要是大力发展农业、手工业和商业，改革赋税制度，由国家直接管理经济，增加财源。充分发挥齐国多山近海、盛产盐铁的地理优势，齐桓公设置铁官、盐官，主持开矿冶铁和海水煮盐，并由铁官组织大批工匠制造铁制工具。在我国历史上，由政府提倡并组织开矿炼铁，齐国是首例。它也因此成为春秋前期使用铁器较早、较普遍的国家。煮盐和冶铁，不仅开拓了财源，也促进了农业生产。齐国土地开垦量增多，农业技术提高，呈现出"膏壤千里宜桑麻"的景象。同时制定"相地而衰征"的赋税制度，即根据土地肥瘠的等级确定赋税的轻重，使国家对各地赋税征收相对平衡，以缓和社会矛盾。齐地丝织业本来就相当发达，由于政府倡导，丝织品的产量、质量都大有提高。齐国生产的铁器、盐、丝织品供应中原各国，商业繁荣兴旺。齐国还设置"轻重九府"，根据年成丰歉和人民需求铸造货币，收散货物，以调剂物价的贵贱，达到通货积财、增加国家收入的目的。齐国的经济改革措施，为称霸诸侯奠定了物质基础。

在内政方面，齐桓公首先做的是延聘人才，先后招纳有才能的游士八十人，以代替传统的世卿制度。对招徕之士给予车马衣裘财币，周流四方，号召天下贤士来齐。其次，让士、农、工、商四种不同身份的人分区居住，世代操持本业，不得自由迁移，以保持国家安定。全国分为二十一乡，其中工商六乡，士十五乡。工商专心本业，不服兵役；士乡即农乡，士的土地由农人耕种，士成为基本脱离生产的专职武士。再次，立三官制度：官吏中立三宰，手工业工人中立三族，市井立三乡；三衡官管山林，三虞官管川泽。最后，士农乡每五家定为一轨，十轨为一里，四里为连，十连为乡。轨、里、连、乡都设有行政负责人。

在军事方面，实行"寓兵于农"的政策。战争时，每家出一个壮丁，原来行政的划分又变成军队的编制：因五家为轨，所以五个士兵为一伍；十轨为里，五十人为小戎；四里为连，二百人称一卒；十连为乡，两千人为一旅。各级行政负责人又成为军事将官，十五乡就是十五旅，每五旅合一军，全国共三军。每军一万人，他们平时聚居在一个地区，家户相连，互为乡邻，战时则组成同生死的战斗集体。齐桓公统率一军，两大贵族国氏、高氏各领一军。每年春秋时节，狩猎练兵。这一政策，使军队成为直接掌握在国君手中的武装力量。兵民合一，军政合一，提高了军队的战斗力。

齐桓公在管仲辅佐下，经过四年改革，加强了中央集权，经济、军事实力大为增强。

周釐王元年（前681年），齐桓公依仗雄厚的实力，开始对外扩张，打出的旗号是"尊王攘夷"。当时，若公开夺取天子权力，会激起诸侯的联合反对。"尊王（周天子）"可从道义上得到诸侯国的同情和支持；"攘夷"，一方面明确提出阻拦严重威胁中原各国安全的北方少数部族山戎和狄人，另一方面暗中遏止从江汉极力向北扩张的楚国（楚国不是西周初年分封之国，被看作蛮夷之邦），这是中原诸国的共同心愿。齐桓公首先举起"尊王攘夷"的旗帜，适应华夏诸侯各国团结驱逐夷狄势力的要求，使他在大国争霸角逐中，取得了政治上的优势。齐桓公借周王的号令将一批听命的诸侯团结在齐国周围，又将一批抗命的诸侯压服吞灭。

周庄王十三年（前684年），齐桓公小试锋芒，灭了不尊重自己的谭国。两年之后，借宋国大臣杀死宋闵公，宋国发生内乱的机会，开始公开出面号令诸侯。齐桓公先派遣使臣朝见周王，请周王定宋国君位。周王委托桓公代理此事。于是在周釐王元年，桓公便邀请宋、鲁、陈，蔡、卫、郑、邾等国诸侯，三月初到北杏（今山东东阿县附近）会盟，协商平定宋乱。到会的只有齐、宋、陈、蔡、邾五国，鲁国不肯参加，宋国又提前退出盟会。这次是春秋时期第一个由诸侯国主持的天下会盟，气氛冷落。当年冬天，齐桓公就以抗王命不参加北杏盟会为理由，讨伐了多年来与其关系紧张的鲁国。鲁庄公兵败后，齐桓公迫使他让出遂邑，才答应在柯地会盟解决争端。

齐、鲁两国君主在柯地歃血会盟时，鲁将曹沫手执匕首冲到坛前，一把抓住齐桓公，要求齐国退回侵占鲁国的地方。在匕首威逼下，桓公只好同意了。会盟结束后，桓公后悔不已，打算设法杀死曹沫以雪盟会上的耻辱，也不归还所占的鲁国地方。管仲劝桓公要从大处着眼，说："您的想法不太合适，为贪图小利和出一时之气而失信于诸侯，将会失去天下人的支持，还是遵照约定归还吧！"齐桓公听从了管仲的谏劝，退还鲁国的土地，结果桓公恪守信用的名声传遍中原各国，推进了其霸业的发展。

桓公又以奉周王命的名义讨伐宋国，宋国一面派使臣送厚礼给周王，一面向齐桓公承认不参加北杏会盟的错误。这样，周釐王三年（前679年），宋、鲁、陈、蔡、卫、曹、邾共七国参加了以齐桓公为首的联盟，承认了桓公的盟主地位。这是齐国称霸春秋的开始。

周惠王十三年（前664年），北方的山戎打进周初分封的姬姓国家——燕国。燕国向齐国求救。齐桓公亲率大军北征，一直打到孤竹（今河北卢龙县）才收兵，渤海沿岸小国纷纷服从齐国的统治。燕庄公为感激救助之恩，亲送桓公回国，难舍难分，竟一直送到齐国境内。齐桓公觉察后，根据周礼有关于诸侯送诸侯不能出自己国境的规定，就地划了一道沟，把沟北土地送给燕国，又劝燕庄公要像祖先召公那样行仁政，按时向周王朝贡，保卫好北疆。此后，燕国也尊齐国为盟主。各国诸侯闻听此事，更加信服齐桓公。

↑ **齐桓公问管仲　（《御世仁风》，明万历四十八年凤阳刊本）**

接着，桓公又高举“尊王攘夷”的旗帜，组织诸侯几次救助被戎狄侵扰的邢国和卫国，并帮助邢、卫两国修筑新都，进一步提高了自己的威望。

北方戎狄的威胁基本解除后，齐桓公便致力于阻止楚国势力的北上。东周时期，楚国日强。周桓王十六年（前704年），楚国君主自称为王，在稳定江汉地区统治之后，逐步向北扩张，威胁周王室和中原各国的安全。楚成王想与齐桓公争霸，就发兵攻郑。郑国向齐国求救。当时，齐桓公正恼恨蔡国，因为桓公的一位夫人蔡姬得罪了桓公，被暂送蔡国后，蔡姬的哥哥——蔡国的君主却将蔡姬改嫁了楚成王。于是，齐桓公与诸侯商议，决定讨伐蔡国，以吸引楚国前去救助，而解除郑国之围。

周惠王二十一年（前656年），桓公率齐、鲁、宋、陈、卫、曹、郑、许共八国军队征伐蔡国。击败蔡国后，齐桓公率各诸侯军队，以楚国不向周王进贡祭祀的包茅（因裹束着的青茅可以滤去酒中渣滓，故称裹束着的青茅为包茅）和周昭王淹死在汉水两事相责，进兵楚国。楚国见齐桓公人多势众，即派屈完去讲和。齐桓公见楚国实力雄厚，难以用武力征服，便答应议和。齐桓公与中原各国就在召陵（今河南漯河市郾城区）和楚国立盟：双方言归于好，各自撤军，楚国不再围郑国，以齐国为首的中原八国也解除对蔡的包围；楚成王派屈完向周王进贡包茅，表示尊王。召陵之盟是华夏诸侯第一次联合抗楚取得的成效，它迫使楚国暂时中止向中原扩张。

齐桓公北阻戎狄、南遏楚国获得成功后，便公开插手周王室的王位之争。周惠王想废太子郑，另立太子，齐桓公便出面力保太子郑的地位。周惠王二十二年（前655年），齐桓公联合八国诸侯，以拜见太子为名在首止（今河南睢县东）开会。周惠王无奈，只好让太子郑去首止同诸侯见面，等于公开肯定太子郑的地位。周惠王二十五年（前652年），惠王死，齐桓公在洮城（今河南濮阳）召集八国诸侯相会，拥立太子郑为王，这就是周襄王。襄王感激桓公，派人送去祭肉、弓箭和车子。齐桓公乘机以招待周王使者为名，在公元前651年，于葵丘（今河南兰考县东）会盟诸侯。在盟会上，齐桓公代表诸侯宣读盟约，其主要内容：不准把水患引向他国；不准乘别国有灾难而不卖粮食；不准更换太子；不准以妾代妻；不准妇女参与国事。盟约加强了各诸侯国的经济协作，进一步维护了宗法统治秩序。

桓公一生“九合诸侯”，葵丘之会是其中最盛大的一次，也是他霸业的顶点。葵丘会上，齐桓公为取得的霸主地位而陶醉，当着各国诸侯和周王使者的面，历数自己九合诸侯、一匡天下（指稳定周襄王当太子的地位）之功，表现得盛气凌人、骄矜自负，使一些与会诸侯十分反感，开始有反叛的意思。葵丘会后，齐桓公自以为功德盖世，竟想去泰山举行只有天子才可以搞的封禅大礼，夸功于天下。管仲多次谏劝无效，便说：“古代帝王封禅必须要有珍禽怪兽出现才行，现在凤凰、麒麟不见，鸱枭倒不少；嘉禾不生，蓬蒿藜莠却很茂盛。还是等得到珍异祥瑞之物再去吧！”桓公这才勉强作罢。齐桓公的霸业便从此走下坡路了。

周襄王七年（前645年），管仲已患病，他清醒地看到齐国潜伏的危险和桓公身边酝酿的危机：年迈的桓公骄横专断，好色又爱听吹捧，五个儿子都想继位，一些奸佞却受到宠信。为此，管仲曾劝桓公确立公子昭当太子，又劝桓公疏远竖刁、易牙、开方这些佞人。桓公却说：“易牙把自己的孩子杀了给我吃，竖刁愿受宫刑来伺候我，卫国公子开方宁愿远离父母来靠近我，他们还不值得信任吗？”管仲说：“这三个人杀骨肉，毁自身，弃父母的行为是违背人之常情的，他们绝不会爱别人，不会忠于你。”对管仲的一片逆耳忠言，齐桓公半信半疑。后来管仲设法把竖刁、易牙驱赶出宫，桓公竟然几年食不甘味、寝不安枕，总觉得管仲太过分。等管仲去世后，桓公又重用这三人，齐国的政事更加江河日下。

周襄王九年（前643年），七十三岁的齐桓公病重不起，易牙、竖刁等人假传君命，隔绝内外。桓公在病榻上连杯水都喝不上。等他一死，易牙、竖刁便发动政变，杀了一批大臣，立公子无诡为国君。桓公的五个儿子为争夺君位，各树党羽，大动干戈，竟无人过问桓公安葬的后事，尸体在床上搁置六十七天，尸虫爬出了门窗。一代霸主死得如此凄凉，齐国的霸业就此中衰。

齐桓公在位四十多年，能信用管仲为首的一批贤才，改革齐国的政治经济，顺应了当时王室衰微、大国崛起的形势，执行一系列成功的内外政策，推动了齐国的社会发展。他组织中原各国抵御戎狄等蛮荒部族的侵扰，捍卫了华夏先进文化免受摧毁，在历史上是有功绩的。齐桓公不愧是受到孔子尊崇的春秋初期的著名政治家。

高晓莉

洛阳师范学院教授，著有《陈天华》《晋文公》等传记，《王莽代汉的权变术》《南斯拉夫战乱的民族宗教历史因素》等论文。

勾践

卧薪尝胆的越王

勾践个人小档案

姓名：姒勾践

别称：鸠浅、菼执

所处时代：春秋战国

生卒年：约前520—前465年

出生地：大越（今浙江绍兴）

在位：前496—前465年

主要成就：灭吴称霸

轶事典故：卧薪尝胆，兔死狗烹、鸟尽弓藏

葬地：今安徽利辛县旧城镇西

继位人：越王鹿郢

最得意：灭吴称霸

最失意：会稽之耻

勾践

越王勾践生年不详，卒于周贞定王四年（前465年），是夏禹的后代。夏朝到帝少康的时候，为了奉守禹的宗庙祭祀，就把他的庶子封于会稽（今浙江省绍兴市，大禹陵就在绍兴附近），国号为越。过了二十多代，到了周敬王时，由越侯夫谭传到他的儿子允常，扩大越国的疆土，自称为王。周敬王二十四年（前496年），越王允常死，他的儿子勾践继承了越国的王位，这就是春秋末期做了最后一个霸主的越王勾践。

↑ 勾践雕像

吴越交战，被围会稽

越王勾践即位时，邻国吴国（今江苏省和浙江北部一部分）的国王是阖闾（音hé lǘ）。因为越王允常不肯帮助吴王去打楚国，反而派兵帮助他的弟弟夫概造反，由此阖闾与允常结下怨仇。

越王勾践元年（前496年），吴王阖闾听说允常已死，趁越国有丧事的机会，兴兵讨伐越国。他叫伍子胥留守本国（都城在姑苏，即今江苏省苏州市），自己带着伯嚭（音pǐ）、王孙骆和专毅三个将军，起兵三万去攻打越国。越王勾践也亲自带领大将诸稽郢、灵姑浮发精兵前去抵抗。

吴、越两国的兵马交战于槜李（今浙江省嘉兴市）。越王勾践派敢死队挑战，冲入吴军阵线，呼号前进，奋力拼杀，打败了吴军，并射伤了吴王阖闾。这次战争，吴军损伤了一半，在退回姑苏的途中，受重伤的吴王阖闾就死了。临死前，阖闾对守在他身边的儿子夫差说："你一定不要忘记越国杀父之仇。"

阖闾死了以后，夫差即位为国王，拜伍子胥为相国。夫差牢记父亲的临终遗言，决心报杀父之仇。为此，他叫他手下人每天清早起来时，就对他喊："夫差，你忘了越王杀了你父亲吗？"夫差总是流着眼泪说："夫差不敢忘！"吃饭的时候，临睡的时候，都要这样问答一遍。他命令相国伍子胥和伯嚭在太湖操练水兵，自己在陆上操练兵车，日夜准备伐越以报杀父之仇。

越王勾践三年（前494年），勾践听说吴王夫差日夜操练兵马，要报杀父之仇，准备先发兵伐吴。大夫范蠡（音lǐ）劝告说："不能这么办。我听说兵器是不吉利的东西，战争是违背道德的，争斗是各种事情中最末等的事。违背道德，好用凶器，干末等之事，老天爷也是禁止的，所以出兵是不利的。"勾践不听他的劝告，说："我的决心已经下了。"于是就起兵攻吴。与此同时，吴王夫差拜伍子胥为大将，伯嚭为副将，亲自率领大队水陆将士，从太湖出发，去攻打越国。吴越两军会战于夫椒（今江苏省苏州市吴中区），在水兵的战斗中，越国大将灵姑浮阵亡，越国的水兵几乎全军覆没。越王勾践带领残兵五千余人逃回，到会稽山上躲起来。吴军紧追不舍，一路上杀百姓、烧庄稼，追到会稽，把越王勾践围困在山上。

到这时，勾践悔之莫及，对范蠡说：“因为没有听你的劝告，造成今天的惨败，现在可怎么办呢？”范蠡说：“事到如今，只好给吴国送厚礼，低声下气地向他们求和。如果他们还不答应，那就只好委屈大王自己到吴王那里去伺候吴王了。”勾践没有办法，只好同意了范蠡的意见。于是派大夫文种去向吴王求和。文种到了吴军兵营，跪着向前对吴王夫差磕头，说：“亡国之君勾践派臣子文种来请示大王，勾践请求为大王之臣，他的妻子为妾。”吴王夫差见文种可怜哀求的样子，将要答应他的请求。伍子胥赶忙阻止，对夫差说：“现在是上天把越国赐给吴国，请大王千万不要答应文种的请求。”吴王夫差也就没有话说了。文种就回来报告越王勾践。勾践看到求和没有希望了，就准备杀掉妻子，烧掉宝器，然后同吴军拼命，一死了之。文种对勾践说：“只要大王立志报仇，什么委屈都暂时忍受一下，事情还没有到绝望的地步。我了解到，吴国的副将伯嚭向来同伍子胥面和心不和，他怕伍子胥功劳太大，会超过自己。再说，伯嚭又是一个贪财好色的小人，我们可以用贿赂的办法拉拢他，他就会帮助我们说话的。于是勾践又派文种带着珠宝玉器和美女去见伯嚭。伯嚭接受了贿赂，就连夜单独到吴王夫差面前，替勾践说好话。夫差听了伯嚭的话，就决定同意文种的请求了。

↑ 越王勾践剑

第二天，伯嚭带着文种去见吴王夫差。文种跪在夫差面前，再次说明勾践求和和称臣之意，并说：“请大王赦免勾践之罪，越国将把宝器统统奉献给大王。如果大王不肯赦免，勾践就会杀掉他的妻子，放火烧毁宝器，然后带领五千人同吴军拼命，吴国就会什么也得不到，说不定还会有所损伤。这是没有什么好处的。”伯嚭也帮着说话，对吴王夫差说：“越王勾践愿意服从大王称臣，如果把他赦免，对我们吴国也是有利的。”夫差就答应了文种的请求。这时，伍子胥又出来劝阻了，他说：“大王今天不灭越国，以后懊悔就来不及了。勾践也算是个贤君，还有范蠡、文种这样的良臣辅佐，将来对吴国的威胁是很大的。”可是这时夫差的主意已定，伍子胥再劝也没有用了。夫差很客气地对伍子胥说："相国先上后边去歇息歇息去吧!"伍子胥没有办法，只好唉声叹气地退出来了。

伍子胥出来后碰到了大夫王孙雄，就对他说："越国十年生聚，十年教训，二十年后就能把吴国灭了！"

吴王夫差不听伍子胥的劝告，就赦免了越王勾践，撤兵回国去了。

石室养马

文种回到会稽，向越王勾践报告了求和的经过。勾践夫妇将要到吴国去做吴王夫差的臣下并伺候夫差，就召集大臣们商议国家大事。君臣们痛苦之心，自不必说，但大家都劝越王只管放心到吴国去，他们留下来的人一定要把越国治理好，将来再报仇。勾践就把国家大事托付给文种等大臣，自己带着夫人和范蠡到吴国去做人质。一路之上，他们听到的是送行的百姓们的一片哭声。

勾践夫妇和范蠡到了姑苏，吴王夫差就让他们住在阖闾坟墓旁边的一间石头屋子里，为吴王养马。夫差把勾践留在这里，是为了考验他是否真心臣服于他。夫差每次坐车出去，也总是让勾践给他拉马。勾践在吴国所受的屈辱，那是可想而知的。

勾践夫妇在吴国待了三年。在这三年中，勾践总是很小心地伺候夫差，做到百依百顺，显得比夫差的其他仆人还要驯服。与此同时，文种还经常派人给伯嚭送礼，伯嚭也老在夫差跟前替勾践说情。

有一次，勾践听说夫差病了，就托伯嚭给夫差带话，说是要去看望大王。夫差听说勾践这样惦记自己，就答应他进去。伯嚭带着勾践进了夫差的卧房，正赶上夫差要大便，勾践就赶忙过去搀扶他。夫差叫勾践出去，勾践说："父亲有病，做儿子的应当服侍；大王有病，做臣下的也应当服侍。再说我还有点小经验，看看大王拉的屎，就能知道大王的病是轻是重。"这样一说，夫差心里很高兴，就不再拒绝了。夫差拉完屎，觉得舒服多了。勾践扶着夫差上床躺好，又去掀开马桶盖看了看，嗅嗅气味，然后向夫差磕头，高兴地说：“恭喜大王！大王的病已经没有什么危险了，再过几天，就完全好了！”夫差问他：“你怎么知道的？”勾践说：“刚才我看了大王的屎，知道肚里的毒气已经散发出来了，病还不快好吗？”夫差看到勾践服侍自己这样周到，倒有些过意不去了，就对勾践说：“你待我不错。等我病好了，就放你回去。”

由于勾践处处小心服侍夫差，再加上伯嚭不断向他报告越国国内十分平静，一点也没有反叛吴王的迹象，夫差就以为越王勾践完全臣服于自己了，越国对吴国已经没有什么威胁了，于是，就放勾践回国了。公元前491年，夫差亲自送勾践夫妇上车。勾践夫妇拜谢了吴王，上了车，由范蠡驾着车，离开了姑苏，回越国去了。

卧薪尝胆

勾践回到了越国，君臣相见，又是高兴，又是伤心。他们一起商量，一定要记住亡国之痛、石室养马的耻辱，为了报仇雪耻，要上下一心，发愤图强。

勾践原来打算把国政交给大夫范蠡治理，范蠡说：“操练兵马，行军打仗，文种不如我范蠡；治理国家，安抚百姓，我范蠡不如文种。”于是勾践就把国家政事交给文种管理，而让范蠡负责操练兵马。

勾践为了能使自己时刻牢记亡国的耻辱，不让舒适的生活消磨了自己的意志，就把自己卧室里的锦绣被褥撤了下去，而铺上了柴草当作褥子，休息时就躺在上面；他还在房间里挂了苦胆，每当坐卧起来，或吃饭之前，都要尝一尝胆的苦味。这就叫作“卧薪尝胆”。他常常心中默念：苦胆再苦，也没有亡国、做奴仆苦。他平时亲自到地里耕作，夫人也亲自养蚕、织布；吃饭不吃肉，穿衣不要绸缎；经常放下国王的架子访问贤人，虚心听取意见，以礼接待宾客；对老百姓中贫穷的人就想办法救济他们，死了的就帮助安葬，时时关心百姓的疾苦，同百姓一样劳作。

在当时，越国刚刚遭受战乱亡国之祸，百姓大批被杀害，人口减少，田地荒芜，生产受到很大破坏。为了恢复国家的元气，越国君臣们制定出一些措施。如上了年纪的人不准娶年轻姑娘为妻；男子到了二十岁，女子到了十七岁，还不结婚的，父母要受到处罚；妇女快要临产，一定要报官，好派医官去照顾；生一个男孩子，国王赏一壶酒，一条狗；生一个女孩子，国王赏一壶酒，一口猪；有两个儿子的，官府给养活一个；有三个儿子的，官府给养活两个。国家还奖励耕种、养蚕、织布。与此同时，全国上下都节衣缩食，为的是年年、月月给吴王夫差进贡。夫差经常收到勾践的贡品，非常满意。

越王勾践听说吴王夫差打算造姑苏台，就趁机给吴国准备了几根又长又大的木料，派文种送去。夫差收到木料，非常高兴，为了不使大材小用，就把建造姑苏台的设计加高加大，这就更加劳民伤财。

↑《姑苏台图》（《三才图会》）

吴王夫差建造了姑苏台，又要越国进贡美女。勾践就下令在国内选美女。这时，范蠡在苎萝山上（今浙江省诸暨市境内）找到了一个名叫西施的美女，她情愿舍出自己的身子，到吴国去，帮助越王报仇。勾践就派范蠡把西施和其他美女送到吴国去。吴王夫差见到西施的美貌，马上就被迷住了，对她非常宠爱。从此，夫差就日夜在姑苏台同西施作乐，西施也经常向夫差说越国的好话，这样，夫差对越国就一点戒备也没有了。

吴王向北争霸，越王乘虚袭吴

吴王夫差七年（前489年），吴王夫差听说齐景公已死，继位的晏孺子年少无权，大臣争权夺利，国内混乱，就打算兴兵伐齐，其目的是为了争夺霸主地位。但是，伍子胥反对。他对夫差警告说："越王勾践不吃好饭菜，不穿好衣裳，老百姓死了去凭吊、病了去慰问，收买人心，是要让百姓们为他效力。这个人不除掉，必定是吴国的祸患。现在大王不先除掉腹心之患，反而去伐齐，不是把事情给弄颠倒了吗？"夫差嫌他多嘴，不听他的劝告，下定决心要伐齐。

吴王夫差十一年（前485年），吴军在齐国艾陵这个地方打败了齐军，俘虏了齐国大臣国惠子、高昭子，胜利而归。夫差为此而扬扬得意，并指责伍子胥。伍子胥说："大王不要高兴得太早了!"夫差听了大怒，伍子胥就要自杀，被夫差阻止了。

消息传到越国，大夫文种对勾践说："我看吴王已经骄傲了，请大王让我到吴国去借粮，试探一下吴王对我们越国的态度。"于是文种就到吴国去，向夫差提出借粮，夫差准备答应，伍子胥又反对，但夫差还是把粮食借给越国了。越国君臣知道吴王夫差已经对越国没有什么戒心了，都暗暗高兴。

吴王夫差多次伐齐，取得了一些胜利，越王勾践又是派人朝贺，又是献上厚礼。夫差非常高兴，只有伍子胥越来越担心。他说："越国这样做，是在豢养吴国啊！"他再次劝告吴王说："越国是心腹之患，大王却不防备。现在攻打齐国，只是得到了一点小便宜，好比是在石板上耕种，是得不到什么好处的。"吴王根本就听不进去。伍子胥又警告说："大王不听我的劝告，再过三年，吴国就要变成一片废墟了！"伯嚭又经常在吴王面前同伍子胥争执，为越国说好话，还在背后向吴王夫差说伍子胥的坏话："伍员这个人，表面看上去很忠于大王，其实他自己另有打算。大王前次准备伐齐，伍员反对，结果得到胜利，他反而怨恨大王。大王如果不防备，伍员一定会反叛作乱。"夫差听了，将信将疑。后来派伍子胥出使齐国，听说伍子胥把儿子托付给齐国的大夫鲍氏，于是夫差大怒，说："伍员果然背叛寡人！"等伍子胥从齐国回来，夫差就派使者给伍子胥送去一把属镂（音lòu）宝剑，让伍子胥自杀。伍子胥拿着宝剑，大笑说：“我帮助你的父亲（指阖闾）称霸，我又立你为王，当初你要把吴国的一半分给我，我不接受；现在你反而听信谗言要杀我。”接着，他对使者说：“我死之后，你去告诉吴王，把我的眼睛挖出来，挂在姑苏城东门，我要看着越兵攻进来！”说完就拔剑自杀了。伍子胥死后，夫差就把吴国的政事交给了太宰伯嚭来管理。

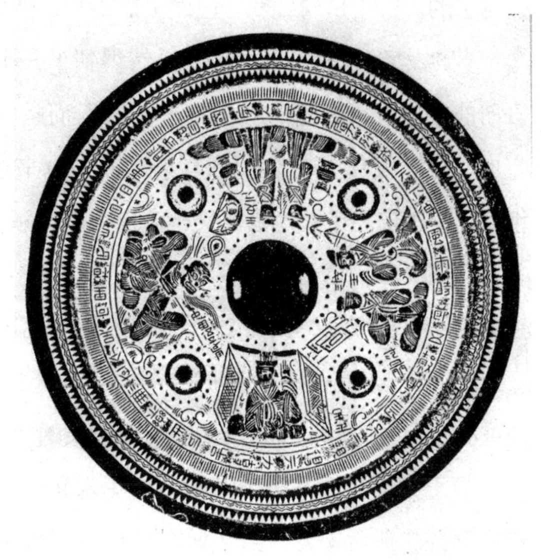

↑ **伍子胥画像镜**

越王勾践召范蠡去问道：“吴王已经杀了伍子胥，周围尽是阿谀奉承的人，现在可以发兵攻打吴国了吧？”范蠡说：“不行，还要等待时机。”

吴王夫差十四年（前482年），吴王夫差亲自率领吴军主力伐齐，打败了齐军。夫差在卫国的黄池（今河南省封丘县西南），召集各路诸侯来开大会。晋、卫、鲁等大国慑于吴国的武力，就订立了盟约，承认吴王夫差为霸主。

吴王夫差率主力北上时，留下了老弱兵卒和太子守卫。消息传来，勾践再问范蠡可不可以发兵攻吴，范蠡说：“可以了。”于是，越国将流放罪人经过军事训练的士卒二千人，作为敢死队，将经过长期训练的军队四万人作为主力，此外还有王者亲兵六千人，有官位职事的一千人，总共近五万人，去攻打吴国。吴国留守的老兵弱卒碰到了越国的精锐部队，当然不堪一击，被越军杀得大败，并把吴国太子也杀了。吴国国内赶紧向吴王夫差告急，夫差正在黄池与诸侯会盟，不敢声张，为了保密，把知情的七个人杀了。会盟已毕，吴王夫差匆匆忙忙带着吴军回来，但由于长途跋涉，十分劳累，战斗力很弱，被越军打败。夫差只好派伯嚭带着厚礼向越军求和。范蠡对勾践说：“吴国现在还有实力，不是一下子就能灭得了的。”于是勾践就答应同吴国讲和，然后就退兵回国了。

黄池大会之后，吴王夫差虽然得到了一个霸主的空名，但吴国军队因为在争霸战争中损失惨重，国力越来越弱，而越国经过十年生聚、十年教训，人口增加，生产发展，军队训练有素，国力越来越强。到吴王夫差十八年（前478年），越王勾践带着范蠡、文种亲自率领大军再次进攻吴国，在笠泽这个地方交战，大败吴军。然后，越军继续进军，节节胜利。到周元王元年（前475年），越军攻到姑苏城下，围困吴军三年。到周元王三年（前473年），吴军被越军彻底打败，吴王夫差躲在姑苏的山上。当年越王勾践被吴王夫差围在会稽山的历史又重演了，当然，是在相反的情况下重演的。

吴王夫差又派大夫公孙雄到越军求和。公孙雄裸衣跪行到越王勾践面前，恳求说：“孤臣夫差，当年曾在会稽得罪大王，当时夫差不敢违背天命，使大王得以复国。如今大王大驾来讨伐孤臣，孤臣唯命是听。大王能像当年在会稽那样，赦免孤臣之罪吗？”勾践看着公孙雄那副可怜的样子，准备答应他的请求。范蠡急忙阻止，说：“当年在会稽的事情，是上天把越国赐给吴国，吴国不肯接受；现在上天把吴国赐给越国，大王难道可以违背天意吗？大王早晚操劳，不是为了向吴国报仇吗？按照预定的计谋辛辛苦苦努力了二十二年，现在马上就要成功了，难道可以前功尽弃吗？上天给予的东西，大王不接受，将来反过来要受害的。大王难道忘了会稽被围困的教训了吗？”勾践说：“你说得很对，我本想照你的话做，但是，我看吴国使者这样可怜，有点不忍心。”范蠡就传令击鼓进兵，并对勾践说：“大王已把军事交给我来执掌，使者快回去，一切由我来负责。”吴国使者公孙雄哭着走了。越王勾践派人对吴王夫差说：“我把你送到甬东（东海的岛上）安置，你可带百家人一起居住。”吴王夫差听了，叹了口气说：“我老了，不能伺候君王了。我悔不该不听伍子胥的话，才落到了如此地步！”于是就拔剑自杀了。临死时说：“我没有面目在地下见伍子胥啊！”

于是，越王勾践就攻进姑苏，灭了吴国。勾践坐在吴王夫差的朝堂上，文武百官都来朝贺。吴国太宰伯嚭也站在那里，等待受封。勾践说：“你是吴国的太宰，我哪敢收你做臣下？你怎么不跟你的国君去呀？”伯嚭无地自容，退了出去。勾践马上派人把他杀了。

鸟尽弓藏

越王勾践灭吴以后，率领得胜之师，北渡淮河，在徐州（今山东省滕州市）会齐、晋等诸侯，派人向周天子送去贡礼。周元王也派使臣给勾践送去祭肉。从此，越国的兵马横行于江淮一带，诸侯都来朝贺，承认越王勾践的霸主地位。这样，勾践就成了春秋时期最后一个霸主。

勾践带领军队回国。这时，勾践已经灭了吴，报了仇，雪了耻，而且称霸于诸侯，作为一个国君，他的事业已经到头了。而辅佐勾践完成霸业的大夫文种和范蠡，他们治国治军的才能，这时对勾践已经没有什么用处了。作为上将军的范蠡，在回国之后，感到大名之下，难以久留。于是，给越王勾践上书说：“我听说主忧臣劳，主辱臣死。当年君王受辱于会稽，为臣下的应当死。臣下之所以没有死，就是因为要帮助君王报仇雪耻，完成霸业。现在报仇雪耻的目的已经达到了，臣下请求君王根据会稽受辱的事，给臣下降罪处死。”勾践看了范蠡的上书后说：“我正要奖赏你的功劳，把国土的一部分给你，怎么反而会降罪将你处死呢？”话虽这么说，范蠡根据多年的交往，深知勾践的为人，当然是不会相信的。于是，他就秘密地把珠宝玉器装上船，带着自己的亲信随从乘船到了海上，同

↑ 范蠡泛舟五湖

勾践不辞而别，再也不回来了。后来，他到齐国做了大商人。

范蠡秘密出走时，没有忘了他的老朋友文种。他给文种留下了一封信，对文种说："飞鸟打光了，再好的弓箭也该收藏起来了；兔子打完了，就轮到把猎狗煮了吃了。越王这个人，只可以和他共患难，不可以和他共享安乐。你还是快些走吧！"文种看了范蠡的信，将信将疑。他不像范蠡早已有准备，现在他要走，恐怕也来不及了，况且他对越王勾践还抱有幻想。为了自身安全着想，他就称病不朝。

但是，果然不出范蠡所料，悲剧终于发生了，越王勾践向文种开刀了。有人向勾践进谗言，诬告文种要作乱。这当然是根本不可能的事，但这正好被勾践找到了一个借口。于是，勾践就派人给文种送去了一把宝剑，并传话给文种说："当年你教我伐吴，有七条计策，我用了三条，就把吴国灭了。还有四条计策，还在你的脑子里，你准备干什么用呢？你还是带着你的计策，替我到地下跟随先王去使用吧！"文种接过宝剑一看，正是当年吴王夫差叫伍子胥自杀的那把属镂宝剑。文种这才完全相信范蠡的话一点也没有错，可是后悔已经来不及了。这个忠心耿耿地辅佐越王勾践复国、报仇、称霸的文种，就这样含冤饮剑而死了。

"敌国灭，谋臣亡"，这个历史典故，就是这样留下来的。在君主专制制度下，君主杀功臣的事数不胜数，文种式的悲剧一次又一次地重演着。在这件事情上，越王勾践可以说为后代君主做出了"榜样"。这从一个侧面反映了君臣关系的实质，不是单纯从勾践个人的性格所能解释得了的。对于那些智谋出众、立不赏之功的能臣宿将来说，他们的功劳本身就是"罪"，就是置自己于死地的原因。因此，在勾践之类的君主那里，功与罪的关系是颠倒的。这类事情在不断重复地出现，常常使得那些功高震主的大臣们惶恐不安。但是，事实上，像范蠡那样功成身退因而保全自身的人毕竟是少数，而像文种这样不幸被杀的人是多数。

诛杀功臣无疑是越王勾践一生中最不光彩的一面。但是，我们也不可因此而抹杀他在会稽失败后，忍辱负重，卧薪尝胆，发愤图强的坚强毅力。凭着这种精神力量，他能较好地采纳臣下的建议，得到百姓的同情和支持，终于达到复兴国家，报仇雪耻，最后完成霸业的目的。这同那个狂妄自大、刚愎自用的吴王夫差形成了鲜明的对比。当然，大国争霸的战争，都是劳民伤财的无义之战，造成的破坏极大，越王勾践也不例外，这是不值得赞颂的。我们要肯定的是越国君臣以及百姓们的发愤图强的精神，这种精神对后世有着深远的影响。特别是当国家和民族遭受危难和耻辱时，这种精神常常能激励人们的斗志，做到艰苦奋斗，自强不息。因此，这种发愤图强的精神，是我们中华民族的可贵的精神财富。

张义德

光明日报社高级编辑，专著有《叶适评传》等，与人合作编著《邓小平实践真理研究》等。

嬴政

千古一帝秦始皇

秦始皇个人小档案

姓名：嬴政

别称：赵政、秦政

所处时代：战国、秦朝

生卒年：前259—前210年

出生地：邯郸（今河北邯郸）

在位：前246—前210年

主要成就：统一六国；统一文字、货币和度量衡；北却匈奴，南平百越

轶事典故：荆轲刺秦，焚书坑儒，亡秦者胡也

死亡地：沙丘平台（今河北巨鹿东南）

陵寝：骊山陵（今陕西西安临潼区下河村）

继位人：秦二世胡亥

最得意：统一六国

最失意：长生无望

嬴政

秦始皇，名嬴政。公元前221年吞并六国，建立了中国历史上第一个统一的中央集权的封建国家。

秦始皇的父亲秦庄襄王，名异人，后改名子楚。异人原是秦国的公子，曾被作为人质留在赵国，在阳翟被邯郸大商人吕不韦发现。吕认为立一国之王最为得利，便把自己已经怀孕的妾赵姬嫁给了子楚，同时不惜千金为子楚立为太子而积极活动，终于得到了孝文王后华阳夫人的同意，被立为太子。孝文王元年（前250年），孝文王死，子楚继位为庄襄王，吕不韦因“有功”而被封为相国、文信侯，食河南洛阳十万户，还兼任太子政的师傅。嬴政元年（前246年），庄襄王死，年仅十三岁的嬴政继位，由其母临朝听政，尊吕不韦为相国，号称“仲父”（即次父）。朝廷大权尽落入吕不韦手中。此时的秦国，自秦孝公变法以来，历经六世，至秦王政时，已经发展为七国之中最强的一个国家。

初展雄才　独揽权柄

按秦国制度，国君年二十二岁要举行冠礼，然后才能主理国家政务。但在秦始皇八年（前239年），秦始皇行将亲政的前一年，宫廷内部掀起了激烈的争权恶浪。太后把她所宠幸的、诈称宦官的嫪毐（音lào ǎi）封为长信侯，并把山阳、河西太原郡作为嫪毐的封地。而且在政事方面，事无大小皆决于嫪毐。这是太后在秦王政亲政前通过嫪毐而夺权，以便在秦王政亲政后能够继续干预政事。同年，吕不韦把在他主持下，由其宾客们“上观尚古，删拾《春秋》，集六国时事”“兼儒墨”“合名法”而撰成的杂家著作《吕氏春秋》一书，公布于咸阳城门之上。书中提到：“天下，非一人之天下。”并指出对其书有能增损一字者赏千金。妄图使自己的政治主张和学说定为一尊，并在秦王政亲政后，仍能以其“仲父”加师傅的身份进行教导，以便实践他的意图，进而巩固自己的地位和权势。

秦王政自继位以来，到亲政前的八年中，是太后临朝，吕氏用权，嫪毐专断。吕、嫪二人不仅为相封侯，而且先后与太后私通，结成了一个腐朽堕落的政治集团，左右朝政。当时官宦中流传着“与嫪反乎？与吕反乎？”严重地危害着秦政权的巩固和发展，更不利于秦王政统一天下大志的实现。在这种情况下成长起来的秦王政，由于不甘做傀儡而养成了刚戾、独断的性格。秦始皇九年（前238年），二十二岁的秦王政要行加冠、佩剑典礼，标志着国王亲理政事管理国家的开始，这就必然要爆发秦王政与以太后为首的吕、嫪集团的争权斗争。四月，当秦王政要举行典礼之际，嫪毐盗用国王玉玺和太后玺征发县卒、卫卒、官骑等军队发动武装政变，向秦王政居住的蕲年宫进攻。秦王政得知消息后，果断决定派相国昌太君、昌文君率兵镇压，战于咸阳，嫪毐兵败。参加叛乱的卫尉竭、内史肆、佐弋竭、中大夫令齐等二十人被杀，车裂了嫪毐并灭其宗族，其舍人发配到蜀地四千余家。同时把太后幽禁于咸阳宫，杀掉了她与嫪毐私通所生的二子。第二年，秦王政为消灭政敌，以嫪毐事牵连吕不韦（吕不韦与太后私通后，又把嫪毐进上给太后），免去其相国职务，并指责他无功、无亲于秦，最后吕不韦畏罪自杀。秦王政执政后，在两年之中解决了嫪、吕集团，把政权集中在一人之手，初展了他的雄才大略。

重才任人　扫灭六国

秦王政亲政后，韩、赵、魏、楚、燕、齐各国已处于衰落地位，朝不保夕。但合纵（六国联合对抗强秦）与连横（六国从属于秦）仍然对立地存在着。能够完成统一的历史重任，无疑落在秦王政的肩上。韩非当时曾分析形势说："燕在北方，魏在南面，再与最南方的楚国联合，然后还要与东方的齐国建立巩固的关系，再把近秦而贫弱的韩国连在一起结成合纵，组成一个由北向南的战线去对抗强秦，是必然要失败的。"李斯也提到："山东六国，对于秦来说，如同处于郡县地位一样。以秦之强足以灭六国，统一天下，创建帝业。"历史重任摆在秦王政面前，采取什么措施，如何进行统一，是亟待解决的问题。

在关系到历史前途重大问题的关键时刻，秦王政能够发扬秦国重才任人、听取意见的优良传统。韩国曾派水工郑国入秦，以兴修水利为名，行疲秦之计，以水利工程拖住秦的人力、物力、财力，使其无暇东顾进行军事行动的计划被秦王发觉后，加以嫪、吕集团事件曾引起宗室大臣对旅秦客卿的不满，他们对秦王说各诸侯国来秦的人，都是各为其主，要秦王全部逐除。因此，秦王曾下"逐客令"。但当他听了被逐之列的李斯的一席话后，特别是看了李斯的《谏逐客书》后，秦王就改变了主张，撤销了逐客令，并恢复了李斯的官职，加以重用。就是对于郑国，秦王政也没有把他逐出，相反，还让他继续主持修建水利工程郑国渠。

在秦王政撤销逐客令的同时，魏国大梁人缭来事秦。他向秦王政分析了当前的形势。秦国以实力消灭东方各诸侯国是不成问题的，但是各诸侯国合纵抗秦，也会给秦的统一造成很大困难。因此，他向秦王政献破合纵之策：一是离间各诸侯国的君臣关系，用三十万金贿赂各国权臣，以乱其谋，为秦所用；二是进行暗杀活动，对各国名臣重将不受贿而坚持为敌者，则设法杀害，以削弱各国的实力；三是派良将率大军压境，进而消灭各国。这一计谋得到了秦王政的赏识，并用缭为太尉统领兵权，由李斯具体执行其计划。由于六国的衰败之势，使秦的计划得以施展。

在派出游说之士到各国活动的同时，相继派兵施加军事压力。秦始皇十三年（前234年），秦军向韩进攻。这次的军事目的是为得韩非而动。因为秦王政曾看到韩非的著作《孤愤》《五蠹》等文章，感叹说："若能见到作者，死而无恨。"韩无力抵抗，又知秦军此来目的，只好让韩非入秦。十五年又举兵伐赵，一军进抵邺，一军至太原，并迫使韩、魏献地于秦。

在国内的政治生活中，秦王政也能听取有识之士的建议。如魏人姚贾入秦后，提出以金千斤破燕、赵、魏、楚四国合纵联盟的计策，提出在用人上要任其才能，不要求全责备的建议，都得到了秦王政的赞赏。齐国人茅焦入秦后，敢于冒死直谏，指责秦王政因嫪毐事件而软禁太后是不对的，秦王政也接纳了，并复归太后于甘泉宫。秦始皇十四年，韩非到秦国后，向秦王提出了兼并六国的计策，即首灭韩、赵、魏，以远交近攻破合纵，然后消灭各国统一天下。虽然韩非后来为李斯、姚贾的陷害而入狱自杀，但他集法家之大成的法、术、势的思想，均为秦王政所接受，并贯彻于施政之中。

秦王政为了统一全国，于秦始皇十七年至秦始皇二十六年（前230—前221年）的十年之中，先后向各诸侯国用兵。秦始皇十七年（前230年），秦灭韩；二十二年（前225年），秦灭魏；二十四年（前223年），秦灭楚；二十五（前222年），秦灭赵、灭燕；二十六年（前221年），秦灭齐，统一全国。

秦王政在十年之中，以他的雄才大略，结束了自西周、春秋战国以来七八百年的封建割据局面，使中国的政局实现了第一次的统一。秦王政顺应了历史发展的要求，完成了历史所赋予的统一使命，在历史长河中建立了不朽的功勋。

建立中央集权制国家

秦王政吞并六国，一统天下，建立了以咸阳为首都，包括"东至海暨朝鲜，西至临洮、羌中（甘青高原），南至北向户（岭南），北据河为塞、并阴山至辽东”的幅员辽阔的国家。历史翻开了新的一页。但建立一个什么样的国家，在大臣之中却有着不同的意见和争论。丞相王绾认为应当建立分封制，廷尉李斯则反对分封诸侯，坚持建立郡县制的中央集权制国家。秦王政从历史中看到分封的弊病——政权分散，造成割据，战争不息，认为立诸侯国如同树兵，因此同意李斯的意见，决定在秦国原来的政权基础上建立中央集权制的国家机器。

第一，改王为皇帝。秦王政认为，今六王已灭，天下一尊。而自殷周以来的“王”，已远不能显示他的尊贵，因此需要更名议帝号，以树立最高统治者的绝对权威。丞相王绾、御史大夫冯劫、廷尉李斯等就此进行了讨论。秦王政同意了他们所提出的把过去的“命”改为“制”（皇帝的制度之命为制书），改“令”为“诏”（诏书）。过去一般人可以用为自称的“朕”，改为天子的专称，表示独尊无二。至于帝号，秦王政也自认为他是“德兼三皇，功过五帝”，其历史功德为有史以来的帝王所不及，因此作为国家元首，秦王政则取“皇帝”为号，秦王政也就成为中国历史上的第一位皇帝。并决定废除过去的君王死后，由臣子按其生前行事经议论后给以称号的“谥法”，而自称为“始皇帝”，规定其后世，按数计算为二世、三世，以至万世。

第二，健全中央集权组织。国家的最高统治者是皇帝。皇帝之下设中央政权机构，由“三公”分管：丞相，分为左右丞相，为百官之长，协助皇帝处理全国的政务；太尉，为武官之长，掌管全国的军事；御史大夫，辅佐丞相，掌管图籍、奏章，监察各级官吏。

“三公”之下设有“九卿”，“九卿”是具体掌管各方面事务的官吏。治粟内史，掌管谷货；宗正，掌管皇室属籍；少府，掌管山海泽池之税和官府手工业制造以供应皇室的需用；奉常，掌宗庙礼仪，其属官还有太乐、太祝、太宰、太史、太卜、太医等；典客，负责民族事务和外事；太仆，掌管皇帝车马；郎中令，负责皇帝的安全工作；廷尉，掌管司法；卫尉，掌管皇帝的警卫部队；中尉，负责首都警卫工作；将作少府，掌管皇宫的修建。三公九卿对皇帝直接负责，皇帝对重大事务做最后的裁决。这就确立了皇帝一人大权在握的制度，突出了中央集权制的特点。

第三，健全地方各级行政机构。废除分封制，继续健全、推行地方的郡、县两级制的政权机构。分全国为三十六郡。后来由于疆域的不断扩大和开发，以及郡制的调整，又增加了一些郡。

郡守为一郡的最高长官，总管一郡的政务。郡尉掌管一郡的军队。监尉史负责督察一郡的官吏和百姓。郡下设县，县下设乡、亭、里。

县按万户以上者设县令，万户以下者为县长，是一县的最高长官。下设县丞，是县令（长）的助理。县尉则掌管一县的军事。

乡设三老掌管教化，啬夫掌管司法和税务，游徼掌管安全工作。

乡下十里为亭，设有亭长和求盗。十亭为乡。亭下设里，有里正和监门。乡、亭、里所管治的民称为“黔首”。社会的基层组织是以十家为什，有什长；五家为伍，设有伍长。

由中央到郡县的政权机构中的官吏，均由皇帝任免，实行俸禄制。通过这套官僚机构，皇帝的权威可以直达地方，从上到下对全国进行统治。

第四，加强军队建设。军队是国家政权的主要组成部分。秦制规定男丁二十三岁（实际十五岁）以上要服兵役二年。分为正卒：守卫京师一年。戍卒：戍守边疆一年。更卒：在本郡、本县内服役一个月。驻各郡的正规军叫材官，分为步兵和水兵（楼船）两种。军队的调动，以虎符为凭据，军权掌握在皇帝手中。

第五，划一法律。为了维护地主阶级的特权，制定了一系列的法律和刑罚。其律目有三十余种，如《田律》《关市律》《军爵律》《置吏律》《司空律》《工律》《挟书律》《盗》《贼》《连坐法》等包括了政治、经济、军事和文化方面的各种法律，用以维护封建等级制度和封建秩序。在刑罚方面，以重刑为主，其刑目也有数十种，如劓、宫、黥、弃市、腰斩等刑。轻罪重判，用以对人民进行残酷的镇压。

第六，用“五德终始说”确立秦的正统地位和神化皇权。“五德终始说”

是战国末年阴阳五行家邹衍用金、木、水、火、土解释历史的变化，规定每个朝代占有一德，而五德相克，往复循环。认为尧舜得土德，夏为木德，商为金德，周为火德，而秦则得水德，并找出天所降瑞应于秦，据说孝公时出猎曾获一条黑龙，故秦为水德。秦代周是水克火，因此秦始皇所建立的政权是符合天意的正统。以此向臣民灌输皇权神授的神秘观念，这种观念也正是专制主义中央集权制的思想基础。由于水色黑，因此规定礼服、旌旗用黑色；按五行水主北方，北为阴、寒，因此制定严刑峻法，行急政，以体现水德的特征。同时，由于与水德相应的数为六，因此规定符的长度、法冠的高度为六寸，“车同轨”而车舆为六尺，一乘六马，六尺为步，等等。并把“河”命为“德水”，改历法以建亥之月为正月（即夏历十月。夏以建寅之月为岁首，商以建丑之月为岁首，周以建子之月为岁首）。

秦始皇用“五德终始说”来确立自己的法统地位。为了进一步神化其政权，秦始皇还登泰山举行封禅大典，用以说明他的政权的建立得到了天神地后的帮助和承认。在泰山上设坛祭天，以报天助之功叫“封”；在泰山下小丘梁父进行祭祀以示报地之功，叫作“禅”，以此表明秦的政权是神圣不可侵犯的。

巩固中央集权制的措施

秦始皇所确立的中央集权制，是在消除了几百年来的分封和封建割据局面后建立起来的。面对这一新型的政权，那些被消灭的六国的旧贵族以及因循守旧的儒生对它怀有敌意和不满，因此对于旧的传统势力还需要进一步清除；如何促进新型政权的发展，还要采取一些必要的措施，解决长期以来历史上遗留下来的不利于中央集权制的因素。

一、消除割据的残余势力

（1）迁原六国的豪富、强宗于咸阳。秦王二十六年（前221年），将各地的原六国的贵族强宗和豪富十二万户迁到咸阳，使他们脱离原地区，消除其政治影响和削弱他们的经济实力，使其丧失复辟反抗的条件和能力，将其置于中央集权的直接控制之下，以便监督。

（2）毁城防，消除割据的凭借。战国时期，为了割据和兼并战争的需要，各诸侯国都修建了城郭，沿河堤防以及长城作为防御工事。为了巩固中央集权，秦王三十二年（前215年），秦始皇下令拆毁各地城郭，决通川防，消除险阻，尽可能地清除各地反动势力赖以进行复辟活动的手段，同时也方便了水利和交通的建设。

（3）销毁兵器。六国被消灭了，但是在残余的贵族势力手中，还留有大量的武器。在迁豪的同时，向民间收缴武器，集中于咸阳进行销毁，铸成十二个重千石的钟𫓧铜人，以此来消除旧贵族的叛乱和防止人民的反抗。

二、焚书坑儒

为了打击意识形态领域中的复辟势力和消除隐患，秦始皇于公元前213年在咸阳宫庆寿的筵席上，采纳了李斯提出的焚毁儒家经典等书籍的建议。因为在筵席上博士淳于越提出应当进行分封，建立诸侯国，如果“事不师古”是不能长久的。秦始皇听后，让群臣各抒己见。李斯则针锋相对地指出，这些博士儒生面对新政权、新制度，提出“不师今而学古”，主张分封，恢复礼治，用儒家经典为依据，“以非当世”，散布不利于中央集权制的言论，造成人们思想上的混乱。因此建议：①请史官把《秦记》以外的各诸侯国的原有史籍一律焚烧掉，以尊一统。②除博士馆所藏之外的儒家经典，如《诗》《书》和百家的著作，都要送到当地政府烧毁。③有敢于谈论《诗》《书》等儒家经典著作的人，要弃市处死；宣扬古代而诽谤现政权的人，要灭其宗族。④对上述各项，官吏发现而不加以查处则与之同罪。⑤令下三十日而不烧毁，则处以黥刑，罚为戍边和筑长城。⑥保留医学、药书、卜筮和种树等书籍。⑦有欲学法律的，以狱吏为师，禁止私学。秦始皇同意了这一意见，进行了焚书，实行了空前的文化专制政策。虽然目的在于从意识形态和文化领域中加强统治和巩固中央集权，“使天下无以古非今”，但却是第一次大规模地对古代文献典籍的摧残，是中国文化史上的第一次大浩劫。

↑ 焚书坑儒

第二年，接连又发生了以宣扬怪异、通鬼神、能求长生不老药的方士对秦始皇的欺骗和诽谤的事件。方士卢生欺骗秦始皇说："为求得仙药，人主必须'微行以避恶鬼'，然后才能得到长生不死的仙药。"秦始皇为急于得到仙药，开始了"微行"，其行止不让外人知道。当他巡幸咸阳旁的宫殿区和巡幸梁山宫时，发现有人知道他的行踪，认为是随从侍臣等传出去的，因而把身边的人杀掉很多。而卢生则借此与方士侯生相互为谋，指责秦始皇"刚愎自用"，反对他的集权制，"天下之事无小大皆决于上"。反对他的法治，"专任狱吏"，而"博士虽七十人"和掌"候星气者"的方术士三百人均不被重用。同时二人也知道仙药无从得到，最后必将被绳之以法，因此逃去。秦始皇知道受骗，又遭诽谤，而方术士和儒生的政治观点一致，因此，他又迁怒于在咸阳的儒生身上，把散布不满集权制的四百六十余名儒生坑杀于咸阳。焚书坑儒虽然有利于巩固中央集权，但其方法也充分地暴露了秦始皇的暴虐，不仅对古典文献的保存，而且对于文化学术的交流发展都造成了不可弥补的损失。

三、统一各种制度

以秦制为标准，整齐划一全国各地区的政治、经济、文化等方面的制度，以消除由于长期封建割据所造成的差异，促进统一后的发展。

（1）"黔首自实田""上农除末"。秦王三十一年（前216年）下令"使黔首自实田"，即命令广大自耕农把占有土地的数字向政府呈报，国家以法律形式承认其土地私有，把农民束缚在土地上，稳定封建秩序，并为国家征收赋税提供依据，使地主阶级的土地私有制在全国范围内确立起来。

为发展封建地主阶级的经济，李斯提出："今天下已定，法令出一，百姓当家则力农工"，主张大力发展农业生产。这一建议为秦始皇所采纳，实行"上农除末（商）"的政策，打击商人，南戍五岭有很大一部分就是"贾人"。为发展农业以免除徭役的办法鼓励农垦，先后把近百万人的"黔首"或"罪徒"，迁到边疆或劳动力不足的地区垦荒，进行农业生产。如秦王二十八年（前219年），徙黔首三万户于琅琊台，免除十二年的赋税。秦王三十三年（前214年），发五十万人戍五岭与越人杂处；又徙罪犯充实蒙恬军出兵西北，斥逐匈奴后在榆中、河东及阴山等地置四十四县。秦王三十五年（前212年），又迁三万家到丽邑，五万家到云阳，免除十年徭役。秦王三十六年（前211年），迁到北河榆中三万家。促进了这些边远地区的农业经济的发展。

（2）统一货币。战国时期各国的货币形制、大小轻重和计量单位都不相同。有布币、刀币、郢爰和圆钱。为了有利于统一后的商品交换、经济交流和发展，废除了原有的各诸侯国的货币，改用黄金为上币，以镒（二十两）为单位；以圆形方孔，文曰“半两”的铜钱为下币。

↑ **半两铜钱及钱范**

（3）统一度量衡。战国时期各国的度、量、衡的大小、长短、轻重都不相同。秦始皇则于公元前221年，以商鞅制定的秦制为标准，“一法度量石丈尺”，公布于天下施行，统一全国的度量衡：度为寸、尺、丈、引；量为桶（斛）、斗、升、合、龠；衡为铢、两、斤、钧、石。

（4）统一文字。由于文字的演变和发展，战国时期各诸侯国的文字异形，严重地影响着文化学术的交流和发展。秦始皇在统一度量衡的同时，下令“书同文字”，一律使用以秦篆为基础的小篆。其特点是统一文字的偏旁形体，固定位置，固定字体的笔画和笔顺，第一次规范了文字。为推行统一的文字，又令李斯写《仓颉篇》、赵高写《爰历篇》、胡毋敬写《博学篇》作为范本。同时，民间还流传一种更为简便的隶书。

四、北伐匈奴，南戍五岭

（1）北伐匈奴筑长城。在北部的蒙古高原分布着匈奴人，自战国以来，趁中原各诸侯国纷争之际，不断进行侵扰抢掠，并占据了秦北部河套地区。虽然秦始皇统一了天下，建立了中央集权，而匈奴在北部的势力仍然是对秦政权的严重威胁。尤其是秦都咸阳，更是首当其冲，故当时民间流传着“亡秦者胡也”的说法。为了解除来自北方的威胁，秦王三十二年（前215年）秦始皇派将军蒙恬率三十万大军北伐匈奴，收复了河套以南地区。秦王三十三年（前214年）又收复了河套以北至阴山地区，并设置了四十四县，解除了匈奴的威胁。随后，为了巩固北部边防，把原秦、赵、燕的北部长城修建连为一体，筑成了一条西起临洮（今甘肃岷县），东至辽东的“万里长城”，对于巩固和保护北方农业经济的发展，起到了重要作用。

（2）平“百越”，南戍五岭。分布在长江下游和东南沿海以及西南一带的越人，当时被称为“百越”。主要分为闽越，生活在福建一带；东瓯在东南浙江沿海一带；南越在广东一带；西瓯在广东西南、广西南部和云南东南部。大都处于氏族社会阶段。秦始皇在统一中国的前后，对“百越”地区进行了征服。秦王二十四年（前223年）灭楚后，继续南进，征服了东南沿海一带的瓯越，设置了会稽郡。吞并六国后，派尉屠睢率五十万大军，分兵五路向岭南进军，很快征服了闽越，设置闽中郡。进攻南越的秦军占领了番禺（广州）。但进攻西瓯的秦军遭到了顽强抵抗，又加以岭南交通不便，影响秦军的粮饷。为支援军需，秦始皇令监禄率卒开湘水、漓水间的灵渠（广西兴安县内），沟通长江与珠江水系的交通，方便了军运，最后终于全部平定了“百越”，统一了岭南广大地区，并设置了南海郡、桂林郡和象郡。于秦王二十八年（前219年）又征发中原几十万人，“戍五岭，与越杂处”，带去了中原先进的生产工具和生产经验，促进了这一地区的经济、文化的发展，加速了民族间的融合。至此，川、云、贵（西南夷地区）以及两广、浙、闽（百越地区）与中原连为一体，成为中国领土不可分割的一部分，巩固和扩大了中央集权，为形成一个多民族的国家奠定了基础。

秦始皇的暴政和沙丘之亡

在秦始皇的统治时期，尤其是在建立中央集权后的十一年中，其施政特点是“急政”和残暴。

秦始皇统一六国后，建立了由中央到地方的各级官僚机构和一支庞大的军队，进行了北伐匈奴和南平百越的大规模战争，并大兴土木，大搞迷信活动，重赋敛，严刑罚，穷奢极欲，把人民推向了水深火热之中。

一、大兴土木，耗费民财民力

（1）兴修楼台殿阁。秦始皇兼并六国之际，每破一诸侯国，就绘制其宫殿图形，然后在咸阳北部的山麓中进行仿建。其区域北至甘泉，南至渭水，东临黄河，西到汧水，东西八百里。其中所建的离宫别馆、楼台殿阁，数不胜数。据《史记·秦始皇本纪》载：“关中计宫三百，关外四百余。”又载“咸阳之旁二百里内，宫观二百七十”，而且“殿屋复道（连通殿阁的天桥），周阁相属”，并把原六国宫中的美女万余人以及钟鼓乐器玩好充实其中，用来满足秦始皇的淫逸腐化的生活。

统一后的第二年，即秦王二十七年（前220年），兴建“信宫渭南”，在渭水南所建的“信宫”又称咸阳宫，因位置居中，按天文星宿的中宫曰“天极”，因此又改称为“极庙”，通骊山，又建甘泉前殿，“筑甬道”（路两侧树高墙）至咸阳。

（2）兴修阿房宫。秦王三十五年（前212年），秦始皇认为先王所留下的宫殿太小，同统一后的大帝国相比很不相称，因此决定在渭南上林苑中营建“朝宫”。由于规模宏大，需要分期修建，首先建筑前殿，即阿房宫。其规模东西五百步，南北五十丈，殿上可容万人，殿前广阔，排列十二铜人，并可树五丈之旗。周围设阁道，由殿前可直达南山（终南山），山上建有宫阙；殿后有复道过渭水到咸阳宫。之所以如此设计，是用以象征“天极阁道绝汉抵营室”，即秦始皇由咸阳宫过渭水达阿房，如同天帝由所居之“天极”（北极星座）过汉（银河），到达“营室”（星座名）一样。秦始皇以此把自己比作人间的天帝。如此奢侈靡费的豪华，反映了秦始皇的穷奢极欲。

（3）修筑骊山墓。自秦始皇亲政，就开始为自己修建死后用以享受的宫殿骊山墓，一直到秦二世时才完成。据《史记·秦始皇本纪》载：征发“隐宫徒刑者七十万人，乃分作阿房宫或骊山”，使用了大量的劳动力。骊山墓高五十余丈，周围五里多长。掘地穿三泉，然后灌入铜汁加固。墓中建有宫殿，设有百官席位，并藏有奇珍异宝不计其数。墓室内还以水银为百川、江河、大海，并用机械使它流动；上具天文星宿。用人鱼膏作为墓室长久照明之用。为了防止盗墓，墓室内设有机关，自动射杀武器弩矢等。后来，当秦始皇沙丘之死运回咸阳下葬时，秦二世更为残暴地把后宫没有生育的宫女全部作为陪葬，为防止工匠泄露墓中机关，他们均被关入墓内。这一惨绝人寰的决定，虽然是二世所为，但也是秦始皇生前的打算。

这两项工程用掉了大量的人力、物力和财力。北方的石料，南方的木材几乎被用尽，所以后来杜牧在《阿房宫赋》中说：“蜀山兀，阿房出。”

二、寻神仙，求长生之药

统一后的秦始皇，由于大权在握，企图享尽人间的欢乐，因此怕死而求长生。一反过去的英明而变为昏庸，大搞迷信活动。由于秦始皇怕死，而那些以鼓吹懂星占、通鬼神、能求仙药的方士则投其所好。秦始皇二十八年（前219年），秦始皇东巡郡县到达齐故地东海之滨，齐人徐市（又名徐福）上书说：“在东海之中有蓬莱、方丈、瀛洲三座仙岛，上住仙人。”秦始皇听后，拿出巨万钱，派出数千童男童女随同入海求仙。秦始皇三十二年（前215年）秦始皇再次东巡到碣石，又让方士燕人卢生去寻找羡门、高誓二仙人；又派韩终、侯公、石生等人去寻神仙，求长生不老药。方士自知无从得仙药，因此卢生等又骗秦始

↑ **秦始皇遣使求仙图**

皇以“微行”，然后可得仙药，演出了一场场自欺欺人的闹剧，耗费大量财力，给人民带来沉重的负担。

三、修驰道，控制全国

秦统一全国，领土扩大，为加强对全国的控制和管理，以及供秦始皇巡行全国各地，在数年之中建立了以咸阳为中心，连接全国各地的交通网。统一后的第二年，即秦王二十七年（前220年），开始修驰道。以咸阳为中心，东到燕（河北、北京一带）、齐（山东半岛及沿海一带），南至吴、楚（长江中下游及沿海一带）。路面宽五十步，顺路每三丈远植松树一棵。又于秦始皇三十五年（前212年），在蒙恬北伐匈奴后，修筑了自咸阳往北，经上郡到九原的“直道”，全长一千八百里。此外，对西南地区，在四川还修筑了五尺宽的“五尺道”和为了穿越岭南而开的“新道”。驰道的修筑，在政治、军事上具有重要意义，对促进各地经济、文化的交流和发展起到积极的作用，但却是在连年不断调动大量劳动力的情况下，在短短的几年中急速完成的。

四、重赋役，严刑罚

战国时期至统一后的秦国，人口约为两千万。而秦始皇所征的徭役，按修阿房宫、骊山墓为七十万人，北筑长城五十万人，南戍五岭五十万人，再加上修驰道也不下几十万人，总数可估算为二百万人；在兵役方面，蒙恬所率大军三十万，尉屠睢所率大军五十万，再加上各郡的与戍边的军队也不会少于一百万。综合徭役和兵役的人数多至三百余万，这个数字占当时人口的近百分之二十，而且都是丁壮劳动力。因此虽然经济政策是“上农”，但农业经济的发展却因繁重的徭役、兵役而遭到破坏。在“力役三十倍于古”的情况下，生产上的劳动力严重缺乏，因此出现了“男子力耕不足粮饷，女子纺绩不足衣服”，甚至“男子披甲，丁女转输”。

更为严重的是戍边者十之五六不能生还，服徭役的人多数或死于途中或死于工程之中，造成了白骨累累的惨状，给人民带来了巨大的灾难。

秦始皇为维持他的庞大官僚机构和军队以及满足他的奢望，要“竭天下之资财以奉其政”，进行横征暴敛。当时“田租、口赋、盐铁之利二十倍于古”，人民收入的三分之二被剥夺，以供其急政之需，使阶级矛盾更加尖锐化。

在暴政统治下的人民，此起彼伏地进行着各种反抗。因此出现了在秦王三十六年，当一颗陨石落到东郡时，有人在石上刻字“始皇帝死而地分”的事件。秦始皇知道后，由于抓不到作案者而把附近居住的人全部杀光。为了反对繁重的徭役和赋税，人民则“贺死而吊生”以示反抗，并流传民谣，说“渭水不清口赋起”，讽刺其横征暴敛；人民还控诉了修长城所带来的灾难，流传着“生男慎勿举，生女哺用铺，不见长城下，尸骸相支柱”的歌谣。人民在承担不了繁重徭役的情况下，还直接咒骂秦始皇：“阿房阿房，亡始皇。”甚至有人于公元前211年在华阴的平舒道拦截皇帝使者说：“今年祖龙（指秦始皇）死。”

阶级矛盾在逐渐激化。秦始皇为了确保自己的统治，对人民进行残酷的镇压，“独任狱吏”“轻罪重判”造成“赭衣（犯人穿的红褐色罪衣）塞路，囹圄（监狱）成市”的局面，把国家变成了一个大监狱。

五、秦始皇五次巡行和沙丘之亡

秦始皇在统一后的十一年中，对全国进行了五次巡行，“亲巡天下，周览远方”，以此宣赫皇帝的威严和功业，加强对全国的控制。

（1）秦始皇二十七年（前220年），即统一后的第二年，开始了第一次巡行。由咸阳向西，经陇西地区到鸡头山（甘肃平凉西），然后返回咸阳。这次西巡，因为秦起家于西方，穆公时霸西戎，孝公时又曾移风易俗。如今天下一统，秦始皇要把“皇威”通过巡行而影响到西部地区，尤其使西部地区居住的各少数民族能安于臣服，以此来安定秦的后院。

↑ 泗水捞鼎画像石（东汉）

（2）秦始皇二十八年（前219年），进行第二次出巡，向东和东南巡行。这些地区是原六国的地域。东行郡县一直到达齐地邹峰山（山东邹城南），登泰山举行“封禅”，并刻石碑，颂扬秦统一天下的功德。之后，从琅琊南行到彭城，听说象征权力的周鼎沉没于泗水之中，始皇斋戒祷祠，令一千人下水寻周鼎，结果一无所获。又南下渡淮水到达衡山、南郡。又浮江南行，至湘山祠，遇风浪不能渡江，以为是湘君神所阻，使刑徒三千人“伐湘山树，赭其山”，演出了一场人神大战的闹剧，以显示他可以与神搏斗，用以神化自己的皇权。然后由南郡经武关回到咸阳。

（3）秦始皇二十九年（前218年），进行第三次巡行，仍然向东。这说明东部地区在统一后并不稳固。当巡行到阳武博浪沙时，遭到了原韩国公子张良和力士的狙击，以铁椎误中其副车，狙击未遂而逃走。秦始皇为此下令天下大搜查十天。又继续东行，然后转向西北，经赵的故地，沿漳水，过上党郡回到咸阳。

（4）秦始皇三十二年（前215年），进行第四次巡行。路经原韩、赵、魏、齐、燕等故地，东达碣石。一路看到各地仍保留着割据时期的城防和“以邻为壑”的堤防，不利于中央集权的巩固，不利于对地方的控制，因此在巡行中下令拆除。到碣石后，在刻石中特著其功：“皇帝奋威，德并诸侯，初一太平。堕坏城郭，决通川防，夷去险阻。”

返回时，由碣石西向，经右北平、渔阳、上谷、代郡、雁门、云中至上郡，一路考察了北方与匈奴接壤的边境，为北伐匈奴做了准备，然后回到咸阳，随即派蒙恬率军北伐匈奴。

（5）秦始皇三十七年（前210年），进行第五次巡行，也是最后一次巡行。秦始皇由丞相李斯、中车府令赵高及其少子胡亥随同巡行，方向是向东南地区。由咸阳出武关至云梦，再沿长江东下，经丹阳到钱塘，在浙江改由狭中（浙江杭州富阳区）渡水登会稽山，祭祀大禹并刻石。又从会稽北上，由江乘（江苏镇江北）渡江，经海路北上到琅琊，取道临淄西归。行至平原津（山东平原县南）得了重病，因秦始皇怕死，更忌讳说死字，因此群臣“莫敢言死事”。秦始皇病情日益加重，最后只好安排后事，令中车府令赵高给在蒙恬军中的公子扶苏写信，叫他赶回咸阳参加葬礼。信还没有交给使者送出，于七月丙寅日死于沙丘平台（河北巨鹿东南），终年五十岁。赵高、李斯和胡亥趁秦始皇死于外地之机，篡改了秦始皇给公子扶苏的书信，发动了沙丘政变，扶持胡亥即位为“二世”。

对秦始皇的评价

一代秦皇，十三岁即位，二十二岁亲政，三十岁至四十岁扫灭六国，统一天下，建立中央集权制的国家，然后在十一年之中推行了一系列的急政，进行了残暴的统治。对秦始皇，历史上有过很多的评论，如贾谊在《过秦论》中说秦始皇继孝公以来六世的发展，终以强大的秦国实力扫灭六国，统一了天下，“振长策而御宇内，吞二周而亡诸侯，履至尊而制六合”，对他统一天下给以高度评价，因此李贽也盛赞他为“千古一帝”；对他残暴的一面，贾谊在《过秦论》中也指出秦始皇“以暴虐为天下始”。但古代的评论，往往是站在不同立场或角度，常常是顾此失彼，或带有片面性。因此对于秦始皇的历史功过，今天我们要把他放到具体的历史时代中去给予全面的认识和评价。

秦始皇一生中的主要活动，可以建立中央集权制国家为分界线，分前后两大段。前段，即从亲政、扫灭六国、建立和巩固中央集权制时期，是他展开雄才大略，建立历史功业的时期，对历史做出了巨大的贡献，其业绩是不能抹杀的。虽然统一和建立中央集权制是历史发展的必然，但也要从中看到秦始皇的个人历史作用。

秦在发展中强大，并在具备了吞并六国的条件下，秦始皇一直坚定秦的既定国策，向东扩张，消灭六国，统一天下，并果断地在十年之中，一鼓作气扫平六国。秦始皇的英明决策是同他的雄才大略分不开的。同时，还在于他能善于用人，勇于改错。在为统一而做的准备工作中，以及在实施统一的大业中和建立中央集权制的国家中，都充分地体现了秦始皇是一位明智的，能够重用人才，听取意见，坚持正确、改正错误的君王，在上下同心之下完成了历史使命。而他所确立的中央集权制、郡县制、同文字等一直影响着两千余年的封建社会，说明了秦始皇能够顺应历史的发展，大胆地进行革新，排除传统的旧势力影响，促进了封建社会的政治、经济和文化的发展。从这个角度看，秦始皇不愧是一位划时代的帝王。

但在中央集权制建立后，秦始皇为了追求淫逸享乐，完全暴露了他的阶级本性。他大兴土木，横征暴敛，严刑峻法，不仅大量消耗人力、物力和财力，而且严重地破坏了社会经济的发展，成为一个昏庸残虐的暴君。

秦始皇帝，既是一位对历史的发展做出了巨大贡献的政治家和功勋卓著的封建帝王，同时又是一个阻碍历史前进的罪人，他把秦王朝变成了历史上一个极为残酷黑暗的朝代。因此，秦始皇是一位前功后过，功过并重的一代君主。

柳维本

辽宁师范大学历史文化旅游学院教授，专攻先秦史、秦汉史，主要论著有《西汉豪强地主的形成和地位》《章学诚与方志学》等。

西汉王朝的缔造者汉高祖

刘邦

汉高祖个人小档案

姓名：刘邦

别称：刘季

所处时代：战国末年至汉初

生卒年：前256—前195年

出生地：沛郡丰邑中阳里（今江苏丰县）

在位：前202—前195年

定都：洛阳，后迁长安（今陕西西安）

主要成就：推翻秦朝，消灭项羽，建立汉朝

相关作品：《大风歌》《鸿鹄歌》

轶事典故：约法三章，鸿门宴，白登之围

死亡地：长乐宫（今陕西西安）

庙号：太祖

谥号：高皇帝

陵寝：长陵（今陕西咸阳市渭城区正阳镇怡魏村）

继位人：汉惠帝刘盈

最得意：建立汉朝

最失意：功臣反叛

刘邦

泗水亭长

刘邦是沛县（今江苏沛县西）丰邑（今江苏丰县）人，家里有点地，但不富裕。小时候就不爱参加劳动，但喜欢广交朋友。三十岁时当了沛县的泗水亭长，这是秦朝最基层的乡村小吏，他此时与沛县的主吏萧何和狱掾曹参等人交为好友。

单父（今山东单县）人吕公是沛县令的好朋友，他为了躲避仇人，全家搬到了沛县。沛县里与县令有关系的人，听到县令的朋友来了，都去向县令祝贺。那时祝贺要送礼钱，由萧何主持其事。萧何向送礼的人宣布："贺礼不满一千的，请坐在堂下。"刘邦虽然只是一个亭长，但他与县里的那些官吏都比较熟，他没有送一个贺钱，却说大话："我送一万贺钱"，直接进去拜会吕公。吕公听到有人说送一万贺钱，很吃惊，赶忙起来，到门口迎接刘邦。他见刘邦高鼻龙额，气势不凡，就请他入座。萧何对刘邦的样子看不惯，就揭他的老底说："刘邦一向好说大话，不办实事。"刘邦对萧何的话并不以为然，他仍然毫不自愧地坐了上座。吕公很赏识刘邦，他示意刘邦在酒后留下，对刘邦说："我看你以后会有出息。我有一个女儿，愿意嫁给你为妻。”刘邦听了很高兴，就娶吕公的女儿吕雉为妻，她就是后来的吕后。

刘邦当了泗水亭长后，曾押送服徭役的农民去秦的首都咸阳，有一回他正巧碰上秦始皇出巡，在路旁观看了秦始皇威武雄壮的气派，不禁赞叹说：“大丈夫就应当像这个样子呀！”后来有一次刘邦又以亭长的身份，押送县里的一批夫役去骊山给秦始皇修陵墓，很多人不愿意去送死，在半路逃跑了。刘邦看到拦也拦不住，估计到了目的地，夫役就跑得差不多了，他也没法去交差。所以走到丰邑西边的大泽中时，刘邦让大家停下来休息，到了夜里，他把防止夫役们逃跑的绳索解开，对他们说：“你们都赶快逃跑吧，我也要从这里逃跑了！”当时有十多个身体比较强壮的夫役，愿意跟着刘邦一起逃亡。刘邦和他们痛饮了一顿酒，就带着这十几个人，连夜逃到了芒砀山（今河南永城市东北），躲藏起来。这里离刘邦的家乡不远，吕后不断地派人与他联系，给他送去外边听到的消息；也不断地有人去找刘邦，参加到他们的队伍中去。这时刘邦已积极在进行反秦斗争的准备工作了。

在沛县响应陈胜、吴广起义

秦二世元年（前209年）七月，陈胜、吴广率领九百名戍卒在大泽乡（今安徽宿州西南）举起了反秦的义旗，各地受秦暴政压迫的群众，纷纷起而响应。反秦起义的浪潮很快就波及沛县。沛县令害怕群众起来响应陈胜的反秦起义，受到群众的打击，就想变被动为主动，自己起来组织起义，达到投机革命、保全自己的目的。他把萧何、曹参找来商量，萧何和曹参早就对沛县令的所作所为不满，就对县令说：“你是秦朝的县令，现在想叛秦起义，恐怕沛县的群众不会信任你。现在有很多人因为不满秦的统治，逃亡在外，你把这些人招回来，以他们为主力举行起义，大家就不敢不听你的话了。”县令同意了萧何、曹参的意见，决定派人去找刘邦。派谁去找呢？卖狗肉的樊哙和逃亡在外的刘邦暗中有联系，所以就派他去找刘邦。这时候刘邦已经聚集了有几百人的起义队伍。

当樊哙领着刘邦的几百人起义队伍，斗志昂扬地返回来的时候，沛县令一看这个阵势，知道自己指挥不动这些人，害怕了。他怕这些人进城之后对自己不利，就把城门关闭起来；又怕萧何、曹参与刘邦里外联合起来反对自己，就想先下手把萧何、曹参杀掉。萧何、曹参听到这个消息，就偷偷越城跑到刘邦那里，商量对付县令的办法。他们认为首先要将外边反秦起义的情况告诉县城里的群众，发动群众起来反对县令。刘邦就写了一封信，绑在箭上射到城里，号召城里的群众起事，杀掉县令，共谋起义的大事。本来城里的群众对县令就不满，看到刘邦的信后，大家就起来杀了沛县令，开城门把刘邦的起义队伍迎进城来。大家共推刘邦为沛公，在县府的大院子里设坛祭祀天地，树起了红色的大旗，正式宣布起义了。当地群众不堪秦暴政的欺压和剥削，纷纷参加起义，起义队伍很快就发展到两三千人。

刘邦在沛县将起义的队伍做了些组织整顿后，就开始向外发展。他首先攻占了胡陵（今山东金乡县东南）和方与（今山东金乡县北），这时秦朝泗水郡监率兵来镇压，被起义军在丰邑击败。刘邦让自己的亲信雍齿守丰邑，自己带兵攻打薛（今山东滕州东南），又大败秦军，杀了泗水郡守。这时陈胜派往魏地联络和发动反秦起义的周市，已经做了魏王咎的宰相，他置反秦大局于不顾，热衷于割地称王。他听说雍齿对刘邦不满意，就派人煽动雍齿脱离刘邦，并封他为守丰邑的侯，雍齿果然叛刘邦而降魏。刘邦对雍齿本来很信任，听到他叛变了自己，非常气愤。他带兵去攻丰邑，没有攻下，自己反而气病了。

这时反秦斗争的形势发生了很大的变化。陈胜在陈县（今河南淮阳县）建立的张楚革命政权，在章邯率领的秦军主力的攻击下，受到了挫折。陈胜撤出陈县后，在下城父（今安徽蒙城西北）被叛徒所杀。这时活动在东海（今山东郯城县北）一带的一支起义军首领秦嘉，听说陈胜牺牲了，就立景驹为楚王。刘邦向秦嘉借兵，想把丰邑攻下解自己对雍齿之恨，但一直没有结果。这时项梁、项羽领导的另一支起义军渡江北上后，联合陈婴、英布、蒲将军领导的几支起义军，成为抗击秦军的主力。刘邦听到项梁军在薛（今山东滕州东南），就主动去投奔项梁，得到项梁的支持。项梁拨给刘邦十个将，士兵五千人，刘邦率领这部分军队再去攻丰邑，雍齿弃城逃到了魏国。由于刘邦与项梁联合，并得到了项梁的支持，刘邦的起义军发展壮大起来。

这时章邯率领的秦军主力在消灭了陈胜领导的起义军后，扑向项梁、刘邦领导的这一支起义军。项梁证实了陈胜牺牲的确实消息后，就在薛召集诸将开了一个会，会上决定立楚怀王孙心为楚王，定都盱眙（今江苏盱眙），并研究了对抗秦军的战略。会后，项梁、刘邦联军冒雨攻克了亢父（今山东济宁南），又败章邯军于东阿（今山东阳谷东北）。刘邦和项羽又率领一支军队攻克了城阳（今山东菏泽东），接着又大败秦军于濮阳（今河南濮阳西南）之东。章邯的军队屡遭失败，就借环水围绕的濮阳城，坚壁固守，不敢出战。刘邦和项羽又转攻定陶（今山东菏泽市定陶区），雍丘（今河南杞县）一战，斩杀了起义军的死对头秦三川郡守李由。

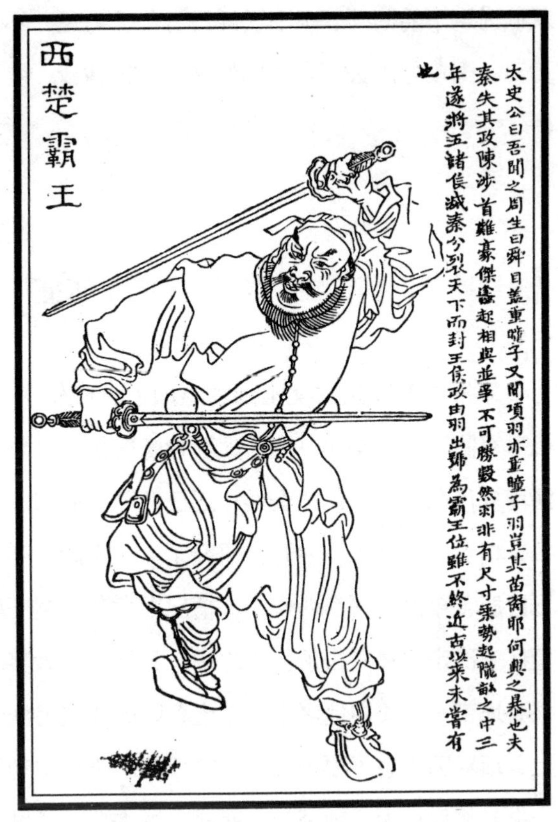

↑ 项羽像

由于起义军的节节胜利，项梁因此骄傲起来，对敌人失去了警惕。狡猾的章邯，就乘起义军骄傲、防备松懈之机，突然在黑夜里偷袭起义军，项梁因为没有防备，在定陶战败被杀。这时刘邦和项羽正在进攻陈留（今河南开封市），他们听到项梁战死的消息，为了保存实力，就主动作了战略退却，以彭城（今江苏徐州）为中心，互为犄角，准备迎接敌人的进攻。但是章邯在打败了项梁之后，就认为剩下的刘邦、项羽已经没有什么力量，不值得再追击，命令主力北上渡过黄河，围攻赵国去了。章邯的这一错误估计，就为刘邦、项羽重振兵力创造了条件。

率军西征

章邯率秦军主力北上围攻赵国后，减轻了对刘邦、项羽的压力，楚怀王趁机对军队进行了整顿。他封项羽为长安侯，号鲁公；任命刘邦为砀郡（治所在今河南夏邑东）长，封武安侯；还任命陈胜原来的部下吕臣为司徒，其父吕青为令尹（相当于相国），并开会研究了下一步的战略部署。当时秦军主力围困赵王歇于巨鹿（今河北平乡西南），情况很危急，赵王歇几次派人向楚怀王求援，所以楚怀王决定派军队去解巨鹿之围。另外，因为秦军主力集中围攻巨鹿，秦统治的核心地带——关中地区十分空虚，因此决定另派一支西征军入关。在将领的人选上，项羽因为急于要报敌人杀害项梁之仇，主动提出要求带兵西征。但楚怀王和一批老将领认为，项羽为人残暴，过去攻下襄城时，几乎把襄城的居民杀光，不得人心；而刘邦比较宽大仁义，善于争取秦人的支持，所以决定派懂兵法的宋义为北上救赵军队的上将军，项羽为次将，范增为末将，而派刘邦为西征军的主帅。

秦二世二年（前208年）末，刘邦率领着自己的部下和沿途收集的陈胜、项梁的散卒，从砀郡出发西征了。这是一支兵不过万，人数并不多的军队，但斗志很旺盛，在成阳、杠里（今河南范县西）首战告捷，大破秦军。沿途又联合了魏将皇欣、武蒲以及刚武侯的军队，进一步壮大了自己的力量。

当刘邦的军队经过高阳（今河南杞县西）的时候，在当地为乡村小吏的郦食其求见刘邦，劝他攻取陈留（今河南开封东南）。但陈留是一重镇，城坚粮足，难以一时攻下。郦食其就自荐说，他与陈留令是朋友，愿意去劝说他投降。刘邦听了很高兴。陈留令是一个秦统治的忠实维护者，他不听郦食其的劝说。因而郦食其在夜里趁机袭杀了陈留令，借城中混乱之机，一举拿下了陈留。刘邦充分利用陈留的物资，军队很快就扩展到几万人。

秦二世三年（前207年）三月，刘邦离开陈留，继续向西推进。他采取避实击虚的灵活战术，军事进展很顺利。他本来想通过函谷关（今河南灵宝东北）进入关中，但在洛阳东激战失利，刘邦就躲开敌人的实力，向南迂回，出轘辕关（今河南偃师东南）转向阳城（今河南登封告城镇），准备改道秦军防守薄弱的武关（今陕西丹凤东南）进入关中。

刘邦让韩王成留守阳翟（今河南禹州），以牵制河南的秦军，自己与张良率主力进攻南阳郡。他与秦南阳郡守吕齮先战于犨（音chōu）县（今河南鲁山东）东，吕齮大败后退入宛城（今河南南阳），坚守不战。刘邦如果强攻宛城，不但会损伤兵力，而且延缓了西进的时间。所以，刘邦想绕过宛城，继续向西挺进。张良认为这样的军事行动太冒险，有腹背受敌夹攻的可能。刘邦听取了张良的意见，连夜改道又返军宛城，再次将宛城围困起来。

南阳郡守吕齮对守城失去信心，就想自杀。这时他的门客陈恢劝他说："不要急着要死，还不到死的时候。"于是陈恢就越城去见刘邦，劝刘邦不要用强攻的办法，强攻对双方都不利。他建议刘邦对秦的官吏，要尽量采取劝降争取的策略，这样就可以化阻力为助力，兵到之处不刃而降。刘邦正怕强攻宛城，拖延自己西进的战机，听了陈恢的建议，非常同意。他马上封吕齮为殷侯、陈恢为千户，让他们仍在当地驻守，而带着宛城的甲兵继续西进。此后因为刘邦正确地对敌人采取了争取瓦解的政策，果然所向披靡，丹水（今河南淅川县西）、胡阳（今河南唐河县南）、析县（今河南内乡县西北）、郦县（今河南内乡县东北）的秦守将，都望风迎降。

由于起义军的节节胜利，这时秦朝统治阶级内部的矛盾激化。赵高杀了秦二世，立子婴为秦王。他派人来见刘邦，愿意与刘邦分王关中。刘邦认为是诈，没有理会。他乘胜前进，在守将无备的情况下，一举攻克武关，打开了进军关中的门户。这时秦王子婴又杀了赵高，派兵去守峣关（今陕西商洛市商州区西北），妄图进行最后的挣扎。刘邦想乘胜强攻秦峣关守军，但张良认为仍不可轻敌。张良侦探到守峣关的秦将，是一个屠夫的儿子，爱财好利，就一面派人重金贿赂秦将，一面派奇兵绕到关后，前后夹攻，将其消灭。接着，又在蓝田击败秦军的最后一道防线，秦的首都咸阳，已完全暴露在刘邦的大军之下。

推翻秦朝的统治

汉高祖元年（前206年）十月，刘邦带着十万胜利的大军，进入秦的首都咸阳。秦王子婴看到大势已去，就捧着代表秦统治权力的玺、印、符、节，坐着素车白马，用带子系着颈，到咸阳城外的枳道（亭名）旁，向刘邦投降。秦始皇统一中国之后建立的强大的秦王朝，在农民起义的打击下，最终被摧毁了。我国历史上第一次用农民革命的暴力，推翻了一个强大的封建王朝。刘邦在这一斗争中，立下了不可磨灭的功劳。

刘邦只当过一个小小的亭长，他进入咸阳秦的宫室后，被富丽堂皇的宫殿、五光十色的财宝、美丽多姿的女人所吸引，就想住在秦宫室里，享受这帝王的生活。樊哙看出了刘邦对这种豪华的帝王生活的迷恋，就问刘邦："你是想取得天下，还是想当一个富翁？"刘邦回答说："我当然想取得天下。"樊哙接着说："依我看，豪华的宫室，数不尽的财宝，妖艳的美女，正是导致秦朝灭亡的原因。你要想取得天下，就不要留恋这些东西，到秦宫中居住。"刘邦听不进樊哙的劝告，樊哙就把刘邦信任的张良找来，让张良再劝说刘邦。张良说："樊哙的劝告是对的。你所以能打到这里，就是因为秦朝残暴。现在刚推翻了秦的统治，你就追求享乐，不是'助桀为虐'吗！"刘邦终于接受了他们的意见，把秦宫室府库中的财宝都封存起来，只是萧何带走了"秦丞相御史律令图书"，也就是官方的一些文件资料，一齐还军咸阳东郊的霸上（今陕西西安东）。

刘邦为了争取秦统治下的群众的支持，就在霸上召集各县父老豪杰开会，他在会上揭露了秦朝暴政给群众带来的痛苦，对秦统治下的群众表示问候，并提出约法三章："杀人者死，伤人及盗抵罪，余悉除去秦法。"他还把"约法三章"

写成告示，派人到各地张贴，很快就得到秦人的拥护。他们争先恐后地带着牛羊和酒食，到霸上去慰问刘邦的将士。刘邦知道群众在秦统治下，生活也很困难，就以仓库里粮食很多，不缺吃喝，不能给大家增加负担为由而一一谢绝。刘邦的这些做法，得到了秦人的赞赏和拥护。

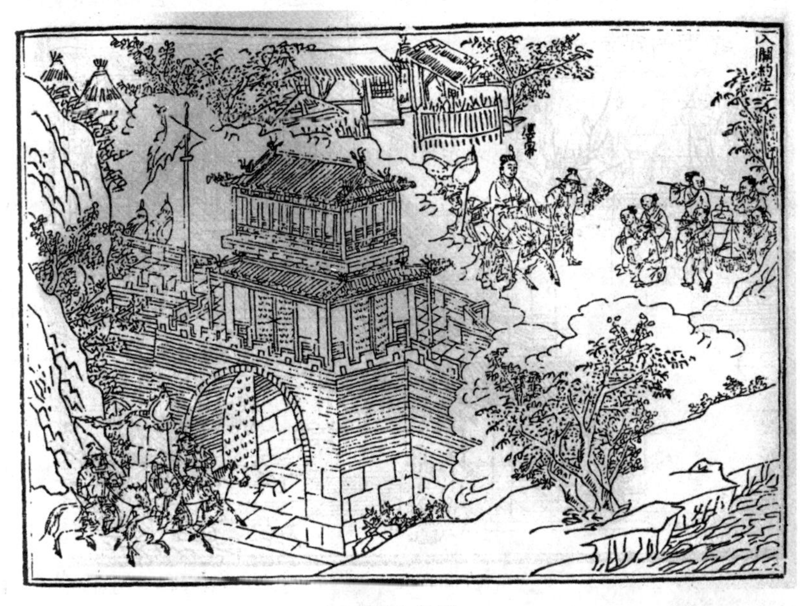

↑ **刘邦入关图**

在刘邦顺利西进的同时，宋义、项羽、范增率领的北上救赵的军队，也取得了辉煌的胜利。项羽因为不满意宋义进军时的畏缩不前，他杀掉宋义，自为上将军，自己带领军队，破釜沉舟，九战九胜，大败围困巨鹿的秦军。以后又击败围攻巨鹿的援军章邯，迫使章邯率二十万秦军投降。刘邦和项羽在出发前，楚怀王曾有约：先入关中者王之。这时项羽听到刘邦的军队已进入关中，就日夜兼程，向关中进发。到了函谷关的时候，项羽见刘邦派兵把守关口，就非常愤怒，立即攻破了函谷关。但是项羽已经晚了一步，当他的四十万大军进抵戏（今陕西西安市临潼区）时，刘邦早已推翻了秦的统治，还兵霸上等待着项羽。刘邦的部下左司马曹无伤，觉得刘邦不是项羽的对手，就想和项羽拉关系，暗中派人对项羽说："刘邦想在关中称王，叫投降的子婴作相国，秦的珍宝都归他自己了。"

项羽一听，马上准备第二天就攻打刘邦。项羽的叔父项伯和刘邦的部下张良是好朋友，他怕张良一起受害，就连夜跑到张良处，劝他赶快离开。张良不愿一人脱险，就把这一情况告诉了刘邦，刘邦大惊，马上召见项伯，用好酒招待，并约为儿女亲家。他向项伯表白说："我入关后，安置了吏民，封存好府库，就是等着项羽的到来。所以派兵守函谷关，那是为了防止意外，并不是针对项羽的。我日夜在等待着项羽的到来，哪能反叛他呢？请你将我的这番心意转告项羽。"项伯答应了刘邦的要求，并请刘邦第二天去向项羽当面解释误会。

第二天一早，刘邦带着张良、樊哙等一百多部下，到了项羽的营地鸿门。他当面向项羽解释说："我们合力攻秦，你战河北，我战河南，想不到我能先进了关，和你在这里相见。现在有小人在挑拨我们之间的关系，让你对我产生了误会。"项羽直率地回答："这是你的左司马曹无伤告诉我的，要不我怎么会这样干呢！"项羽设宴招待刘邦，在席间由于项羽的谋士范增几次想将项羽的对手刘邦搞掉，所以气氛很紧张。刘邦在张良、樊哙机智地谋划下，借口外出小便，逃离了项羽的营地。这就是历史上有名的鸿门宴。

↑ 鸿门宴

刘邦回到霸上，立即杀了曹无伤，清除了内奸。而项羽则以胜利者自居，带兵进咸阳烧杀抢劫一顿之后，自立为西楚霸王，以霸主的身份封了十八个王，而将刘邦封为汉王，封地在巴、蜀一带，而以南郑（今陕西南郑县）为王都。项羽还将关中地区封给投降的三个秦将，用以牵制刘邦。项羽的分封，埋伏下了新的矛盾的种子，很快就爆发了新的军事冲突。

楚汉战争

刘邦受封为汉王之后，非常不满，因为这违反了楚怀王先入关中者王之的诺言，所以想马上攻打项羽。但是萧何等人认为，目下刘邦的力量远不及项羽，不如暂时委曲去就汉中王，先治理好巴蜀，然后以此为根据地，再与项羽争天下，为时也不晚。刘邦接受了萧何的意见，带着项羽给的三万士兵以及几万自己的旧部，去汉中就王位。他还为了麻痹项羽，沿途烧掉了去汉中的栈道，以示自己无意再东下。

刘邦到了南郑后，由于士卒不服水土，思念家乡，军心不稳，时有逃亡者。韩信向刘邦建议："士卒都是山东（函谷关以东）人，现在日夜盼望东归，利用这种情绪，就可以向东发展，争权天下。"刘邦也认为在汉中时间长了，影响军心和斗志。他就利用项羽正忙于解决东方几个诸侯国的叛乱之机，让萧何留守汉中，治理后方，自己带领军队暗度陈仓（今陕西宝鸡东），出其不意地一举击败项羽分封的雍王章邯，迫使塞王司马欣、翟王董翳投降，很快就控制了整个关中地区。五年的楚汉战争序幕拉开了。

刘邦占领关中以后，就让萧何治理，把它变成刘邦的大后方。这时他乘项羽的主力陷入山东正在镇压齐国叛乱之机，率主力出关东下，直奔项羽的后方彭城。刘邦的进军很顺利，沿途吸收了很多降服的诸侯军，以五六十万的兵力一举攻下了彭城。项羽听说彭城被刘邦占领，就自己带领精兵三万，连夜回救彭城。这时因为刘邦被胜利冲昏了头脑，日夜置酒高会，庆祝胜利，毫无戒备，结果被项羽的军队击败。刘邦在撤退过程中，又散乱不成军，被项羽追上后全军溃败，落入睢水而死者就有十多万。刘邦的父亲和妻子都被项羽所俘，他仅以数十骑逃脱。各路诸侯军见到刘邦大败，又纷纷倒戈，脱离刘邦而投向项羽，刘邦的处境非常困难。

刘邦带领数十骑一直退到了荥阳、成皋（今河南荥阳汜水镇）一带，才停下来收集散卒，进行整顿。这时韩信带了一部分军队前来荥阳会合，萧何也从关中不断增派援兵，刘邦稍稍恢复了力量。他变攻势为守势，利用成皋一带依山傍水、地势险要的特点，构筑防御工事，准备抵抗项羽的进攻。当项羽的追兵到达的时候，刘邦在荥阳东南的京、索一带，击败了项羽的军队，阻止了楚军的西进。双方在成皋一带进入了相持的阶段。

这时刘邦总结了彭城之战失败的教训，改变了与项羽进行主力决战的办法。张良帮助刘邦分析了项羽内部的各种矛盾，提出了用政治斗争分化瓦解项羽的力量，采取派军队深入项羽的后方，破坏其根据地，南北夹攻，使项羽处于前后左右受敌、疲于招架的境地。刘邦很同意张良的分析，他派萧何留守关中，自己率主力与项羽在荥阳、成皋一线对峙，令韩信开辟北面战场，消灭燕、赵、魏、代和三齐，从侧面威胁项羽的后方；派彭越深入项羽腹地，流动作战，骚扰项羽的运输线；还使人说服了英布叛楚归汉，并采用陈平的离间计，使项羽和他的主要谋士范增发生矛盾，气死了范增。所以这时在主战场，虽然刘邦在项羽的军事压力下，连连失利，被迫放弃了军事重镇荥阳和成皋，项羽在这里取得了主动权；但在其他战场上，项羽却处在被动挨打的地位。由于刘邦派卢绾和刘贾率的两万奇兵，轻装深入项羽的后方，配合彭越连下十七城，惊扰了楚军的后方，迫使项羽不得不将主力撤出，向东回师，以扫清后方之敌。项羽主力的东移，就使刘邦在主战场上由被动转入主动，一举收复了成皋。

在丢失成皋，荥阳又被刘邦围困的危急情况下，项羽的主力又被迫回师以解荥阳之围。两军主力在荥阳东北广武山扎营对峙几个月。由于项羽的士兵来回奔波，疲于奔命，而后方的供应又屡遭切断，所以士气很低落。而刘邦却源源不断地得到后方的支援，所以越战越强。项羽想用速战的办法一决胜负，但刘邦却采用持久战的办法，以困疲项羽的力量。这时项羽看到用军事力量已难以消灭刘邦，就借刘邦要求项羽释放他被俘的父亲和妻子吕雉的机会，向刘邦提出以鸿沟

（今河南荥阳、中牟、开封一带）为界，中分天下的主张。刘邦同意了他的要求，于是项羽送还了太公、吕雉，撤兵回楚，刘邦也准备回到关中。张良、陈平向刘邦建议，现在汉已有大半个天下，诸侯也都支持刘邦，而项羽却兵疲粮尽，众叛亲离，这正是消灭项羽的大好时机。如果错过了这个机会，把项羽放走，就等于帮助项羽恢复力量，再来与刘邦争天下。刘邦采纳了他们的意见，立即挥师追击项羽。

汉高祖五年（前202年）十月，刘邦在阳夏之南追到了项羽，并派人约韩信、彭越前来会师，共击项羽。但韩信、彭越故意误期不到，使刘邦孤立作战，在固陵（今河南太康县西）被项羽打败。刘邦一方面整顿军队固守，另一方面为了争取韩信、彭越的支持，答应他们打败项羽后，把从陈县以东到海滨的土地封给韩信，把睢阳以北到谷城的土地封给彭越，又派人劝降了项羽的大司马周殷，英布这时早已接刘邦的命令，率重兵深入九江一带，切断了项羽南方的退路。当刘邦对这些人做了争取和战略部署后，十二月就与韩信、彭越、英布、周殷的三十万大军，会师在垓下（音gāi xià，今安徽灵璧县南），将项羽层层围困住。

项羽这时兵疲粮尽，处境十分困难。一天夜里，忽然听到四面都是楚地的歌声，项羽以为刘邦已经全部占领了楚地，要不怎么会有这么多的楚人唱歌呢？他心情非常焦急，久久不能入睡，便起来在帐中饮酒解闷，悲壮地唱了一首歌：“力拔山兮气盖世，时不利兮骓不逝。骓不逝兮可奈何，虞兮虞兮奈若何！”骓是他骑的骏马，虞是他心爱的美人，一代英豪的项羽，这时在刘邦大军的包围下绝望了。他悲惨地一连唱了几遍，就告别了虞姬，带领了八百精锐骑兵，突围而出。

天亮后，刘邦发现项羽逃走，就令大将灌婴率领五千轻骑追击。项羽渡过淮河以后，八百骑兵只剩下一百多人，到阴陵时（今安徽定远西北），迷失了道路，陷入一片沼泽中，因而被刘邦的追兵赶上。项羽边战边退到东城（今安徽定远东南），身边只剩下二十八骑。项羽鼓足最后的一点力量，做了两次垂死的挣扎，最后逃到乌江（今安徽和县东北）时，只剩下了他一个人。他悲恨交加，拔剑自刎而死。历时四五年的楚汉战争，最后以项羽的失败结束了。

建立汉朝

汉高祖五年（前202年）正月，在楚汉战争中刘邦已取得重大胜利的形势下，诸侯将相共同建议刘邦当皇帝。刘邦假意推辞说：“当皇帝的要有大贤大德，我不敢当。”众人又劝刘邦说：“你虽出身低微，但起而诛暴秦，又平定了四海，对有功的人都封为王侯。你如不当皇帝，就不能稳住大家，共同保住打下的天下。”刘邦再三推让后，表示同意，说：“你们既认为我当皇帝对国家有利，我就接受尊号吧！”于是选定二月初三那一天，刘邦在山东定陶汜水北岸正式即皇帝位，国号为汉，定都洛阳。这就是汉高祖。

↑ “汉并天下”瓦当

刘邦当皇帝后，在已成事实的基础上，大封功臣为诸侯王。韩信原来是齐王，改封为楚王，建都下邳；彭越被封为梁王，建都定陶；韩王信仍为韩王，建都阳翟（后来迁都太原）；吴芮原为衡山王，改封为长沙王，建都临湘（今湖南长沙）；英布原为九江王，已改封为淮南王，建都于六；赵王张敖封地不变，建都襄（今河北邢台西南）；燕王臧荼的封地不变，建都蓟。此外，闽越王无诸、南越王赵佗，他们在反秦斗争中都自立为王，刘邦也承认了他们的地位。

五月，刘邦在洛阳南宫举行了盛大的宴会，以庆祝汉朝的建立。他在宴会上，要大家认真总结战胜项羽、取得天下的经验和教训。高起和王陵认为：“刘邦与项羽相比，刘邦作风粗暴，爱骂人，而项羽对人和蔼尊重，这是刘邦不如项羽的地方；但是刘邦对部下宽宏大量，攻下的地方都封给有功的将领，而项羽却嫉妒部下的功劳，对有功的人常常疑神疑鬼，不予重用，所以大家都逐步离开了他。”刘邦认为他们的看法不全面，没有抓住战胜项羽的主要原因。他认为，自己在军事的策划上，比不上张良；治理国家、保证后勤的供应上，比不上萧何；率领百万大军，进行胜利的战斗上，也不如韩信。这三个人都是不可多得的杰出人物。“我能将他们团结争取过来，各用其所长，这是打败项羽的主要原因。而项羽有一个多谋善断的范增，还不能给以信任，所以他才失败了。”显然，刘邦的看法，比高起、王陵要深刻得多。

这时，齐人娄敬从山东赶到洛阳，向刘邦建议迁都关中。刘邦让大家讨论建都在什么地方合适的问题，很多人因为在洛阳已经安下家来，都主张建都洛阳不动。只有张良支持娄敬的迁都意见。他认为关中地区比洛阳一带要富饶，而且进可以攻，退可以守，建都关中在政治和经济上都有利。所以刘邦接受了娄敬的意见，就迁都关中的长安。

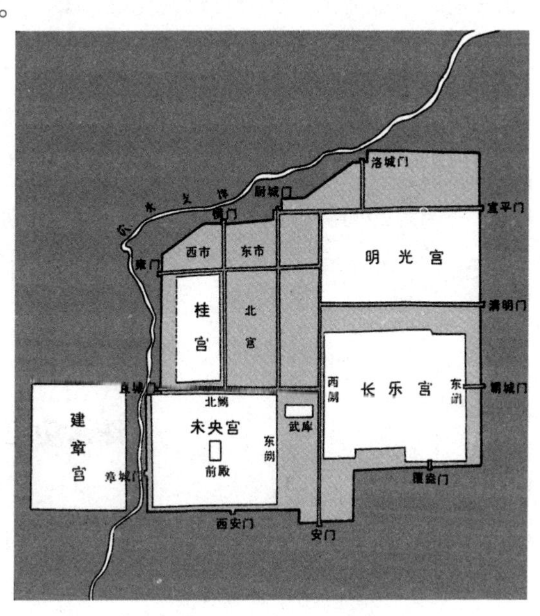

↑ 西汉长安城平面示意图

因为关中的秦宫室，都已毁于战火，所以迁都长安以后，刘邦就让萧何负责营建未央宫。萧何对未央宫的设计布局很壮丽，刘邦看了很不高兴。他认为，经过秦末的大战乱，老百姓很困难，政局也没有完全稳定下来，造那么豪华的宫室有点过分了。但萧何认为，正因为天下的政局尚未稳定下来，所以皇帝住的宫室才需要建得很壮丽，它能起到提高皇帝的威望，稳定天下的作用。未央宫建成以后，刘邦很高兴。他在未央宫宴会群臣，来庆祝未央宫落成的时候，借给他的父亲敬酒的机会，来炫耀自己的威风。他的父亲过去因为刘邦整天游手好闲，不好好参加劳动，所以喜欢他哥哥而不喜欢他。刘邦借酒质问他父亲："现在我身为天下之主，我的产业比哥哥多还是少？"他的父亲在群臣的大笑声中下不了台。刘邦当皇帝以后，还每五天一次以父子礼去看望父亲，此后他父亲就不得不在刘邦去看他的时候，亲自拿着扫帚在门口迎接刘邦了。这样，刘邦就进一步提高了皇帝的威风。

刘邦刚当皇帝的时候，因为群臣的出身多为布衣小吏，所以大家不懂也不习惯那些烦琐的宫廷礼仪。有时候在正式的宫廷宴会上，大家常常喝醉了酒，互相乱叫打斗，无法体现皇帝的威严，刘邦对此十分恼火，但苦于无法制止。叔孙通在秦朝时当过博士，懂得宫廷的礼仪，就向刘邦建议，要制定一套宫廷礼节，以提高皇帝在群臣中的威严。刘邦同意了叔孙通的建议，要他制定一套不太烦琐的礼仪，以约束群臣。后来长乐宫建成，刘邦在摆筵席庆祝时，因为事先叔孙通根据自己制定的礼仪，先训练了一番大臣们，所以在宴会上，大家都遵守规定的礼仪，在刘邦的面前谁也不敢再吵闹打斗了。刘邦对叔孙通制定的礼仪很满意，对大家说："今天我才体验到了当皇帝的威风和尊贵!"

诛杀功臣

刘邦在楚汉战争和西汉立国之初，因为斗争的需要，被迫封了一批异姓诸侯王。在这批诸侯王中，有一些拥兵割地有相当大的力量。他们成为西汉初年威胁中央集权的潜在力量。

汉高祖五年（前202年），刘邦刚当了皇帝，原来项羽分封的临江王欢就举兵反叛，刘邦派卢绾、刘贾围攻数月而降，刘邦将他杀之洛阳。燕王臧荼也是项羽分封的王，后来刘邦予以承认，不久他也举行反叛，并且攻取了代地，刘邦亲自带兵击败了臧荼，并立卢绾为燕王。

对刘邦威胁最大的是楚王韩信。韩信原来是项羽的部下，因为不被重用而改投在刘邦军中，他在萧何的支持下，逐步受到刘邦的重用，迫使刘邦封他为齐王。刘邦称帝后，因为韩信与项羽的一些部下有关系，改封韩信为楚王。项羽的部下钟离眛与韩信是老朋友，失败后躲在韩信那里，刘邦要韩信交出来，韩信不理不睬。

汉高祖六年（前201年）十二月，有人揭发韩信阴谋叛乱。刘邦采用陈平的“伪游云梦”，假装到云梦巡狩的办法，通知各诸侯王到陈县（今河南淮阳）相会。韩信带着钟离眛的头颅去见刘邦，想表明自己并无反叛之意，被刘邦逮捕。刘邦把韩信带回洛阳后，将他降为淮阴侯。这时韩信住在洛阳，心情十分苦恼。当陈豨被任命为赵相国兼监赵、代边兵，赴任前与韩信告别时，韩信对他说，你那个地方是战略要地，你的一言一行都容易受到刘邦的猜疑，假如有人诬告你三次，说你要叛乱，刘邦一定会亲自去征讨。你要多多注意保重。后来有人告发陈豨要反叛，刘邦果然亲征。刘邦要韩信随征，韩信托病不去。他暗中派人告诉陈豨：“你在外边起兵，我在京城协助你。”他与家臣密谋，想在夜里假传诏书，“赦诸官徒奴”，把那些奴隶发动和组织起来，去袭击吕后和太子。不料他的阴谋被门客的一个弟弟告发，萧何和吕后就假称刘邦征讨陈豨已取得大胜，要文武官员都去庆贺，乘机逮捕了韩信，在吕后所居的长乐宫钟室将韩信秘密处死。

↑ **韩信像**

陈豨曾带兵五百人参加刘邦入关中的战斗，后因在平定燕王臧荼的叛乱中有功，被封为阳夏侯。他在任巨鹿郡守时，有一次请假回家路经赵国，随从宾客有一千多辆车子，赵相周昌怀疑他要造反，密报给刘邦。刘邦派人核查，发现陈豨有贪赃枉法的事。陈豨很害怕，就暗中与投降了匈奴的韩王信及其部将王黄、丘曼臣联系，以取得他们的支持。后来刘邦的父亲去世，派人送讣告给陈豨，他假装病重不去吊丧。这时他便与王黄等人勾结起来，自立为代王，举兵反对刘邦。

刘邦立即亲自带兵讨伐，他采取了争取大多数，只集中打击陈豨、王黄、丘曼臣等少数罪魁的正确策略，充分依靠燕、赵等当地的将领，连败陈豨的军队，活捉了王黄、丘曼臣。刘邦返回长安后，继续让周勃、樊哙领兵追击，不久就在当城（今河北蔚县东）斩杀了陈豨，平定了叛乱。

和陈豨联合叛乱的韩王信，是已故韩襄王的孙子，在刘邦还定三秦的斗争中，他平定韩地有功，被刘邦封为韩王，在今山西北部守边以防匈奴。但他在与匈奴的斗争中，贪生怕死，屡次求和。刘邦怀疑他与匈奴有勾结，派人去责备他。韩王信害怕了，就公开投降了匈奴，反过来攻打太原。刘邦又一次率兵亲征，斩其大将王喜，韩王信逃入匈奴。后来他又领匈奴兵入扰参合（今山西阳高东北），刘邦派柴武征讨，柴武在政治上争取韩王信投降无效，就用武力击败了他的军队，在参合斩杀了韩王信。

卢绾与刘邦是同乡，刘邦起兵后他一直作为亲信追随在刘邦的左右。在平定燕王臧荼的叛乱中，他被封为燕王。刘邦在平定陈豨叛乱时，他奉命去作战。当时陈豨正派人向匈奴求救兵，而卢绾也派使者张胜去匈奴，劝说匈奴不要派兵支持陈豨。张胜在匈奴碰见了原燕王臧荼逃亡在那里的儿子臧衍，他劝张胜不要支持刘邦平陈豨的战斗，陈豨如果失败了，刘邦下一个就会收拾燕王卢绾。张胜听信了臧衍的话，回来就劝卢绾与匈奴联合，以巩固自己的地位。卢绾信了张胜的话，就暗中派张胜去联络匈奴，又派范齐去告诉陈豨，表示支持他反叛到底。刘邦平定了陈豨的叛乱后，陈豨的部下揭发了卢绾的这一活动。刘邦派人召卢绾进京对质，他装病不去。刘邦又派审食其和赵尧去接卢绾，他避而不见。审食其、赵尧从卢绾的左右，了解到卢绾确有反意，并回京报告了刘邦。这时正好有匈奴的降者也揭发了张胜在匈奴的活动。刘邦便派樊哙去讨伐卢绾，他自知不敌，就带着家人和几千部下逃到了匈奴，一年多后死在了那里。

赵王张敖是刘邦的女婿，他的相贯高对刘邦的傲慢专横不满，曾想在刘邦路过赵国，夜宿柏人县（今河北内丘县东北）馆舍时，刺杀刘邦。但那天刘邦未宿柏人县，所以刺杀未成。这一密谋后来被人告发了。刘邦下令逮捕了张敖、贯高等人，贯高一口咬定刺杀事件完全是他个人的密谋，张敖并不知情。结果贯高自杀，张敖因吕后的援救，被贬为宣平侯。

彭越是起义比较早的一个将领，他在楚汉斗争中，曾是举足轻重的一个人物，刘邦把他争取过来击败项羽后，封他为梁王。刘邦征讨陈豨时，要他领兵参战，彭越装病，只派部将领兵前往。刘邦派人责问，他的部将劝其反叛，彭越犹豫不决。这时彭越的太仆向刘邦告发他与部将谋反，刘邦派人逮捕了彭越，审讯的结果认为他反形已具，就把他废为庶人，发配去西蜀。彭越走到郑（今陕西华县）时，正好碰到从长安去洛阳的吕后，就向她哭诉自己无罪，要求不去西蜀而回老家昌邑。吕后认为留下彭越是一大后患，就假意很同情他，将他带回洛阳后，建议刘邦把他杀了。

英布也是参加秦末起义比较早的一个将领，他一开始追随项羽，在反秦斗争中屡立战功。在楚汉战争中他被刘邦争取过来，因参加击败项羽的战斗中有功，刘邦称帝后被封为淮南王。

刘邦在诛灭彭越后，把彭越的尸体剁成肉酱，分赐诸侯，以警告他们不要谋反。英布看到和自己有同样战功和地位的将领先后被杀，心情已经很恐惧，现在看到彭越的肉酱，就更加惶恐。于是，他就秘密让部下集中兵马，以等待时机进行反抗。他的动向被人告发，刘邦派人调查，也抓到他的一些证据，英布因而起兵反叛。刘邦决定带病亲征，两军在蕲县（今安徽宿州南）相遇。刘邦在军前当面质问英布为什么要反叛，英布的回答很直截了当，就是他也想当皇帝。在战斗中英布被击败，渡过淮河南逃。英布是长沙王吴臣的姐夫，刘邦让吴臣利用亲戚关系，将战败走投无路的英布骗到番阳（今江西鄱阳县东）的兹乡杀了。这样，在刘邦称帝以后，用了七年的时间，寻找各种借口，除了远处南方力量较小的长沙王吴臣外，陆续将异姓诸侯王都消灭了。

与民休息的政策

经过连年的战乱，刘邦当皇帝以后，摆在他面前的是一个急待整顿和恢复的残破局面。当时不但人民大量逃亡，生产凋零，粮食奇缺，人民的生活十分困难，就连皇帝的马车都配不齐四匹一色的马。所以，安抚流亡，恢复和发展农业生产，尽快医治战争的创伤，就成为刘邦巩固西汉统治的当务之急。

要恢复农业生产，首先要解决劳动力不足的问题。当时人民在战乱中死的死，逃的逃，政府实际掌握的户口只有过去的十分之二三。刘邦为了安顿逃亡在各地的人进行生产，发布了“复故爵田宅”的命令，号召那些逃亡在外的人回到故乡，恢复他们原来的爵位，归还原有的土地和房屋，当地的官吏对他们要好好安置，不得歧视和刁难他们。对于追随刘邦打天下的士兵，根据他们不同的战功，赐给爵位和土地，动员他们复员回乡进行生产，以充实农村的劳动力。对于战争中因生活困难而自卖为奴隶的人，也宣布一律加以释放，让他们成为自由人，积极进行农业生产。对于罪犯，除死罪者外，一律加以释放，回到生产中去。为了鼓励繁殖人口，增加劳动后备军，还规定生了儿子的人，可以免除徭役两年。经过这些努力后，开始有一大批劳动力回到了生产的第一线。

在当时生产和生活都十分困难的条件下，刘邦还尽量减轻农民的赋役负担，以提高农民的生产积极性。对秦以来人民最感头痛的徭役制度，刘邦适当给以减轻了。在楚汉战争期间，他就规定关中从军的免除全家徭役一年。他称帝后，又宣布追随他作战的士卒，可以免除本人或全家的徭役。对于赋税，他根据政府的各项总开支，制定了赋税的总额，田租只收产量的十五分之一。对于遭受战乱比较重或临时受灾的地区，他还经常免除其租税。刘邦实行的这种轻徭薄赋的制度，相对地减轻了人民的负担，有利于尽快地恢复和发展农业生产。

一代雄杰之死

刘邦亲自率兵镇压英布的叛乱时，被流矢所中。他在击败英布后，让部下去追击，自己带着箭伤，路过家乡沛县时，被父老留下，欢饮了数日。刘邦四十八岁时带领沛县子弟三千起兵，这时回到沛县老家已经是六十二岁的老头了。此时他虽然已是位极至尊的皇帝，而不是好说大话的刘季了，但他见到故乡的父老兄弟，还是感慨万分。他在沛县选了一百二十个小孩，自己创作了很有豪迈气魄的《大风歌》：“大风起兮云飞扬，威加海内兮归故乡，安得猛士兮守四方！”他和这些小孩一起唱歌跳舞，尽情欢乐。他在家乡停留了十多天，这时箭伤发作，就赶快赶回了长安。

刘邦回到长安，病更重了。吕后给他请来良医治病，但他自知病已难医好，就谢绝了医生的治疗。此时他最关心的是自己的继位人问题。太子刘盈当时还年幼，而且又比较懦弱，他怕他挑不起皇帝的担子。吕后也看出刘邦不行了，就问刘邦，他去世以后谁能辅助刘盈治天下。刘邦说：“萧何年老了，以后曹参可以继任。”吕后又问：“曹参以后谁可接替？”刘邦说：“王陵可以担任。但是他太厚道老实，要让陈平帮助他。陈平足智多谋，可补王陵的弱点，但要他独当全局，还难以胜任。周勃文化水平低，但为人朴实，以后帮助刘氏安定天下的，要靠他，可任命他做太尉。”刘邦对他左右的这批主要助手，分析认识得是很深刻的。刘邦死后，这些人的表现，基本和他当时分析的一样。

↑ 歌风台图

汉高祖十二年（前195年）四月二十五日，驰骋战场、戎马一生的刘邦，在长乐宫去世，终年六十二岁。吕后怕与刘邦打天下的那些将领，不服年仅十七岁的太子刘盈的指挥，就四日不发丧，想把这批有功的将领全部杀掉。这个消息被郦商听到了，他去见参与吕后密谋的审食其，认为这样做必然危及汉的天下。吕后也觉得难以尽杀诸将，因而决定公开发丧。大臣们认为刘邦“为汉太祖，功最高”，死后上尊号为“高皇帝”，所以又称为汉高祖。

刘邦出身低微，在秦末的大动乱中，他广罗人才，战胜群雄，终于统一了全国，建立了西汉王朝。纵观他的一生，不但是一个杰出的军事家，而且也不愧为一个有作为的政治家。他作为一个由农民起义领袖而转化的封建帝王，在中国历史上的贡献是不可磨灭的。

李桂海

光明日报社高级编辑，以史学理论研究见长，专著有《对农民一个历史侧面的考察》《中国封建结构探要》《现代人与历史的现代解释》等。

刘彻

雄才大略的汉武帝

汉武帝个人小档案

姓名：刘彻

年号：建元、元光、元朔、元狩、元鼎、元封、太初、天汉、太始、征和、后元

别称：刘彘

所处时代：西汉

生卒年：前156—前87年

出生地：长安未央宫猗兰殿（今陕西西安）

在位：前140—前87年

主要成就：北破匈奴，东并朝鲜，南吞百越，西通西域；罢黜百家，独尊儒术；削藩，加强集权

相关作品：《秋风辞》《瓠子歌》《天马歌》《悼李夫人赋》

轶事典故：金屋藏娇，倾国倾城

死亡地：五柞宫（今陕西周至县）

庙号：世宗

谥号：孝武皇帝

陵寝：茂陵（陕西省咸阳兴平市）

继位人：汉昭帝刘弗陵

最得意：封禅泰山，北破匈奴

最失意：巫蛊之祸

刘彻

西汉王朝经过高祖、惠帝、吕后的经济恢复时期，到文帝和景帝时达到小康，史称为“文景之治”。又经过文、景二代的继续努力，出现了西汉时代的最强盛时期，也是我国历史上一个非常灿烂的时期。汉武帝，便是这个灿烂时期的总代表。

初试锋芒

汉武帝刘彻，是汉景帝刘启的儿子，按次序排列，他是西汉第四代、第五个皇帝，在位期间（前140—前87年），掌政共五十四年。汉武帝是我国历史上一位具有雄才大略的皇帝，毛泽东同志在《沁园春·雪》一首词里，曾把他和秦始皇相媲美：“惜秦皇汉武，略输文采。”的确，他是继始皇帝后一位杰出的有作为的政治家。

汉武帝从小就表现出聪明才智。他幼年的老师卫绾，是个具有多方面才能的学者，精通儒学和文学，还懂得修车驾车等一套技术，曾辅导过河间王刘德，使刘德成为有真才实学的学问家。大约从汉武帝七岁时，卫绾就被任命为太子太傅（皇太子的老师），正式成为汉武帝刘彻的老师。幼年时的刘彻很喜欢学习，儒学经典、骑射、文学，他都有很大的兴趣。他读到当时著名文学家枚乘的赋，非常佩服，一直很想见到枚乘本人。后来汉武帝做了皇帝，枚乘已经年老了，汉武帝为了表示尊崇他，还以最隆重的仪式，专派了安车蒲轮把他接到京城。因为汉武帝从小受到文学的熏陶，他自己的诗赋底子很好，至今还留下了好几首写得很优美的诗篇。比如有一首传说是他写的《秋风辞》，有几句描写道："秋风起兮白云飞，草木黄落兮雁南归。兰有秀兮菊有芳，怀佳人兮不能忘"，就很有情致。其他还有《瓠子歌》《天马歌》《李夫人歌》，都传说是他写的。此外，《汉书·佞幸传》还提到汉武帝幼年时一位同学韩嫣，曾和他一起学习《尚书》和骑射。这都说明汉武帝幼年时受到过良好的教育和训练。

幼年的汉武帝是聪慧的。有一篇笔记小说《汉武帝内传》说，他小时候受到姑母长公主（皇帝的姐姐）刘嫖的喜爱。刘嫖有一次当着景帝的面问他，要不要她的女儿陈阿娇做妻子，小小的刘彻竟然聪明地回答："如果能娶阿娇为妻，我一定要建造一所金屋子给她住"，这使得长公主和汉景帝都十分高兴。这个事实，就是后来"金屋藏娇"一句成语的来历。长公主刘嫖在景帝一朝是一个举足轻重的政界人物，能对弟弟景帝施加重要影响，这对汉武帝后来被立为太子起到极为重要的作用。

公元前150年，汉武帝被立为皇太子，这时他刚刚七岁。立太子事件本身是一场争夺激烈的政治斗争。本来，皇太子轮不到刘彻。因为汉景帝共有十三个皇子，刘彻上有几个哥哥，下有几个弟弟，按照封建社会传位给嫡长子的规定，他只可能被封为王。所以刘彻四岁时本被封为胶东王，他的大哥刘荣被立为皇太子。但是刘荣虽为长子，也并非皇后所嫡生，他的母亲栗姬和汉武帝刘彻的母亲王夫人同为一般妃嫔，栗姬又不识大体，景帝很不喜欢她。长公主刘嫖便利用机会向景帝说了栗姬的坏话，景帝终于下决心废去了刘荣皇太子的名位，而改立刘彻为太子。刘荣被废以后，惹起另一些刘姓诸侯王对皇位的觊觎。例如，景帝的弟弟梁王刘武，就曾乘机大肆活动，企图夺得皇位继承人的位置。事情不成以后，刘武竟然下毒手暗杀了反对他继承皇位的几位朝廷大臣。

上述皇位继承的几次斗争，说明了当时西汉皇室内部尚存在许多矛盾，这种斗争后来在一定程度上影响了汉武帝时期的政局和他的政策。

汉武帝在十六岁那年（前140年）即位做皇帝。因为他还比较年轻，所以实际上在他上面还有两位实权的掌握者：一位是他的母亲王太后（即王美人，武帝立为太子后被封为皇后），另一位是他的祖母、汉景帝的母亲窦太后。这两位太后，尤其是窦太后，在武帝一朝初期的政治中，影响很大。

但是，年轻的汉武帝毕竟是锐意进取的，在刚即位的几年，即试图进行改革。从武帝建元元年至建元二年，从现有史籍看，汉武帝共做了下面几件事。第一，下诏书给丞相御史列侯太守等，号召他们推荐人才，叫作“举贤良方正直言极谏之士”。结果，全国各地推举上来一百多名人才，其中有品德优良的称为“贤良”，以文词见长的叫作“文学”。汉武帝命令这些人在长安笔试，合格者又经过汉武帝面试。这一次考核得到第一名的就是大名鼎鼎的董仲舒。他的“大一统”“罢黜百家，独尊儒术”的主张，就是这次汉武帝面试对策中提出来的。[①]第二，严格法制，要求臣下检举那些行为不轨的皇亲国戚，罪行核实后给予贬谪。为了缩小这些王侯的权限，还下令要求住在京城的王侯迁回自己的封地。第三，对百姓施行一些减轻负担的措施。如省去“转置迎送”的卫士两万人中的一万人，罢去苑马的喂养，把苑地赐给贫民刍牧采樵等。此外，武帝还及时处理了景帝时吴楚七国之乱的积案，命令把那些因吴楚叛乱罪而没为官奴婢者，全部给予赦免。

↑ 汉代讲经画像砖

上述这些政策和措施，几乎都是在公元前140年一年之内颁布和推行的，这说明汉武帝改革心情的

①有人认为董仲舒的贤良对策在汉武帝元朔五年（前124年），见《中国史研究》1984年第3期苏诚鉴文，此处依《中国思想通史》第2卷说法。

迫切。这是因为，汉初经过七十多年的经济恢复阶段，国家已经有了比较稳固的基础，国库充盈，正如班固在《汉书》里所说：“今上（指汉武帝）即位数岁，汉兴七十余年之间，国家无事。非遇水旱之灾，民则人给家足，都鄙（城乡）廪庾（仓库）皆满，而府库余货财，京师之钱累（积累）巨万。”但是，同时也暴露了一些不好的苗头。因为汉初几十年的“黄老无为”政策，一方面对农民采取缓和措施，另一方面也对豪强大族采取了纵容态度，打击不力，所以上自皇亲国戚王侯，下至地方不法豪强，也乘机兼并土地，欺压人民，“或至兼并豪党之徒，以武断于乡曲（以权势在地方主断曲直，称霸一方）”。针对上述这些情况，为了进一步把国家搞好，尤其为加强中央对地方王侯和豪强地主的控制，汉武帝即位后，迫不及待地颁布了上述措施。而且从他即位之初就要求“举贤良方正”来看，汉武帝也急于希望得到一批为他的政策服务的人才。所以司马迁在《史记·平津侯主父列传》里说，当时汉武帝“方欲用文武，求之如弗（不）及”。

但是，汉武帝第一次初露锋芒的政治改革失败了。主要原因是他触犯了有权有势的皇亲国戚们的利益。这些皇亲国戚找到了他们的总后台窦太后那里告状，《汉书·田蚡传》说，当时许多外戚被封为列侯，而这些列侯又都是公主驸马，他们的势力在京城盘根错节，都不愿意到封地去，因此他们不断到窦太后那里诽谤新政，窦太后早就不满了。加上在武帝建元二年（前139年），御史大夫（副宰相）赵绾又上奏章给汉武帝，建议他以后不要再让窦太后干预国事，这等于取消窦太后的特权。这自然引起了窦太后的极大愤怒，在她的干预下，不仅汉武帝的新政皆被废除了，而且协助武帝改革的丞相窦婴、太尉田蚡也被罢免，御史大夫赵绾和郎中令王臧被关押后在狱中自杀。

用人制度的改革

从武帝建元二年（前139年）新政暂时失败，到武帝建元六年（前135年）窦太后病死的四年时间，汉朝国家政治一时掌握在窦太后一派手中，窦太后安

↑ **文君听琴图**

排他的亲信石建、庄青翟等为正、副丞相，汉武帝帝位一度形同虚设。但年轻有为的汉武帝并不因此俯首帖耳，而是在周围不断发现人才，培植自己的势力，等待时机，实现自己的政治抱负。例如，后来成为汉武一代名臣的韩长孺（安国）、汲黯、公孙弘，著名文学家司马相如、东方朔，以及在开拓东南、西南立下汗马功劳的西汉杰出的谋略家唐蒙、庄助，都是汉武帝在这一时期所发现的人才并开始委以重任的。比如，被司马迁誉为“为人多大略，智足以当世取舍”的韩安国，便在此时始被武帝任为北地都尉，后又任为大司农，窦太后死的那年，再升为副丞相。在地方任官期间做出杰出成绩，任太守岁余而“东海（今山东郯城）大治”的汲黯，也在武帝建元六年（前135年）被任命为主管列侯的主爵都尉。司马相如早就被汉武帝所赏识，建元年间（前140—前135年）从四川把他聘请到京城长安做郎官，从事审核和润色政府重要文告的工作。建元六年，又让他以天子使节的名义，出使西南夷，抚慰那里的少数民族。唐蒙、庄助则在建元时期降服夜郎和东瓯时建立了功勋。

武帝建元六年（前135年），窦太后病死，汉武帝摆脱了束缚，完全可以施展自己的抱负了。他立刻罢免了窦太后安插在朝廷的所有党羽亲信，重新任命曾经协助他革新的他的舅父田蚡为丞相，把韩安国提拔为御史大夫。

汉武帝从用人制度开始改革。他继续推行由郡国推举贤良方正的政策，为地主阶级各个阶层尽量多地开辟广阔的仕途，使更多的有用之才不至于因为出身和资历的限制而被埋没。史称，当时各地由推荐或自荐上书建言政治得失者，多至千数，武帝按其才能大小授官。自武帝建元元年（前140年）那次全国大推举之后，于元光元年（前134年）、元封五年（前106年）等，又几次要求郡国推举孝廉、贤良方正、茂材，他下诏书表示要将这些“有非常之功”的“非常之人”，破格任为“将相”或“使绝国者”（出使远方国家）。汉武帝以这种用人标准，破格录用了主父偃和朱买臣。主父偃出身贫寒，长期怀才不遇，游历齐、燕、赵、中山诸国，但不为各诸侯王所用，元朔元年（前128年）他下定决心来到长安，直接向汉武帝上书九条，有八条谈及律令，一条谈讨伐匈奴之事。这两件事正是汉武帝所密切关心的大事，见到主父偃的上书后，十分赞赏，对主父偃以及与之同时上书的徐乐、严安说：“公等皆安在，何相见之晚也。”随即拜主父偃等为郎中。以后主父偃不断给汉武帝出谋划策，武帝接连提拔他，一年内升官四次。后来主父偃是“推恩令”政策的主要谋划者，为汉武帝中央集权制的加强做出了贡献。朱买臣也出身低微，“常艾薪樵卖以给食”，也主动给武帝上书言政，借庄助之力为武帝“说春秋，言楚辞”，受到欣赏，拜为中大夫，后又因击破东越之功，升任主爵都尉，列为九卿之一。此外，武帝还从牧羊人中提拔了卜式，从商贾中擢升了桑弘羊，在奴隶群中发现了大将卫青，在降虏中任用了金日磾（音jīn mì dī）。加上公孙弘、董仲舒、韩安国、郑当时、张骞、苏武、司马迁、司马相如、霍去病、霍光等，构成了整整一代辅佐之臣，开拓将领，“汉之得人，于兹为盛”，用以“兴造功业，制度遗文，后世莫及”（《汉书·公孙弘卜式儿宽传》）。

汉武帝用人制度的创新，还表现在他在董仲舒和公孙弘的建议下，在长安设立太学，选拔郡国优秀青年来长安受业，通过考试，从中发现治国人才。

上述用人制度的改革，使一批有真才实学的人才，不受各种人为的限制，可以凭真本事进入中央或各级地方做官。尤其是不计流品，大胆任用了一批开拓型的人才，帮助汉武帝进一步巩固和发展了多民族的统一国家，为后代史评家所赞口不绝。清代史论家赵翼说：“武帝长驾远驭，所用皆跅弛（音tuò chí，放荡不羁之意）之士，不计流品也……史称雄才大略，固不虚也。”（《廿二史札记》卷2）正因为有这样一批文才武将，在汉武帝一代，才形成我国封建时期的一个辉煌时代。

削弱诸侯王和打击豪强

↑《梁园飞雪图》（清袁江绘），梁园即汉代梁王刘武的兔园

汉武帝亲政以后，首先面临的是如何进一步加强中央集权，巩固封建国家统治的问题。西汉王朝建立七十多年来，虽经高祖、吕后及文、景对异姓王和同姓王的不断打击和削弱，但郡国王侯仍然有不小势力。比如，汉武帝的叔叔梁王刘武，出行完全和天子一样的威风，千乘万骑，“出称警，入言跸”。他还“招延四方豪杰，自山东游士莫不至”。他自作弩弓数千万，府库金银“且百钜万”，“珠玉宝器，多于京师”（《汉书·文三王传》）。这些诸侯王有的在地方上为非作歹，横行霸道，例如，汉武帝的异母兄

弟江都王刘非，“好气力，治宫馆，招四方豪杰，骄奢甚”，他的儿子刘建看上了邯郸梁蚡的女儿，与父亲刘非争风吃醋，结果刘建霸占了梁女，还派人杀死梁蚡，汉王朝管司法的廷尉不敢治理这一案件（《汉书·景十三王传》）。很明显，这些独霸一方的诸侯王仍是西汉中央政权不小的威胁，同时他们的横行不法，也给各地百姓带来巨大灾难。因此，为巩固西汉政权，缓和阶级矛盾，继续对诸侯王进行打击和削弱，仍为汉武帝政治上的一项重要任务。

武帝元朔二年（前127年），汉武帝采纳了主父偃的意见，利用颁布“推恩令”的巧妙办法，进一步削弱诸侯王的势力。推恩令规定，诸侯王除以嫡长子继承王位外，还可以推恩将自己的封地再分封给其他子弟，由皇帝制定封号。结果许多大诸侯王国，都被分割成一个一个由郡来管辖的小侯国，这些侯国不再享有政治上的权限，只能收租税。这样，便很自然地使许多有权有势有实力的诸侯王国大大削弱了。如梁国，被分为五，长沙国分为十六，菑川国分为十七，等等。这一法令颁布后，立刻遭到强有力的诸侯国的极力反抗，以淮南王刘安和衡山王刘赐为首的一些王勾结起来，“阴结宾客，拊循百姓，为畔逆事”（《史记·淮南衡山列传》），准备联合向京城进攻，篡夺汉武帝的帝位。武帝元狩元年（前122年），他们的阴谋暴露，汉武帝经过朝廷大臣和诸侯王的联席廷议，决定逮捕刘安，刘安闻风自杀。淮南国和衡山国因此被废除，改为直接由中央管辖的郡。此后，汉武帝又制定了“附益法”和“阿党法”，专门打击那些对朝廷不忠而一味和诸侯王结成逆党的分子。从此以后，诸侯王的势力一落千丈，对中央王权造成的威胁被根本解除了。元鼎五年，汉武帝又一次借故列侯所献助祭的酎（音zhòu）金（古代诸侯献给皇帝的贡金）成色和分量不足，夺爵一百零六人。以后连侯国也越来越少了。

削弱诸侯王的同时，汉武帝对不法的地方豪强也进行了打击。汉初七十年间，因为禁网疏漏，地主豪强势力得到了很大发展，他们有的勾结诸侯王，有的结党拉帮，形成一股很不易对付的势力。《汉书·游侠列传》说武帝即位以前，一方面是诸侯王“皆招宾客以千数”，另一方面就是这些“布衣游侠”剧孟、郭解之徒，“驰骛于闾阎，权行州域，力折公侯”。这种现象，显然不利于中央集权的统治，危害国家政策的进行和社会的安定。汉武帝毫不留情地对这帮社会势力进行了严厉打击，他派出许多严于执法的官吏（《汉书》上称为“酷吏”）锄诛不法豪强。例如，王温舒任为河内太守，审讯郡中豪强，把这些盘根错节的豪族，连根锄掉，共株连千余家，“大者至族，小者乃死”，家产全部没收。经过这次打击，河内治安大有好转，“郡中无犬吠之盗”。汉武帝对号称“游侠”的豪强势力是毫不手软的。有这样一个故事：曾经“臧命作奸”“所杀甚众”的不法游侠郭解，到汉武帝徙各地豪强到长安附近的茂陵时，他通过大将军卫青说情，说他家贫势弱，不够迁徙的条件。汉武帝对卫青说：“郭解一个普通百姓，无官无职，竟然能劳驾一个大将军给他说情，也说明他在地方上的势力了。”仍坚持把他迁徙到京。郭解至京后，仍所为不法，结交私党，终于被汉武帝下令诛杀。汉武帝还往全国派出一批刺史，专门检察各地方豪强的情况，限制“强宗豪雄”的不法行动。经过这些措施，地方豪强势力受到了遏制，社会治安比从前安定多了。

此外，汉武帝还在兵制和中央行政制度各方面加强了中央集权，削弱地方割据势力，使国家从政治上得到了进一步巩固和强盛的保证。

加强对全国经济的控制

在经济上，汉武帝一方面继续采取汉初恢复和发展生产的政策，另一方面在财政方面采取许多新措施，加强中央对全国经济的控制，从经济上削夺诸侯王和地方豪强势力的基础。

汉武帝一朝在水利方面的兴建是大量的。关中地区许多有名的灌溉渠道，都是建成于这一时期。汉武帝起用著名水利工程家徐伯主持漕渠的工程，渠长三百多里。渠成后不仅缩短了关东到长安的漕运时间和路程，而且使沿渠万余顷土地得到灌溉。汉武帝时期还在郑国渠附近开凿了六辅渠和白渠，各灌田数万顷。当时人民编起歌谣来赞扬这一工程的兴建：“田于何所？池阳谷口。郑国在前，白渠起后。举臿为云，决渠为雨。泾水一石，其泥数斗，且溉且粪，长我禾黍。衣食京师，亿万之口。”（《汉书·沟洫志》）意思是：在什么地方耕种最好呢？池阳（今陕西泾阳西）一带最为理想。前有郑国渠，后有白渠。开垦者的铁锹多如云，渠水像甘霖一样滋润。流经的泾水，既可用以灌溉，淤泥又可作粪肥，催我的禾苗生长。京师亿万人的吃粮穿衣，全靠这条水啊！汉武帝还下了很大决心，比较有效地治理了黄河。

汉武帝进一步把财权收归中央，从四个方面进行财政革新。第一，改革币制，把铸币权收归中央。这是对贵族官僚和富商大贾们的一场重要的经济斗争。原来汉初几十年间，由于币制混乱，铸币权都被控制在诸侯王和地方豪族手中，例如，景帝时七国之乱的首谋吴王刘濞，就利用了铸钱、煮盐的巨大经济力量。元鼎四年（前113年），汉武帝下令宣布禁止郡国铸钱，销毁各地私铸的钱币，在全国成立了专门的铸币机构，统一审查钱币的成色、轻重、式样，称为五铢钱或三官钱。这种钱重如其文，质量很高，自武帝中叶以后到隋朝止的六七百年间，五铢钱成为历代封建王朝统一使用的标准货币。第二，由国家统一经营盐铁事业。这也是武帝从经济上向地方豪强争夺财力的一种斗争。原来豪强大族、富商大贾霸占着国家的山林川泽，“专山泽之饶”，不仅使国家大量财源流入私家腰包，而且也助长了地方割据势力的发展。汉武帝从元狩三年（前120年）开始，把开采生产和销售盐铁的大权收归中央，并且制定了严厉的法律，规定“敢私铸铁器煮盐者，砍掉左趾，没收其器物”（《史记·平准书》）。这一措施，一方面加强了中央对经济的管理权，削弱了地方割据力量，另一方面也大大增加了国家的财政收入。据当时著名财政改革家桑弘羊说：盐铁官营后，政府增加收入达亿万之费，当时四方征讨的费用，全仗“盐铁之福也”。第三，推行均输平准政策，即由国家统一调剂全国的运输和物价，并由国家组织专人负责租赋、财

↑ 郡国五铢钱

物的运输，经营官营商业。国家手中掌握了大批物资，就可以“贵则卖之，贱则买之”，调剂有无，保持物价平衡，以防止富商大贾从中渔利。这一政策，既增加了国家收入，又可免去普通老百姓再受富商大贾的一层剥削。第四，实行算缗、告缗。所谓“算缗”，是指由国家向大商人高利贷者征收财产税。“缗”，指用绳子串起来的铜钱，一千钱一串，称为一缗。汉武帝时规定，凡商贾每二千钱抽二十钱，称为一算，这叫“算缗”。汉政府还规定，有产不报或自报不实，鼓励知情者告发。揭发属实，即没收被告者全部财产，而告发者可得被没收财产之半，这叫“告缗”。汉武帝任用杨可主管告缗事务，一时告缗之风，遍及全国，这种办法固然使政府又发了一笔横财，打击了一部分不法大商人，但同时也使一批小有资产的老百姓遭到了破产的厄运。

上述这些经济措施，在一定程度上达到了限制和打击诸侯王、贵族豪强、富商大贾的效果，增加了西汉政府的收入，从经济上加强了中央集权，使西汉国家暂时富裕和强盛起来。

罢黜百家，独尊儒术

汉武帝在政治、经济方面加强国家统一和中央集权的同时，在思想文化方面也采取了一些积极措施，这就是通常所说的“罢黜百家，独尊儒术”。从汉武帝以后，儒家思想成为我国封建社会的正统思想，一直经历将近两千年而不衰。

其实，儒家思想和儒家学派的逐渐抬头，是自汉初就已开始了。儒家虽经秦始皇的焚书坑儒，受到一次沉重打击，但在秦汉之际，他们的代表人物已经日趋活跃。孔鲋负籍积极参加陈胜吴广的反秦斗争，陆贾为刘邦献马下治国策，叔孙通为西汉王朝制定成套的礼仪，都说明儒术不仅积极干预社会，而且逐渐为统治阶级所欣赏，认为这种思想、这种学派对封建统治的确有利，可以成为巩固自己统治的工具。

到汉武帝即位初年，儒家学派实际上已经成为社会上一股重要的政治力量。年轻的汉武帝初试锋芒的改革，就是在儒家人物窦婴、田蚡和赵绾、王臧等人的协助策划下进行的。但是一方面由于当时汉武帝还十分年轻（年方十六七岁），太皇太后窦氏还是执掌大局的实权派，另一方面，当时黄老无为的道家学派尚有很大势力，前面说的后来谋叛反对汉武帝的淮南王刘安，就是一个黄老学派的代表人物，他招致网罗了一批门客，集体编著了一部集黄老无为和孔、墨、申、韩大成的《淮南鸿烈》，大力提倡阴阳之学和道家之术，作为和汉武帝进行政争的舆论工具。此时，窦太后是站在黄老学派一边的，她十分不满于汉武帝利用儒家人物进行革新，因此借赵绾之故把武帝周围主张改革的儒家人物全部黜退。但是，当窦太后死后，汉武帝又全部将这些儒家起用，着手他的建立大一统的宏伟帝国的赫赫大业。

儒家思想和儒家学派在汉武帝时期独成一尊，是有深刻的社会历史原因的，同时也由于儒家学术具有它自己有利的为其他学派所不及的条件。经过汉初七十年的恢复，经济得到了较大的发展，国力富强了，统治者的欲望也增强了。因此汉朝高、惠、文、景时期那种“无为而治”的思想已经不符合最高统治阶级的要求，他们需要一种进取精神较强的统治思想来代替黄老的无为思想。同时，西汉王朝发展到武帝时，经过景帝平定七国之乱之后，王国势力受到了极大削弱，所以为大力加强中央皇权，奠定了基木的条件。另外，从儒家思想本身来讲，它的博大精深，它的含有政治、哲学、文采、教育、伦理各个方面丰富内容的包罗万象的特点，它的“仁政”为核心的政治观和道德观，也使它便于被封建统治者所全面利用，尤其是在升平时代作为一种控制人民的思想观念，比其他各家思想都更有适应性。

汉武帝时期“罢黜百家，独尊儒术”文化思潮的代表人物为董仲舒，他既是当时儒派的领袖，又是提出“独尊儒术”的发端者。《汉书·董仲舒传》说：“自武帝初立，魏其（指魏其侯窦婴）、武安（指武安侯田蚡）侯为相而隆儒矣。及仲舒对策，推明孔子，抑黜百家。立学校之官，州郡举茂材孝廉，皆自仲舒发之。”董仲舒很受汉武帝的推崇，自建元元年（前140年）贤良对策为武帝所欣赏后，他被武帝派到武帝哥哥江都易王刘非那里当国相，以后又一度被丞相公孙弘推举为胶西王刘端的国相。五十八岁以后，居家著作，但朝廷还不断派人向他请教，“朝廷如有大议，使使者及廷尉张汤，就其家而问之”（《汉书·董仲舒传》）。张汤是汉武帝特别重用的司法官，后来张汤把询问董仲舒的部分材料，整理成为《春秋决狱》一书。可见，老年的董仲舒，实际上仍是西汉王朝政治上的重要顾问。董仲舒于武帝太初元年（前104年）病故，汉武帝有一次经过他的墓地，还专门下马，对这位知名大儒表示敬意，后来把他的墓叫作“下马陵”。这些都可见汉武帝对董仲舒的尊重。

↑ 董仲舒像

汉武帝和董仲舒的“罢黜百家，独尊儒术”的主要内容是什么呢?

第一，独尊儒术，统一思想。这一点是窦婴、田蚡于武帝初即位协助改革时就提出来的主张，当时由丞相卫绾出面提出：“所举贤良，或治申、商、韩非、苏秦、张仪之言，乱国政，请皆罢。”就是说，除儒家外，法家纵横家首先归入罢黜之列。其后窦婴、田蚡等又提出“务隆推儒术，贬道家言”，把道家也贬入罢黜的行列。是时，董仲舒于贤良对策的第三策中，更系统地提出“抑黜百家，独尊儒术”的主张，他认为“师异道，人异论，百家殊方”，绝不利于政治的统一，“臣愚以为诸不在六艺之科孔子之术者，皆绝其道，勿使并进。邪辟之说灭息，然后统纪可一而法度可明，民知所从矣”。这里董仲舒把孔子六艺之外的各家，皆一概贬为“邪辟之说”，建议“皆绝其道”，这样就可以使法纪统一，人民统一在儒家的思想中，所以说汉武帝“独尊儒术”的最主要目的是为了配合政治上的统一而追求思想上的统一。

第二，尊崇孔子的儒术，为了证明天子至尊，为“强干弱枝”寻找理论上的根据。董仲舒在《春秋繁露·王道》中说：“有天子在，诸侯不得专地，不得专封，不得专执……不得致天子之赋，不得适天子之贵”，这就从理论上论证了诸侯必须完全受皇帝的支配，不得自尊自专。董仲舒认为春秋大一统思想，是“天地之常经，古今之通谊也”。因此“尊儒”学说另一要点便在于：“立义以明尊卑之分，强干弱枝以明大小之职。”这是完全为汉武帝的政治上大一统和加强中央集权作舆论宣传的。

第三，提倡儒家的仁政。在董仲舒的对策中，提出了许多缓和阶级矛盾的措施。儒家反对用严刑对待人民，严厉谴责法家任刑而不尚德所造成的“刑者甚众，死者相望，而奸不息”。董仲舒还提出了“薄赋敛，省徭役，以宽民力”，“限民名田”以“塞并兼之路”来防止过分贫富分化，避免出现“富者田连阡陌，贫者无立锥之地”的现象。儒家代表董仲舒提出的这些主张，是从封建统治者长远利益考虑提出来的改革方案，清醒的封建政治家是会看到这一点的。锐意进取的、希望能使西汉王朝长治久安的汉武帝，选中儒家作为封建统治的正统思想是很自然的。

第四，在全国范围内推行儒学教育体制，用儒家思想来培养封建地主阶级的接班人，也是“独尊儒术”的内容之一。元朔五年（前124年），汉武帝接受董仲舒、公孙弘等人建议，兴办了我国历史上第一所正式的大学——太学，第一批置博士弟子（太学学生）五十人。这所大学全用儒家五经作为课程，教师全部聘请精通儒学的博士担任，武帝时始设七人，到宣帝时增加到十四人。到西汉末年，太学学生增加到一万人，东汉末，更增至三万人左右。这批完全用儒家思想培养起来的人才，成为封建专制主义中央集权的最得力的维护者。除中央兴办太学外，汉武帝还提倡在郡国兴办地方学校，如当时蜀郡太守文翁，即“修起学宫于成都市中”，以后为武帝号召推广于全国。

综上所述，可以看出汉武帝“罢黜百家，独尊儒术”，实为社会历史发展之必然，是为了封建统治者长远利益的需要。汉武帝的这一文化教育政策与他的经济政治集权政策，是完全一致的。

巩固与发展多民族统一国家

汉武帝的雄才大略，更表现在他在巩固和发展我国多民族统一国家方面做出的贡献。在他统治的五十四年里，他平定了闽越和南越的叛乱，稳定了对西南夷地区的统治，开拓了东北和西北边疆，使今新疆和甘肃西部开始进入祖国的版图，东北地区的疆域则从今辽东半岛一直扩大到浑江、鸭绿江流域。汉武帝还对北方强悍的匈奴奴隶主贵族进行了正义的反击战争，解除了北方游牧民族对汉王朝的巨大威胁，保障了山西北部、河北一带农业生产的正常进行。

西汉时期的闽越，包括今福建和浙江一带，这一地区从秦始皇时就已经是中央王朝的一部分。秦末农民战争期间，其地又出现了以温州为中心的东瓯和以福州为中心的闽越国两股割据势力。闽越国实力雄厚，“甲卒不下数十万”。闽越王凭恃自己的实力，根本不把西汉王朝放在眼里，所谓“名为藩臣，贡酎之奉不输，一卒之用不给”，而且还经常派兵向西汉政府挑衅，或焚烧汉军的楼船，或用兵在汉境骚扰。吴楚七国之乱被平定后，闽越王让吴王刘濞的儿子去到他那里避难，还企图共同蓄谋反汉。闽越王还不断出兵向北边的东瓯和南边的南越进攻。这些活动不仅严重影响着西汉王朝在全国的统治，而且给人民带来许多战乱之苦。汉武帝决心消除这一祸患。

汉武帝和闽越的交锋前后共有三次：一次在武帝建元三年（前138年），闽越派兵攻打东瓯，东瓯君向西汉王朝求援。汉武帝这时刚刚即位两年，年方一十九岁，但他毅然决定帮助东瓯，解除闽越的威胁，派出了严助（即庄助）带领会稽（今江苏苏州）郡兵从海上救援东瓯。结果闽越退了兵，东瓯王带领四万军民迁到江淮地区。第二次在武帝建元六年（前135年），闽越又出兵进攻南越，汉武帝派出王恢和韩安国两路大军支援南越，东进闽越。由于闽越内部政变，闽越王的弟弟余善杀死了国王，向汉将王恢表示归降，汉武帝才下令罢兵。第三次在武帝元鼎六年（前111年），闽越王余善又一次起兵直接向汉王朝进攻，把进攻汉兵的大将号为“吞汉将军”，并自行刻制玉玺，准备称帝，与西汉王朝分庭抗礼。汉武帝派了大将韩说、杨仆、王温舒、朱买臣等五路水陆大军南进闽越。汉军势如破竹，在大军压境的情况下，闽越内部又一次严重内讧，部将杀死余善投降。汉武帝平息了这次叛乱后，为防止后患，把闽越的贵族臣民统统迁徙到江淮之间。此后闽越地区一直较为安定，生产得到较快发展。

汉武帝平定南越的战争，发生在武帝元鼎五年（前112年）。汉初，南越王赵佗和汉高祖刘邦关系很好，汉武帝时又帮助赵佗解除了闽越的进攻威胁，使之更加感恩戴德，曾把自己的儿子赵婴齐送到长安做武帝的侍从。但是后来南越统治者内部发生了矛盾，丞相吕嘉势力逐渐强大，与南越王太后发生争执，甚至在朝廷中动武，吕嘉逃出。几个月后吕嘉发动政变，杀掉南越王和王太后，同时也杀死了汉朝派去的使节，公开叛乱。汉武帝派遣了十多万军队分五路进攻南越，在武帝元鼎六年（前111年）攻下番禺（今广东广州）。这时汉武帝本人正在山西黄河东巡视，听到这个消息后十分高兴，立刻把该地改名闻喜，后来走到河南汲县（今河南卫辉西南）西时，又听到吕嘉被俘获的消息，便又把当地叫作获嘉，这是今天山西闻喜县和河南获嘉县名称的由来。南越平定以后，汉武帝在该地区建立了九郡，其中六郡在今广东、广西境内，三个郡在今越南北部。

西南夷是指今天甘肃南部、四川西部和南部、贵州北部和西部、云南和西藏昌都一带地区。西汉时，这一地区有许多少数民族建立的小国，较大的有今贵州北部一带的夜郎，今云南昆明一带的滇和今四川阿坝地区的冉駹（音máng）等。汉武帝时陆续把这些地区归入西汉版图。武帝建元六年（前135年）左右，由唐蒙带领一千人进入夜郎，建犍为郡，武帝元封二年（前109年）汉武帝派兵入滇，迫使滇王请降，在其地置益州郡。从此云贵地区正式成为中央王朝的郡县。其后，汉武帝又继续把西南夷地区全部归入西汉版图，在那里新置了牂牁（音zāng kē）、越嶲（音yuè xī）等六郡。

武帝元封三年（前108年），汉武帝通过战争，降服了东北地区的高句丽等部，在那里设置玄菟（郡治在今辽宁新宾西）、乐浪（郡治在今朝鲜平壤）、真番、临屯（皆在今朝鲜境内）四郡。

在西边，汉武帝通过派张骞两次出使西域，大大加强了中央和新疆一带各民族的联系。其后，汉武帝又通过和亲，加强了和西域大国乌孙（在今我国新疆西部和中亚一带）的联盟，使匈奴在这一带无法再从事活动，这就是历史上所谓

"断匈奴右臂"。同时汉武帝派兵攻破西域通道上的楼兰（今新疆若羌一带）和姑师（今新疆吐鲁番、乌鲁木齐一带），控制了重要咽喉地带。武帝太初三年（前102年），汉武帝再派大将李广利西征大宛（今中亚安集延一带），威迫大宛重立亲汉的贵族为王。西汉在大宛得胜后，威震西域诸国。第二年，许多国家派王子王弟来汉朝见汉武帝，表示臣服。汉武帝为了使西域通道畅通无阻，在从玉门关直到罗布泊沿线，修建了许多亭障，派专兵把守，还组织人民在那里屯田。从此，丝绸之路繁荣起来。到汉宣帝统治时期的神爵二年（前60年），汉政府在西域地区设置了西域都护，整个西域成了西汉帝国的版图。西域各民族和中原的关系大大加强。中原的冶铁技术在新疆各地得到推广，丝织品和许多工艺品也流入西域地区。西域的特产也源源不断地传到中原，如葡萄、胡瓜等逐渐在内地栽培。我国各族人民之间的融合大大加强了。

↑ 《张骞通西域》壁画（摹本）

汉武帝在武功方面的最大贡献，是阻遏了北方匈奴贵族对北方的骚扰。匈奴是我国北方的一个古老民族，长期游牧在蒙古草原，汉初时尚处在落后的奴隶制社会阶段。他们凭恃骑兵的优势，从汉高祖刘邦以来，经常南下到北方农业地区进扰，掠夺和屠杀人民，践踏农田，给陕西、山西、河北一带汉境人民，造成

↑ 霍去病墓前马踏匈奴像

严重的损失。汉初因为经济凋敝，国力不足，不可能对匈奴进行正当的反击，采取了退让和亲的政策。经过汉初七十年的经济恢复和发展，到汉武帝时，已经有了足够的人力、物力对匈奴进行反击了。从武帝建元六年（前135年）始，至武帝天汉四年（前97年），汉武帝一共对匈奴进行了十五次战争，最重要的战役有武帝元朔二年（前127年）、武帝元狩二年（前121年）和武帝元狩四年（前119年）三次。这三次战役，汉武帝都任用历史名将卫青、霍去病作为主要统帅，取得了战争的巨大胜利。武帝元朔二年（前127年）一次，卫青夺回了被匈奴占据的河南地（今内蒙古河套地区），获得了匈奴牛羊百余万头，汉政府在河南地置朔方和五原郡，从内地迁了十万人到那里定居。经过这次战役，匈奴骑兵对汉都长安的威胁基本解除了，匈奴的单于王庭（中央政权）被迫迁至蒙古大沙漠以北。武帝元狩二年（前121年）一次，霍去病率万人骑兵越过焉支山（今甘肃山丹河东）千余里，缴获了匈奴休屠王的祭天金人。匈奴的浑邪王降汉，随他来降的还有匈奴四万部众。汉政府在这次战役后在甘肃走廊设置了酒泉、武威、张掖、敦煌四郡，把大批内地贫民迁到那里，保证了汉至西域的通道。第三次大战役在武帝元狩四年（前119年），这次战役汉将霍去病取得了巨大胜利，一直进军到瀚海（今西伯利亚贝加尔湖）而还。匈奴伤亡达八九万人。经过这次打击，匈奴一蹶不振，不再有力量对中原进行骚扰了。汉武帝反击匈奴的战争，制止了匈奴贵族的野蛮掠夺，维护了汉朝边郡的先进的农业生产，是符合广大劳动人民利益的。

轮台之诏

汉武帝北伐匈奴，西通西域，南平闽越、南越，于西南夷地区置郡，这都是开边兴利、继往开来、对中华民族的历史具有巨大意义的事件，也是他对我国千秋万代做出的贡献。所以班固称汉武帝为有“雄才大略”的皇帝。

但是，在封建社会，大凡有作为的皇帝，一般又都急功好利，好大喜功。在他们为历史、为民族做出杰出贡献的同时，又常常伴随着对人民的极大骚扰，造成人力、财力方面的巨大浪费。汉武帝便是这样一位皇帝。历史对他是有鲜明的是非、功过的评价的。比如，《史记》中说，他即位之初，本来“人给家足”，府藏皆满，但是经过武帝对外连续进行三十二年战争后，变成为“海内虚耗”。到汉武帝元封四年（前107年），更是险象丛生，关东流民达到二百万口，无名数者尚有四十万。社会矛盾因之日益严重，终于酿成了天汉年间（前100—前97年）的农民起义，这时“天下骚动”，起义遍及关东地区，大者数千人，小群数百人，攻城邑，掠乡里。另外，由于武帝政治上处理不当，也造成了统治阶级内部矛盾的尖锐化，卫太子的巫蛊案件便是这种矛盾激化的表现。卫太子是武帝的卫皇后生的儿子，大将卫青之甥，武帝元狩元年（前122年）立为太子，因为政见不合（卫太子公然反对武帝“征伐四夷”的政策），于征和二年（前91年）终于和武帝之间的矛盾激化，于是出现了巫蛊之狱。有人告发太子用巫蛊（一种迷信方式）咒诅武帝，因而被武帝废黜自杀。这一案件涉及了许多统治阶级上层人物，包括卫皇后和他的家族、武帝宠爱的李夫人及其家族以及丞相公孙贺一家，“大臣无罪夷灭者数十家”。这一案件到第二年被认为是冤狱，卫太子受到了昭雪。但对武帝来说，内心震动是相当大的，他深感到有必要重新认识一下过去几十年的政策。

一个是社会阶级矛盾的深化，一个是统治阶级内部斗争的尖锐化，这两点使汉武帝发出了“轮台之诏”。轮台诏是一份悔过的诏书，这是中国古代帝王罪己以收民心的一次比较成功的尝试，也说明汉武帝毕竟还是一位有见识的政治家，在自己统治的最后关头（在他死前二年），终于能看到自己过去政策中的失误，向人民表示忏悔，这在古代封建帝王中是不多见的。

轮台之诏下于武帝征和四年（前89年）。在此以前，武帝在自己多次讲话和诏令中已经逐渐在检讨自己的过错。比如在这一年的三月，有一天他走到今山东的广饶县，看到农民在辛勤地劳动，不禁想起对不住人民的地方，一边亲自拿着耒耜到田里参加劳动，一边说：“朕即位以来，所为狂悖，使天下愁苦，不可追悔。自今，事有伤害百姓，靡费天下者，悉罢之！”不久，大臣田千秋请求汉武帝斥退方士，不要再搞求神求仙的事，武帝也十分同意，说：“向时愚惑，为方士所欺。天下岂有仙人？尽妖妄耳！”他后悔自己过去劳民伤财，但已无法挽回了。到这年六月，当搜粟都尉（管理粮食的官）桑弘羊又请求武帝派人到轮台修筑堡垒、驻扎军队时，武帝便下诏说：此前曾有人请求按人口增加三十钱作为边用，这实际上是加重老弱孤独者的困苦。是“扰劳天下”的行为，“朕不忍闻”。今后的政策应当“务在禁苛暴，止擅赋，力本农，修马复令”。这就是所谓“轮台悔过”的诏书。这是汉武帝一生政策的一大转折，此后他表示要着重在“思富养民”方面多下功夫。他任命田千秋做宰相，并特封为“富民侯”，还任命农业家赵过为搜粟都尉，让他在全国范围内推广先进的“代田法”，加强对农业生产的领导。以后赵过又改进很多“田器”

↑ **汉代播种工具耧车（复原）**

（农业生产工具），由中原逐渐推广到边区。经过两年的经济恢复和减少赋税措施的实行，西汉社会又趋向安定了。

但是，汉武帝已经精疲力尽，终于在后元二年（前87年）一病不起。在临死前，他把小儿子刘弗陵托付给大司马大将军霍光和车骑将军金日磾，对霍光说："我要请你做周公，让小儿子刘弗陵做成王。"汉武帝死后，葬在长安西北的茂陵，在他的陵墓东北有霍去病和卫青的墓，东南有霍光墓。这位杰出皇帝就这样终结了自己的一生。

臧嵘

人民教育出版社编审，发表论文几十篇，专著有《隋唐五代史论》《东汉光武帝刘秀大传》《中外文化交融之路》；主编书籍多部。

旷世奸雄

王莽

王莽个人小档案

姓名：王莽

年号：始建国、天凤、地皇

字：巨君

所处时代：西汉、新朝

生卒年：前45—23年

出生地：魏郡元城（今河北大名县）

在位：9—23年

主要成就：建立新朝

死亡地：长安（今陕西西安）

最得意：代汉建新

最失意：国破身亡

王莽

两汉之间，存在过一个为时不长的王朝——新朝。亲手建立这个王朝，又经营和葬送了这个王朝，并与它同归于尽的，就是中国历史上家喻户晓的人物王莽。

王莽以一个外戚之家的平常子弟，经过几十年苦心孤诣的惨淡经营，最后废汉立新，登上了皇帝的宝座。这在中国封建王朝兴衰的更替史上是第一个。王莽的上台及其上台后大刀阔斧地实行一系列社会改革，使他在两汉之间成为举世瞩目的风云人物，在中国封建社会政治发展史上书写了特殊的一页。在历史提供给他的现实舞台上，王莽像一颗新星那样急速升腾，又迅即陨灭，在封建历史的长河中，虽然只是昙花一现，但就王莽来说，确是做了他那个时代、他所代表的那个阶级允许他做出的最充分的表演。

通向皇位的道路

王莽生于汉元帝初元四年（前45年），卒于地皇四年（23年），字巨君，出身于贵族官僚家庭。祖籍东平陵（今山东济南市历城区）。曾祖父王贺在汉武帝时做过绣衣内史，祖父王禁做过廷尉史。王禁的次女王政君，即王莽的姑母，则是汉元帝的皇后。汉元帝初元四年（前45年）王莽出生的时候，他的姑母王政君已做了四年的皇后。王氏宗族凭借外戚地位，已在汉朝中央到地方形成盘根错节的势力。元帝竟宁元年（前33年），王莽十三岁时，汉元帝死去，汉成帝即位，王政君成为皇太后，她的同母兄弟王凤做了大司马大将军领尚书事。从此，汉朝的政权开始被王氏外戚势力所控制。

王莽的父亲王曼，是元后王政君的同母弟，由于死得早，没能得到封爵，寡居的母亲只是在宫中侍候太子。所以王莽自小并没有什么荣宠。在权势显赫的王氏大家族中，王莽根本不能和父辈做了大将军、封了侯的叔、伯兄弟们相比。当他的同宗兄弟们在追逐声色犬马，过着骄奢淫逸的贵族公子哥生活的时候，他决心要走另一条赢得名利、出人头地的路。他一方面勤奋攻读礼经，拜沛郡（今安徽宿州西北）名儒陈参做老师，一方面刻意地用封建道学所褒奖的孝悌忠信等约束自己，猎取声名。在家中，恭谨地侍奉早寡的母亲和嫂嫂，精心培育亡兄留下的孩子；在社会上，广泛地结交知名的英才俊士。对执掌朝廷大权的叔、伯们，更是小心翼翼，恭敬备至。成帝阳朔三年（前22年），伯父大将军王凤得了重病，王莽一刻不离地伺候在病榻旁边，亲尝汤药，一连几个月不解衣带，蓬头垢面，竭尽了孝心，深得王凤的好感。王凤临死时，特意把王莽托付给元后和汉成帝，让他做了黄门郎（侍从皇帝、传达诏命的郎官）。不久又擢升为射声校尉（掌领善射武士的军官）。这一年，他才二十四岁。这是王莽政治上发迹的开始。

这以后，他的叔父平阿侯王谭、成都侯王商等也经常在元后面前称赞王莽的德行。永始元年（前16年），元后让成帝追封王曼为新都哀侯，而由王莽袭爵为新都侯。至此，王莽有了自己的一千五百户的封国南阳新野（今河南新野县）的都乡，并晋升为骑都尉光禄大夫侍中（皇帝的宿卫近臣），成了皇帝身边有影响的权臣。这在王莽的仕宦生涯中，向前迈出了重要的一步。

刚过三十岁的王莽，声望不仅超过了他的同宗同辈的贵族子弟，甚至压倒了他的叔伯父们。但王莽表面上毫无骄矜的神色，而是更加机敏地捕捉一切时机，沽名钓誉。有一回，王莽私下里买了一个俊俏的侍婢，准备自己享用，因为他向来装着一副道学的面孔，他的兄弟们听说后就颇有讥议。王莽意识到后，忙解释说：“后将军朱元没有儿子，我打听到这个女子宜于生儿子，特意为朱将军买下的。”当天就忍痛割爱，将侍婢送了过去。不仅不留一丝痕迹地将污点抹掉，又捎带给自己脸上增添了正人君子的油彩。这种善于隐匿自己的真实感情以换取虚名的本领，表现了王莽非同一般的自制力和随机应变的乖觉。

王莽的声誉越来越大，官爵和封号也越来越高。到汉平帝死的时候，王莽一身已领受五大荣宠，即爵为新都侯，号为安汉公，官为宰衡、太傅、大司马。但是，只要黄袍还未加身，只要在通向皇帝宝座的道路上，还存在着公开的或潜在的竞争对手，而他暂时尚不能必操胜券时，王莽总是以最大的努力，小心卫护着罩在自己头上那极其伪善的封建道德的光圈。王莽又以体恤元后健康为名，把州、牧、二千石官吏的考核、任命权全部掌握在自己手中，控制了从中央到地方的权力。王莽为骗取农民对他的好感，还上书愿意出百万钱，献田三十顷，交给大司农官，救助贫苦农民。每逢发生了水旱灾荒，王莽就宣布改吃素食，并暗示左右去报告元后，让元后下诏劝他还是要经常吃肉，为了国家爱护身体。王莽就是这样巧于用心计。

为了扩大和巩固自己的权力，王莽又挖空心思把自己的女儿立为皇后。

在得到宰衡名号之后，王莽又制定一系列笼络知识分子的措施。汉平帝元始四年（4年）年底，他下令在京师大兴土木，修筑明堂（古时天子宣明政教的地方）、辟雍（官办学校）和灵台（观天象台），为知识分子盖了大批住宅，安置好他们的生活。同时立乐经，增加博士员，每经设五人。征集天下凡是精通一门技艺、教授十一人以上，以及有逸《礼》、古《书》《毛诗》《周官》《尔雅》、天文、图谶、钟律、月

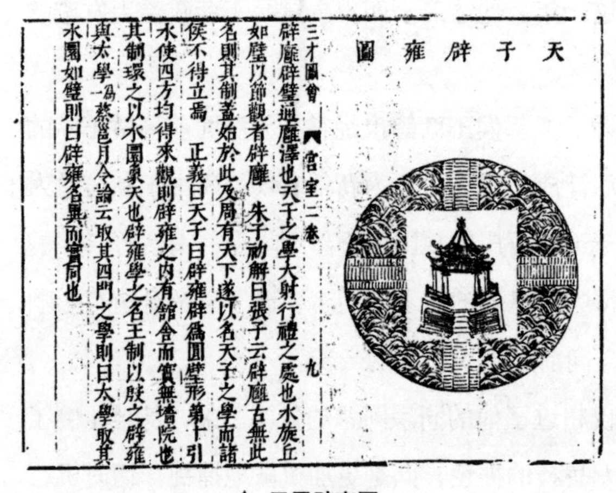
天子辟雍圖

三才圖會　宮室二卷　九

辟廱辟璧通廱澤也天子之學大射行禮之處也水旋丘如璧以節觀者辟廱　朱子前解曰張子云辟廱古無此名則其制蓋始於此及周有天下遂以名天子之學而諸侯不得立焉　正義曰天子曰辟雍辟爲圓璧形第十引水使四方均得來觀則辟雍之內有舘舍而實無墻院也其制環之以水圓象天也辟雍學之名王制以殷之辟雍與太學一爲蔡邕月令論云取其四門之學則曰太學取其水圜如璧則曰辟雍名異而實同也

↑ 天子辟雍图

令、兵法、《史篇》等书并能通解它们内容的人都由政府派公车送到京师统一安排。另外，王莽还网罗了全国有特异本领的一千多人，他们来自三教九流。他们对王莽感恩不尽，自然也把影响带到全国各地。元始五年（5年），王莽又在明堂举行了盛况空前的汉宗室远近祖先神主的合祭大典，诸侯王、列侯、汉宗室贵族共一千多人参加助祭。就在这次大合祭盛典的前后，朝廷收到了吏民四十八万七千五百七十二人的上书，参与大合祭的诸侯、王公、列侯和宗室也纷纷到元后跟前叩头进言，对王莽自然又是一片的颂扬赞美之声！

应该说，王莽伪善的谦恭和礼让，是他在通向最高权力的道路上表现得特别精彩又相当有效的一种手法。他像秃鹫一样，两眼紧盯着的猎获物，始终是权力两字。他全力以赴地为之拚搏的，始终是以官品等级为标志的大小不等的封建专制权力。他的权欲随着他的地位的扶摇直上而不断膨胀。等到可以直接窥伺皇帝的宝座之后，王莽能够装得更加“谦恭”，更多“礼让”，但他同样也会不择手段地为排除争夺王冠的异己力量，残忍无比地扫清登上人君宝座的障碍。

王莽自小跟着寡母在宫中长大，后妃争宠，外戚倾轧，上层统治集团中各派政治势力间的钩心斗角、尔虞我诈的内幕，随着他阅历的增多，当然是深知其中三昧的。汉宣帝死后，外戚势力除王氏这一门外，许氏、丁氏、傅氏、卫氏这几家也有相当雄厚的政治力量，一直是王氏集团争夺权力的劲敌。何况王莽需要对付的，不只是异姓外戚势力，还有王氏宗族中那些高官显爵，有可能成为他攫取最高权力的对手以及他们与异姓外戚互相勾结来对付他的那种威胁呢！因此，在某种意义上说，王莽的伪善，装得像谦谦君子一样的小心谨慎，卑恭和礼让，都是为了积聚力量，以便在权力角逐、你死我活的格斗到来时，能发出置敌于死地的猛烈的一击。

在同丁、傅外戚集团斗争中，王莽失败了，丢掉了好不容易争到手的大司马大将军的官位。紧接着哀帝又下令将前大司马王根贬离京师回到封地，王谭的儿子平阿侯王仁也被赶回封地；将王商的儿子成都侯王况免为庶人；还罢免了一批王根和王商引荐的官吏。王氏外戚势力被大大削弱，这无疑对王莽是一个极大的打击。王莽蛰居南阳长达三年之久，但他并未因此一蹶不振。王莽作为一个政治家对形势的突然逆转，有正确的估计，充满着重新崛起的自信。

王莽回到封国不久，他的第二个儿子王获杀了一个奴婢，这在奴婢问题十分严重的西汉末年，并不算得一回事。王莽却十分严厉地加以斥责，并下令让王获自杀偿命！他用儿子的命换取了爱惜奴仆的美名。王莽还用小恩小惠赢得了更多人的拥戴。在封国的三年中，包括他的党羽在内的官员，为他喊冤上书的达上百人。王莽处心积虑地积聚着力量，准备反扑。

客观上，哀帝的昏庸无道，丁、傅外戚集团结党营私、作威作福所造成的政治上的腐败，又为王莽卷土重来创造了条件。

王莽的党徒不断地为王莽大唱赞歌，向哀帝上书，迫使哀帝于元寿元年（前2年）下诏让王莽重返京师。第二年哀帝寿终正寝。他没有儿子，丁、傅两太后也已先后死去，元后随即以太皇太后身份出来收拾局面。她到未央宫收取皇帝印玺后，立刻下诏把王莽召来，将全国的军政大权全部交给了他。王莽一旦大权重新在握，便毫无顾忌地在宫内外实行无情的报复，对不利于他专权的官僚外戚势力进行空前的大清洗。

王莽想要摘取皇冠，最后还有他姑母元后这一关。元后，作为一个历史人物，她是西汉末年外戚政治的产物，又是它的体现者。她是王氏外戚集团的核心人物。为巩固自己的地位，她全力扶植王氏宗族势力，她的政治命运与王氏外戚集团的兴衰扭结在一起。二三十年来，元后在外戚本家中选中了王莽。王莽也始终借重元后这个后台。他们在共同政治利益的基础之上，互相依存，互相利用。从这点出发，元后可以让王莽发迹，让他打着自己这张王牌，击败一个个权力争夺中的对手，直到把汉中央的全部大权交给他，但是她绝不允许王莽废汉自立；王莽则在夺取汉家天下的过程中，步步设防，处处谨慎，算尽机关，恪守着一个原则，即不到最后，绝不向他姑母摊牌。

元始四年（4年），王莽的女儿正式立为皇后。王莽取得了“宰衡太傅大司马印”，凭借手中的大权，将朝廷各机要部门清一色地安插上自己的党羽亲信。

终于，王莽要摘取刘汉皇帝头上的皇冠了。元始五年（5年），王莽上下其手，又是吏民几十万人上书，又是王公贵族的纷纷劝进，又是党徒爪牙上千人的联名请求，元后只好给他加赏了“九命之锡”（即九赐，赐予九种礼物：车马、衣服、乐悬、朱户、纳陛、虎贲、斧钺、弓矢、秬鬯（音jù chàng）。古时天子赐予大臣最高的礼器。后世权臣自己议九赐，意味着要篡位）。这次封赏，是王莽代汉自立的先声。这年十二月，王莽趁平帝生病，进椒酒下了毒，害死年仅十四岁的小皇帝。为了不引起激变，他没有直接登上龙座，而是搞了一个缓冲，推出汉宣帝的玄孙中年仅两岁的广戚侯子婴继承帝位，自己当起“摄皇帝”来。不久，又逼使元后下诏，让自己朝见她时自称“假皇帝”。为了登基当皇帝，王莽又搞起了符命的把戏。他指使那些追名逐利之徒分别将齐郡新井、巴郡石牛、扶风雍石这些符命献进了未央宫，放出“摄皇帝当即真”（即王莽应当真皇帝）的风。梓潼人哀章，平时行为不端，好说大话，还在王莽居摄时，他就偷偷地做了个铜盒，分两格。一格上写“天帝行玺金匮图”，一格上写“赤帝行玺某传予皇帝金策书”。金策书中说：某，即汉高祖刘邦，他要把皇帝的位子传给真天子王莽，皇太后（元后）应按天命将帝位授于王莽。图和书中都写着王莽的八个大臣的名字，又随意编写了王兴、王盛两个名字和哀章自己的名字，共十一人，每个人名下都署有封爵和官职，标明都是王莽的辅佐大臣。当哀章得悉新井、石牛、雍石等符命马上奏效的当天，他就下决心把妄想变成冒险的行动。黄昏时，他身穿黄衣，一口气跑到汉高祖刘邦的祀庙，把铜盒交给守庙的仆射官，转身就走。仆射感到事情不寻常，立即报告给王莽。谁知这么一个无赖之徒异想天开的政治赌博，竟押到了王莽的心坎儿上。第二天一早，王莽就来到高帝庙拜受了铜盒。随后戴上皇冠去见元后，向她表明不敢违背高帝刘邦的天命，决定接受高帝的传国金策，即真天子位。不等元后允诺，王莽就来到未央宫前殿，发布他即真天子位，改国号为“新”的诏书。

↑ 汉画像石周公辅成王图

王莽始建国元年（9年）元旦，王莽举行了隆重的登基典礼。立自己的妻子为皇后，立儿子王临为皇太子，又处置了西汉王朝帝统的最后一个代表孺子婴。在宣读了封孺子婴为定安公、给他一万户、百里地的封国的策文之后，五十五岁的新皇帝王莽，拉着五岁的小废帝，流涕唏嘘地说：“以前周公居摄，最终还有将成王重新扶上王位的一天。今天唯独我迫于上天的威命，不能按自己的意愿再把帝位归还给你了！”王莽的表演真是恰到好处，这富有喜剧性的一幕，使群臣百官十分感动。接着，又按金匮图，封了十一个公，即四辅、三公、四将。其中八人是追随王莽多年的忠实党徒，另外三人，一个是制造金匮图和金策书的哀章，一个叫王兴，是被解职的城门小吏，一个叫王盛，是卖烧饼的，因姓名和容貌与哀章所献符命的卜相一致，被直接由平民百姓封为公爵，以显示符命的神圣和灵验，这是两人做梦也想不到的。王莽在十一个公的封号上，也煞费了心机，分别用安、就、嘉、美、承、章、隆、广、奉、成、崇十一字冠在“新”字上面，以为这样一来，他的王氏新朝就会长治久安、繁荣昌盛地存在下去。一个新的王朝——新朝的统治集团建立了，王莽代汉自立，终于实现了他几十年来孜孜追求的黄袍加身、南面称孤的夙愿。

全面改制和新朝的覆亡

王莽废汉立新，实现了改朝换代，固然是统治阶级内部各派政治势力长期权力争夺的结果，而根本原因则是由于西汉末年社会阶级矛盾的尖锐化以及由这种矛盾所引起的深刻的社会政治危机。西汉中期以后，土地兼并日益严重，造成大批农民破产变成流民、佃客和奴婢。土地集中和蓄奴、买卖奴婢问题，成了普遍的社会问题，一直是西汉末年阶级矛盾尖锐化、农民起义此伏彼起的根源。王莽踩着父辈们为他铺设的路，依靠自己的智谋和手腕，取得地主阶级中大部分人的支持，同时通过多次分赐土地给贫民和制裁杀死奴婢的儿子，把自己打扮成救世主的模样，受到了相当多的社会下层群众的拥戴，登上了皇帝的宝座。但是，皇帝易姓，矛盾如故。西汉末年深重的社会危机，并没有因为废汉立新而自行解除。王莽十分明白，西汉末年几代皇帝没有解决的社会问题，也正是他今天面临的社会问题。不管他采取多么巧妙诡秘的手段，也是回避不了的。若不能解决，等待他的，同样是覆灭的命运。王莽尽可以用一个接一个符命祥瑞瞒天过海，蒙蔽人民、迷惑舆论，也借以欺骗自己。但现实无情，不改制就没有出路。就这点来说，改制是严峻的现实，迫使新上台的统治者必须考虑的问题。当然，王莽改制，使改制具有王莽这个特定历史条件铸就的人物思想和性格特征，也必然有它自己特定的结局。王莽从小受儒学熏陶，信奉儒家经典，又是利用符命当上皇帝的第一人，所以，汉武帝时董仲舒的“天人感应”说和被宗教化、神学化的儒家经学，不仅完全被王莽所接受，并且与日益泛滥的谶纬迷信、灾异祥瑞相结合，成为王莽立国改制的指导思想和理论基础。王莽的全部改制活动，都是通过引经据典，比附祥瑞灾异进行的，这决定他的改制有很大的主观随意性和盲目性。

一、王田奴婢制度

王莽作为开国君主，与当时一些明智的地主阶级政治家一样，对西汉末年以来阶级矛盾尖锐、社会危机深重的根源，有比较清醒的认识。汉武帝时，董仲舒提出过限田限奴的建议；元帝时，贡禹曾建议大量遣散宫女，将官奴婢十万多人免为庶人；哀帝时，先后有师丹和孔光、何武提出限田限奴方案。王莽在即帝位前，多次将自己的封田分送农民，责令杀了奴婢的儿子自裁。应该说，他们都看到了土地和奴婢问题的严重性。始建国元年（9年），王莽即帝位不久，即着手试图解决这两个棘手的问题。他的理由是堂而皇之的，他说：“古代实行井田制，一对夫妻一百亩田，收十分之一的税，国家昌盛，百姓富足，一派歌舞升平的气象。秦商鞅变法以后，毁了井田，土地兼并出现。豪强地主占田几千亩，贫弱农民无立锥之地。汉朝减轻田租，对有田的人实行三十税一，而豪强地主兼并了成千上万的田亩，租给农民去种，却要收十分之五的租。所以租地主田的父子夫妇整年辛劳耕耘，还是连糟糠也吃不饱，而富豪人家的犬马，却连米豆都吃厌了，这是社会动乱不安的原因。同时还设置了买卖奴婢的市场，将人与牛马圈在一道，主人对奴婢有任意杀害的权力；还有抢掠贩卖人家的妻子儿女的，更是违背了‘天地之性人为贵’的经义和古训。”为此，王莽发布两项法令：一是王田令。规定从现在开始，普天下的田都称作王田，属国家所有，私人不得买卖。一家之中，男子不满八口，而田地超过九百亩的，应将多余的田分给本族或邻里乡亲。没有田地的男子要受田，也照此办理。敢有诽谤神圣的井田制的，要受到流放边远地方的惩罚。二是私属令，即将奴婢一律改称私属，不允许买卖。

王莽为了证明自己代汉立新的正义性，竭力把汉朝统治说得一无是处，比较真实地说出了汉末土地高度集中、赋役剥削严重、奴婢与牛马同栏的悲惨社会现实。但是他颁布的这个披着复古外衣的王田奴婢政策，却是从根本上违背社会发展的客观经济规律，因而是不可能行得通的。尽管王莽吹嘘他当年做大司马宰衡时，如何下令试行过，呈现五谷丰登的祥兆，他所拍卖的依然是一纸不能兑现的空文。第一，王田制的核心是变地主阶级的土地私有制为封建国家的土地国有制，显然是一种历史的倒退。封建国家地主阶级专政的性质，决定了它非但不能改变封建大土地所有制，而且连限制大土地所有制的发展也办不到。第二，王田制必将遭到几乎整个社会的不满和反对。①它触犯了占有万顷良田的大土地所有者的利益，他们当然可以通过或隐瞒或分家折产等办法，尽力保持自己的土地，但总有一部分要被收归国有，他们自然要凭借权势和关系，反对王莽侵害他们的既得利益。②对于中、小地主来说，王田制本身对他们虽无大损害，但长期断绝他们的兼并之路，也是不能忍受的。③至于对广大无地农民来说，可能在王田制颁布之初，有相当的诱惑力。但当事实证明这原是无法兑现的一纸空文时，他们必将更加怒火满腔。第三，王莽规定土地不准买卖，企图以此抑制土地兼并，但他不懂得土地买卖是伴随着地主阶级土地私有制的确立而产生的，是不以人们的意志为转移的客观规律。禁止土地买卖的法令，既使土地兼并者和上升中的农民感到不便，也使被压榨得无法在土地上生活下去的农民，更加无路可走。王田令颁布后，上自各级官员，下至庶民百姓，因为犯了买卖田宅的禁令，而被判罪的人不可胜数，可以推想它是怎样地被社会各个阶级憎恶和反对了。

奴婢问题，王莽只是简单地把私家奴婢改了称呼叫私属，并规定不准买卖，就企望这个棘手的问题在他手上得到解决，真是异想天开。王莽本意是阻止自由农民的奴婢化，保证农村有足够的劳动力，从而保证封建国家的赋税剥削。可是它既没有丝毫改善现有奴婢的境况，给他们安排较好的出路，又无法从根本上消除农民破产沦为奴婢的可能性。所以，这和不准买卖土地一样，是王莽的空想。已经沦为奴婢的人，因为不能从中得到多少好处而对它无动于衷；广大濒临奴婢边缘的贫民，则感到它断了他们去做奴婢这条生路而对它生怨；法令直接损害了那些奴婢所有者的利益，更不能指望得到他们的支持。另外，王莽在禁止私人奴婢买卖的同时，不仅没有对国有奴婢作任何限制规定，而且不断地通过十分严酷的法律，制造着大量的官奴。王莽一方面把奴婢贩子掠卖人家的妻子儿女，看作是不合天良人伦的不人道行为，一面却引经据典地认为，如果不遵他的法令，犯了法，沦为奴婢，则是罪有应得。王莽改制后，由于反对的人越来越多，官奴婢人数急遽增加。这些官奴的命运，并不比在市场上与牛马同栏的私奴婢好。地皇二年（21年），百姓因私铸钱沦为奴婢的达到十万多人，他们男的关在囚车上，儿女们用铁锁枷着颈脖，跟在后面步行，被押解着成群结队地去服苦役。到了目的地，夫妻被拆散，任意另行匹配。十分之六七的人在苦役中死去。

王莽的王田奴婢法令，没有能使西汉末年以来的尖锐的土地和奴婢问题有所缓解，反而引起了社会更大的混乱。王莽在土地和奴婢这两个主要问题上改制的迅速失败，使他的其他改革措施失去了必要的社会条件和基础，预示着他全部改制的悲剧性结局。

二、五均六管政策

五均六管是王莽改制中一项重大的经济政策。颁布王田私属令的第二年，始建国二年（10年），王莽根据国师公刘歆提供的经典条文，下了“五均”“赊贷”的诏令。五均，即在都城长安、洛阳、邯郸、临淄、宛和成都六大城市中设五均官。长安原分东、西市，王莽改东市为京市，西市为畿市，又改洛阳为中市，邯郸为北市，临淄为东市，宛为南市，成

↑ 新莽“始建国二年”铜镜

都为西市。将原来长安东、西市令和其他各市市长，改称五均司市师。市师下面设交易官五人，钱府官一人。交易官又称均官，职掌评定物价，抑制商人囤积居奇；钱府官职掌收税和赊贷。

六管，是由王莽对工商业经济活动所采取的一系列管制措施发展而成的，即政府办理五均赊贷，盐、铁、酒三项由政府专卖；货币由国家铸造；山林川泽由国家管理，合称六管。这套经济政策，有的是继承前代旧制，有的则有所损益和创新。如盐、铁专卖因袭了汉武帝时桑弘羊制定的政策，酒的专卖是由羲和（职掌五均六管的官）鲁匡建议而恢复旧制的。五均六管，表面上看，是国家对工商业等经济活动的管制措施。王莽一方面宣称，目的是抑制富商大贾的过分盘剥；另一方面却又偏偏任用巨商富贾来负责六管。长安的京五均司市师这样重要的职位，就是由天下有名的富商王孙大卿担任，洛阳的张长叔、薛子仲和临淄的伟姓等家资万数的巨贾，都被任为专管六管的官员。他们本来就是囤积居奇、哄抬物价、贱买贵卖或放高利贷的老手，如今打着政府官员的招牌，便更加肆无忌惮地贪赃枉法，巧取豪夺。他们到全国各地活动，与郡县的富豪互相勾结、贪污中饱。一般的地方官吏，也因王莽长期借口制度未定，保证不了俸禄，就私自增加赋税，搜刮人民，甚至在京师，王莽指派中黄门王业统管长安市的采购。王业也是依仗权势，贱取于民，成为长安商民的一大祸害。六管中规定的税收，名目之繁多，制度之烦琐，是历史上少见的。一类是大工商业税：凡开采金银铜锡和采取龟贝的工商，都必须向钱府官报数纳税。一类是不生产税：凡田荒不耕没有产品，一人出三人的税；城市里住宅周围不种果木蔬菜的，一家出三个人的布匹；游荡闲居的人，出布一匹。交不出布，罚作苦工。一类是小工商、小手工业及闲散职业税：凡到山林川泽捕取鸟兽鱼鳖等物和饲养家畜的，妇女养蚕纺织缝补的，工匠、医、巫、卜、祝、方技及从事商贩和开设旅店的，都得向钱府申报实数，抽取其赢利的十分之一作为“贡”，交纳捐税。若不向钱府申报，或申报不实，货物全部没收，并罚做一年苦工。王莽如此烦苛地对社会下层各种谋生手段，通过税收进行干预，对当时大批失去了土地、依靠山林川泽维持生活的贫苦农民和无业平民来说，是徒增了不堪的负担，甚至是断了他们最后的生计。天凤四年（17年），王莽再次重申六管法令后，纳言官冯常曾上书谏劝他停止执行六管令，王莽勃然大怒，罢了冯常的官。天凤五年（18年），大司马司允费兴曾向王莽指出：国家实行六管，收山泽的税，是和小民争利，加上连年旱灾，百姓饥饿穷困，无路可走，只有铤而走险，聚众起义。费兴希望王莽对百姓能放宽一些限制，王莽还是听不进去，又将费兴罢了官。直到地皇三年（22年），王莽垮台的前一年，才承认六管只是使富商大贾和贪官污吏中饱私囊，腰缠万贯，广大人民是深受其害的。在社会矛盾日益激化的情况下，王莽被迫废除了六管之法。

三、币制改革

在王莽的经济改革措施中，搞得最混乱最荒唐的是货币改革。其次数之频繁、内容之错乱和乖谬，在中国货币史上是仅见的。

居摄二年（7年），王莽第一次下令改革货币，在保留当时已流通了一百多年的五铢钱的同时，新增加三种货币：大钱重十二铢，每枚值五十；契刀每枚值五百；错刀每枚值五千。新旧货币一起流通，新币的重量轻而面值大势必引起民间的“盗铸”。因为错刀的长纹镶有黄金，面值更大，王莽又宣布黄金国有，禁止列侯以下持有黄金，有黄金的人要到官府去作价受值。这引起了中小地主和商人的普遍不满和抵制。

始建国元年（9年），王莽当皇帝后，为了抹去刘汉王朝在人们头脑中的影响，又十分荒谬地在货币上打主意，发布了第二次币制改革的诏令。他借口老百姓说上天要革汉立新，废刘兴王，而“劉”字是由“卯、金、刀”组成的，所以“刚卯”这种佩玉不许再用；契刀、错刀和五铢钱也一律废止。另铸小钱（重一铢）顶五铢钱，与前次的大钱一起通行。为防止私铸，下令禁止民间采铜烧炭。王莽再次以小易大，以轻换重，借改变货币，掠夺社会财富，又遭到社会各阶层的反对。百姓用惯了五铢钱，大小钱并用不仅不方便，

↑ **新莽时期的各种货币**

轻重随意改变也觉很不可靠，私下里还是用五铢钱做买卖，并放出风来，说大钱就要废止不用了。王莽对此十分恼怒，紧接着下了一道命令："谁再敢用五铢钱交易，说大钱将要废止，就要像诽谤井田制那样，发配到边远地区服苦役去！"

王莽利令智昏，一意孤行，以后又先后两次改变币制，特别是第三次，更是荒唐透顶。始建国二年，他下令将货币改称为"宝货"，分成五物六名二十八品。五物就是五种货币材料：金、银、铜、龟、贝。六名即六种货币名称：黄金、银货、龟币、贝币、布和泉（布和泉都以铜为主要材料）。二十八品即二十八种货币的品级。王莽完全不顾货币的频繁改作、名目众多，兑换复杂，会给人民带来多大困难，还以为货币轻重大小的品级差等分明，百姓一定感到方便、乐意使用。真是热昏了头！民间照样有私铸货币的，他下令：一家盗铸，邻里五家受株连，全部变为官奴婢！人民不愿意用新币，他就制定了严酷的刑罚和检查制度。王莽规定，官吏和百姓从一地到另一地，要持有符传（官方颁发的通行证）及与此相符的布钱。否则，旅店不准留宿，关隘渡口予以扣留。甚至高级官员出入宫门，也必须持有布钱。王莽为强行使用新币，可以说是无所不用其极。

第三次改变币制后不久，因为阻力实在太大，王莽又宣布只使用值一的小钱和值五十的大钱两种，其他龟、贝、布货币暂停流通。天凤元年（14年），王莽又进行第四次货币改革，宣布废除大小钱，改为货布（重二十五铢，值二十五）和货泉（重五铢，值一）两种。后来，他怕大钱通用已久，老百姓不愿意，就又下令，大钱可以暂时流通。但重十二铢的大钱与重五铢的货泉一样，面值都作一。王莽以为政治权力万能，朝令夕改，任意胡来，结果造成了社会的极大混乱，给人民带来了巨大灾难。每一次改变币制，都导致一大批人破产。因私铸或触犯了其他禁令而罚作奴婢和流放服苦役的人，也比比皆是。农商正常活动无法进行，商品流通渠道堵塞，市场萧条，人民怨声载道。

四、开边衅，挑起对少数民族战争

王莽改制造成了在新朝直接统治下的整个社会的动荡不宁，也祸及了匈奴、西域、东北和西南等边境少数民族地区。

王莽无视于长期以来汉族和边境各少数民族建立起来的和睦友好关系，对于促进各民族经济文化的发展和边疆地区的开发，对于中央政权的巩固和发展所具有的重大意义。他狂妄自大，唯我独尊，强令各少数族服从他的专制无理的要求。就在废汉立新的当年，王莽就迫不及待地派出他的五威将王奇等十二人，带着宣扬新朝建立的四十二篇符命和印绶，分赴全国各地，将新朝的印绶分别授于更改名称的王侯、各级官吏以及匈奴、西域和周边各少数民族首领，收回汉朝颁发的印绶。王莽命令五威将们，普天之下，四方八极，都要走到，以炫耀他皇帝的神圣和至高的权威。这帮爪牙得了圣旨更是狐假虎威，所到之处，恣意胡为。在骚扰了内地各处之后，又在周边少数民族地区张牙舞爪，故意寻衅，挑起事端。东到玄菟、乐浪、高句丽、夫余，南出边外，过益州，把句町王贬为侯。西至西域，将那里的三十多个国家的王，一律降为侯。北赴匈奴，授单于新朝的印信，收了单于汉朝的旧印。将原来的“玺”改成“章”。匈奴单于看后不愿意，要索取旧的印章。五威将的右率陈饶事先把旧章砸得粉碎，又嘲弄地将一堆旧印碎片交给匈奴单于的使臣，傲慢地说：“请你们单于还是承应天意，服从新朝的授命吧！”单于听说大怒，即发兵进犯内地。被贬的句町王等西南和西域各国的少数民族领袖，也乘此宣布脱离新朝的藩属地位，开始骚扰边境。王莽对此非但不做反省，采取补救措施，反而对开边衅的陈饶等大加奖赏，封陈为“威德子”。第二年，又对索取旧印的匈奴单于施加新的污辱，将他更名为“降奴服于”，粗暴地宣布将匈奴分裂为十五国，立匈奴先祖的子孙为十五国单于。为此，王莽派了十二个将军，调集全国三十万军队，分六路出兵，发动规模空前的讨伐匈奴的战争。

为进行这场战争，王莽匆忙下令从全国征调军需，准备三百天的粮草。自江淮一直到北部边防线，道路之上，运送衣服、武器和粮食等军需物资的牛马车辆和役夫络绎不绝。监督行军和催饷的使者往来驰骋。一时间，人心惶惶，天下骚动。王莽规定，三十万军队和三百天粮饷要全部到达边境前线后，同时出征。这样，先期到达的部队，在屯留边境郡县等待其他部队到来之前，将领和士兵无所事事，便在那里放纵抢掠，随意勒索，给边境人民带来巨大灾难。内地郡县，则被无穷无尽的摊派催征军资，搞得倾家荡产，被逼流亡，最后投入武装反抗王莽斗争的行列。所以说，对匈奴战争还没有开始，内地和边境已经骚乱。为对付这种混乱局面，王莽给七公六卿加上将军称号，让他们去镇抚内地城镇，又派中郎将、绣衣执法各五十五人，分别去边境各郡坐镇，监督屯边将领，执行纪律。谁知他们一到那里，立即与带兵将领相勾结，公开索取贿赂，鱼肉百姓，为害更大。尽管王莽又下达了整肃军纪的命令，但已没有丝毫约束力，监军的、带兵的照样放纵士兵，胡作非为。

王莽发动对匈奴的战争，遭到个别有识之臣的反对。被派去讨伐匈奴的讨秽将军严尤，就当面规劝王莽。严尤从国力民情，特别从军事角度陈述了对匈奴作战的五大困难，希望王莽打消出征的念头。但王莽已被想象中的显赫武功迷了心窍，根本听不进去。对匈奴战争持续了将近十年，劳民伤财，怨声载道，潜伏的社会危机愈益严重。王莽仍不死心，天凤六年（19年），又下诏募集天下丁男及死罪犯和奴隶，起名叫“猪突豨勇”，送到边境战场做前锋；借对匈奴作战为名，按财产的三十分之一征收新税，搜刮全国吏民。还勒令公卿以下至郡县官吏，按俸禄多少分别保养军马。当官的自然又轻易地把这种负担全部转嫁到百姓头上！为了求得对匈奴战争的最后胜利，王莽甚至异想天开地把希望寄托在出现某种奇迹之上。他下诏广泛招募有奇巧法术可以取胜匈奴的异人，并许以相当高的官职。重赏之下，果然有一万多“高手”自报家门而来。有的说，他渡河不用舟船，将车马连接起来，就可以把百万大军送过河去；有的说，不必准备什么粮草给养，只要吃了他制造的灵丹妙药，就可以使三军不饥；有的说，自己插翅能飞，一日千里，可以侦察匈奴敌情。离奇古怪，不一而足。对于那个自吹能飞的人，王莽尤感兴趣，当场试验，结果那人以大鸟翎作双翅，从高坡上向下滑翔，挣扎着“飞”了几百步就坠落下来。王莽心里明白，这些取巧逐利之徒，并没有神奇的本领。但为了借用他们的名气，鼓舞士气，全部让他们做了官，赐给车马，整装待发。

当时匈奴右骨都侯须卜当，是王昭君女儿的丈夫，曾归附过新朝。王莽派王昭君兄长的儿子，将他诱骗到边塞后，用武力胁迫至长安，强行立他为须卜善于后安公，取代匈奴的首领。严尤（任大司马，主持对匈奴作战）谏劝王莽不能这样干，说：“须卜当在匈奴的右部，他的部队对边塞没有什么侵扰。匈奴单于一有动静，他就暗地向我们通风报信，对我方帮助极大。现在把他弄到长安当傀儡，他只是一个普通的匈奴人了，不如把他送回去有利。”忠言逆耳，王莽哪里听得进去。倒是好说大话，故作惊人之举的狂徒，备受赏识。王莽多次失去了和匈奴的关系缓和的机会。长期的动荡，北部边境生产遭到破坏，百姓离乱，尸骨暴野，出现凄凉萧条的景象。

↑ 昭君出塞图

对匈奴是这样，对东北、西南和西域各少数民族，无不如此。如对高句丽，先是征发高句丽兵去打辽西少数民族秽貉族，遭到拒绝后，王莽即下令让严尤将高句丽侯驺诱骗杀害，并把首级传到长安，更改高句丽为下句丽。王莽以为这样就可以震慑住东北各少数民族，谁知更激起了他们的仇恨和反抗。

持续了十几年的对周边各少数民族的战争，基本上与新朝的存在相始终，不仅使王莽失去了改制所必须的和平环境，而且加速了社会阶级矛盾的激化，成为大规模农民战争爆发的重要原因。

五、农民战争风暴将新朝席卷而去

王莽在西汉末年社会各种矛盾都相当激化的险恶形势下，用伪善的面孔和纵横捭阖的手段，骗取了社会各阶层的拥护，击败了一个个对手，实现了改朝换代。从根本上说，他完全不懂得这是广大劳动人民奋起反对刘汉王朝腐朽统治这种客观的强大的阶级斗争力量的推动。王莽被胜利冲昏了头脑，他利用符命神化自己，大肆宣扬代汉立新乃是非他莫属的天命所归，进一步神化个人意志，以为凭他一道命令、一个主意，就可以解除西汉末年以来的一切社会危机。终于，全面改制导致了社会矛盾的全面激化，王莽当皇帝后暂时得到缓解的政治形势，很快又变得严峻起来。公元10年，王莽挑起对匈奴的边衅，内地开始出现零星的农民起义，到新王莽天凤四年、五年（17年、18年），一场酝酿已久的以绿林、赤眉军为代表的全国性农民大起义终于爆发了。

新王莽天凤四年（17年），临淮（今江苏盱眙县西北）瓜田仪、琅琊（今山东诸城市）女子吕母举兵反抗。吕母的起义军在山东滨海一带打击官军，队伍发展到万人以上。吕母是我国史书上记载的第一位农民起义的女领袖。这一年，南方发生大饥荒，人民以野草根为食。荆州一带尤其严重。于是，有饥民数百人共推新市（今湖北京山县）人王匡、王凤为领袖发动起义。不久，南阳（今河南南阳市）人马武、颍川（今河南禹州市）人王常、成丹等率领人马前来归附。数月之间，队伍发展到七八千人。起义军以绿林山（今湖北大洪山）为根据地，被称为绿林军。地皇二年（21年），王莽强令荆州牧（州的军政长官）发兵两万前去镇压。绿林军王匡等率军在云杜（今湖北仙桃）、安陆（今湖北安陆）迎击，大破王莽军，缴获全部辎重，起义军声威大振。第二年，因发生瘟疫，绿林军决定两路撤出绿林山：一路向西到南郡，称下江兵；一路北行入南阳，称新市兵。新市兵攻随（今湖北随县），陈牧等平林（今湖北随县东北）人组织了一支一千多人的队伍响应，称平林兵。

天凤五年（18年），琅琊人樊崇率领贫苦农民一百多人在莒县（今山东莒县）起义。当时青徐（今山东东部和江苏北部）发生大灾荒，饥民纷纷投奔樊崇，队伍很快发展到几万人。在与王莽军队作战中，起义军为与敌人相区别，把眉毛染成红色，被称作赤眉军。对于这支骤然而起的农民军，王莽恨得咬牙切齿。地皇二年（21年），他派太师景尚率军镇压。但在第二年的一次交战中，王莽军被打得溃不成军，景尚被起义军击杀。王莽闻讯，更加恐惧，立即又派太师王匡和更始将军廉丹率军进攻赤眉军。王莽在送他们出发时，假惺惺地表示要开仓赈济百姓，想以此瓦解起义军。实际上，王莽连他的军队也不愿发够粮饷。所以，十多万官军在王匡、廉丹的骄纵下，沿路像饿狼一样，烧杀抢掠，无所不为，整个山东地区遭到一场浩劫，到处流传这样的民谣："宁逢赤眉，勿逢太师（王匡）；太师尚可，更始（廉丹）杀我。"可见官军作恶危害之大。王匡、廉丹镇压了一些地方的起义军之后，趾高气扬，不可一世。最后在成昌（今山东东平县）与赤眉军相遇，十万大军被打得落花流水。王匡狼狈逃窜，廉丹妄图顽抗，被起义军杀死。成昌一战，王莽在东方的军事力量从此一蹶不振。赤眉军迅速壮大，队伍增加到数十万，势力扩展到黄河南北。

在农民起义遍及全国、王莽政权四面楚歌的形势下，地主阶级中一部分人（多数是西汉刘氏的宗室）乘机打出反对王莽的旗号。22年，南阳著名豪强地主刘縯、刘秀兄弟，在春陵（今湖北枣阳市东）组织七八千人起事，号称春陵兵。刘縯自称柱天都部，部属各封将军名号，攻城略地，所到之处，发布檄文，宣布王莽罪状。不久，刘縯打着恢复汉室的旗号先后将新市、平林兵、下江兵联合起来，大军北进，所向披靡。工莽感到走投无路，穷于应付，决定派遣风俗大夫分头到全国各地，宣布他上台以来的改革一律作废。但已经无济于事。且不说起义军已紧逼新朝统治中心，风俗大夫们根本无法到全国巡行，农民起义军和各种反莽力量，也绝不会在王莽一纸许诺面前停止进击。地皇四年（23年），在新市、平林兵的支持下，西汉宗室贵族刘玄被推出来当了皇帝，建元“更始”。王莽闻讯，大为惊恐。为了掩饰内心的惊恐不安，他故作镇定，根据“黄帝娶有一百二十个嫔妃而变为神仙”的符命，在妻子死了两年之后，以六十八岁老龄，王莽把须发染成黑色，用巨金聘娶了杜陵史家的女儿为皇后。在举行婚礼大典这天，他亲自到前殿迎候皇后，以显示自己富于春秋、精力充沛；他的爪牙又实实足足为他选取了一百二十个美人充嫔御，供他垂死前的淫乐。同时，孤注一掷、穷凶极恶地派遣他的得力干将大司空王邑、司徒王寻，纠集郡兵四十万，号称“虎牙王威兵”，扑向绿林军。结果在昆阳（今河南叶县）摆开了王莽军和绿林起义军的生死大决战的战场。王莽军主力最后被击溃，敲响了王莽新朝的丧钟。

农民起义如燎原烈火，越烧越旺。王莽统治集团内部迅速分崩离析。

地皇四年（23年）十月一日，起义军攻入长安宣平门。十月三日，王莽被起义军杀死。王莽上台及其全面改制，用谎言欺骗愚弄了人民，愚弄了历史。他终于受到了历史的惩罚。

舒绍昌

洛阳市委党校教授，以北魏史、唐代诗歌见长，主要著作有《李贺评传》《李贺诗歌评析》《北魏太武帝拓跋焘》等。

刘秀

东汉王朝的建立者 汉光武帝

汉光武帝个人小档案

姓名：刘秀

年号：建武、建武中元

字：文叔

所处时代：两汉之际

生卒年：前5—57年

出生地：陈留郡济阳县（今河南开封兰考县）

在位：25—57年

定都：洛阳

主要成就：翦灭群雄、光复汉朝

轶事典故：失之东隅，收之桑榆；得陇望蜀；强项令

死亡地：洛阳南宫前殿（今河南洛阳）

庙号：世祖

谥号：光武皇帝

陵寝：原陵（今河南洛阳市北）

继位人：汉明帝刘庄

最得意：中兴汉朝

最失意：兄长被杀

刘

秀

舂陵起兵志于“复高祖之业”

刘秀，字文叔，是南阳蔡阳（今湖北枣阳西南）人，生于汉哀帝建平元年（前6年）。他是汉高祖刘邦的九世孙。父亲刘钦是南顿令。刘秀兄弟三人，长兄刘縯，字伯升，性格刚毅，素有大志，不喜欢经营生计，甚至倾家荡产结交天下豪杰。次兄叫刘仲。刘秀的性情与长兄不大一样。他为人谨慎宽厚，勤于稼穑，好像没什么抱负。对此，刘縯很不以为然。他不仅时常嘲笑刘秀，还把刘秀比作刘邦的仲兄喜。原来，刘邦年轻时的性情就像这时的刘縯，整天游游荡荡，不务正业，专好交朋结友，被其父骂作无赖。他的二哥喜却在生计上很有道眼，深得父亲宠爱。谁料到刘邦后来竟当上了皇帝，并曾踌躇满志地笑着问他父亲：“如今，臣儿置立的产业，与仲兄比较起来，究竟是谁多谁少呢？”皇帝贵为天子，富有四海。相比之下，喜置办的那点产业，怕连沧海中的一粒粟都抵不上呢。在刘縯看来，刘邦才是大丈夫应该效法的大英雄，而刘邦那个没出息的仲兄喜，充其量也不过是个可怜巴巴的守财奴而已。刘秀感到长兄的揶揄不无道理，遂于王莽天凤年间（14—19年）进入长安，拜中大夫许子威为师，学习《尚书》，能通大义。这期间，刘秀曾因资用困乏，与同学韩子合资买驴，让随从的

↑ 汉执金吾像

人拉脚赚钱。这对出身皇室的刘秀来说，似乎有些寒酸，其实也很正常。刘秀的祖上就已支脉疏远，一代不如一代。刘秀九岁那年又死了父亲，靠叔父刘良收养，他的景况自然要差一些。但刘秀的志向却已今非昔比。他曾说："做官当做执金吾，娶妻当娶阴丽华。"执金吾就是统领北军八校尉的中尉。这个官虽同郡都尉差不多，秩禄也比两千石，由于内卫京师，外备征战，却比郡都尉神气得多。阴丽华是南阳新野人，因姿貌出众，也被刘秀看中。更始元年（23年），刘秀就实现了这后一愿望，得娶阴丽华为妻。刘秀称帝后先立阴丽华为贵人，后来又废掉皇后郭氏，改立阴贵人为皇后。

俗话说："时势造英雄。"又说："乱世出英雄。"刘秀就遭逢乱世。早在刘秀出生前，剧烈的土地兼并，繁重的徭役赋税，连年的灾荒，造成了农民的大批破产，奴婢和流民的数量猛增，农民革命犹如"山雨欲来风满楼"，刘氏政权则像一座年久失修的破旧大厦，随时都有被农民革命的风暴彻底摧毁的危险。贵族官僚各个忧心忡忡，而又一筹莫展，只有王莽企图力挽狂澜，装出一副"谦恭俭朴""勤学博览"的样子，千方百计地争取人们对他的好感和信任。他又是元帝皇后王政君的侄子，有煊赫的家族势力做后盾，终于使地主阶级中的很多人都把解决社会危机的希望寄托在他的身上，甘愿为他抬轿子、吹喇叭。他也就乐得"好风凭借力，送我上青云"，不断地加官晋爵。到刘秀出生的前二年，即汉成帝绥和元年（前8年），三十八岁的王莽就已经当上了汉大司马。接着，他又先后登上大司马大将军、安汉公、摄皇帝的宝座。这期间，他虽然已经"偶尔露峥嵘"，对皇室还算维持着虚假的"谦恭"。但是，位极人臣的荣华富贵已经满足不了他那卑劣的贪欲和权势占有欲，因此在始建国元年（9年）的时候，王莽自己来了个皇袍加身，当上了"新朝"皇帝。但是，王莽代汉以后的"改制"，非但没能制止住日趋激烈的土地兼并，解决农民不断奴婢化与流离失所的问题，反而使这些严重的社会问题进一步恶化。旱灾和蝗灾又连年发生，更加重了饥荒的严重性。到后来，米价竟然暴涨到一石米值钱五千以至一万，黄金一斤只能换豆五升的程度。在这种情况下，不仅农民暴动此起彼伏，就是地主阶级中曾经支持王莽的那些人，由于既得利益受到“改制”的侵犯，也大都改变了态度，转而成为新莽政权的反对派。新莽政权已经成了一切罪恶的渊薮和社会矛盾的焦点。一场酝酿已久的大规模的农民革命，终于随着绿林、赤眉大起义的出现，迅速席卷全国。

天凤五年（18年），琅琊（今山东胶州市南琅琊台一带）人樊崇领导一百多名贫苦农民起义，一年多时间就发展到几万人。后来，这支起义军在迎战王莽军时，为了与敌人区别，每个人都把眉毛涂成红色，因此获得赤眉军的称号。在樊崇起义的前一年，荆州一带的饥民拥戴新市（今湖北京山东北）人王匡、王凤为首领，不时攻打附近的乡聚，几个月就发展到七八千人。他们以绿林山（今湖北当阳境内）为根据地，因此被称作绿林军。地皇三年（22年），绿林山一带流行传染病，已经发展到五万多人的绿林军分兵出山。一路由王常、成丹等率领，西入南郡，叫下江兵；一路由王匡、王凤、马武率领，北上南阳，称新市兵。七月，新市兵进入随县，平林（今湖北随县东北）人陈牧、廖湛等率领数千人起义响应，号称平林兵。西汉宗室刘玄也在这时只身投入平林兵的队伍。

地皇三年（22年），南阳地区旱灾严重。许多豪强地主的宾客为饥饿所驱迫，[①]走上靠劫掠为生的道路。刘縯的宾客也不例外。为此，刘秀也受到了牵连。为了躲避官吏的追捕，他不得不跑到新野，隐匿在姐夫邓晨家。那时候，社会上正流行一种叫“谶纬”的宗教迷信。“谶”是巫师、方士或其他什么人伪托神灵的预言所编造的一些隐语，因常附有图，又叫“图谶”。“纬”对“经”而言，是方士化的儒生所编集的以图谶的观点附会儒家经典的各种著作。王莽曾利用图谶为自己的篡汉和托古改制活动制造舆论。宛地有个叫李守的人，是王莽的

①宾客，对依附豪强地主人员的一般称谓。

宗卿师，[1]也喜欢搞谶记，并曾对他的儿子李通说："刘氏即将再次兴盛起来，李氏必将为其辅佐。"李通和他的从弟李轶都认为这话将应在刘縯兄弟身上。刚好刘秀因谷物独获丰收，去宛县贩卖。李通就让李轶把刘秀迎入家中，用谶记鼓动刘秀造反。起初，刘秀倒也感到担当不起，可是转而一想，又觉得刘縯差不离。再说，王莽必定败亡的迹象已经十分明显，人们因弃恨新莽又普遍思汉，刘氏或许真的就能复兴。经过一番盘算，刘秀也就下定了起兵反莽的决心，并与李通、李轶共同商定了起兵的时间和具体办法，然后归告刘縯。

十月，刘縯依照刘秀与李通、李轶约定的起兵时间，正式提出"复高祖之业"的口号，亲自发动舂陵（今湖北枣阳市东）子弟起兵。不想子弟们都心怀忧惧，说："伯升这是把我们往死路上领"，纷纷逃避。当他们看到刘秀也穿一身将军服，都感到很惊讶，觉得"这样谨慎宽厚的人也参加造反"，想必没什么危险，这才稍稍安下心来，相约趋集。这时的刘秀只有二十八岁，威信已不亚于刘縯。在刘秀的佐助下，刘縯共得子弟七八千人，他自称柱天都部。李通事机不密，被人发觉。他在南阳的兄弟、族属六十四人惨遭杀害。他父亲李守及其在长安的家属也全部遇害。李通虽然侥幸逃脱，他在宛城起兵一事化为泡影。刘縯、刘秀自感势孤力单，便派人与新市、平林兵联络，受到王凤、陈牧等的欢迎，遂加入到绿林军中。

舂陵与新市、平林合兵击长聚（地属新市县），攻新野。刘秀起初无马，只好骑头牛，杀新野县尉以后才有马。他们接着又攻打唐子乡（今湖北枣阳市北），诱杀湖阳县尉，获得大量财物。不想财物分配不均，险些引起内讧。幸亏刘秀善于调停，把自己宗族中的人所得的财物全部征集如数交出来，这场风波才得以平息。然而，内患刚刚消除，外患又接踵而至。当刘縯、刘秀攻克棘阳（今河南新野县东北）时，李轶、邓晨也都率领从别处招来的壮丁，赶至棘阳。刘縯见兵力强盛，决定进取宛城，遂率领大军，连带随军家属，到小长安（今河南邓州市南）聚结，结果被王莽军打败。队伍被冲散后，刘秀单人匹马，落荒逃避。

第二年正月，刘秀卷土重来，又与刚刚进驻宜阳（今宜阳西）的下江兵五千

---

①宗卿师，平帝五年，王莽摄政，郡国设置宗师以负责宗室事务，故称宗卿师。

人合兵，在沘水西岸一举攻杀王莽军两万多人。同时，刘缜也在淯阳（今南阳县西南）大破王莽军，斩敌三千多，并乘胜进围宛城。此时的绿林军已拥众数十万，各路将领认为应立一刘氏宗室做皇帝，以扩大队伍和增加号召力。新市、平林的将领看中刘玄懦弱，又无兵权，便于控制，都主张立他为帝。刘玄遂于地皇四年（23年）二月，在宛城南即皇帝位，恢复汉的国号，建元“更始”。绿林军的重要将领都成了更始政权的大臣。其中，王匡、王凤为上公，朱鲔为大司马，刘縯为大司徒，陈牧为大司空，刘秀为太常偏将。

昆阳大战临大敌而不怯

刘玄称帝后，起义军派刘縯攻取宛城。三月，刘秀等奉命攻占昆阳（今河南叶县）、定陵（今河南舞阳东北）和郾县（今河南漯河市郾城区）等地，夺得大批牛马、财物和数十万斛的谷物，一并转运宛下，支援刘縯。王莽闻讯，惊恐异常，急忙派大司空王邑与司徒王寻从各地征集精兵四十三万，号称百万，由他们三人统帅。王莽还特意授给他们专断封爵的权力，又把倾尽府库所得的资财、粮食和大量珍宝送给他们。王莽还选征六十三家精通兵法的好几百人，任为军吏，参谋军机。当时有个叫巨毋霸的人，身高一丈，腰阔十围，能役使猛兽，也被王莽任为垒尉。[①]巨毋霸把许多虎、豹、犀、象之类的猛兽带入军中，以助军威。自秦汉以来，这次出动的大军是空前的盛大和壮观，大有横行天下、无坚不摧、无敌不克的气势。

六月，王邑、王寻在进攻宛城的途中，纵兵包围昆阳。绿林军将领见莽军兵盛，都忧念妻子儿女，甚至打算离散而去，唯有刘秀以为不可。他说：“眼下敌方强大，我方兵少粮缺。若同心协力进行抵御，或许有可能成功；如分散而去，势必瓦解。何况宛城尚未攻克，不能发来救兵，昆阳如被攻破，一日之间，各部都难保全。在这种紧急关头，难道我们不同心合力，共立功名，反倒想守护妻子

---

①垒尉，管军队营垒的官。

财物吗？”将领们听来刺耳，均被激怒。他们反而质问道：“刘将军有何胆略，敢发如此狂言！”刘秀笑而不答。忽有探马回来，说莽军已经兵临城北，军阵迤逦数百里，一望无际。昆阳城中却只有七八千人。在这种双方力量相差悬殊，而且连撤离都已来不及的情况下，既然刘秀有主意，诸将都愿听他谋划。刘秀让王凤、王常坚守城池。他自己与宗佻、李轶共十三人，乘夜幕掩护，轻骑驰出城南门，到定陵、郾县等地调集援军。莽军围城兵士虽已多达十万，城南门倒还空虚，所以未能阻挡住刘秀等人。这说明王邑、王寻用兵疏陋，均非将才。

严尤、陈茂收合败兵，早已归入王邑、王寻军中。严尤倒是老谋深算。他认为“昆阳城郭不大，却很坚固，急切难得攻下，而刘玄又在宛城，宛城一破，昆阳必降”，因此建议王邑急速进军去攻打宛城。王邑自恃兵多，根本不予理睬，执意“先屠此城，踏血而进”。于是布军围城数十重，列营百数，军旗蔽野，埃尘连天，城内形势万分危急。

↑ **汉墓壁画中的对战图**

王凤、王常指挥军民拼死坚守了十几天。刘秀将定陵、郾县的绿林军全部调发来昆阳，共有九千人。他率步骑一千多人为先锋，最先逼近敌垒。王邑、王寻亲自率领一万多人巡行军阵，命令各兵营不得擅自行动，然后独自率领亲随，迎击援军，正与刘秀相遇。刘秀率军打败王邑、王寻军。绿林援军连战连胜，胆气更壮，无不以一敌百。莽军大败，王寻被杀，王邑逃走。城内守军也乘势出击，内外夹攻，喊杀声惊天动地，直把莽军杀得七零八落。王邑、王寻征集的全部军械辎重，都成了绿林军的战利品。这就是历史上著名的以少胜多的昆阳之战。莽军主力消耗殆尽，绿林军声威大振，各地豪杰纷纷起兵响应，都攻杀牧守，自称将军，用汉年号，专等更始诏命。王莽的丧钟敲响了。

经管河北逐渐脱离更始政权

在攻克宛城和昆阳之战中，刘𬙂和刘秀都起了决定性的作用，在绿林军中的地位更加显赫。刘𬙂虽然没有公开争夺皇帝的宝座，他的部将却都为他没能当上皇帝而愤愤不平。早在刘玄称帝时，刘稷就气愤地说："此次起兵图谋复汉大事的，本是刘𬙂、刘秀兄弟，今天称帝的这位可又干了些什么？"刘玄即任刘稷为抗威将军，以示惩戒。刘稷不肯受命，刘玄下令逮捕，将诛。刘𬙂反对杀刘稷，强自争辩。早就主张除掉刘𬙂的一些将领趁机劝刘玄杀刘𬙂，这正中刘玄下怀。刘𬙂遂与刘稷同日被杀。刘秀正在外地巡视，获悉后内心十分不安，立即飞驰回宛，亲自向刘玄请罪。刘秀不敢为刘𬙂服丧，起居饮食、言谈笑貌一如平常，因而很少有人能看出他内心的哀痛和怨恨。那个昏聩无能的刘玄见刘秀没有流露出半点不满的情绪，不仅感到拿他没有办法，而且感到脸面上有些挂不住，只好加封刘秀为武信侯，拜他做破虏大将军，进行笼络。

九月，绿林军的一支劲旅攻入长安，王莽逃至渐台，被商人杜吴杀死。与此同时，北上的绿林军也攻占了洛阳。刘玄命刘秀行司隶校尉事，①先去洛阳修整官府，以便迁都。刘秀按汉家旧制设置僚属，向属县下达文书，司察所部，颇有章法。十月，三辅的大小官吏东迎刘玄进洛阳，②看到刘玄的部将戴贱者帽，着妇人装，无不暗自窃笑；看到刘秀僚属时又都十分欢喜。有的老吏竟至于感动得流着泪说："不想今天又看到汉官威仪！"这说明刘秀的声威过于刘玄，并已赢

①行司隶校尉。行，代理。司隶校尉，是汉代监察卫戍京师及近郡的官，地位等于州部刺史。

②三辅，京兆尹、左冯翊（音平义）、右扶风，辖境相当于今陕西中部。

得地主、官僚的拥护。

刘玄移都洛阳后，派刘秀以破虏将军行大司马的名义出使河北。刘秀到河北后，镇抚州部，巡察地方，上自郡守，下至佐吏，一一亲自接见，并考察优劣，进行黜陟。为取悦民心，安定地方，他还赦遣囚徒，革除王莽苛政，恢复汉家制度，不受牛酒，广施恩惠。这为他立足河北，奠定了较好的基础。

当刘秀进入邯郸时，故赵缪王子刘林入见刘秀，说："赤眉现在河东，令人决河水灌之，赤眉百万大军，都将淹毙为鱼食。"刘秀深厌此计过于狠毒，默然不应。刘林见己不为刘秀所用，转而投靠诈称成帝子子舆的卜者王郎，并与李育、张参等赵国大豪强占住邯郸，拥立王郎为皇帝，然后又分遣将帅攻占幽、冀，以刘子舆的名义，传檄州郡。赵国以北，辽河以西，全都望风响应。王郎一时声势大振。刘秀为了与王郎争夺河北，自行招兵买马，招降纳叛，并让任光作檄文说："大司马刘公率领城头子路、力子都百万大军从东方来，击诸反贼！"吏民互相传告，或归附，或投降，使其部众迅速发展到几万人。不久，刘秀依靠信都、上谷、渔阳等地的地主官僚集团，并利用和联络一部分农民军，终于夺取邯郸，消灭王郎，在河北站稳了脚跟。

刘玄也会算计，就在刘秀占邯郸、斩王郎、声威大振的时候，特派侍御史持节到邯郸，封刘秀为萧王，令其放弃兵权，与有功将领一起罢兵回长安，另派苗曾为幽州牧，韦顺为上谷太守，蔡充为渔阳太守。刘秀现在好不容易有了自己的地盘，兵强马壮，怎肯再回长安，重受他人摆布。因此，刘秀借口河北未平，拒绝还都。

此时的长安还一片混乱。刘玄委政于亲信赵萌，任其专权。他自己则在后庭深居简出，日夜与妇人饮宴。文臣武将心怀怨恨，又无可奈何，也都纵兵掳掠，贪图享乐。更始政权因此而危在旦夕。刘秀的部下，像冯异、朱祐、耿弇、铫期等，都怂恿刘秀脱离更始，自取天下。

刘秀为了消除妨碍他成就帝业的障碍，无论是对更始政权，还是对赤眉军，或是对存在于东方、西南、西北等地的封建割据势力，都开始了公开的杀伐。河北一带的农民起义军，更是首当其冲。

↑ 耿弇像

当时，河北一带有铜马、大彤、高湖、重连、铁胫、大枪、尤来、上江、青犊、五校、五幡、五楼、富平、获索等数十支“或以山川、土地的名称命名，或以军容强盛的特点为称号”的农民起义队伍，共有数百万人，他们各自为战，没有形成统一的力量。刘秀为击败这些农民军，特任吴汉、耿弇为大将军，命他们持节北上，调发幽州十郡的突骑，对抗命者一律格杀勿论。幽州牧苗曾暗自命令各郡按兵不发，被吴汉斩杀。上谷太守韦顺和渔阳太守蔡充也因抗拒刘秀的命令而被耿弇一并收斩。于是各州震骇，不敢不依令发兵。

这年秋天，刘秀亲自带领大军至鄡（今河北辛集东）击铜马，又命令吴汉率突骑赶至清阳（今河北清河东南），与他会师，气势逼人。然而铜马农民军毫不畏惧，几次遣众挑战。刘秀反倒坚固营垒，龟缩自守，不敢应战。但刘秀虽不敢贸然与铜马农民军决战，当铜马农民军派出小部队征夺粮食时，他却出师绝其粮道。铜马农民军因粮草不继，只好乘夜转移，被刘秀大军追至馆陶（今馆陶）所击败。高湖、重连从东南来，恰好与铜马余众会合，又与刘秀大战于蒲阳，仍遭失败。刘秀乘机招降，封其首领为列侯。这些首领心怀疑忌，尚不自安。刘秀即让他们各回军营，整顿队伍。他则自乘轻骑，巡行各营。降者很受感动，相互告诫说：“萧王待人推心置腹，我们怎能不豁出性命报答他呢？！”由是皆服。刘秀乘机改编，使自己的队伍扩充到几十万。关西一带因此称他为“铜马帝”。

接着，刘秀不仅先后击败了大彤、青犊和尤来、大枪、五幡等部的农民军，而且派吴汉、岑彭袭据邺城，收斩了更始政权的尚书仆射谢躬。谢躬与刘秀同乡，也是南阳人，并曾与刘秀共灭王郎，两人的关系却很紧张，互有戒心。但后来，刘秀经常称赞他勤恳认真，恪尽职守，“真是做官的模范”，谢躬也就不再怀有戒心。谢躬的妻子倒是很有见识，经常提醒丈夫，说：“您与刘公积怨甚深，互不相容，却相信他的恭维之辞，将难免陷入他的圈套！”谢躬执迷不悟，虽拥兵数万，却终遭杀害。他的部众尽降刘秀。刘秀于是无敌于河北。

鄗南称帝重建封建统治秩序

刘秀据有整个河北之后，诸将会议，都主张刘秀早称皇帝。刘秀故作姿态，再三推拒。当刘秀行至鄗县的时候，有个叫强华的儒生，非常适时地从关中赶来，献上一部神的预言书——《赤伏符》。符文大意是说刘秀应运而起，该当天子，承继汉统。至此，刘秀才当仁不让，就在鄗南即皇帝位，并声称得谶记“刘秀发兵捕不道，卯金（劉）修德为天子”，臣民一致拥戴，他固辞、再辞、三辞，终因皇天大命，不敢不恭敬承受。于是，改建元为建武，改鄗邑为高邑，沿用汉的国号。时间是更始三年（25年）六月。历史上因其不久即定都洛阳，洛阳又在西汉国都长安的东面，遂称其为东汉（或后汉），以与西汉（或前汉）相区别。

就在刘秀称帝的前后，赤眉军也在西攻长安的途中，用近于抓阄的办法，从三名城阳景王的近属中，[①]推出年仅十五岁的牛童刘盆子作皇帝。这显然是他们为对抗更始政权所采取的斗争策略。开始时，这支以饥民为基本群众的农民军没有文书、旌旗、号令和部队编制，只有口头上的纪律约束，叫“杀人者死，伤人者偿创”。首领也只是沿用汉朝地方小吏的称号，地位最高的称“三老”，其次是“从事”“卒史”。在王莽篡汉当政和人心普遍思念汉德的情况下，他们这种以汉民自命、又以汉百姓身份造反的做法，不仅表现了他们对新莽政权的深恶痛绝，而且体现了他们争取社会广泛同情和支持，避免树敌过多，以便集中力量打

①城阳景王，即刘章，汉齐悼惠王肥之子，高后封为朱虚侯。高后死，章与周勃、陈平诛诸吕，孝文帝时立为城阳王。

击新莽的斗争策略。因此当更始移都洛阳，樊崇等赤眉首领即前往臣服，并接受其封号，只是由于遭到刘玄等人的排斥，才不得不又脱离更始归营。地皇四年九月，王莽被杀，新朝亡。赤眉推翻新莽的目的已经达到，欲作汉民，又有更始，似乎可以解甲归田，安享太平了。可是更始又迅速变质成腐败的封建政权。百姓失望，在反莽斗争中浴血奋战，屡建奇功的赤眉部众更感心寒。因此，他们虽然屡战屡胜，却疲惫厌兵，甚至日夜愁泣，都想东归故土。樊崇等首领感到以反莽的汉民自命已毫无意义，部众回乡必散，这才决定也立一个西汉宗室做皇帝，引众西攻长安。而这时的更始已经腐败到不堪一击的程度。申屠建、陈牧、成丹等农民将领已被刘玄杀害，张印和王匡等拥兵自保，赤眉一到长安附近，他们立即率众迎降，助攻东都门。建武元年九月，赤眉攻克长安，刘玄肉袒乞降，不久被绞杀。更始政权就这样灭亡了。但是，由于长安附近的豪强地主隐藏粮食，坚固壁垒，进行反抗，拥众百万的赤眉难得军粮糊口，又无力打破豪强地主的武装封锁，只好退出长安，西走陇坂。在那里，赤眉又受到隗嚣等地主武装的袭击和风雪的阻遏，不得不折返长安，引众东归，结果在宜阳（今宜阳西）等地，遭到刘秀大军的堵截。建武三年（27年）春，赤眉奋勇力战，终因粮尽力绌，自刘盆子、樊崇等以下十多万人全部投降。当时，刘秀立即命令宜阳县的厨师为赤眉十多万饥疲降众准备饮食，使他们皆得饱餐。第二天，刘秀又对樊崇等人说："有没有后悔？我现在让你们回赤眉军营，指挥旧部，击鼓相攻，一决胜负，而不想强迫你们降服呢！"他还说樊崇、徐宣等人是"所谓铁中铮铮，庸中佼佼者"，意思是有本事的人。他承认赤眉攻破城邑遍天下，对原配妻妇都无所改弃，是其一善。接着，刘秀又让樊崇等赤眉首领都携带妻子在洛阳居住，并为每户分一处住宅，二顷田。不久，刘秀又攻占长安。

大规模的农民战争结束以后，为了恢复和重建封建统治秩序，刘秀又开始致力于芟刈群雄，清除各地豪强割据势力的斗争。

当时，最大的割据势力，在东方有刘永，北方有彭宠，西北有卢芳，西方有隗嚣，西南有公孙述。刘永称帝于睢阳（今商丘市南），据有今河南东部和安徽北部一带地区，山东的张步、苏北的董宪、庐江的李宪等均为其羽翼，他因此又控制着今山东西部和江苏北部地区。刘秀为了解除这一威胁，于建武二年（26年）夏，派盖延率军征伐。差不多经过整整一年的残酷战争，盖延才灭掉刘永。接着，刘秀又先后派遣耿弇、马成、吴汉等率军分别击灭张步、李宪、董宪等，刘永的势力即告肃清。

彭宠本为渔阳太守，曾助刘秀平灭王郎，于建武二年反。涿郡太守张丰自立为无上大将军，与彭宠联合。彭宠自称燕王，北结匈奴，南连张步及富平、获索诸兵，据有渔阳等郡。一年后，刘秀派朱祐、耿弇、祭遵等往征。祭遵首先诛灭张丰。彭宠失其右臂，几经败北，遂退缩于渔阳城中，结果于建武五年（29年）二月被手下人刺杀。北方不久即告平定。

隗嚣曾协助刘秀部将邓禹镇压赤眉，被邓禹依制封为西州大将军。刘秀也企图用政治手段使其臣服，千方百计进行笼络。隗嚣却因雄踞于今甘肃全境，粮草丰厚，兵马强壮，始终未肯就范。建武六年（30年），刘秀急于招抚隗嚣与公孙述，几次致书陇、蜀，晓以利害。隗嚣特遣周游为信使去京都。周游经冯异军营时被仇人所杀。刘秀获悉，即派铫期携带珍宝缯帛去陇西（治所在今甘肃临洮南）赠隗嚣，半路失盗，财物尽失。刘秀叹道："我与隗嚣之间的事恐怕难有好结果，他派来使者中途被杀，我赠他礼物半道丢失。"刘秀开始改用军事手段，对隗嚣进行征伐。隗嚣则南联公孙述，北结卢芳，西通诸羌匈奴，与刘秀相抗衡。但隗嚣终究不是刘秀的对手，几经战败，隗嚣即已穷途末路。到建武七年（31年）春，隗嚣又病又饿，忧愤而死。刘秀乘机收降举足轻重的窦融，命他率领河西五郡兵入金城（今兰州附近），助攻隗嚣子纯。第二年十月，隗纯被迫投降，陇右（相当于今甘肃六盘山以西，黄河以东地区）遂平。

↑ 汉代持械立木俑

公孙述虽然据有益州（今四川、贵州、云南三省大部分地区），资源丰富，地势险阻，隗嚣势力瓦解以后，他也就陷于孤立无援的境地。加上他禀性苛细，不识大体，任人唯亲，拒谏杀将，早已众叛亲离，势力大减。刘秀得陇望蜀，自然要乘势往征。建武十二年（36年）十一月，吴汉等与公孙述战于成都，公孙述惨败，伤重而死，益州亦平。

卢芳诈称武帝曾孙刘文伯，得匈奴支持，横行于五原、朔方、云中、定襄（今内蒙古和林格尔附近）、雁门（今山西右玉南）五郡（相当于今山、陕北部和内蒙古一带），刘秀几次派军往征，均未能克。建武十二年（36年），公孙述败亡，卢芳自感势单力孤。遂逃入匈奴，后来虽降叛无常，终已难成大患。至此，经过十多年芟刈群雄的战争，刘秀终于结束了豪强割据，恢复了全国的统一。

为了重建封建统治秩序，刘秀还利用农民战争造成的有利形势，在进行国内统一战争的同时，连续六次颁布释放奴婢的诏令。这六次诏令的内容：

建武二年（26年），民有出卖妻子，其妻子想归父母者，从其便。

建武六年（30年），王莽当政时吏民被没为奴婢而不符合西汉法律的，都免为庶人。

建武七年（31年），吏民遭饥乱自卖及青、徐等地被掠卖为奴婢下妻者，留去由其自主，不得干涉。

建武十二年（36年），陇、蜀等地民被掠卖为奴婢而要求离去的，一律免为庶人。

建武十三年（37年），益州民自八年以来（公孙述时）被掠卖为奴婢者，一律免为庶人；依附他人做下妻而想离去者，不予干涉。

建武十四年（38年），益、凉二州奴婢，自八年以来自讼于所在地的官府，一律免为庶人。被卖为奴婢的人无须偿还当时的卖身钱。

刘秀还在诏令中规定：奴婢主人如敢拘执不放，按西汉的“卖人法”和“略人法”治罪。建武十一年（35年）刘秀又连续颁布三次诏令：①天地之间人最可贵，杀奴婢的不得减罪；②炙灼奴婢的按法律治罪，免被炙灼者为庶人；③废除奴婢射伤人处以死刑的法律。

刘秀还认为以前用刑深刻，尽多冤狱，一方面诏令官员研究如何“省刑罚”的问题，另一方面多次颁布大赦令，甚至诏令将死罪以外的囚犯一律释放，免罪徒为庶民。为了改善农民处境，减少农民因破产而沦为奴婢的数量，刘秀又诏令减轻田赋，说：“现在军士屯田，粮食储备得差不多了，所以命令郡国收取田租，实行三十税一，如景帝旧制。”刘秀还恢复西汉赈济灾贫和抚恤鳏寡孤独废疾高年的规定，发放救济粮，其用意即在减少“不能自存者”卖身为奴婢。刘秀还“务从节约，并官省职”“省减吏员”，裁并相当于西汉时县、邑、道、侯国数四分之一的四百多县，吏职减损十分之九；废除内郡的地方武装，让地方兵吏一律退归民伍，解甲归田，裁撤郡都尉，并其职于太守，甚至连边塞亭侯吏卒也陆续免去，从而节省了大量的开支，减轻了国家的负担。东汉时期奴婢问题没有西汉后期和王莽统治时期那样严重，这与刘秀的上述措施是分不开的。

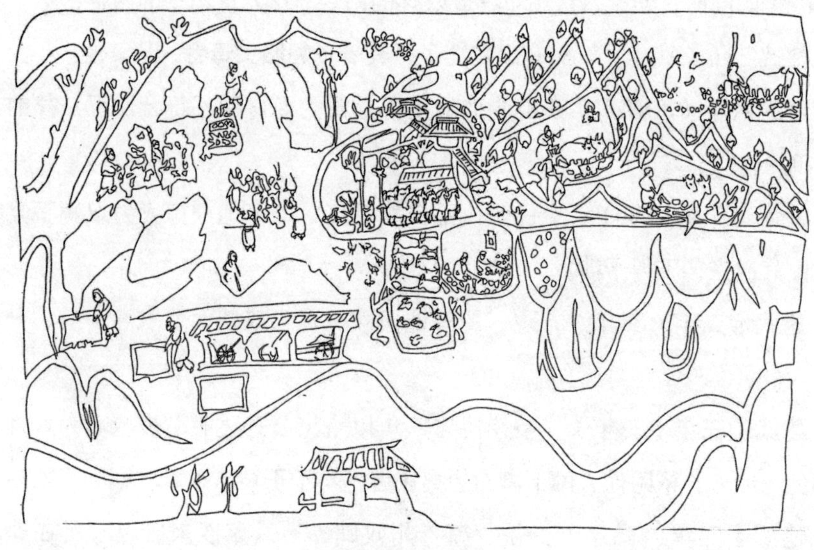

↑ **东汉壁画《庄园图》**

土地兼并是引起社会危机的一个严重的问题，对此，刘秀也曾试图予以解决。建武十五年（39年），刘秀诏令州郡检查核实垦田数和户口、年纪，名为度田。度田的一个十分重要的目的，就是要对豪强地主兼并土地的活动进行一定程度的限制。州郡官吏却因畏惧豪强，不敢对他们占有的土地进行认真的查问，反而以度田之名讹诈一般的地主和农民，甚至连农民的房宅地都被列为清查对象，从而激起各地农民和地主起兵反抗。刘秀虽然对度田不实的官员进行严厉的惩处，度田还是不了了之。只是由于农民战争曾给地主、官僚和贵族以沉重的打击，使土地占有情况发生了一些变化，有些地区出现了大量的无主荒地，从而使东汉初年土地问题上的矛盾相对缓和一些。而土地兼并问题的部分解决和农民处境的改善，对提高农民生产积极性、恢复社会经济是很有利的。刘秀和他所选用的地方官又都比较注重“劝课农桑”，兴修水利，发展生产，也有利于使残破的社会经济逐渐恢复起来。到明帝时，接连获得丰收，一斛粟仅值三十钱，牛羊遍布于乡野，人口也增加到三千四百多万。

善于用人欲以柔术治理天下

建武中元二年（57年），刘秀死于南宫前殿，享年六十二岁。他所开创的东汉王朝定“光武”二字为其谥号，刘秀遂以光武皇帝著称于史。在重新统一中国的基础上，刘秀开创出一个在历史上被称作“光武中兴”的时代，真正实践了“复高祖之业”的政治抱负，这同他的善于用人是分不开的。

刘秀有知人之明，识人之能，并善于在用人时扬其长而避其短。早在群雄竞逐，争战激烈，能征惯战的人大显身手，机谋权诈之士见重于世的时候，刘秀就把卓茂置于群臣之首，反映出他以贤才治天下的急切心情，也显示出他在用人问题上“治平尚德行，有事赏功能”的政治远见。卓茂为人宽仁恭爱，被称为长者，他又研习《诗》《礼》及历数，被称为通儒。西汉末，卓茂为密县令，后作京都丞。王莽做摄皇帝期间，卓茂借口有病，辞官归乡。刘秀即位后，首先派人寻访卓茂。找到卓茂时，他已年过古稀。刘秀仍旧特意颁布诏书：“卓茂名冠天下，当受天下重赏，今以茂为太傅，封褒德侯。”天下平定以后，刘秀更是格外注重擢用所谓的“忠厚之臣”“循良之吏”。而且早在宫室未饰、干戈未休的建武五年，刘秀就已着手先建太学，培养明经的官员，以充实官僚机构。对于功臣，虽然封赏优厚，除了确有经世治国才干的邓禹、李通、贾复等少数几个人仍得参议大政外，一般都不再给他们以实权实职。他这样做当然还有别的考虑，但用人以长无疑是其中十分重要的一个原因。

刘秀还经常借故下“罪己诏”，自称“无德”“不明”，鼓励臣下直言不讳，不喜谀辞。当臣下建议举行封禅泰山的隆重大典时，刘秀即反对说：“百姓怨气满腹，我欺骗谁？欺骗天吗？”他还明确规定：“假如郡国派遣官员给我上寿，胡吹乱捧，一定处以髡刑，罚其屯田。”臣下有所谏争，他则虚心采纳。有一次宋弘看到宫中的屏风上都画着美女，刘秀又经常往屏风上看，宋弘立即气冲冲地批评说：“我未见过好德像好色一样的人。”刘秀马上撤掉屏风，并笑着对宋弘说：“闻义则服，可乎？”刘秀从谏如流，由此可见一斑。

刘秀对人推心置腹，很是诚恳，马援对此很有体会。他曾是隗嚣部将，当时隗嚣曾经对臣服于刘秀还是臣服于公孙述，一时拿不定主意，就派马援先入蜀见公孙述，再去洛阳见刘秀，实地考察一下。刘秀是在一间普通殿房中接见马援的，衣履也很简便。马援一到，他立即笑着迎上去，说：“您遨游于两个皇帝之间，今天能见到您，使我感到十分不好意思。”这同公孙述装腔作势，大摆皇帝架子，形成了鲜明的对照。马援不无感慨地说：“当今这个世界，不仅君选择臣，臣也选择君呢！我与公孙述是同乡，从小就处得很好，可我入蜀看他，公孙述却在阶、殿上列满持戟的武士，而后才宣我进见。我今远道而来，您怎么知道我不是刺客奸人，而简便到如此程度！”马援后来就归附了刘秀。

刘秀以诚待人的突出表现，是他用人不疑，就是对长期专兵居外的将领也很少疑忌。冯异久镇关中，有人说他“威权达于极点，百姓倾心拥戴，称他为咸阳王”，警告刘秀应有所戒备。冯异知道后惶惧不安，立即上书解释，刘秀的答复却是：“将军对于我，义为君臣，恩犹父子，有何嫌疑，而有惧意？”刘秀由于信任将领，一般不给他们以任何牵制，使他们拥有很大的行军用兵的自主权。将领无后顾之忧，又不受掣肘，或攻或守，或进或退，都可相机权变，从容制敌，故能常获胜利。将领因此而感恩戴德，效命刘秀，密切了君臣关系。

刘秀曾说：“我治理天下，也想行以柔术。”刘秀对臣属很少以刑杀立威。

消灭王郎以后，缴获不少文件，其中有不少是刘秀部下与王郎私下交往，并诽谤刘秀的书信。刘秀故意不去查阅，还令诸将把这些书信统统烧掉，其目的是让那些曾有贰心的人打消顾虑以自安。这反映出刘秀的气度确实不凡。至于部属的一些小过失，刘秀就更能抱有宽容的态度，不予计较。就是有大仇，仇家一旦幡然悔悟，将功折罪，刘秀也能过往不咎。朱鲔坚守洛阳，刘秀派人劝降。朱鲔说："大司徒（刘縯）被害时，我参与了害他的计谋，又劝说更始（刘玄）不要派萧王北伐。我实在知道自己有很大的罪过。"刘秀表示"建立大事业的人，不忌恨小的怨恨。朱鲔现在若能投降，官职、爵位都可保留，又怎能诛罚呢？河水在此，我指河为誓，决不食言"。朱鲔投降后，官拜平狄大将军，封扶沟侯，"后为少府，传封累代"。刘秀始终没有报复。宽则得众。刘秀仅招降纳叛，就从其他营垒中接纳了一大批有经世致用之学和办事能力的文职官员以及马援、冯异、王常、耿况、寇恂、吴汉等东汉名将，大大壮大了自己的力量。天下平定以后，刘秀不仅没有像汉高祖刘邦那样杀戮功臣，还非常注意教育群臣遵守法令，慎终如始，有意保存功臣。这是他以宽柔待臣属的又一表现。

但是，如果官员不称职，或有重大失职行为，刘秀绝不姑息。王梁出任河南尹后，发民开渠，想把谷水引注到洛阳城下，再使其东泻巩川。但渠修成后引不来水，有人即劾奏他劳民伤财，王梁既惭愧又惶惧，主动上书请求免职。刘秀下诏说："以前王梁带兵征战，众人称赞他贤能，所以把他擢拔到京师任职。建议开渠，为人兴利，但功不成，百姓不满，虽然得到宽恕，王梁却坚执谦退。'君子成人之美'，故黜梁为济南太守。"刘秀虽然承认他过去有功劳，开渠的愿望也不错，对他的批评也很委婉，却毕竟给了他以降职的处分。而王梁因功而被擢典京师，又因渎职而被降职，恰恰说明了刘秀的赏罚分明。倘若事涉刑律，刘秀更是很少苟且，概不容情。曾任汝南太守的欧阳歙，世授《尚书》，八世为博士，颇富人望，刘秀也倚之甚重，征为大司徒。但当欧阳歙在汝南太守任上度田不实、贪赃千万的罪行被揭露出来以后，立即下狱，虽有上千名儒生守候在宫门口，请求宽赦，甚至还有人甘愿代他受死，刘秀仍坚决绳之以法，处死了事。有一次刘秀外出打猎，兴致一高，回城时已是半夜。上东门侯郅恽明知是当今皇帝在外叫门，他也仍旧据关不纳。刘秀没办法，只好转道，从中东门入。第二天，刘秀自知理亏，没有责找郅恽，郅恽反倒上书批评说："从前周文王不敢贪恋游猎，怕的是万人担忧。陛下却远猎山林，夜以继昼，试问心里还有没有国家？"刘秀认为郅恽言之有理，对他予以赏赐，并且罚了那个奉诏开关的中东门侯。

"强项令"的故事更能说明问题。湖阳公主是刘秀的亲姐姐。刘秀因其寡居在家，格外怜爱。不想湖阳公主骄纵生事，纵奴杀人，地方官不敢抓捕。有一次，湖阳公主出游，杀人奴为其驾车，被洛阳令董宣中途遇见。董宣不仅对湖阳公主厉声斥责，还将杀人奴当场杀死。湖阳公主向刘秀哭诉，请他代为报仇。刘秀命董宣给湖阳公主叩头谢过，董宣硬是不跪。刘秀命人按董宣头，董宣两手据地，仍不肯俯。刘秀很是感动，当场称赞董宣是"强项令"，赐钱三十万。湖阳公主对此很不理解，说："文叔当普通百姓的时候，窝藏逃犯，隐匿死囚，官吏畏

↑ 汉代官员出行图

惧，不敢入门收捕；现在身为天子，怎么竟连一个小小的县令都治服不了呢？"刘秀的回答是："天子不与白衣（指普通百姓）同。"意思是说，皇帝比起普通百姓，更应受法律的约束。这当然是虚伪的。在封建时代，皇帝拥有至高无上的权力，皇帝的话就是法律。但是刘秀懂得，如果他带头枉法，势必导致法大弛，危及东汉政权的统治。这说明，刘秀所做的一切，归根结底都是为地主阶级的根

本利益服务的。但是，他起兵反莽，芟刘群雄，完成统一国家的伟大事业；释放奴婢和罪囚，减轻刑罚、徭役和赋税，改善农民处境，缓和阶级矛盾；慎选官吏，裁汰冗员，赏罚分明，善于用人，整顿吏治，加强中央集权，兴办教育，奖励名节，培养统治人才；提倡节俭，注重生产，兴修水利，发展社会经济，等等，又都代表着当时社会的共同要求。因此，刘秀称得上是一个对当时历史有着重要贡献的杰出人物。

赵忠文

辽宁师范大学管理学院教授，专攻先秦史、秦汉史，专著有《先秦思想史要论》《中华祭祀》等；主编《中国历史学大辞典》《中华酒文化史》等书。

促进南方经济发展的宋武帝

刘裕

宋武帝个人小档案

姓名：刘裕

年号：永初

字：德舆

别称：寄奴、刘下邳

所处时代：东晋、南朝宋

生卒年：363—422年

出生地：晋陵郡丹徒县京口里（今江苏镇江）

在位：420—422年

定都：建康

主要成就：北伐中原，代晋建宋，改革弊政，为“元嘉之治”奠定基础

相关作品：《兵法要略》

轶事典故：寄奴射蛇

死亡地：建康皇宫西殿

庙号：高祖

谥号：武皇帝

陵寝：初宁陵（今江苏南京东）

继位人：宋少帝刘义符

最得意：代晋立宋

最失意：北伐未获全功

刘裕

刘裕，生于晋哀帝隆和二年（363年），卒于宋武帝永初三年（422年）。字德舆，小名寄奴。彭城（今江苏徐州市）绥舆里人。据《宋书》记载，说他是汉高祖刘邦的弟弟楚元王刘交的后代。到刘裕曾祖刘混的时候，正逢永嘉之乱[①]，迁家渡江居于京口里（今江苏镇江）。刘混做过县令，刘裕的祖父刘靖也做过郡太守，但刘裕的父亲刘翘只做了一个郡功曹（郡里管总务并记录功劳的佐吏），家道败落，到生下刘裕的时候，甚至都养活不起，想把他扔了。亏了同郡的刘怀敬的母亲，断了自己儿子的奶，养活了他。稍长大些，刘裕就参加砍柴、打鱼一类的家庭劳动。但更长时间，是以卖草鞋为生。因为好赌博，被乡间邻里所鄙视，一次因欠下京口大族刁逵的钱，被刁绑在马桩上，幸得友人王谧替他偿还，才被释放。

作为败落的世家子弟，刘裕尽管自幼饱尝了清贫艰苦的生活，他还是与真正的在剥削压榨中，为求得基本生存条件而祖辈相继辛劳的农民子弟不同。这对他一踏入人生道路之始就进入北府军，而以后依凭残酷地镇压农民起义为基础，一

①永嘉之乱：晋怀帝永嘉五年（311年），匈奴将石勒歼晋军十余万人于苦县宁平（今河南鹿邑西南），俘杀太尉王衍等。同年，匈奴另一将领刘曜率兵破洛阳，俘怀帝，纵兵烧掠，杀王公士民三万余人，高门望族多渡江走避。

步步走向封建皇帝的宝座，不无影响。但他幼年时代的这段劳动生涯，对其认识社会，了解下层，成就霸业后大力拨乱反正，兴利除弊，推行改革，也有着密切的关系。

在镇压农民起义中壮大了自己的势力

晋太元八年（383年），刘裕二十岁。这一年爆发了有名的秦晋淝水之战。苻秦的失败，使他失去了实现统一的条件，北方更陷于大分裂的局面。东晋政权虽说取得了军事上的胜利，但由于东晋统治者司马氏重用奸佞，罢黜贤良，纲纪松弛，沉湎酒色，不理朝政，不图恢复，只是依靠残酷剥削人民过着极度糜烂腐朽的生活。而以王、谢、庾、桓四大家族为代表的世族势力，彼此间在持续不断地进行尖锐复杂斗争的同时，也残酷压榨剥削劳动人民，这就使人民的生活陷于水深火热之中。有压迫就有反抗，隆安三年（399年），世子司马元显调发东土各郡免奴为客的人移置京师当兵，引起骚乱，民怨沸腾。以此为导火线，前一年被司马道子杀的五斗米道道首孙泰的侄儿孙恩于海岛起兵。东方八郡响应，不到十天，有众数十万人，攻破上虞（今浙江绍兴市上虞区），杀其县令，陷会稽（今浙江绍兴），杀内史王凝之。一时朝野震惊，这就是历史上著名的孙恩起义。

晋朝派谢琰（谢安子）和刘牢之出兵镇压孙恩，而刘裕这时正在刘牢之军中做下级军官，亦即随军出征。部队进入吴地，刘牢之派刘裕带领数十人去侦察义军情况，忽然遭遇到数千义军，双方开战，刘裕的人马大多战死，而他一人手执长刀凶猛奋杀，又得刘牢之的儿子刘敬宣率队援助，大败义军，孙恩逃还入海。这次战斗的胜利，为刘裕赢得了声誉。

次年，孙恩率义军再入会稽，杀死谢琰。刘牢之再次东征，派刘裕戍守句章（今浙江慈溪境）城。因为刘裕胆大善战，作战时总在兵士前面冲锋陷阵，接连取胜，义军不得不退还到浃口（今浙江甬江口处）。晋朝镇压义军的东征队伍纪律松弛，抢掠烧杀，乃至达到郡县城中不见人迹的程度，百姓们十分痛恨。而刘裕却治军整肃，法令严明，所以不像其他晋军那样遭到反对。

隆安五年（401年）三月，孙恩北攻海盐（今浙江海盐），刘裕赶到，在海盐的故治筑城拒守，孙恩攻城不下，将领姚盛牺牲。但刘裕兵少难守，就倒下旗帜，藏起兵众，让老弱者登城。义军问他们刘裕在哪儿，诡称已经撤走。义军受骗入城，刘裕突然出击，义军大败。接着在丹徒又打败孙恩。八月，因讨义军有功，升任刘裕为下邳（今江苏睢宁西北）太守，在郁洲（今连云港市云台山一带，当时为海中岛，清时海岸扩展，才与大陆相连）又破义军。十一月，刘裕追击孙恩到沪渎（上海市）、海盐，孙恩大败，立脚不住，从浃口直逃到海上。

元兴元年（402年）三月，孙恩在进攻临海（今浙江临海）失利后，投海而死。余众数千人推举他的妹夫卢循继续带领义军。晋太尉桓玄看武力镇压未能彻底消灭义军，又使出软的招降一招，任卢循为永嘉（今浙江温州）太守。虽然从斗争策略考虑，卢循接受了这项任命，但并未真正归顺朝廷，义军的军事政治活动，一天也未停止。正因如此，不到两个月，在卢循从临海进入东阳（今浙江金华）的时候，桓玄就派当时任抚军中兵参军的刘裕出兵去攻打。卢循兵力不及，只得又退回永嘉。第二年正月，卢循的姐夫、义军将领徐道覆攻东阳，再次被刘裕打败。八月，刘裕攻破永嘉，卢循败走，被追至晋安（今福建福州），卢循浮海南逃。

元兴三年（404年），卢循攻克广州，自己执行州的政事，号称平南将军。第二年，向晋遣使纳贡。而晋也因一时派不出军队去征讨，于四月任卢循为广州刺史。卢循专门给刘裕送去益智粽，刘裕还赠他赎命汤，并有书信往还。

义熙六年（410年），卢循趁刘裕率军北伐江南空虚之际，攻湘中诸郡。三月攻豫章（今江西南昌市），江州刺史何无忌战败而死，义军又大破刘毅军。当时卢循连战克捷，士气很盛，十余万之众，舟车百里不绝。这时刘裕赶回，卢循义军径取刘裕。刘裕北伐战久，疲惫之师且多创病，建康守兵才只数千。朝野震惧。刘裕全面分析了双方情况，确定了固守不轻出战的方针。而卢循多疑少决，不听徐道覆自新亭（今南京市西南）焚舟而上、数道攻刘裕的正确建议，采取按兵等待的方法，持久无功，只好回兵寻阳（今江西九江市西）。刘裕遣众追击。八月，刘裕总结以往作战经验，大治水军，派孙处由水路直取番禺（时广州州城）。卢循兵众根本未预料到海道防御问题，突然遭到来自海上的进攻，卢循兵大败。广州既陷，卢循亲党尽数被杀。十二月，刘裕进军大雷（今安徽望江），对卢循战舰以强弩劲射，迫其西泊，先埋伏西岸兵众悉以火攻，卢循兵大败。刘裕追击至左里（鄱阳湖口），卢循独舟而逃，死万余人。刘裕才班师返回建康。义熙七年（411年）六月，卢循兵败龙编（今越南民主共和国慈山、仙游地区），投水而死。

孙恩、卢循的起义，因为孙、卢本人就是北方的失势大族，起义过程中，从斗争策略考虑，曾接受过晋的任命并向晋称臣纳贡，加以又利用过五斗米道的宗教为号召组织起义的手段，所以有人对孙、卢的起义性质，特别是卢循起义的性质提出质疑。乃至认为刘裕与孙、卢之战是统治阶级内部的斗争。但只要考察一下在这次持续十几年、遍及南方主要地区的大起义的整个斗争过程，义军绝大多数参加者的成分（农民与溪奴、佃客）及其斗争始终代表着广大人民的利益，狠狠打击了朝廷及世族势力的残酷剥削压迫，就可以认定其农民起义的性质。而作为失势大族逐渐步入寒门地主的刘裕，虽然在血腥镇压这次起义中壮大了他的军事实力，为他以后的废晋自立奠定了基础，但通过此次起义

↑ 地主生活图（晋）

的始末，他不能不认识到，当人民被剥削压榨到忍无可忍的地步的时候，就会起而反抗的真理；在长期血与火的战斗中，他也不能不亲身体会到一旦走上武装反抗道路的人民力量的强大。在他建宋以后，推行了一系列改革，对人民采取让步政策，推动了社会生产力的发展，从这一角度来看，就是后来出现的社会生产繁盛、人民生活安定的“元嘉之治”，也不能不说是孙、卢起义的积极成果。

消灭异己武装，实现了江南的统一

元兴三年（404年），刘裕趁平桓玄篡晋的机会，进入朝廷。桓玄的妻子刘氏很能识人，在此之前，曾对桓玄说：“刘裕行止有龙虎势态，看待问题不同凡响，不会久居人下，要趁早铲除。”桓玄说：“我正要平定中原，没有他不行，以后再说吧。”

当时刘裕与何无忌、刘毅合谋起兵讨伐桓玄。刘裕攻克京口，进入建康，司徒王谧推他为使持节，都督扬、徐、兖、豫、青、冀、幽、并八州诸军事、徐州刺史。义熙元年（405年）刘毅攻破桓振军队，三月，晋安帝司马德宗返回建康，任刘裕为侍中、车骑将军、都督中外诸军事。刘裕坚辞不受，多次要求回地方上去。虽然朝廷百官劝请，安帝亲自到他住处相留，他也不答应，于是授都督荆司等十六州诸军事，兼兖州刺史。次年冬，又被封为豫章郡公。

义熙四年（408年）春，由于刘毅不愿意让刘裕入朝辅政，想让谢混做扬州刺史；也有人想让刘裕在丹徒领扬州，将朝廷大事交付孟昶，派尚书右丞皮沈去征求刘裕的意见。刘裕的记室录事参军刘穆之对刘裕说：“晋朝失政日久，气数已经他移，您兴复皇室，勋高位重，今日形势，哪能再搞谦虚辞让那一套去到地方上去当一个藩将，刘毅、孟昶虽是一起起事，现在与之势均力敌，今后不免相互吞噬，扬州不可让，留京更要依允。”刘裕照刘穆之的话办理，晋帝在保留他原任的青、兖二州刺史职位的同时，还授他侍中、车骑将军、开府仪同三司、扬州刺史、录尚书事。义熙六年（410年），又授太尉、中书监、假黄钺[①]。到这时，连投奔秦王姚兴的司马国璠兄弟也看出了刘裕称帝的意图，说他“方为国患，甚于桓玄。”

刘毅刚愎自用，自认为功业可与刘裕相比，表面上不得不推重刘裕而内心不服。而刘裕对他事事顺从，更使他骄横放纵，有增无已。他曾说：“遗憾的是没与刘邦、项羽同时，不能与他们一起逐鹿中原，看看究竟鹿死谁手。”发泄对刘裕的不平，有剪除刘裕的想法。于是向刘裕提出自己要兼督交、广二州，刘裕答应了他的要求；又要求让其心腹郗僧施为南蛮校尉后军司马，毛脩之为南郡太守，刘裕也答应了。刘毅又要求到京口去辞墓，刘裕亲往倪塘（今南京市东南、方山之北）去会见他。行前有人问他：“你认为刘毅能永久做你的下属吗？”刘裕沉默半天，反问对方。那人说：“率百万之师攻城略地，刘毅是服你的；但如涉及经史典籍，言谈吟咏，他却自认雄豪，所以缙绅学士辐辏一般归顺他，他是不会甘心永为你的下属的。最好利用此次会见解决他。”刘裕说：“刘毅也有克复之功，在罪过未充分暴露出来的时候解决他，不妥。”

九月，刘毅到达江陵。首先是大量变换主管官吏，分割豫州文武和江州兵力万余人自随。这时适逢刘毅病重，他听从郗僧施的劝告，请求让他的堂弟兖州刺史刘藩做他的副职。刘裕早已察觉刘毅的举动，一面伪装答应，一面起草诏书，公布刘毅罪状，指其与刘藩、谢混共谋不轨，逮捕并赐死藩、混二人。

接着，刘裕命王镇恶、蒯恩率水军为前驱，冒充刘藩的军队，向刘毅靠近，到江津城下，刘毅的将领朱显之前来，问刘藩在哪儿，军士回答“在后面”。朱显之在后面没找到刘藩，见军士带的攻城的器械，又见江津船舰被烧，知道中计，飞马报刘毅，急令闭诸城城门。但王镇恶军队已经进城，于是展开巷战，刘毅兵败，退入内城。王镇恶用挖洞的办法攻进内城。刘毅自北城突围，夜投牛牧寺。在此之前，桓蔚兵败，也投牛牧寺，寺僧曾因收留保护桓蔚而被刘毅杀掉。所以现在他要求寺僧收留的时候，僧人不敢收留。刘毅叹道：“为法自弊，一至

---

①黄钺：用黄金为装饰的斧。为古代帝王专用，或特赐给专主征战的大臣。

于此。”自缢而死。子侄皆伏诛。刘裕到江陵，杀郗僧施。念毛脩之以往结好于己，宽赦了他。

早在义熙元年（405年），蜀郡谯纵起兵，杀守将毛璩、毛瑾、毛瑗等，刘裕出兵讨伐。谯纵称藩于秦，又与卢循暗通，并联络当时已降秦的桓谦共击刘裕。刘裕部将刘敬宣进攻失利。义熙五年（409年）春，秦封纵为蜀王，加九锡[①]。义熙六年（410年），征蜀都督刘道规攻杀桓谦。义熙八年（412年），刘裕以朱龄石为元帅，大败纵兵，攻克成都，谯纵自缢死。

诸葛长民在刘裕出师伐刘毅的时候，以豫州刺史衔监太尉留府事。平日骄纵贪侈，目无法纪，百姓怨声载道，怕刘裕查办他。刘毅被诛，他更加害怕，说：“正像汉朝薛公说的，‘往年把彭越剁成肉酱，今年杀韩信’，祸患临头了。”他私下问刘穆之：“一般人都说刘裕不能容我，为什么会这样？”穆之说：“他出师远征，把老母幼子委托给你，如有丝毫不信任，能这样吗？”诸葛长民才稍安心一点。诸葛长民的弟弟诸葛黎民说：“刘毅的败亡，也是值得我们怕的，应趁刘裕外出未归起事。”诸葛长民写信联络刘敬宣，刘敬宣把来信转给了刘裕。诸葛长民见力量不够充足暂未发动。

义熙九年（413年）春二月，刘裕自江陵东归，诸葛长民与公卿连日在新亭奉候。刘裕绕路潜入东府，诸葛长民往拜，刘裕与之畅叙胸怀，过去没说过的话全都说了。正当诸葛长民甚感欢悦的时候，刘裕先已埋伏的武士杀死诸葛长民。其弟、从弟均被杀。

义熙十年（414年），司马休之在江陵，很得江汉一带的民心。三月，因为他的儿子司马文思擅自捶杀国吏，晋帝惩治了司马文思的党羽，而宽恕了司马文思，司马休之上疏谢罪。并请求解除自己的职务。刘裕不准所请，并逮捕了司马文思交由司马休之审处，意思是让司马休之自己杀掉儿子。父子情深，司马休之只是废了司马文思的谯王，并上书刘裕申谢，刘裕很不满意，令江州刺史孟怀玉

①九锡：锡，赐予。九锡据说是古代帝王尊礼大臣所给予的九种东西，名目说法不一，如车马、衣服、斧钺、弓矢、朱户（朱红漆的门）、虎贲（卫士）等，是一种极高的荣誉。王莽篡汉前，先加九锡，以后各朝掌政大臣夺取政权前都先加九锡，成为例行公事。

兼督豫州三郡防范他。

义熙十一年（415年）春，刘裕逮捕并处死了司马休之次子文宝、侄儿文祖，发兵攻打休之。又暗地写信招降司马休之的府录事参军韩延之。韩延之复信刘裕，在说明司马休之处理司马文思一事无可指摘之后，说刘裕出兵是“欲加之罪，其无辞乎？”斥责刘裕：“伐人之君，啗（音dàn，以利诱人）人以利，当面甜言蜜语，背后马上暗算，太可耻了！”最后说“像司马休之这样的有德之主，难道能没有可以授命的臣属吗？”刘裕读了复信，对他的将领佐吏说：“侍奉跟从主人的人，应当像他这样！”韩延之还把刘裕父亲的字——显宗，做自己的字；把刘裕父亲的名——翘，做他儿子的名，用以表示绝不臣服刘裕。

三月，刘裕大败司马休之，休之携其子文思及新蔡王司马道赐、雍州刺史鲁宗之、竟陵太守鲁轨、南平太守檀范之、梁州刺史马敬、南阳太守鲁范一起投奔秦国。

晋帝加太尉刘裕为太傅、扬州牧，并给予可以佩剑穿履上殿，上朝不用小跑，行朝拜礼不宣报姓名的至高的待遇。义熙十二年（416年）正月，又加刘裕兖州刺史，都督南秦州，共都督二十二州。三月又加中外大都督，领司、豫二州刺史。五月，又加领北雍州刺史。十一月，刘裕从伐秦前线派左长史王弘回朝，暗示晋帝给他九锡的殊誉。十二月，诏书刘裕为相国，封十郡为宋公，备九锡之礼。他却又装作辞而不受。义熙十三年（417年），因伐秦有功，晋帝又进刘裕爵位为王，增封十郡，刘裕再次辞而不受。直到这年九月，才接受相国宋公和九锡之命。

刘裕急于称帝，但又迷信谶（音chèn，迷信所说可预言吉凶的文字、图记）语说的“昌明（晋孝武帝司马曜字）之后，尚有二帝”的说法，就派中书侍郎王韶之把晋安帝缢死在东堂，刘裕诡称有遗诏，让司马德文即位，为晋恭帝，以凑够这“二帝”之数。

元熙元年（419年）七月，刘裕受晋爵之命。八月，移镇寿阳（今安徽寿县）。十二月又加殊礼，进王太妃为太后，世子为太子。元熙二年（420年）

春，刘裕想受禅称帝，自己不好开口，就请朝臣饮宴，说："桓玄作乱时帝运已移，我兴复帝室，平定四海，功成名就，蒙受九锡，现在年将衰暮，而物忌盛满，所以想奉还爵位，回京师养老去了。"群臣只是称颂了一番他的功德，直到日晚走散，没有谁听懂"回京师养老"的意思。只有中书令傅亮，走出门来才一下明白了刘裕的用意，这时宫门已关，叩门请见，对刘裕只说了一句："我暂请回都。"刘裕明白了他的意思。四月，朝廷宣刘裕入朝。六月，傅亮暗示恭帝让位刘裕，拿出起草好的诏书让恭帝抄发。在刘裕戎马征战、苦心经营多年，排抵外敌侵扰之患，剪除内部异己之争以后，终于登上了皇帝的宝座。

率师北伐，灭掉南燕、后秦

在镇压义军、剪除异己的同时和稍后，刘裕还两度出兵北伐，消灭了南燕和后秦。

义熙五年（409年），南燕慕容超攻下宿豫（今江苏宿迁），俘阳平（辖境当今河北大名、馆陶及山东冠县、莘县一带）太守，不久，又俘济南太守。

刘裕决心讨伐南燕，四月，从建康出发，水兵自淮入泗，五月，到达下邳。留下船舰、辎重，由陆路步行径进。所经过的地方，都筑城并留兵把守。慕容超亲率四万步骑迎战，交战于临朐以南。刘裕的参军胡藩建议乘敌大兵出战，临朐城内空虚之机，出奇兵夺取临朐城。刘裕接受了这个建议，果然一举攻克。慕容超军见临朐失守，军心大乱，刘裕全面反击，斩杀十余大将，慕容超逃至广固。向刘裕要求割地称臣，刘裕不许。

在此前后，慕容超心腹尚书桓尊及众多将官投降刘裕，张纲又为刘裕做好了攻城器械，城内超军人心动摇，尚书悦寿劝降不成，打开城门迎接晋军。慕容超被送至建康斩首，刘裕斩其王公以下三千人，南燕遂告灭亡。

刘裕在灭南燕后，回师击败了乘虚袭击建康的卢循，平定了割据势力首领江陵的刘毅、成都的谯纵、襄阳的司马休之。在五六年里，东晋境内被全部统一。义熙十二年（416年）八月，率将军王镇恶、檀道济等兵分五路，水陆并进，征伐后秦。出征士气很旺，王镇恶说："如不拿下关中，我发誓不再渡江回来。"所以进入秦境以后，秦将纷纷投降。

义熙十二年（416年）二月，秦王兴死，其子泓即帝位，内部纷争。八月，刘裕亲率大军从建康出发，留下他的儿子义符为中军将军、监太尉留府事，刘穆之为左仆射，入居东府，总摄内外。

刘裕到达洛阳，巡视城堡，奖励士卒，并亲自督战。

这年冬天，留在建康主持军政要务的刘穆之病死，刘裕十分哀痛。因为失去了一个极为得力的助手，感到"根本无托"，才放弃了原先准备留居长安经营西北的打算，决意东还。

此次北伐，虽达到灭秦目的，开拓了部分领土，但晋军亦付出巨大代价，未取得更大胜利。

刘裕的两次北伐，在历史上对完成与巩固南方的统一，是有积极作用的。它给当时鲜卑、羌、胡各族统治者以沉重打击，支持了北方各族人民的反压迫斗争，虽然关中地区得而复失，但收复了潼关以东、黄河以南的广大地区，对掩护南方地区及以后发展与繁荣南方经济打下了基础。王夫之在《读通鉴论》中认为在刘裕之前的祖逖、庾翼、桓温、谢安经营多年未能取得他这样的成果，而他以后的齐、梁、陈三朝也没有"尺寸之展"，说是永嘉乱后"延中国生人之气者，惟刘氏耳"。对刘裕的北伐给予很高的评价。

宽政减刑　励精图治

东晋末年规模浩大的农民起义，深刻地教育了刘裕，如果不对东晋的弊政进行经济、政治上的全面改革，单一凭借武装镇压人民的反抗是无法巩固统治的。所以早在他初入建康的元兴三年，就与刘穆之看到社会问题的严重。此前桓氏虽也发现了这些问题，并制定条科进行治理，但终未奏效。刘裕总结这个教训，根据当时的可能条件，顺随事情的现状向正确方面疏导理顺。刘裕本人身体力行，禁令威严，百官肃然，十几天时间，风气就有明显的变化。所以历史上称刘裕“有拨乱反正之才”。其后随着他势力的步步扩大、终于坐上皇帝宝座，就为其推行这种改革提供了更有利的条件。现择其要者分述于后。

一、减轻租税调役

早在义熙八年（412年），刘裕消灭刘毅割据势力的时候，就下命令“宽租省调”，租，是指田租；调，是按各户资财高低而缴纳的绢布。另外，还有很多的临时性征发的所谓杂调，尤为农民沉重负担。这一年刘裕下令免征的梓材、皮毛即是。驱逐司马休之以后，对荆、雍二州老幼从戎、单丁服役的规定也作了新的改革。在420年，刘裕即帝位的时候，又规定以后政府所需物资，另派有关人员用钱从民间购买，不再像过去那样向农民征收。从征发到收购，当然也是一种进步。同一诏令还禁止向百姓征发车、牛，也“不得以官威假借”。为照顾贫民，还规定不再收旧日欠交的租债，并适当减降市税。这些规定在一定程度上减轻了农民的负担，缓解了阶级矛盾，对生产和社会的发展起到推动作用。

二、坚持土断政策

西晋时由于战乱，中原地区百姓多迁居江南，但仍称原来郡籍，所以形成了许多侨郡县。这些人不在所在州县编户，无固定租税负担，有的成为豪门世族的佃客、部曲。这样一来，在经济上国家失去了众多的劳动力及可供剥削的对象。从政治上考虑，因编户制度混乱，统治不便，易生事端。桓温当政时，大力推行土断法，即不论本地人、外地人，统一在现所在郡县编著

↑ 桓温像

户口，纳税服役。当时执行得颇严，曾带来“财阜国丰”的局面。但规定尚不彻底，执行也未能坚持下来。义熙八至九年（412—413年），刘裕更严格执行这一政策，余姚大族虞亮藏匿千余人，刘裕杀掉了虞亮，并免除会稽内史司马休之的职务（余姚系会稽郡辖）。土断的推行，狠狠打击了豪门世族的势力，增加了国家的经济收入，过去的侨立郡县均予并省，又节省了国家不少开支。

三、废除苛繁法令

刘裕慑于孙恩、卢循起义的威力，即帝位前后采取的一些缓和阶级矛盾的措施中，废除苛法、实行宽赦亦为其中之一。在消灭刘毅的时候，刘裕就提出了“原刑”（放宽刑罚），永初元年（420年）即帝位后即大赦，对违犯封建礼教的、贪污淫盗等罪过的均予赦免，让其重新做人。七月又下诏，准许原流放劫贼家属籍没在政府的及流徙在外的人返还本土。同时还下令把战争时期临时制定的苛严的律令全部免除，恢复以往的规定。八月又下令对过去将因逃避兵役、徭役而蓄意自致残伤的罚补炼铁奴隶的规定免除，指出造成这一事实是“政刑烦苛、民不堪命”的结果。还下令对以往兵士本人死叛，就追考旁亲，越追扩大的面越大，株连无穷的做法作了新的规定。永初三年（422年）初又下诏普遍减刑。刘裕这一系列的宽政简刑的措施，对缓和阶级矛盾、减轻对百姓的压迫、使百姓生活安定等方面起到不小的作用。

四、破格起用人才

门阀森严的晋代，在所谓“上品无寒门，下品无世族”的制度下，不可能选拔出真正有才能的人来治理国家。刘裕决定破除这个桎梏，坚持唯才是举。比如他的主要辅臣刘穆之，有“一日百函”的美称，虽只是小官吏出身，一切要务都交付给他，刘毅曾向刘裕谗诋穆之，刘裕反而更加信任。刘穆之死，刘裕中止北伐返回，即帝位时还说：“穆之不死，当助我治天下。”又说：“穆之死，人轻易我。”其器重可见一斑。对朱龄石的使用亦复如此。义熙元年（405年），谯纵乱蜀，刘裕出兵，要找一个人担当元帅，看上了西阳太守朱龄石。他武战有方，吏才卓异，但人们却以为“资名尚轻，难当重任”，刘裕毫不犹豫地任命了他，把原来位在朱龄石之上的自己的妻弟置于朱的统率之下。王镇恶是一员猛将，深通军机，广有谋略，刘裕与之一番谈话就委任其为中军参军，在北伐中立下大功。治军颇严的刘裕对其搜刮秦府物资也采取宽容态度。王死后，刘裕即帝位还给他追封。可以与之相映衬的，刘裕的中弟刘道邻“愚鄙而贪纵”，其生母萧太妃为他向刘裕说情要扬州刺史职位，刘裕予以拒绝。

刘裕这样用人，自然深受拥戴，被任用者愿意为他冲锋陷阵，出谋划策。这对他最终成就帝业，起了很大作用。

五、禁止奢靡作风

魏晋以来，世风崇尚奢靡，赛豪华、斗富丽的故事很多。因为刘裕经历过贫困生活，所以他十分注意禁止奢靡作风。他平时清简寡欲，对珠玉车马、丝竹女宠都很有节制。平关中，得姚兴从女，因宠废事，一经谢晦进谏，即时遣出。宁州献琥珀枕，十分华丽，他听说琥珀能治枪伤，马上捣碎分发北伐将士。小到睡的床，用的钉等细微事情，也都告诫务须从俭。公主出嫁，遣送不超过二十万，不给锦绣金玉。称帝入宫，住处还是用土屏风、布灯笼、麻蝇拂。他的孙子后来看了讥之为“乡巴佬”。岭南生产一种过于精细的细布，因其过于劳民，他处分了该郡太守并责令停产。他本人平时穿着也十分随便：连齿木屐，普通裙帽。他还把他补缀多层的破袄给长女并嘱咐她：“后世如有骄奢不知节俭的，就拿它给他们看看。”刘裕还保存自己少年时期使用的农具，用以教育后代，使其知道稼穑艰难。为了警戒玩物丧志，明知音乐一懂得就会逐渐爱好，所以刘裕根本不去接触它。在他的影响下，内外上下，奢靡之风为之一扫。

刘裕的这些改革，不仅在当时消除了弊政，扭转了世风，对其后的影响也是深远的。他儿子文帝时期出现的兵车不用，民无外劳，粮食遍野，夜不闭户，家给人足，处处歌舞的“元嘉之治”应该说正是刘裕的改革为其开辟了道路。

总之，刘裕作为结束东晋腐朽统治，开始南朝一百六十多年历史新时期的第一个皇帝，在他掌握了政治权力和称帝以后，在对外方面，先后两次北伐，顺应了人民的愿望，开拓了疆土，抗击了拓跋魏的南侵，保卫了南方的社会安定，经济的发展，形成了可与北方对峙的局面。在对内方面，虽然他是依靠镇压农民起义壮大实力并爬上高位的，但这一过程也不可避免地使他认识到人民力量的强大，不得不在掌权后推行各方面的改革，以减轻对人民的经济剥削，缓和阶级矛盾。也可能正因如此，所以在他未称帝之前，乃至还列身庶民之间的时候，就受到王谧、崔浩、桓玄、姚兴的称赞，李贽在《藏书》中称其为“定乱代兴”之帝，宋代词人辛弃疾称颂他北伐的气势是“金戈铁马，气吞万里如虎”，王夫之则说他的称帝是凭其“功力服人”，并认为汉唐之间的皇帝，只有他值得称道。

作为一个封建皇帝，毋庸讳言，应加否定和指责的地方也不少。首先，他的帝业就是建立在众多义军被血腥镇压的基础上的。这当然是他的政权性质所决定的，也是应彻底否定而不可隐饰的。其次，在剪除异己、攀登帝位过程中，为了政治斗争的需要，刘裕各种权术阴谋、政治手腕都无所不用其极，讲假话、设骗局，外装谦恭、内含猜忌，伪作辞让、意在问鼎，芟除异己，诛杀逊帝。一切都干得心安理得，这种虚伪与残暴，当然也是一个地主阶级政治家身上的自然色彩，不足为怪的。也可以说，在统治阶级内部斗争中，如果他不要弄这些手段，不仅不能攀上帝位，而一定会像被他诛杀的那些异己力量一样，被别人消灭。萧方等批评他“酬恩报怨，何其狭哉！”司马光批评他于灭秦后弃经营西北之计而东返是“得之艰难，失之造次（仓促、轻易）”，灭南燕后斩王公以下三千人，是不能慰抚疲民，涤除秽政，反而恣行屠戮，属于有智勇而无仁义，不如苻（坚）、姚（兴）。

上引对刘裕的称颂，难免有溢美之词，但对其主导方面的肯定是正确的；批评也不乏欠准确之处，但毕竟揭出了其缺点之一斑。作为一个重要历史人物，刘裕可以说是瑕瑜互见的。以对历史人物臧否是非、褒贬得失的标准来看，刘裕对历史的发展是推进而不是阻滞；对国家的统一是促进而不是破坏；对当时人民的生活是引导向安定与繁盛，而不是推向战乱与贫困。从这个角度来衡量，瑕不掩瑜，刘裕的主导方面应该予以肯定，他是南北朝这一民族矛盾、阶级矛盾错综复杂而又十分尖锐的历史时期杰出的政治家、军事家，是一个颇有作为、卓有建树的知名皇帝。

王同策

吉林大学古籍研究所教授，长期从事中国历史文献的整理、研究工作。他的代表作是《同策丛稿——古籍和古籍整理》，其他有《菜根谭注释》，点校《苏魏公文集》等书。

北魏的改革家 魏孝文帝

拓跋宏

魏孝文帝个人小档案

姓名：拓跋宏

年号：延兴、承明、太和

别称：元宏

所处时代：北魏

生卒年：467—499年

民族：鲜卑族

出生地：平城紫宫（今山西大同市）

在位：471—499年

迁都：洛阳

主要成就：孝文帝改革

轶事典故：迁都洛阳

死亡地：谷塘原行宫（今河南邓州市东南）

庙号：高祖

谥号：孝文皇帝

陵寝：长陵（今河南孟津县）

继位人：宣武帝元恪

最得意：迁都洛阳

最失意：废太子元恂

拓跋宏

在我国南北朝时期的几十个君王中，真正有所作为并在历史上产生深刻影响的，要数北魏的孝文帝。魏孝文帝在执政期间（471—499年）为了缓和阶级矛盾和民族矛盾，他吸取汉族地主阶级的统治经验，在政治、经济、文化等方面，都进行了一系列的改革。这些改革有利于北方社会经济的恢复和发展，促进了北方各民族的融合，同时也使北方各个少数民族很快进入封建社会。因此，魏孝文帝是我国一位很有才干的少数民族政治家。

一

魏孝文帝拓跋宏是魏献文帝拓跋弘的长子，皇兴元年（467年）八月生于平城（今山西大同市）。皇兴三年（469年）六月，拓跋宏被立为皇太子。延兴元年（471年）八月，献文帝就把皇位让给还不足五岁的拓跋宏，他自己成了太上皇。五年以后，献文帝去世。

拓跋宏从小就缺乏父亲、母亲的爱。父亲献文帝与其很有政治才干的母亲冯太后矛盾很大，心情不快，更加信奉佛教，厌恶政事，只想做好个人的修身养性。他的母亲李夫人死得更早。北魏有一种规定，凡后妃生的男孩被指定为太子，太子的母亲就得死，这是为了不让妇女参与国事，使国家达到长治久安的目的。根据这一规定，李夫人在拓跋宏三岁被立为太子时就死了。所以，拓跋宏从小就由祖母冯太后抚养。献文帝死后，冯太后便以太皇太后的身份，临朝称制，国家的各种大事都由冯太后决定。

冯太后是长乐信都（今河北衡水市冀州区）人。她的祖父冯弘和伯父冯跋是北燕王国的国王。冯太后的父亲冯朗投降北魏，做秦、雍二州刺史，后来被杀。冯太后生于长安，虽然是汉族人，对于汉族文化的理解，还是得力于她的姑母。她的姑母是魏太武帝的妃子，冯朗被杀以后，冯太后投奔姑母，在宫中接受了姑母的教育，知书达理。十四岁时，文成帝即位，她被选为妃子，后来成为皇后。文成帝死，太子弘即位，即献文帝，她就成了皇太后。

和平六年（465年），文成帝死后，丞相乙浑乘机专权，任意杀害异己。这时冯太后二十四岁，献文帝只有十二岁，在这场政治斗争中，显露出冯太后的政治才能。她杀死了丞相乙浑，掌握了国家大权，临朝称制。一年后，她就把政权交给献文帝。皇兴五年（471年），献文帝死，孝文帝即位，冯太后掌握实权，直接干预政事。

在冯太后的培养教育下，孝文帝勤奋学习儒家经典著作，认真总结汉族封建帝王的丰富统治经验。冯太后对于孝文帝的管教是非常严厉苛刻的。《魏书·高祖纪》曾记载这样一件事：有个太监向冯太后讲孝文帝的坏话，冯太后大怒，用杖把孝文帝打了一顿，孝文帝也没敢申辩。太和十年（486年）起，在冯太后的指导下，孝文帝开始处理国家大事，起草文件。

黄河流域是汉族封建统治根深蒂固的地区，也是汉族封建经济比较发达的地区。拓跋鲜卑是一个非常落后的民族，进入中原以后，拓跋鲜卑统治者开始提倡开垦土地，鼓励农桑，实行计口授田等经济改革措施，从原来的以畜牧经济为主的游牧生活，逐渐转向以农业经济为主的定居生活。同时，也开始设置百官，分封公侯，重用汉族儒生，国家机构日益完备。

但是，拓跋鲜卑远比汉族落后，一个落后的民族如何统治比它先进得多的民族，这是摆在拓跋鲜卑统治者面前的一个重大问题。然而，当时的阶级矛盾和民族压迫十分尖锐。

拓跋鲜卑统治者经常发动战争，掠夺人口、牲畜和财物，让俘虏进行奴隶般的劳动。统一北方以后，对各族人民的统治非常残暴，租税名目繁多，徭役苛重。他们强迫各族人民当步兵，打仗时让步兵冲在前面，鲜卑族骑兵在后面督阵，步兵稍有迟缓和怠慢，就被鲜卑族的骑兵踏死。北魏统治者的残酷剥削和民族歧视，激起了北方各族人民的反抗。仅在北魏建国后的一百年间，各地的起义和暴动就有七八十次之多。在孝文帝当政时期，史书记载各族人民的暴动反抗的事件也有十几起。如471年，司马小君领导三千多人在平陵（治所在今山东济南历城区）暴动；延兴二年（472年），光州（治所在今山东莱州）人孙晏领导一千多人暴动；延兴三年（473年），荣永安在相州（治所在今河北临漳县）领导暴动；刘举也领导起义，自称皇帝；延兴六年（476年），冀州（治所在今河北衡水市冀州区）人宋伏龙自称南平王，聚众暴动；太和十四年（490年），和尚司马惠御领导暴动等。

↑ 骑马武士陶俑（北魏）

面对北方各族人民的反抗和暴动，为了巩固拓跋鲜卑的统治，孝文帝决心以汉族地主阶级的统治经验来改变野蛮落后的统治方式，进行了一系列的社会改革。

二

自西晋末年以来，我国北方经历了两百多年的战乱，社会经济遭到严重破坏。实行均田制以前，北魏土地占有情况主要有三个方面：

其一，是朝廷所有的土地。这些土地主要集中在京城附近，有牧场，有农田。从事畜牧和耕种的，是被征服的各族人民，他们的地位同农奴一样。在中原地区，由于战乱，留下了大量的无主荒地，名义上也是属于朝廷所有的。

其二，是贵族和地主占有的土地。由于佛教的发展，僧侣也占有不少土地，耕种者有类似农奴的“僧祇户”，还有相当于奴隶的“佛图户”。

其三，是自耕农的私有土地。自耕农一般是独立的劳动者，由于沉重的赋役负担，经常失去土地，成为流民或依附农民。

由于连年战争和饥荒，田园荒芜，人口减半。于是，豪强地主趁机兼并土地。许多自耕农破产以后，就依附于豪强地主。因此，北魏政权直接控制的耕地和人口越来越少，同时又出现了许多荒地无人耕种，减少了北魏的财政收入，影响了社会秩序的安定，农民的起义和暴动经常出现。为了缓和社会矛盾和增加国家收入，冯太后、孝文帝不顾地主豪强和贵族的反对，决心限制豪强地主势力，并同他们争夺耕地和农民。太和九年（485年）十月，大臣李安世上书，提出均田建议。因为有强大的政权力量和中原存在大量的荒地，为北魏实行均田制提供了主观力量与客观条件。于是，均田的建议被采纳，并派大臣巡行州郡，会同各级地方官吏实行均田。

均田制的主要内容如下：

十五岁以上的男子授给露田（本来是无主的荒地，规定不准种桑、榆、枣等果木）四十亩，妇女二十亩。为了休耕，可根据具体情况，加倍或加两倍给予土地。露田不准买卖，身死及年满六十岁时要归还政府。此外，男子给桑田二十亩，作为“世业”，可传给子孙。在不宜种桑的地方，男子给麻田十亩，妇女五亩。

凡有奴婢和耕牛的人，还可以额外获得土地。奴婢“受田”（领种土地）的办法同一般农民相同。耕牛每头受露田三十亩，每户最多只限四头。

在实行均田制之前，北魏政权曾实行过计口授田的办法，均田制就是在这种基础上发展起来的。它不但没有触动地主土地所有制，而且还肯定了豪强地主占有大量土地的合法性。奴婢、耕牛可以授田的规定，又保护了豪强地主的利益。各级地方官吏，在任职期间得到的土地又远远超过普通农民，如刺史十五顷，太守十顷，虽然他们在离任时要交回，这也说明了均田制是保护官吏特权的。尽管如此，均田制的推行，是有利于北魏社会经济发展的，应该予以肯定。政府把无主荒地分给无地农民，肯定了农民对所占土地的使用权，提高了农民生产的积极性。同时，国家允许无地农民迁往他乡，也有利于荒地的开发，因而扩大了国家的耕地面积。

在均田制开始实行时，北魏还没有乡党制度，而是实行以宗族为单位的宗主督护制，三五十家共立一个户籍，所以大地主隐匿农户的情况很严重，妨碍着均田制的实行，不利于按户口分配土地。随着均田制的实施，整理户籍便提上了日程。

太和十年（486年），大臣李冲建议实行三长制，代替宗主督护制。三长制规定：五家为一邻，五邻为一里，五里为一党；邻有邻长，里有里长，党有党长，合称三长。三长的职责是检查户口，征发徭役和兵役，征收赋税等。由于许多贵族、大臣本身就是隐匿农户的大地主，所以他们纷纷反对李冲的建议，冯太后和魏孝文帝为了加强自己的统治，坚决采纳了李冲的建议。他们认为。实行三长制不仅可以保证均田制的实施，还可以把逃避租税的人口清查出来，因而很快地实行了三长制。

通过均田制、三长制的实施，北魏政府直接控制的农户显然增多了，到六世纪初，北魏政府已经掌握了五百多万户。农户多了，国家的财政收入自然也就大大提高。由于北方经济的发展，人民的生活比过去战乱时期也有了一定的改善。

三

太和十四年（490年），冯太后病死。孝文帝按照儒家经典的规定，守孝服丧，开始时不吃饭，后来才勉强吃一点。鲜卑贵族劝他不要过哀，可照祖宗定下来的规矩办理丧事。他却认为祖宗南征北战，“重武略，不重文教”；言下之意，不想再墨守成规，想在“文治”上下功夫。孝文帝受冯太后的影响很深。冯太后对北魏政权的巩固，做了很大的改革，他决心在这个基础上，继续进行改革。迁都洛

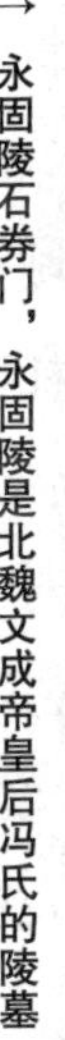
→永固陵石券门，永固陵是北魏文成帝皇后冯氏的陵墓

阳是孝文帝亲政后的第一件大事。

北魏自建国以来就定都于平城，为什么要迁都洛阳呢？

鲜卑人过去一直是过着游牧生活，以畜牧业为主要劳动。在进入黄河流域、统一北方以后，国家收入主要靠农业经济，靠剥削广大农民维持统治。平城地处边塞，气候寒冷，变化无常，风沙又大，农业生产条件较差。再加上交通很不方便，稍有天灾，人们就得四处逃荒，灾情严重时，平城内到处都躺着饿死的人。洛阳地处农业生产发达的中原地区，交通十分便利，一直是汉族政治、经济、文化的中心，曾是东汉、魏晋的京城。平城是鲜卑贵族的老窝，保守势力很大，他们极力反对改革。所以，迁都洛阳既便利于加强同汉族地主的联系，又可以摆脱旧势力的束缚和影响，有利于北魏的统治。

迁都洛阳还有一个原因，那就是要表明北魏是正统。我国历代统治者为了巩固自己的统治，都大讲“五行”，认为王朝的更替变化是有一定顺序的。汉代人认为，其顺序是木火土金水。北魏自认为是继承西晋，西晋是金，魏当为水，魏是正统所在。为了和南朝争正统，也应把都城迁到汉魏（曹魏）的故都洛阳。

魏孝文帝知道，迁都是一件大事，必然会遇到贵族、大臣们的反对。于是，他把文武大臣召集起来，假称要调兵遣将，大举进攻南齐。这时，以任城王拓跋澄为首的文武大臣信以为真，纷纷表示反对。魏孝文帝勃然大怒，声色俱厉地说：“社稷（指国家）是我的社稷，任城王想出来挡驾吗？”拓跋澄也不甘示弱地说：“社稷虽然归你所有，但我作为社稷之臣，对国家的危难，也不能知而不言哪。”

退朝以后，孝文帝把拓跋澄召来，对他说：“刚才谈的事，实在难办得很。我们的国家起自北方，建都平城。但是，平城是用武之地，不是搞文治的地方。我这次的想法是，名义上是进攻南齐，实际上是想借机迁都中原。你以为如何呢？”拓跋澄这才领会孝文帝的意图，表示支持迁都。他认为东周和东汉正是在洛阳兴盛起来的，没有汉族地主的支持，单凭武力是难以维持统治的。孝文帝又问：“北方人因循守旧，不想变革，怎么办？”拓跋澄坚决支持孝文帝改革，他说：“只有非常之人，才能做非常之事。你就下决心干吧，他们又能怎么样？”

孝文帝听了，非常高兴地说：“任城，吾之子房也！”（子房是张良的字，刘邦的谋臣。张良曾赞助汉高祖刘邦迁都长安。）

太和十七年（493年），孝文帝不顾大臣的反对，率领三十万大军向南开去，九月，到了洛阳。到洛阳以后，孝文帝参观西晋宫殿的遗址，只见一片残垣断壁，十分伤心。他一边流着眼泪，一边吟咏着“知我者谓我心忧，不知我者谓我何求”（《诗经·黍离》）的诗句。一场由孝文帝导演的迁都的戏，便这样开始了。

洛阳这时正是秋雨连绵，道路泥泞。经过长途跋涉，士卒十分劳累，随行的文臣武将也叫苦不迭。九月的一天，雨越下越大。孝文帝全副戎装，骑在马上，下令三军继续向南进发。这时，大臣们都跪在孝文帝马前，苦苦哀求，叫他不要南伐。孝文帝十分气恼地说：“讨伐南齐的大计早已确定，现在大军就要挥师南进，你们还想干什么？”群臣依然不同意南伐，孝文帝愤怒地说。“我要统一天下，你们这帮人却一再阻挠。再这样下去，我就要依法行事。”说完，他就要策马而行。鲜卑贵族拓跋休等人，仍然跪在那里，一再请求皇帝不要南进。孝文帝觉得时机已经成熟，便用另一种口气对群臣说：“这回出兵兴师动众，非同小可。如果不能成功，如何向后人交代？我们世代居住在北方，你们不想南伐，那就把国都迁到洛阳。你们赞成吗？赞成的立在左边，不赞成的立在右边。”尽管大臣们都不愿意南迁，但是南迁总比打仗好，打仗风险太大，只好暂时同意迁都洛阳。

接着，孝文帝令大臣李冲、穆亮等人营建洛阳，派拓跋澄回平城，向留守平城的贵族传达迁都的决定。他还派贵族于烈担任留守平城的重任。孝文帝问他：“你赞成迁都吗？”于烈回答说：“皇帝的深谋远虑，我现在还不理解。从我内心来说，一半赞成，一半不赞成。”孝文帝认为他很忠直，说：“你不唱反调就行啦。”

太和十八年（494年），孝文帝又颁发诏书，把迁都的事通知全国。由于平城贵族留恋故土，不想南迁，孝文帝又亲自回到平城，跟他们讲解迁都的意义，做了许多说服工作。不久，即正式迁都洛阳。

四

孝文帝迁都洛阳后，为了把改革继续下去，决心改变鲜卑族的风俗习惯，进一步学习和采用汉族的生活方式和典章制度。

有一次，他召集群臣说："你们想不想让我们魏国也像周朝那样闻名史册，被人们千古传颂呢？"文武百官当然都表示同意。接着他又问："是改变我们的风俗习惯和统治方式才能达到这个目的呢，还是不必改变就可以达到呢？"孝文帝的弟弟、咸阳王拓跋禧回答说："只有改变，才能达到。"孝文帝又问："你们愿意不愿意让我们的子孙万代永远治理国家？"拓跋禧说："愿意。"于是，孝文帝说："好吧。那我们就迅速改变过去的风俗习惯和统治方式。你们必须服从命令，不准违抗。"接着，孝文帝便采取了一系列的改革措施。

→武士陶俑，此俑为孝文帝改革后的制品，服饰上汉化风格明显

太和十八年（494年），孝文帝下令，禁止鲜卑贵族穿胡服，一律改穿汉族服装。原来鲜卑人过着游牧生活，穿短衣服适于马上生活，骑马射猎都很方便。现在他们已经由塞北迁到汉族聚居的中原，社会环境、生活方式都改变了，服装也应随之改变。而且穿上汉服，也有利于减少民族的差异，消除民族隔阂。

有一次，他外出回到洛阳，曾对大臣说："昨天我进城的时候，看到有个妇女还戴着帽子，穿着夹领小袖的鲜卑服，出了这样的事情，你们为什么不检查？"拓跋澄回答说："现在洛阳城里还是穿鲜卑服的人少，穿汉服的人多。"孝文帝听了很不高兴，反问了一句说："难道要都穿上鲜卑服才算督察不严吗？

你这样说，简直是‘一言丧邦’！”他让史官把这件事情记载下来。可见，孝文帝不仅发布改革的政令，同时也还能注意检查执行的情况。

太和十九年（495年），孝文帝又下令禁止鲜卑贵族讲鲜卑语，一律改说汉话。过去，连做官的汉人也得讲鲜卑语，军队中的号令也用鲜卑语。为了解决语言不通的问题，专门设置了“译令使”（翻译）。为了消除语言上的隔阂，孝文帝规定在朝廷上不准讲鲜卑语。三十岁以上的官一时难改，讲鲜卑语可以不予处罚；三十岁以下的官在朝廷上必须讲汉话，否则就要降职。后来又进一步规定，不准在朝廷上讲鲜卑语，谁违反规定就要撤职。许多鲜卑贵族对此很不满意，但也没有办法。从规定上看，穿汉服，讲汉话，似乎只是对鲜卑贵族的要求，实际上远远超出了这个范围。随着民族间频繁的交往，再加上政府的规定，许多鲜卑族人也都在讲汉话。据史书上记载，迁到洛阳的鲜卑人，不久也就忘记了鲜卑语。

太和二十年（496年），孝文帝又把鲜卑族的复姓改成单姓。他在诏书中说，北人谓土为拓，后为跋。北魏的祖先是黄帝的子孙，在五行中属于土，土又是“黄中之色，万物之元也”，所以将拓跋氏改为元氏。随后，将拔拔氏改为长孙氏，达奚氏改为奚氏，乙旃氏改为叔孙氏，丘穆陵氏改为穆氏，步六孤氏改为陆氏，贺赖氏改为贺氏，独孤氏改为刘氏，贺楼氏改为楼氏，勿忸于氏改为于氏，尉迟氏改为尉氏，其他的鲜卑复姓也都一一做了改变，把鲜卑族一百一十八个姓改为汉姓。

孝文帝还规定，从平城迁到洛阳的鲜卑人就算洛阳人，死了也不准运往塞北。即所谓生为洛阳人，死葬北邙山（洛阳城附近）。

为了进一步拉拢汉族地主，改变过去鲜卑贵族的风俗习惯，孝文帝主张同汉族地主联姻。他自己就把汉族大地主卢敏、崔宗伯、郑羲、王琼四大姓的女儿纳入后宫，以当朝重臣李冲的女儿为皇后。然后，又给他五个弟弟分别找了汉族地主的女儿为妻，他的女儿也嫁给汉族地主。其他鲜卑人也都按照门第的高低，实行对等的联姻。其实，这种联姻是政治上的结合，正如恩格斯在《家庭、私有制和国家的起源》一书中所说：“结婚是一种政治的行为，是一种借新的联姻来扩大自己势力的机会；起决定作用的是家世的利益，而绝不是个人的意愿。”孝文帝重视与汉族地主联姻，实际上是借着婚姻关系，把汉族地主和鲜卑贵族的利益联在一起，使汉族地主更加效忠于北魏，以缓和汉族人民的反抗，巩固北魏的统治。

此外，孝文帝还命令从南朝来的王肃仿照南齐的制度，拟定北魏的官制礼仪，修订法律，改革官职名称，使北魏的政治制度同南齐几乎没有两样。

历史上任何一次改革都要经过斗争，不可能是一帆风顺的，孝文帝的改革也是如此。当孝文帝决定迁都洛阳时，就引起了鲜卑贵族的不满。他们认为，放弃马背生活，南迁中原，会使鲜卑人失去剽悍善战的性格和习惯，这些人总想以武力这种野蛮的手段统治各族人民，坚决反对迁都。迫于孝文帝的压力，不得不同意迁都。随着改革的不断深入，一些鲜卑贵族对立的情绪也越来越大。孝文帝的改革，起用了不少汉族地主，因而引起鲜卑贵族的不满。他们抱怨孝文帝“亲近汉人，疏远本族”。孝文帝深知汉族地主对巩固北魏政权的重要性，所以他对鲜卑贵族的不满情绪不予理睬，依然大力推行改革。

孝文帝的太子拓跋恂，不喜欢读书，喜欢马背上的生活，总想回平城。他年龄虽不大，受鲜卑贵族保守派的影响很深，对孝文帝的改革也很不满，经常偷着穿胡服。他还借口洛阳天气热，不如平城好，散布对改革不满的论调。

太和二十年（496年）八月，孝文帝到嵩山巡视，太子恂趁机跟他的亲信密谋，准备带一批人马去平城。此事被发现以后，孝文帝立即返回洛阳，把太子恂召进宫中，痛打一顿，然后囚禁起来。这年冬天，孝文帝决定废掉太子恂，并召集群臣议论此事。大臣穆亮、李冲反对废太子恂，孝文帝说：“你们是出于私心，我是为了国家。大义灭亲，古人为贵。太子恂违背父命，企图逃到北方，这样大的罪恶，如不废掉他，将来也是国家的祸害！”于是，他废掉太子恂，继续关押。后来，孝文帝派人将拓跋恂用药酒毒死。

同年冬天，鲜卑贵族穆泰等人又秘密联络一些将领，计划立阳平王拓跋颐为皇帝，并在平城起兵。孝文帝得知此事后，立即派任城王拓跋澄前去讨伐，终于平定了这次内乱。这次叛乱的主谋穆泰，不仅是北魏的元老，而且是孝文帝的恩人。原来冯太后掌权时，一度想废掉孝文帝，正是由于穆泰等人的一再劝阻，才保住了孝文帝的皇位。现在穆泰有罪，孝文帝也决不宽容。这次叛乱是北魏统治集团内部保守派与改革派的一次较量，通过较量，沉重地打击了鲜卑贵族的保守势力，为孝文帝继续深入的改革奠定了基础。

五

孝文帝改革的成功，同他重视人才是分不开的。

孝文帝为了推行他的改革，就需要有一批支持他的有才干的人。鲜卑贵族任城王拓跋澄就是他的一个得力的助手。他替孝文帝安抚留在平城的鲜卑人，宣传迁都洛阳的好处，也曾率军镇压保守势力的叛乱。他还经常为孝文帝出谋划策，因而成为孝文帝的知己，深得赏识。对于其他坚持改革的人，孝文帝也予以重视。如齐州（治所在今山东济南）刺史拓跋鉴，按照齐鲁地区的汉族习惯进行改革，孝文帝十分赞赏地说："各地的官吏，如果都能像拓跋鉴这样干，改革还有什么难的！"

孝文帝也曾建立了门阀制度，把鲜卑贵族和汉族地主按门第分成等级，并以此来确定官职的高低。这是束缚人才的制度。孝文帝在任用人的时候，并不完全受门第等级的限制。有一次，他曾让大臣专门讨论人才和门第出身的问题，李冲说："要想使国家富强起来，不能只重视门第的高低，应该有选拔人才的规定。"韩显宗说："国家兴亡在于人才，不能只重视出身。哪能以贵袭贵，以贱袭贱？"为此，韩显宗还曾专门上书说："出身高贵的人对国家有什么用？出身只能说明他的祖先的功绩。只要确有才华，就是杀猪的、打鱼的，甚至奴仆、俘虏，都可以重用。出身再高贵，没有才华也不能用。应该让有大才的人做大官，有小才的做小官，只有这样办，对国家才有好处。"

孝文帝同意上面的认识，只要是出类拔萃的人，可以不受门第等级的限制。同时，他还提出了许多具体办法和规定。

为了发现人才，他多次要求官吏推荐人才，并多次表示，让大臣们对他任命的官员进行实事求是的评论。如果有不称职的，就直截了当地提出来；如果有才能的人他没有用，也让官员推荐。谁能推举出有才干的人，谁就会受到奖赏，或者放假休息三天；不发表意见的人，被看作是有罪的行为。他把能否推举人才，作为考核官吏的一条重要标准。

为了尽快选拔有用的人才，他改变了过去传统的考核制度。过去规定三年一考、九年三考之后才决定官员的升降，现改为三年一考就决定升降。对五品以上的官员，他亲自和大臣们一起进行考核。有一次，并州（治所在今山西太原）刺史王袭听说孝文帝要经过并州，他就让人事先刻好为自己树碑立传的石牌，立在路旁。孝文帝见了，就表示怀疑，并派人进行调查了解，发现王袭确实是弄虚作假，有意欺骗他，于是对王袭进行处理。又有一段记载，孝文帝曾对身边的大臣说："你们都是身居要职，这么长时间既没有对我批评过一句，又没有提出过一个好的建议，也没有推荐过一个有才能的人，或是提出罢免一个不称职的官员，这是很大的罪过。"接着，他又指出他弟弟广陵王拓跋羽以及各个大臣的过错，结果，有的被扣发薪水，有的被降职，有的被罢官。

孝文帝特别重视汉族地主中有才干的人。冯太后重用的一些汉族地主，他都很尊重。汉族地主刘芳、崔光、高闾、高允，贫士李彪等，在孝文帝亲政时，积极出谋划策。对提出均田令、三长制建议的李安世、李冲等人，他都是由衷地佩服。因此，这些汉族地主的人才，便成了他推行改革的一支积极力量。

孝文帝对有才华的人能够放下皇帝的架子，尊重他们的意见。李冲是个非常有政治才干的人，他就经常和李冲一起研究国家大事，总结历史经验教训，制定北魏政府的各项政策和措施。为了广搜人才，他对南朝投降的官吏也很尊重。南朝刘宋政权的刘昶投降以后，他非常注意搞好关系，使刘昶为北魏政权服务。当派刘昶远出时，他就亲自送行，让文武大臣作诗相赠，使刘昶深为感动。由于孝文帝能以礼待人，不少南朝汉族地主投奔北魏。王肃是江南著名的才子，很有政治头脑。当他父亲和兄弟在南齐被杀以后，就逃到了北魏。孝文帝在邺城接见他，对他十分器重，恨相见之晚。王肃非常熟悉南朝的各种礼仪制度，因而在改订官制礼仪方面起了很大作用。又如王清石，原来是江南大地主，世世代代在江南做官。后来，王清石到了北魏，担心孝文帝不信任他，心里总感到不安。孝文帝不但不嫌弃他，还对他说，你什么时候想见我都行，你想说什么都可以，从而打消了他的顾虑。因此，他对孝文帝非常感激，更加替北魏的统治卖命了。

孝文帝也很注意听取接受别人的意见。北魏的刑法繁多，刑罚特别严酷，仅判死刑的规定就有二百三十五种，一人有罪，株连九族的规定也有十六种。所以，北魏罪犯很多，经常发生逃跑的现象。孝文帝曾下令，凡是罪犯逃跑的，令罪犯全家服役。刺史崔挺上书提出不同意见，认为刑罚太重，孝文帝接受了他的建议，取消了原来的规定。

孝文帝改革的成功，跟他重视人才，赏贤用能是分不开的。在门阀森严埋没人才的魏晋南北朝时期，北魏当然也不能例外。正因为如此，孝文帝能有以上作为，也就更显得难能可贵了。

六

孝文帝生于社会动荡的年代，也是民族融合的时期。他从小就接触汉族文化，羡慕汉族文化。他为人聪明，又很刻苦读书，对古诗很有研究，文章写得也很好。据说，他可以一边骑马一边写诗作文，写成后可以一字不改。史书记载，他一生写了上百篇文章。他还经常和大臣们和歌作诗，并给别人改诗。有一次，他见到路旁有十几棵树，就诗兴大发，立即写出一首。然后，让他弟弟彭城王拓跋勰在离他十几步远的地方，一边向他走，一边作诗。拓跋勰果真作出一首诗来，他非常高兴。他不仅自己喜爱汉族文学，还经常让鲜卑贵族读书写字，教育他们学习汉族文化。在迁到洛阳之后，他曾对鲜卑贵族说过：“迁都洛阳就是为了移风易俗，增长见识。如果一直住在平城，什么也学不到，我们的子孙只能像对着墙站着那样，什么也不懂。”他还和陆睿讲：“过去我们总说鲜卑人性格粗鲁，何必学习呢！看来这句话是不对的。现在很多鲜卑人都能读书写字了，难道他们是圣人？关键在于学还是不学。”

由于孝文帝敢于承认自己的落后，不夜郎自大，积极学习汉族的先进文化，建学校，征集图书，使衰落已久的北方文学又出现了复兴的气象。

在艺术方面，北魏时期的雕塑、书法也都有很大的发展。

在孝文帝统治时期，他大力提倡佛教。佛教宣传因果报应思想，可以麻痹人民的斗志，有利于巩固封建统治，因而受到孝文帝的重视。在他统治时期，洛阳就有一百多所寺院，和尚尼姑两千多人，北魏有六千四百七十八所寺院，和尚尼姑有七万七千二百五十八人。随着佛教的传入和发展，我国建造了许多石窟，其中最著名的是敦煌、云冈、龙门三大石窟，是我国古代的艺术宝库。龙门石窟是在魏孝文帝太和十八年（494年）开始建造的，以后历经东魏、西魏、北齐、北周、隋、唐等朝代。相继营造长达四百多年。龙门石窟的艺术，反映了我国古代劳动人民的高度聪明才智。

↑ 云冈石窟

书法是我国人民特有的一种艺术，自东汉以来开始受到重视。孝文帝重视读书写字、刻石立碑。北魏的书法刚劲有力，气势雄浑，别具风格，后人称为“魏碑”体。这些艺术的发展，同魏孝文帝的提倡是有关系的。

像许多帝王一样，孝文帝也是尽力做出关心人民疾苦的样子。他经常到民间进行调查和访问，经常向年长的人嘘寒问暖，还赏赐衣物，以得到百姓的拥护。

他关心农业生产，经常了解庄稼的生长情况。那时候，皇帝出来都是前呼后拥，车水马龙，到了路窄的地方，就会踏坏庄稼。于是他下令，凡是他的车队踏坏农民庄稼的，一亩地赔偿谷五斛。当然，孝文帝绝不是真正爱护老百姓，而是用以收买人心，缓和阶级矛盾，巩固他的统治。但这总比专横跋扈、任意欺凌百姓的皇帝要好一些。他对士兵也很关心，亲自慰问有病的士兵。当行军打仗遇到大雨时，他就把自己遮雨用的盖布去掉，跟士兵一起淋雨，以鼓舞士气。

在生活上，孝文帝对自己的要求也比较严格，经常穿粗布衣服，骑没有鞍子的马。有一次，他到华林园游玩，有人建议他修复景阳山，他说过去魏明帝就是因为奢侈而失败的，这个教训我要永远记住。他对自己的亲属说过这样的话，希望他们注意三件事情：其一，不要仗势欺人，骄横无理；其二，不要奢侈腐化，不管政事；其三，不要过多饮酒，乱交朋友。当然，这些劝告是起不了什么作用的，但说明他出于巩固政权的目的，还是注意约束权贵、关心百姓疾苦的。

孝文帝自太和十五年（491年）亲政以后，好大喜功，总想打败南朝，统一天下。他在一次南伐时曾写下这样的诗句："白日光天无不曜，江左一隅独未照。"意思是中国的广大地区都已归我管辖了，只有江南一带还没有归我统治，他想做全中国的皇帝。为了实现这个政治目的，他几乎年年征战，兴师动众，但收效不大。太和二十三年（499年）四月，他在一次南伐的途中患病而死，死时才三十三岁。

司马卒

司马卒是肖黎的笔名，光明日报社高级编辑，专著有《司马迁评传》《知天命集》《虎坊桥随笔》等；主编《中国历史学四十年》《我的史学观》等。

杰出的封建君主唐太宗

李世民

唐太宗个人小档案

姓名：李世民

年号：贞观

尊称：天可汗

所处时代：隋末唐初

生卒年：599—649年

出生地：京兆武功（今陕西武功县）

在位：626—649年

主要成就：助父统一中国，开创“贞观之治”

相关作品：《帝范》

轶事典故：玄武门之变，小鸟依人，以人为镜

死亡地：翠微宫含风殿（今陕西西安长安区）

庙号：太宗

谥号：文武大圣大广孝皇帝

陵寝：昭陵（今陕西礼泉县东北）

继承人：唐高宗李治

最得意：贞观之治

最失意：手足相残

李世民

在历史转折的年代

一

隋文帝开皇十八年十二月（599年1月），李世民出生在李氏家族的京兆武功（今陕西武功西北）的旧宅中。据说，他父亲李渊给他取名“世民”，是取“济世安民”之意。

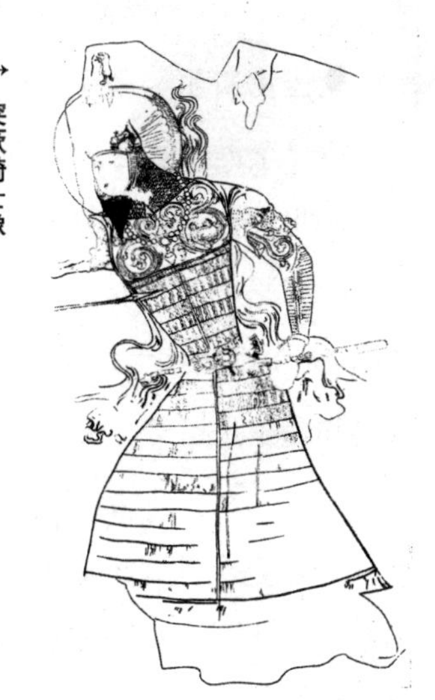
→突厥骑士像

李世民出身于很有名气的陇西士族。曾祖李虎，西魏时官至太尉，北周时为“八柱国”[①]之一，死后追封为唐国公。祖父李昞，北周时袭封唐国公，任安州总管[②]，柱国大将军。父亲李渊在北周时以七岁幼龄袭封唐国公，后来在隋朝做官。李世民的家族又是一个带有浓厚的北方少数民族血统的家族，他的祖母独孤氏、生母窦氏

①柱国：亦称柱国大将军，为西魏武官最高职衔，共设八柱国。
②总管：地方最高军政长官。

（即纥豆陵氏）以及他日后所娶的妻子长孙氏，都出于北方少数民族。李世民排行第二，他的长兄建成、四弟元吉，跟他后来的生活道路都有密切的关系。

少年时代的李世民当然也要读书，但他更喜爱习武。正如他自己后来所说："少尚威武，不精学习。"①

大业十一年（615年），隋炀帝巡视北方边塞，被突厥族始毕可汗的骑兵围困于雁门，众寡悬殊，形势危急。隋炀帝在重围之中把诏书系于木板之上，投入南流的汾水，命令各地火速募兵赶援。十八岁的李世民应募入伍，迈出了青年时期戎马生涯的第一步。

二

李世民的青年时代是在社会的大动乱中度过的。

隋炀帝大业七年（611年），王薄自称"知世郎"，在山东长白山（今山东济南市章丘区）发动起义，揭开了声势浩大的隋末农民战争的序幕。尔后，农民起义在全国各地不断爆发，规模大的跨州连郡，规模较小的也占据山泽，经过几年的斗争和分合，逐渐形成了三支主要力量，这就是窦建德率领的河北起义军，翟让、李密领导的瓦岗起义军，杜伏威、辅公祏（音shí）为首的江淮起义军。这三支力量，威胁着隋皇朝的统治。

全国沸腾了。隋皇朝的统治动摇了。

青年李世民就是在这样一个社会大动乱的年代，走上了历史舞台。

李世民走上历史舞台，跟他父亲李渊当时的社会地位、政治抱负有很大的关系。李渊在大业十一年（615年）被任命为山西、河东宣抚大使，大业十三年（617年）则出任太原留守。这二三年中，李渊先后镇压了毋端儿起义、柴保昌起义和甄翟儿起义，又击退了突厥的进犯。他的政治影响和军事实力都进一步扩大了。

李渊是个深谋远虑的人。隋末农民起义爆发后，李渊已经预感到隋朝面临着危机。他一方面向炀帝密告杨玄感有"反"的意图，另一方面他也同个别知己"密论时事"，表示出要取隋而代之的政治意图。他把自己能够到太原来做官，

①《全唐文》卷九《答魏征上〈群书理（治）要〉手诏》。

看作是夺取天下的大好时机。同时，李渊把镇压农民起义和对突厥采取“用长策以驭之，和亲而使之”作为实现“经邦济时”的两大重要措施。李渊的所作所为激怒了隋炀帝，炀帝下诏把李渊抓起来问罪；虽然炀帝后来撤回了这个诏书，但李渊、李世民父子起兵反隋的步伐却由此而加快了。在他们的一次谈话中，李渊以周文王自况，李世民则提出要学习汉高祖反秦的壮举。

三

在酝酿起兵过程中，李渊一面指示长子建成在河东“潜结英俊”，一面布置世民在晋阳“密招豪友”。建成、世民根据李渊的指示，都谨慎而积极地聚集人才，组织力量。一直跟在李渊身边的世民，在这方面有不少建树，如刘文静、刘弘基、长孙顺德等人成为李渊集团的重要人物，就跟世民有很大的关系。

由于李世民交游广泛，又能以礼待人，所以人们对他也都竭诚相见，这对李世民审时度势有很大的帮助，而且也增加了他的言论的分量。他在大业十二年（616年）曾向父亲分析了当时的政治形势，说：“今主上（指隋炀帝）无道，百姓困穷，晋阳城外皆为战场。大人（指李渊）若守小节，下有寇盗，上有严刑，危亡无日。不若顺民心，兴义兵，转祸为福，此天授之时也。”这些话，对全国的形势，对李渊个人的处境，都分析得很中肯，李渊认为“亦大有理”[①]，很赞成世民的看法。

大业十三年（617年）二、三月间，马邑军人刘武周举兵反隋，杀太守王仁恭，又联络突厥进犯太原。李渊认为起兵的时机到来了。他表面上命令李世民和副留守王威、高君雅率兵讨伐刘武周，在暗中则指示李世民、刘文静、长孙顺德、刘弘基等火速募兵，同时派人去河东召建成、元吉来太原会合。

五月甲子这一天，李渊、王威、高君雅照常升堂视事，而李世民则事先已埋伏了军士。这时，有人出来指控王、高二人勾结突厥谋反，李渊勃然大怒，随即命令把王、高二人抓起来杀了。王、高是太原副留守，实际是炀帝派来监视李渊的。除去王、高二人，是李渊起兵的标志。李渊所率诸军称“义兵”，军士称“义士”。接着，李渊命刘文静出使突厥，请始毕可汗出兵相助。六月，建成、

---

①《资治通鉴》卷一八三。

元吉自河东赶到太原会合，始毕可汗派人送战马千匹至太原交市。那时，每天参加“义兵”的有两千人左右，短短二十天时间，就组成了几万人的队伍。同月，李渊命建成、世民率军夺取通向关中的第一个障碍——西河。建成、世民治军严明，只带三天军粮，向河西进发，斩郡丞高德儒，遂平定河西，回师太原，往返只用了九天时间。李渊高兴地说：“你们如此带兵，可以横行天下了!”

为了给大规模进军关中做好准备，李渊设立大将军府，置三军，以建成领左三军；以世民领右三军；以元吉领中军。七月，誓师于太原，发兵三万，向关中进发。八月，李渊军斩杀宋老生，平霍邑，又连下临汾郡和绛郡，大军到达龙门。九月，军围河东——关中的门户。河东守将屈突通坚守不出，李渊军队一时难以攻克。根据世民迅速夺取关中的建议，李渊命部分兵力继续围困河东，而命世民率刘弘基、长孙顺德等带领主力于九月渡过黄河，平定渭北及三辅地区。十月，军围长安。十一月，攻下长安，李渊立隋朝代王杨侑（音yòu）为天子，改元“义宁”，尊炀帝为“太上皇”。这一年，李世民刚满二十岁，然而他却已经成为一个很有经验的青年统帅了。

大业十四年（所谓义宁二年，618年）五月，李渊废掉杨侑，即皇帝位于长安，改元武德，国号唐。在巩固李唐皇朝的过程中，李世民继续发挥着重要作用。

四

李渊父子攻入关中、占据长安，固然是重大的胜利，但这还只是他们所面临的漫长的国内战争的序幕。

大业十三年（所谓义宁元年，617年）十二月，金城郡豪富薛举率十万之众进逼渭水，攻打扶风。这实际上是争夺关中的斗争。李渊命世民为元帅，领兵进击薛举军。世民与薛举军战于扶风，斩首万余，乘胜把势力扩大到陇右一带，稳定了关中的局面。次年六月，世民被封为西讨元帅；七月，与薛举战于泾州，遭到失败。八月，薛举死，李渊再次命世民为元帅，讨伐举子仁杲。十一月，世民率军大破薛仁杲于浅水原，仁杲率众投降，陇右遂平。

武德二年（619年）三月，刘武周在突厥支持下南向以争天下，并州首当其冲。担任并州总管的齐王李元吉抵挡不住，终于放弃太原，奔还长安。接着，浍州与晋州失守，关中震恐。这时，李渊提出放弃河东的主张，但遭到秦王李世民的反对。秦王世民认为，河东富庶之地，是京城的重要依托，不可轻易放弃。他提出，愿率精兵平定刘武周，收复失地。李渊采纳了这个意见，命世民挂帅出征。十一月，世民率军自龙门渡河，与宋金刚军形成对峙的态势。世民采取避其锋芒、坚壁不战、待敌涣散、乘机出击的作战方针。果如世民所料，到了第二年的二月，宋金刚军因久无进取，军粮不济，只得后撤。四月，世民军于介休城大破宋金刚军，刘武周见大势已去，只得放弃太原，逃奔突厥。至此，关中东北部的局势又平静下来了。

↑ 唐高祖李渊

当李唐皇朝忙于应付薛举父子和刘武周时，关东形势发生了重要变化。大业十四年（618年）五月，炀帝被杀的消息传到东都洛阳，洛阳守将尊越王杨侗称帝，改元皇泰。武德二年（619年）四月，王世充夺取杨侗政权，改国号郑，成为李唐皇朝向东发展的一大障碍。武德三年（620年）七月，世民奉命率军进击洛阳。王世充频频向河北起义军领袖窦建德求援。窦建德也担心李渊集团占据洛阳后形成对河北起义军的威胁，因而率十万之众南救洛阳。武德四年（621年）三月，窦军抵达成皋的东原，来势很是迅猛。这时，秦王世民果断地采纳了围洛打援的作战计划，以部分兵力继续围困洛阳，而以主力抢占虎牢，阻挡窦军的前进。五月初，唐军渡过汜水，大败窦军，建德受伤被俘。至此，轰轰烈烈的河北起义军的主力遭到失败。窦军失败后，王世充已成瓮中之鳖，只得向唐军投降。

窦建德失败后，其余部推刘黑闼为首起兵反唐。武德五年（622年）正月，黑闼自称汉东王，几乎恢复窦建德所有故地。三月，秦王世民大败刘黑闼，黑闼率残部北走突厥。六月，黑闼再次起兵，几个月内，重新恢复故地。十一月，太子建成率军击溃黑闼军。次年正月，黑闼被杀害。

在五年的国内战争中，不论是统治阶级之间的争夺，还是地主阶级同农民阶级的较量，李唐皇朝的胜利，在客观上成为统一战争的胜利。由隋朝的衰落到唐朝的建立和巩固，这是历史转折的年代。在这个历史转折的年代中，李世民奠定了他未来的政治生活的道路。

贞观前期的业绩

一

在统一战争不断取得胜利、全国趋于平定、李唐皇朝的统治日渐巩固的情况下，最高统治集团内部开始出现矛盾。这个矛盾的焦点是以太子建成为一方、秦王世民为另一方争夺皇位继承权的斗争。建成没有参加晋阳起兵，但在晋阳起兵以后至夺取长安这一段时间，他和世民一样，发挥了重要的作用。李渊称帝以后，建成取得了太子——皇位合法继承者的地位，而世民却在东征西讨、南征北战中屡建功勋，并不断扩大了自己的实力和影响。于是，嫡长子继承皇位的传统，同秦王拥有最高的功勋、最强的实力这个现实发生了尖锐的矛盾。

建成对世民有猜忌之心，世民对建成亦并非无取代之望。武德五年（622年）起，这种潜在的矛盾终于发展成公开的争夺和激烈的较量。这年的十一月，建成一反常态，主动向李渊提出要率军去镇压刘黑闼第二次起兵。他之所以要这样做，是为了提高自己的声望，增加他同秦王世民较量的砝码。

在太子与秦王的矛盾斗争中，齐王元吉是站在太子一边的。他曾明确地建议太子除掉秦王，并说他将亲自下手。有一次，世民随李渊至齐王府，元吉就打算派人乘机刺杀世民。可能建成考虑到当着李渊的面不好干这种事，于是制止了元吉。兄弟之争，已到何等地步！

武德七年（624年）六月，庆州总管杨文干发动叛乱，事情涉及太子建成。李渊急令世民率兵讨伐，并向世民许诺平叛之后立其为太子。但事后，李渊听了元吉、妃嫔和大臣封德彝的意见，又改变了主意。李渊的这种态度和做法，在客观上只能加剧建成和世民的矛盾、斗争。

武德九年（626年），太子和秦王都在加紧策划消灭对方。有一次，“建成夜召世民，饮酒而鸩（音zhèn）之，世民暴心痛，吐血数升”[1]，因淮安王李神通扶送秦府而得救。这次谋杀事件，激怒了秦府属官。长孙无忌、房玄龄、杜如晦都主张秦王采取措施，除去太子。

建成、元吉鸩杀世民未成，又用计收买和调走秦府武将，也都没有达到目的，但在李渊的支持下却把房玄龄、杜如晦赶出秦府。恰在此时，突厥南侵，建成向李渊提议由元吉代世民出兵北征，得到李渊同意。元吉又提出调秦府大将尉迟敬德、程知节、段志玄、秦叔宝同行，并调拨秦王所率精兵归其指挥。这里的阴谋是露骨的，但也没有受到李渊的阻拦。太子建成与齐王元吉密议：准备在建成、世民为元吉饯行时，派壮士刺死世民。太子手下一个名叫王晊的官员向世民报告了建成、元吉的密谋。于是秦府上下为之哗然，世民决定先发制人。

↑ 玄武门之变

六月三日，世民向李渊报告了建成、元吉的阴谋。李渊答应次日早朝追查此事。鉴于以往李渊对建成的态度和做法，世民当然不会相信李渊会对建成采取果断措施。因此，六月四日一早，世民率秦府将领埋伏于玄武门之内，以待建成、元吉

①《资治通鉴》卷一九一武德九年六月。

入朝。当建成、元吉入玄武门行至临湖殿时，察觉气氛不对，当即掉转马头打算退回东宫，但已经来不及了。这时，世民大呼赶来。元吉张弓射世民，三射而不中，而世民则将建成射死。随后，尉迟敬德率七十骑赶到，射杀元吉。建成、元吉手下将领率东宫、齐府精兵攻玄武门，守门兵已被世民收买，故为之力战。尉迟敬德以建成、元吉头颅出示，东宫、齐府兵见大势已去，立刻溃散。事态发展到了这一步，李渊也只好接受萧瑀、陈叔达的建议：立世民为太子，委之以国事。

这就是历史上所说的玄武门之变。在这次事变中，建成诸子与元吉诸子都因受到牵连而被杀。李世民靠着秦府文臣、武将的权谋和刀剑给自己开辟了通向皇帝宝座的道路。

二

玄武门之变后的第三天，即六月六日，世民被立为太子。八月，李渊传位予太子世民，自己只好去当太上皇。

李世民登上了皇帝的宝座，时年二十九岁。这就是历史上有名的唐太宗。太宗从正式立为太子至即帝位这段时间，主要是在致力于建立一个忠实于他的、有政治见解的决策班子。因此，他即位前便通过李渊任命了新的决策班子，从而形成唐太宗统治集团的核心。这个决策班子和统治核心：秦叔宝为左武卫大将军，程知节为右武卫大将军，尉迟敬德为右武侯大将军，高士廉为侍中，房玄龄为中书令，萧瑀为左仆射，长孙无忌为吏部尚书，杜如晦为兵部尚书，宇文士及为中书令，封德彝为左仆射，杜淹为御史大夫，颜师古、刘林甫为中书侍郎，侯君集为左卫将军，段志玄为骁卫将军，薛万彻为右领军将军，张公瑾为右武侯将军，长孙安业为右监门将军，李客师为领左右军将军。[①]这些任命都在一个月当中宣布，可见唐太宗对于建立一个新的决策班子和统治核心的重视和迫切。

唐太宗在政治方面实行了许多改革，主要是革新宰相制度，精简机构和裁减冗官，严肃地方吏治等。

唐太宗革新宰相制度，一是在“三省”长官之外，建立以他官代行宰相职

---

①《资治通鉴》卷一九一武德九年七月。

权的制度；二是充分发挥宰相班子的作用。“三省”长官是尚书省的左、右仆射，中书省的中书令，门下省的侍中。三省长官都是宰相，品位都很高。唐太宗为了提拔一些品位不及宰相、但却很有才干和政治远见的官员参与朝廷的最高决策，其名目有“参议朝政”“参预朝政”“同中书门下三品”“同中书门下平章事”“同知政事”等。为了充分发挥宰相班子的作用，唐太宗强调说，中书省制定的诏敕，由门下省进行审议，这本是为了防止过失和错误；应当知道，“难违一官之小情，顿为万人之大弊”，这是“亡国之政”，尤其要注意防止[①]。这是要求宰相们既通力合作，又充分发挥各自的作用。

隋朝时，朝廷官员有两千五百多人。唐高祖李渊时，在机构和官员设置上，“多因隋制，虽小有变革，而大较不异”[②]。唐太宗即位后，看到这样一支庞大的朝廷官员队伍，办事效能并不高，因而感慨地说，任用官员，主要看他是不是贤才；“若得其善者，虽少亦足矣。其不善者，纵多亦奚（何）为？”[③]他指示房玄龄等人务必要精简机构，做到“并省官员，使得各当所任”。根据唐太宗的指示，房玄龄等人大刀阔斧地进行机构调整，最后确定朝廷官员编制为六百四十人。这项改革不仅提高了朝廷官员的办事效能，而且也节省了国家用于官员俸禄方面的大量开支。

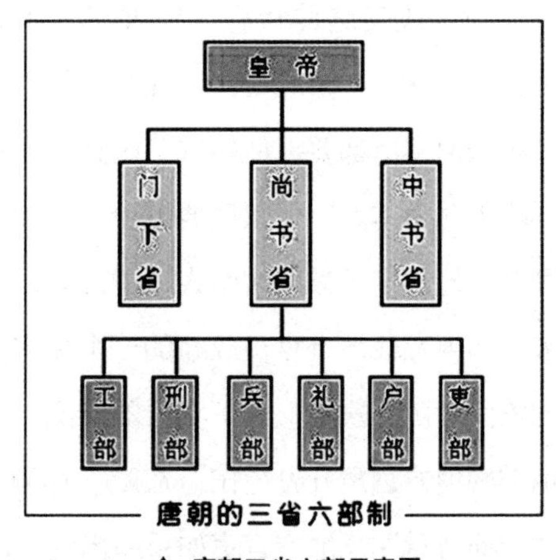

↑ 唐朝三省六部示意图

为了严肃地方吏治，唐太宗还按照地理形势把全国划成十个“道”：关内、河南、河东、河北、山南、陇右、淮南、江南、剑南、岭南。唐太宗从朝廷要员中委任观风俗使，分行四方，“观风俗之得失，察政刑之苛弊”，考察地方官吏

①《贞观政要·政体》。

②《通典》卷一九《职官典》一。

③《贞观政要·择官》。

的政绩，以决定对他们的赏罚和升降。同时，唐太宗还亲自负责选派各州刺史的工作。所有这些，对革新地方吏治都起了积极的作用。

三

唐朝建立的时候，社会经济十分困难，直到唐太宗即位时，这种困难的局面也没有多大的改变。那时，全国许多地方生产力没有得到恢复，有的地方还是“茫茫千里，人烟断绝，鸡犬不闻，道路萧条”[①]的残破景象。全国人口也大量减少。隋炀帝大业五年（609年），全国户数近九百万，人口四千六百余万；可是到了武德年间，全国户数只剩下两百余万了[②]，劳动人手比隋朝大大减少了。

为了改变这种状况，唐太宗要求大臣们在认识上和政策上要执行“安人（民）宁国”“不夺农时”的方针。贞观二年（628年），他向侍臣们指出：“做任何事情都要抓住根本。国家以人民为本，人民以衣食为本，而生产衣食又以不失时为本。”他强调要减少战争和土木营建工程，并表示要从他本人做起。同时，他制定了鼓励增殖人口的政策，并以民间是否“婚姻及时”，户口是否增多，作为考核地方官员政绩的一个标准。另外，他认真地检查均田制（封建国家向农民授田的一种形式）实行的情况，进一步促进了劳动力和土地的结合，同时也鼓励地方官员开办屯田。在赋役政策上，他接受了隋亡的教训，提出对农民要“轻徭薄赋”，地方官吏如果超出规定向农民征税，要以“枉法”论处。

这些恢复和发展生产的措施，产生了良好的社会效果。据说，贞观四年（630年），一年中全国只有二十九人被判处死刑，刑罚用得很少；人们居家用不着关闭大门，出远门的人用不着随身带着粮食。这当然有所夸大，但也反映出社会秩序在趋于安定。到了贞观十六年（642年），在全国不少地区，买一斗谷子只要五个钱，在更富庶的地方，一斗谷子才值三个钱，说明当时全国粮食是比较充足的。唐太宗死后第三年，即唐高宗永徽三年（652年），全国户数已上升为三百八十万，比唐太宗刚即位时增加了将近百分之九十。所有这些，当然首先要归功于劳动人民，但同唐太宗发展生产的措施和政策也是分不开的。

---

①《贞观政要·纳谏》。

②梁方仲：《中国历代户口、田地、田赋统计》，中华书局，2008年，第69页。

四

唐太宗统治时期，不独北方的突厥、薛延陀相继成为唐皇朝的威胁，而且西方的吐谷浑、吐蕃等也不时东向炫耀武力。为了巩固唐皇朝的统治，保证内地社会生产的恢复和发展，唐太宗不断地对这些地区用兵。贞观三年（629年），他派大将李靖、张公瑾出击东突厥。第二年，李靖等大败东突厥于阴山，颉利可汗被俘，基本上解除了东突厥对唐皇朝的威胁。贞观八年（634年），唐太宗命段志玄、樊兴等率军打败吐谷浑。贞观十二年（638年），吐蕃攻唐，唐太宗命大将侯君集率军破吐蕃军于松州城（今四川松潘）。贞观十四年（640年），侯君集奉命平定高昌，置安西都护府。次年，唐太宗命张俭、李勣、张士贵等率军大破薛延陀。贞观十八年（644年），唐军击破焉耆。贞观二十年（646年），唐将李勣再次出击薛延陀，薛延陀败亡。贞观二十二年（648年），唐军攻占龟兹。至此，唐皇朝的统治才真正得到巩固，社会秩序也出现了空前安定的局面。

唐太宗作为一个英明的封建君主，不在于他胜利地指挥了对上述地区的用兵，而在于他在用兵之后所采取的措施和政策。第一，他在许多少数民族地区建立了州县制度，同时仍以当地少数民族的首领和上层统治分子为各级官员。第二，他允许少数民族人民迁入内地生活，如突厥族内迁的就有十万口，而在长安定居的竟有万家，可见唐太宗气度之大。第三，唐太宗还任用许多少数民族人士在朝中做官，如长孙无忌、尉迟敬德、房玄龄都出身于少数民族，也都是唐太宗核心集团的成员；颉利可汗被俘后，唐太宗任命他为右卫大将军；而迁居长安的突厥族各级首领多被拜为将军，布列朝廷，其中五品以上的高级官员达一百余人，几乎同原来朝廷大臣的人数相等。这种情况，在历代以汉族为主的封建统治集团中是极少见的。第四，唐太宗十分重视同各少数民族上层统治者的和亲，多次以宗室之女嫁给各族首领，以建立一种甥舅的亲戚关系，这对加强各族间的联系、促进各族间的融合起了积极的作用。贞观十五年（641年），文成公主进入吐蕃与松赞干布结为夫妇，是最具有广泛的社会影响和重要的历史意义的事件。

从当时的历史条件来看，唐太宗的民族政策确实收到很好的社会效果。贞观四年（630年）四月，西北各族首领请求唐太宗允许他们为他上“天可汗”的尊

↑ 松赞干布与文成公主像

号。唐太宗召见他们，高兴地说："我是大唐天子，同时又行使可汗的权力！"群臣和各族首领听了，都兴奋地高呼"万岁"。后来，唐太宗果然以"天可汗"的印玺向西北各族下达诏书。贞观七年（633年）十二月，太上皇李渊与唐太宗置酒欢宴群臣。席间，李渊命突厥颉利可汗起舞，又命南方蛮族领袖冯智戴咏诗，气氛十分热烈。看到这种不寻常的场面，李渊兴奋极了，笑着对大家说："胡、越一家，自古未有也！"

贞观二十一年（647年）五月，一天，唐太宗在翠微殿会见群臣。他向大臣们提出一个问题："自古以来，有不少帝王虽然能平定汉族地区，但都不能制服周边少数民族，我的才能不及古人却做到了他们不曾做到的事情，这是什么原因呢？"臣下的回答多空洞无物，言不及义。最后还是唐太宗自己总结了五条经验，他讲的最后一条经验是："以往帝王都只看重汉族而鄙视少数民族，唯独我能够像爱护汉族一样地爱护少数民族，所以各少数民族对待我犹如对待父母。"他的这番话，过分夸大了他在这方面的业绩。然而，他在处理民族关系上的成就，的确是前无古人的。在他统治的时候，中国发展成为一个空前辽阔的多民族国家，其疆域"东西九千五百十里，南北万六千九百十八里"[①]。

①《通典·州郡典二·序目下》。

唐太宗统治时期的唐皇朝跟几十个国家发生了经济文化联系，在各国中有很高的声望。贞观十六年（642年），著名佛学家玄奘在中印度会见羯若鞠阇国戒日王时，戒日王在谈话中郑重地提到，他曾经听说过“秦王天子”所开创的种种光辉事业，又听说那里的人民都爱演唱《秦王破阵乐》，“闻其雅颂，于兹久矣”[①]。唐太宗的声望在当时已远播域外。

五

唐太宗善于用人和纳谏，是他在政治上能够取得成功的重要原因。上面讲到他在翠微殿的那次谈话，一共总结了五条经验，其中前面四条都是关于怎样看待人和怎样用人的问题，足见他把善于用人放在政治活动的关键位置上。贞观年间，人才济济，绝非偶然。

尉迟敬德原是刘武周手下一员大将，武德三年（620年）他与另一将领寻相率众向秦王李世民投降。不久，寻相叛变。世民手下诸将怀疑敬德也要作乱，便把他囚禁起来，并劝世民立即把他杀掉。世民却说：“敬德有心叛变的话，难道还会落在寻相之后吗？！”他命人释放了敬德，并安慰敬德说：“大丈夫以意气相许，请你不要把这次小小的误会放在心里，我是绝不会因为旁人的几句闲话而加害良士的。”敬德对此十分感动，在历次战斗中出生入死，屡建奇功。

魏征原是太子建成属官，在建成与世民矛盾愈演愈烈的时候，曾劝说建成早下决心除去世民。玄武门事件后，魏征自然成了阶下囚。世民质问他说：“你为什么要挑拨我们兄弟之间的关系？！”在场的人都预感到魏征不会有什么好的结果。然而魏征却从容自若，他回答世民说：“如果太子早听我的话，肯定不会落到今天这样的下场。”世民向来看重魏征的才干，又十分欣赏他的这种正直，立刻改变了态度，以礼相待，并推荐他出任谏议大夫。贞观三年（629年），又命魏征“参预朝

↑ 魏征像

①玄奘：《大唐西域记》卷五。

政”，贞观七年（633年），令其出任侍中，这都是宰相职位。魏征成为贞观名臣，跟唐太宗的豁达大度、知人善任是分不开的。

房玄龄“善谋”，杜如晦“能断”，唐太宗以他们二人分任左、右仆射。“二人深相得，同心徇国”，辅助唐太宗造就了贞观盛世。后人谈到唐代贤相，无不首推房、杜。

唐太宗的善于用人，跟他善于纳谏相表里。从贞观初年起，他就反复地同大臣们探讨有关进谏和纳谏的问题。他指出：“君臣相遇，有同鱼水，则海内可安”，因而希望大臣们“直言鲠议，致天下太平[①]。”除了一般的号召以外，唐太宗还在一些具体做法上鼓励大臣进谏。当大臣奏事时，他总是和颜悦色地倾听着，希望奏事的人大胆提出批评和建议。当他和宰相们商讨国家事务时，允许谏官旁听，充分发挥谏官的作用。而他对谏诤者通常都要给予奖励。

↑ **唐太宗纳谏图**

在唐太宗种种“求谏”的言论和行动的鼓励下，贞观一朝君臣确有一种进谏、纳谏的政治家风度。武德九年（626年），唐太宗即位不久，命人点兵。按唐代的制度，点兵应在年满二十一岁的丁壮中进行。可是封德彝竟提出：男子

①《贞观政要·求谏》。

十八岁以上、身体高大壮实者，亦在应征之列。唐太宗同意这种做法。但是诏敕下达了三四次，魏征坚持认为这种做法不妥，不肯签发诏敕。唐太宗盛怒之下召见魏征，指责他为什么如此固执。魏征回答说："您常说要以诚信统治天下。可是自您即位以来，短短几个月里，已经几次失信于民了，这难道能说是以诚信统治天下吗！"太宗听了这一席话，很高兴地说："过去我总以为你很固执，不懂得政事。今天听你分析国家大事，都很中肯。如果号令不信，民不知所从，天下何由而治呢！看来是我错了。"于是，点兵仍限制在年满二十一岁的丁壮，魏征也因为敢于直谏而得到唐太宗奖赏的金瓮一只。

贞观四年（630年），唐太宗下诏征发劳力修复洛阳隋代乾元殿旧址，以备巡幸、享乐之用。大臣张玄素上书反对。他在上书中，从当时的经济、政治状况出发，认为修复乾元殿有"五不可"。最后指出，如果这样做，"恐甚于（隋）炀帝远矣"[①]。唐太宗很不自在，他召见张玄素问道："你认为我这样做还不如隋炀帝，那我比起夏桀、商纣又怎样呢？"张玄素回答："如果您一定要修复乾元殿，那我看就是同归于乱。"唐太宗看到张玄素把这件事看得十分严重，也很动心，因而感慨地说："我没有认真考虑，以致作出这种错误的决定。"于是，他一面指示停止修复乾元殿的工程，一面表扬张玄素的这种直谏精神，说："众人之唯唯，不如一士之谔谔。"

唐太宗在纳谏方面，确有一种难得的诚恳和开明的精神。据史书记载说，从武德九年至贞观十七年（626—643年），仅魏征一人就进谏二百余事，而大部分都被唐太宗接受了。

晚年的骄奢和自省

一

同历史上任何伟大人物一生中都有其最光辉的一段年华一样，唐太宗一生中

①《贞观政要·纳谏》。

也有这样一段光辉的年华，这就是从晋阳起兵到贞观前期的二十年时间，即李世民二十岁至三十九岁这段时间。但是，随着客观形势的变化，主要是社会经济的恢复、发展和唐皇朝政治统治的日益巩固，唐太宗贞观前期政治生活中光明面开始收缩，而原来就存在的阴暗面却逐渐扩大，造成了贞观后期和贞观前期在政治风气上的差别以及唐太宗本人晚年的骄奢。

这个变化，大致是从贞观十年（636年）开始的[①]。而这个变化最明显的标志，就是唐太宗纳谏精神的衰退。贞观十年，魏征在一次上疏中向唐太宗尖锐地指出：说他在贞观初年是“闻善惊叹”；到贞观八九年间，还能“悦以从谏”；可是从那以后，就变得“渐恶直言”了，虽然有时也能勉强纳谏，但已不像从前那样豁达、痛快了。这样一来，正直的臣子不能不有所顾忌，而心术不正之徒反倒可以“肆其巧辩”。结论是：“妨政损德，其在此乎！”魏征的眼光是极其敏锐的，他从唐太宗纳谏精神的变化，已看出贞观政治的变化。

唐太宗贞观后期的“骄”，还表现在盲目自信的作风上。贞观十八年（644年），唐太宗准备对高丽用兵，听说郑元璹曾经跟随隋炀帝征高丽，就召见郑元璹询问有关情况。郑元璹如实地说：“辽东道路遥远，运粮很困难；高丽将士善于守城，不易立即攻下。”这都是实情。但是唐太宗却不以为然地说：“现在已经不是隋朝了，您只管听我的胜利的消息吧。”第二年，唐太宗亲征高丽，虽然取得一点胜利，但付出的代价极大，跟他出兵前的设想已有很大距离。

唐太宗贞观后期的“奢”表现在各个不同的方面。一是“游猎太频”。当大臣们纷纷提出批评时，唐太宗甚至反唇相讥，说什么“现在天下无事，武备不可疏忽，我只是常与左右的人猎于后苑，没有一件事烦扰百姓，这有什么关系呢”。其实，唐太宗“游猎”的地方很多，并不只限于“后苑”。更糟糕的是，上行下效，太子承乾就因喜好“游畋”而“废学”，唐太宗的另一个儿子吴王恪也在安州“数出畋猎，颇损居人”。二是不惜国库。贞观十六年（642年）六

①参见《汪篯隋唐史论稿》，中国社会科学出版社，1981年，第108页；韩国磐《隋唐五代史论集》，生活·读书·新知三联书店，1979年，第396页；胡如雷《李世民传》，中华书局，1984年，第223页。

月，唐太宗竟然下了一道诏书，说自今以后，太子所用库物，有关部门不要加以限制。于是“太子发取无度”。太子属官张玄素上书反对这种做法，几乎被太子家奴秘密打死。三是不断营建宫殿。贞观四年（630年），唐太宗接受了张玄素的谏诤，停修洛阳宫。但是第二年，他便命修仁寿宫，并改名为九成宫；不久，又修复洛阳宫。贞观八年（634年），营造大明宫，原准备为李渊避暑时居住，但李渊没有来得及住上就于第二年死去了。贞观十一年（637年），唐太宗又在洛阳兴建飞山宫。贞观二十一年（647年），修翠微宫。第二年（648年），即唐太宗去世前一年，他还营建了玉华宫，说是“务令俭约”，结果仍然“所费已巨亿计”。这些都是劳民伤财的举动。

唐太宗贞观后期的“轻用人力”，还表现在“东征高丽，西讨龟兹”，特别是贞观十九年（645年）对高丽的战争，动用大量人力、物力。结果呢，唐太宗“以不能成功，深悔之，叹曰：‘魏征若在，不使我有是行也！’”但事隔不久，贞观二十一年（647年）三月，又发兵万余人，乘楼船自莱州出发征高丽。这年秋天，唐太宗下诏，发江南十二州工人造大船数百艘，以备征高丽之用。次年正月，再发兵三万余人及楼船战舰，自莱州泛海以击高丽。同年八月，他下诏敕，要越州都督府及婺、洪等州造海船及双舫一千一百艘。九月，雅、邛、眉三州少数民族人民不堪造船之苦，起来造反。唐太宗遣军镇压。有的地方，百姓苦造船之役，只好自己出钱雇别州之人造船，因而弄到“卖田宅、鬻子女不能供”的地步！像这样“轻用人力”，在贞观前期是不曾出现过的。

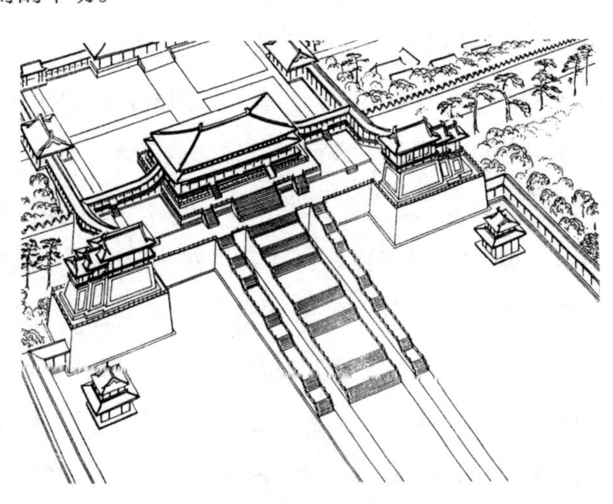

↑ **唐大明宫含元殿复原图**

四十岁以后的唐太宗，不论在政治作风、思想作风方面，还是在健康状况方面，都走上了衰退的历程。这对于如此杰出的一位封建君主来说，当然也就于英武、豪迈之中染上了几分悲剧的色彩。

二

唐太宗在贞观后期的种种变化，虽说是一种发展趋势上的变化，但这种变化并没有使唐太宗成为一个昏君或暴君。社会是复杂的，一个杰出历史人物所处的位置，往往是这种复杂关系的焦点。社会经济的好转，地主阶级的贪婪和享乐的欲望，君临天下、唯我独尊的帝王生活，一部分朝臣的歌功颂德、阿谀奉承等，这是唐太宗必然要发生变化的原因。但是，由于他个人的经历、品质和最高统治集团的人员构成，特别是由于隋亡的教训在当时最高统治集团中记忆犹新，这使唐太宗的种种变化不能不受到某种程度的约束。

贞观十年（636年），唐太宗问群臣："创业困难，还是守成困难？"房玄龄认为创业困难，魏征回答说守成困难。唐太宗概括得好："创业之难，已经过去了；守成之难，我当想着与诸公一道谨慎地对待它。"贞观十四年（640年），唐太宗对侍臣说："我虽然平定天下，但守天下却是一件很难的事情啊！"魏征听了很高兴，认为这是"宗庙社稷之福"。

贞观后期的唐太宗并没有变成刚愎自用的拒谏者；纳谏精神虽不如贞观前期，但还是在纳谏。贞观十三年（639年），唐太宗读了魏征的《十渐疏》后，表示要"闻过能改""克终善事"，并把此疏写在屏风上面，"朝夕瞻仰"，同时抄付史馆，让史官载入史册。贞观十七年（643年），唐太宗对于魏征的去世，十分悲痛，他说："人以铜为镜，可以正衣冠；以古为镜，可以见兴替；以人为镜，可以知得失。魏征殁，朕亡一镜矣！"魏征是贞观朝敢于直言谏诤的第一人，唐太宗这样深切悼念魏征，说明他对于谏诤在政治生活中的重要始终是有明确的认识的。

贞观十八年（644年），唐太宗教导太子李治说："舟所以比人君，水所以比黎庶，水能载舟，亦能覆舟。"贞观后期，唐太宗在滥用民力方面确有所发展，但他是以"水"不覆"舟"为前提的。他清楚地认识到，隋炀帝"过役人力"的历史教训是再深刻不过了。

唐太宗晚年也碰到太子废立的问题，但唐太宗终究有其英明之处，他在太子承乾谋反败露后，于魏王泰、晋王治二人的抉择中，最后选了晋王治为太子，并立下一条原则："自今太子失道，藩王窥伺者，皆两弃之，传诸子孙，永为后法。"在他看来，太子失道固不可取；然而诸王中有谋取皇位继承权的做法的，也是不可取的。他的这一决定，避免了最高统治集团可能出现的分裂以致倾轧，反映了他在政治上的谨慎和远见。

唐太宗的晚年是在许许多多的矛盾中度过的。他对各种事情的处理，有不少失误和错误的地方，但总的来说，仍然保持着一代英主的风度。贞观二十二年（648年）正月，唐太宗作《帝范》十二篇（包括《君体》《建亲》《求贤》《审官》《纳谏》《去谗》《诫盈》《崇俭》《赏罚》《务农》《阅武》《崇文》）赐给太子李治。他对李治说："个人修养和治理国家，都写在这本书里了。"不过，他并不认为自己是值得后人效法的帝王。为了真正使他的继承人受到教育，唐太宗揭去了君父的威严的面纱，在儿子面前对自己的一生作了总结和反省，他对李治说："你应当从历史上寻找古代贤哲的帝王作为榜样，像我这样是不足以效法的……我即位以来，做了许多错事：锦绣珠玉不绝于前，宫室台榭屡有兴作，犬马鹰隼（音sǔn，一种凶猛的鸟）无远不致，行游四方，劳民伤财。这都是我的大错，你不要以为这些都是正确的也跟着去做。"唐太宗的这一剖白，其言甚重，其情至深，反映了他晚年能够自省的可贵精神。这种精神在封建君主中是极少见的。

三

贞观十六年（642年），年仅四十五岁的唐太宗已过早地衰老了，他毫不隐讳地对臣下们说："朕年将五十，已觉衰怠。"[①]此后，太子谋反，魏王被黜，辅国大臣相继谢世，使唐太宗在精神上受到一次次严重的刺激，这无疑加速了他的"衰怠"。贞观十九年（645年）辽东之役的归途中，他患了痈疮，直到次年二月，"疾未全平，欲专保养"，所以他让太子李治去处理"军国机务"。不幸的是，唐太宗这时开始服食金石之药了。他曾嘲笑秦皇、汉武相信方士的长寿之

①《贞观政要·太子诸王定分》。

术，而他自己也终于落入这个窠臼。贞观二十一年（647年）三月，他患了“风疾”。这时，他变得烦躁畏热，因而命人在骊山绝顶修建翠微宫。这大概跟他继续服金石之药有关系。唐太宗一病半年多，虽于同年十一月“疾愈”，但体力大减，只能“三日一视朝”。第二年，唐太宗又派人从天竺访得方士那罗迩娑婆寐，因误食了这个异国骗子的“延年之药”而使病情急剧恶化。

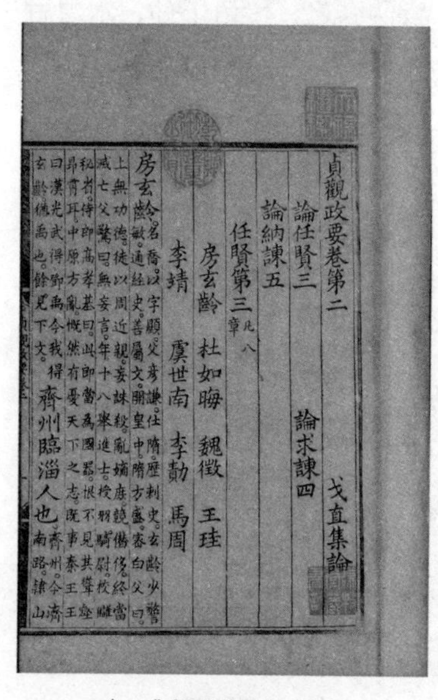

貞觀政要卷第二　戈直集論

論任賢三　論求諫四

論納諫五

任賢第三 凡八章

房玄齡　杜如晦　魏徵　王珪

李靖　虞世南　李勣　馬周

房玄齡 名喬，以字顯。父彥謙，仕隋，歷刺史。玄齡少警敏，通經史，善屬文。開皇中，隋方盛，玄齡白父曰：上無功德，徒以周近親，妄誅殺，亂嫡庶，競侈後，終當滅亡。父驚曰：無妄言。年十八，舉進士，授羽騎尉，校讎秘省。侍郎高孝基曰：此郎當為國器，恨不見其聳壑昂霄耳。中原方亂，慨然有憂天下之志。既事秦王，王曰：漢光武得鄧禹，今我得玄齡，猶禹也。餘見下文。 齊州臨淄人也。齊州，今濟南路，隸山

↑ 《贞观政要》书影

贞观二十三年（649年）三月，唐太宗带着沉重的病体，十分勉强地来到显道门，宣布了他的最后一道赦令。五月，大概是丹药毒性大发，唐太宗腹泻不止，名医为之束手。弥留之际，他向太子李治、长孙无忌、褚遂良一一交代了后事。接着，他便永远告别了他统治了二十三年的唐皇朝。

传后语

唐太宗去世后百年左右，史学家吴兢写了《贞观政要》一书，他在序中说：“太宗时政化，良足可观，振古而来，未之有也。”著名大诗人杜甫在《北征》一诗中吟道：“煌煌太宗业，树立甚宏达。”这些，反映了唐人对太宗一生的评价。

瞿林东

北京师范大学教授，长期致力于史学理论与中国史学史研究，主要论著有《唐代史学论稿》《中国史学史纲》《中国史学散论》等；与人共同主编《中华大典·历史典·史学理论与史学史分典》等多部著作。

武则天

我国历史上唯一的女皇帝

武则天个人小档案

姓名：武曌

年号：天授、如意、长寿、延载、证圣、天册万岁、万岁登封、万岁通天、神功、圣历、久视、大足、长安、神龙

别称：武则天、武媚娘

所处时代：唐朝

生卒年：624—705年

出生地：长安或广元

在位：690—705年

定都：洛阳

主要成就：代唐建周；改革科举，提拔大量寒门子弟

相关作品：《臣轨》《如意娘》

轶事典故：驯狮子骢，无字碑

死亡地：洛阳上阳宫

谥号：则天大圣皇帝、则天大圣皇后

陵寝：与高宗合葬乾陵(今陕西乾县）

继位人：唐中宗李显

最得意：代唐建周

最失意：神龙政变被迫下台

武则天

神龙元年（705年）正月，大周女皇帝武则天在五王政变中退位，她很不情愿地离开了自己活跃了近半个世纪的政治舞台。当年十一月，凄凉地死于洛阳的上阳宫。

谁也不能无视这样一位在唐代贞观治世和开元盛世之间起着承上启下作用的历史人物，特别是她在唐高宗逝世后，独掌朝纲二十一年，其中十四年还名正言顺地做了自己开创的大周王朝的皇帝。

正因为她是这样一位奇特的政治女性，中国封建时代唯一一个真正执掌国柄的女皇帝，于是妇孺皆知，十分引人瞩目。但是自从她生前掌权时起，便是一个被争议的对象。迄今一千三百多年来，人们对她的毁誉褒贬莫衷一是。

武则天究竟是一个怎样的历史人物呢？她是被怎样的社会历史条件造就，又怎样改变了这个世界？

一

武则天，名曌（音zhào），山西文水人。生于唐武德七年（624年），卒于神龙元年（705年）。父亲武士彟（音yuē），官拜正三品工部尚书，封应国公。生母杨氏，出身名门，其父杨达是隋朝宗室宰相。这是大唐京城里的一个达官贵人家庭。

但文水武家原是务农的，武士彟早年做木材生意致富，因而得以结交唐朝开国皇帝李渊。李渊在隋末任太原留守时经常出入其家，晋阳起兵后任命他为行军府司铠参军，作为军需官跟随进军长安，李唐开国后享受“太原元从功臣”的荣誉。唐高祖还亲自为他做媒续弦，撮合了他和武则天生母杨氏的婚事。

虽然外祖父家是关中军事贵族的重要成员，武则天的血统里有高等士族的成分，但当时的门第是按父辈来论的，武士彟的出身不过是一介地主富商。他作为开国功臣，官居三品，爵封三等，以“今日冠冕”而论，可以跻身士族，但唐太宗贞观十二年（638年）修的《氏族志》，并“不叙武氏本望”，按传统的门阀观念，把武则天家族排斥在外。社会上敌对派攻击她家“地实寒微”，连突厥人都称“武，小姓。”

家庭给予武则天的，一方面是当时宦游于上流社会的荣华富贵，另一方面是过去沉沦于下层民间的寒门根底。荣华富贵滋养了她无限的权势欲，寒门根底却使她饱受流俗的鄙视攻击。在一个极重阀阅的门阀社会里，她这样寒门新贵出身的政治前途是坎坷多虞的。正像在一座打开了的希望之门前，横着几乎是无法逾越的障碍。这出身境遇刺激着武则天，她那追逐最高权力，要支配一切的欲望，和冷酷不择手段地报复一切的心理并存的独特的女皇性格，便是在这样的家庭环境中养就起来的。

二

贞观元年（627年）武士彟改任利州（今四川广元）都督，三岁的武则天随父来到这蜀门重镇，在那里度过了自己美好的童年。武士彟督利州五年，改任荆州（今湖北荆州）都督。贞观九年（635年）武士彟去世后，武则天孤女寡母四人的生活，由于受武家子侄的苛待陷入困境。

贞观十年（636年），唐太宗贤惠的长孙皇后去世。次年，太宗听说武则天“美容止，召入宫，立为才人。”年仅十四岁的武则天，很乐意摆脱受异母兄长们欺凌的逆境，满怀对宫廷神秘生活的憧憬，步入深宫。临别，母亲杨氏恸哭不已，武则天小小年纪却自有主张，轻松地劝慰母亲：“我去见天子该是好福气，何必哭哭啼啼！”

唐太宗赐号称她“武媚”。当时宫中有一匹叫“狮子骢”的马，性情暴烈，连戎马半生的唐太宗也拿它没办法。武则天却在一旁说：“我能制它，先用铁鞭抽，不服，再用铁挝击，再不服，就用匕首割断它的喉咙。”但是武则天在太宗后宫十二年，一直只是正四品才人身份，才人料理皇帝的食宿生活琐事，是最低级的内官。从十四岁到二十六岁，武则天一生中最好的一段青春年华虚度在深宫后院，除了宫中对女官们要求很严的读书习文增长了她的知识外，她前途渺茫。

↑ 唐高宗李治像

于是不甘寂寞的武才人乘太宗晚年多病太子入侍之便，与李治暗中往来，打定了把自己托付给这位比自己小四岁的储君的主意。性格刚强又长于心计的武则天，很容易便取得了素称懦弱的李治的好感。

贞观二十三年（649年）唐太宗去世。武才人和后宫未曾生育的侍妾被送进感业寺当尼姑。但不过一二年，怀念旧情的李治——已即位的唐高宗，便把她接回宫中。

武则天深受唐高宗宠爱，第二次进宫不久被册封为正二品昭仪，比才人高了两等。过去争风吃醋的王皇后和萧淑妃预感到自己的地位受到威胁，便联合起来诋毁武昭仪。由于外廷官僚的介入，这场后宫的争斗具有了深刻的社会内容。

永徽三年（652年）七月，后宫刘氏生的唐高宗长子李忠被立为太子，这是王皇后的舅父中书令柳奭（音shì）的主意，经王皇后同意后，与太尉长孙无忌及另外三名宰相褚遂良、韩瑗、于志宁一起出面办的。而后又拉张行成、高季辅、宇文节在太子东宫兼职，为李忠安排了一个最强有力的保护班子。所有宰相，除李勣（音jì）一人全都卷入这一立储事件。

原来这时武则天怀孕的消息从后宫传出来了——半年后生了她和唐高宗的第

一个儿子李弘——没有生育过的王皇后感到恐慌。当时操纵外廷的是托孤大臣、太上国舅长孙无忌，一个世纪以来掌握西魏、北周、隋、唐政权的关中军事贵族或称关陇集团，这时以他为核心。王皇后是西魏大将军王思政的裔孙女，长孙无忌一伙为他们集团的政治利益着想，自然要极力维护王皇后，反对武则天而匆忙导演了这场抢占太子位的戏。

武则天隐忍了两年，看起来她只是接二连三地在为唐高宗生儿育女。但到永徽五年（654年）六月，柳奭突然上书请解政事，皇帝敕准罢相。武则天给对手的第一个回击初步奏效。

立李忠为太子的事件告诉她，内外廷都是容不得她的。既然没有退路，她绝不安分守己听天由命，于是下毒手嫁祸于人。当时她已生下第二个孩子，是女儿，王皇后也去看了看。皇后走后皇帝要来，武则天见机下狠心掐死了亲生女儿。皇帝来后掀开被子一看，大惊失色，讯问情况，宫女们说刚才王皇后来过。唐高宗便不假思索地断言："后杀吾女！"对王皇后的妒妇心肠痛恨不已，就此下定废王皇后，改立武则天的决心。以当时的情势而论，武则天除非施展宫廷阴谋，脚踩自己幼女的尸体，否则是很难朝皇后位置迈进这一步的。

王皇后失宠使有裙带关系的宰相柳奭被迫辞职，武则天回击敌对阵营，打开了缺口。

关键人物是长孙无忌。武则天陪唐高宗登门拜访，封官许愿，馈赠厚礼，但长孙无忌对皇帝要改立皇后一事竟不予理睬。武则天的母亲杨氏和礼部尚书许敬宗的祈请说项也碰了钉子。武则天终于明白，以自己的出身门第，根本不可能指望得到贵族遗老们的支持，她和长孙无忌集团的决斗提到日程上来了。

武则天在一群不得志的官僚中找到支持者，诸如中书舍人李义府、王德俭，御史大夫崔义玄、御史中丞袁公瑜和许敬宗，都是关陇集团圈子以外的人。李义府按许敬宗外甥王德俭的主意，首先上表请求废王皇后立武昭仪，武则天大喜，私下派人劳勉，李义府随即被提拔为中书侍郎。有这批人在外廷替她说话办事，她如虎添翼，可以同长孙无忌公开摊牌了。

永徽六年（655年）八九月间，皇帝正式提出废立大事，借口是"皇后无子，武昭仪有子，今欲立昭仪为后”。长孙一派激烈反对，“濒死固争”，褚遂良、韩瑗、来济谏争说：“皇后名家，不可轻废。一定要换，也要妙择天下令族、礼义名家，不可立武氏。”还抬出妲己、褒姒等女祸倾覆殷周的故事为亡国的鉴诫。宰相中唯有李勣对皇帝说：“此陛下家事，何必更问外人！”暗示他不要理会众人的反对，于是唐高宗拿定主意。九月，先贬褚遂良为外官，十月，下诏废王皇后、萧淑妃为庶人，立武则天为皇后。十一月，李勣主持了册皇后礼。翌年正月，太子李忠黜为梁王，李弘取代他为太子。

↑ 李勣像

而后四年间，武则天不歇手地把王皇后——长孙无忌一党彻底整垮。王皇后和萧淑妃惨死于冷宫，褚遂良贬死爱州（今越南清化），柳奭被杀于象州（今广西象州东北），长孙无忌在黔州（今重庆彭水）被逼自缢，韩瑗死在振州（今海南三亚西），还开棺验尸。此外，来济远贬庭州（今新疆吉木萨尔），于志宁免官，长孙氏、柳氏、于氏和褚氏一批亲属子弟或杀或贬，他们在朝中的势力被摧垮殆尽。“自是政归中宫”，若从这显庆末年开始计算，武则天一生从政长达四十五年。

麟德元年（664年）利用皇后和皇帝间一时的龃龉摩擦，宦官王伏胜告皇后行蛊祝，宰相上官仪乘机劝皇帝说：“皇后专恣，海内失望，宜废之以顺人心。”在皇帝授权下上官仪起草好废武则天皇后的诏书。武则天闻讯赶去申辩，懦弱的唐高宗又于心不忍，推说自己本无此心，皆上官仪教我。上官仪和王伏胜当初都是废太子李忠的僚属，武则天指使许敬宗诬告他们与李忠谋大逆，于是上官仪、上官庭芝父子和王伏胜被杀，上官庭芝的妻子和女儿上官婉儿没入宫掖为婢，监禁在黔州的李忠被赐死。从此，每当上朝，武则天都跟随垂帘听政，“天子拱手而已，中外谓之二圣”。

长达十二年的皇后——太子位之争武则天取得了全胜。这场斗争双方营垒分明：王皇后、长孙无忌一边，是士族门阀地主最后的政治代表关陇集团；武则天、李勣一边，是新进寒门地主的政治代表。武则天的胜利，意味着魏晋以来士族门阀地主控制中央政权四个半世纪的历史结束了，上层建筑的这一变革，和中国封建社会由前期的门阀地主部曲佃客制经济向普通地主契约佃农制经济的过渡是同步进行着的。关陇集团的垮台更直接导致关陇地区军事贵族地主的部曲佃客制最后覆灭。这是有利于普通地主取代没落的门阀地主，活跃封建经济，并使之向前发展的历史潮流的。

武则天不同凡响地以关陇集团和门阀制度挽歌手的姿态登上了政治历史舞台。

三

从显庆四年（659年）长孙无忌集团覆灭到弘道元年（683年）唐高宗去世，唐高宗和武则天共同执掌朝政的二十四年，史称“二圣时期”（659—683年）。

上官仪事件平息后，武则天接受教训，在黜陟大权在握的夫君面前，言行比较检点，稍稍改变了过去专恣行事的作风。唐高宗由于风眩和目疾，国事更需要仰仗武则天的帮助。夫妻间重建了新的平衡和谐的关系。史称唐高宗前贤后愚，他虽说不上是个有为的君主，但他当初能勇敢地坚持自己感情上的执着追求，力排众议接武则天回宫并立为皇后，而后又委政于她，把这位绝代女强人拔上政治舞台，便是尽了他的历史责任。武则天则着眼于巩固自己的权位，实际肩负着与残余门阀势力斗争，为新兴普通地主的发展开辟道路的历史使命拼搏前进。

显庆四年（659年）六月，长孙无忌刚被逐出京城两个月，修改官颁族姓等级文书的事就由许敬宗、李义府提到日程上来了。他们要另订《姓氏录》取代《氏族志》的原因是唐太宗时修的《氏族志》“不叙武氏本望”，也不载李义府的家世。

新修的《姓氏录》以皇后家族为第一，一共分九等，全按当时仕唐官品高下为准，凡是五品以上高级官员皆升士流。这样一来，旧门阀的孽子孽孙凭祖先族望便可跻身于社会上层而获得种种经济政治特权的好处就完全丧失了，他们强烈反对这打破旧框框的新规定，讥刺《姓氏录》为“勋格”，即赏军功的办法。书中有名的旧族官僚也耻于被叙录，纷纷抵制。但武则天还是借用皇权的力量，强行没收《氏族志》而推行《姓氏录》。

士族门阀在经济、政治上陆续失势之后，竭力在最顽固难变的意识形态领域里保持自己的影响。重视阀阅，以门第取人，作为流行了几百年的落后社会意识，也确不是一朝一夕容易改造的。终唐一世，以门第相尚的风气始终有广泛的影响。但无论武则天、李义府他们出自怎样的一己私利的考虑，《姓氏录》终究代表着一股冲击旧门阀观念的新潮流，是意识形态领域里的一个重大突破，对提高过去沉溺于下层的一批普通地主的社会政治地位，起了积极的作用。

大批新成长起来的寒门出身的知识分子蜂拥而来，要求进入官场，这是又一股生气勃勃的社会潮流。新登上政治舞台的武则天，为他们打开了闸门，借此不断培植和更新拥戴自己的官僚队伍。每年吏部接纳的选人以数千上万计，每年入流人数超过一千四百人，比正常需要补充的数字高出两倍，都不加控制，还在上元二年（675年）开始设“南选”，以便在江淮以南主要是岭南、黔中选拔官员。乾封元年（666年）在泰山行封禅礼后宣布“文武官三品以上赐爵一等，四品以下加一阶。”使一批官员得以通过泛阶制度入五品、三品高官。新兴普通地主在政治上的要求得到满足。

科举制度在这二圣时期也有重要发展。咸亨（670—674年）以后，进士成为科举中诸科的重心。每年取士的人数比贞观年间扩大一倍，平均为二十余人，而且更加重视以文章取士，史家称这和“太后颇涉文史，好雕虫之艺”有关。这政策种下了盛唐文坛繁荣的契机。比较起实际以门第取人的九品中正旧制度来说，这种“学而优则仕”的科举制度无疑是历史的进步。唐玄宗开元之治的名相姚崇、宋璟、张九龄和文坛巨擘陈子昂、刘知几等，都是这时期通过科举制度拔选出来的杰出人才。

↑ 武后行从图（唐张萱绘，近人临摹）

如何驾驭整个官僚队伍，是武则天必须考虑的。她以皇后身份参政，不免还有许多不便，需要有一支亲信力量，替她沟通内外廷。曾为她争皇后位出过力的那批人，到六十年代末，只剩下李勣、许敬宗两个不久人世的耄耋（音mào dié）老人，于是她在乾封年间（666—668年）组织了“北门学士”，从左、右史和著作郎中物色了一批文人，即刘祎之、元万顷、范履冰、苗神客、周思茂、胡楚宾、卫敬业等，以修撰为名，特许从北门出入禁中，除了编写署武则天名的《列女传》《臣轨》《百僚新诫》《少阳正范》《兆人本业》《乐书》等著作外，密令他们参决朝政，“以分宰相之权”。显然这是皇权、相权之外，武则天自己控制的第三权力中心。从此直到武则天称帝前的二十多年中，这类似李世民的秦王府学士、李泰的魏王府学士的北门学士智囊班子，为武则天造舆论拿主意出过不少力，他们也多被擢升为三品、四品高官，范履冰、刘祎之还做到宰相，长期受到重用。

上元元年（674年）八月，唐高宗称天帝，皇后称天后，武则天的地位又升了一级。四个月后，她上书“建言十二事”，俨然是抛出了一个政纲。内容为：

“一、劝农桑，薄赋徭；二、给复三辅地；三、息兵，以道德化天下；四、南北中尚禁浮巧；五、省功费力役；六、广言路；七、杜谗口；八、王公以降皆习《老子》；九、父在为母服齐衰三年；十、上元前勋官已给告身者无追核；十一、京官八品以上益禀入；十二、百官任事久，材高位下者得进阶申滞。”那些年接连灾害，京畿关中闹饥荒，又多方用兵，东征高丽、新罗，南击叛蛮，西战吐蕃，四镇废弃，穷于应付，所以有劝农息兵，尽量节俭的建议，但对百官则在官位待遇上多方照顾，以示笼络。这十二条意见涉及国家经济、军事、社会、政治许多方面，唐高宗诏准施行。可见武则天很有心计地全盘张罗国事，稳步地扩充着自己的实力和影响。

四

进入7世纪70年代以后，逐渐成长起来的儿子们成为权势欲极强的母后继续扩充实力的麻烦。历来史书上有武则天先后杀害了自己的大儿子李弘和二儿子李贤两位太子的说法。

太子李弘“礼接士大夫，中外属心”，咸亨二年（671年）以后，唐高宗一再命他监国或处理朝政。李弘发现宫中幽闭着他两个年逾三十的姐姐——萧淑妃生的义阳、宣城二公主，奏请准她们出嫁，因管这闲事惹恼了武则天，此后几次奏请连旨，由是失爱于天后。皇帝因身体不好有意传位给他，这就危及武则天辅佐丈夫执掌朝政的大权。突然，太子李弘死于洛州合璧宫绮云殿，他的死成为历史上一谜。不少史学家认为李弘是被武则天用毒酒鸩杀的；也有的认为李弘一向多病，他父皇发布的几篇追悼文字皆说他死于“旧疾”“沉痾”的突发是可信的，“沉瘵（音zhài）”即肺痨发作吐血正和遇鸩七窍流血的症状相类似。无论怎样，李弘一死，他们母子间争权的矛盾就过去了。

继任太子的次子李贤与母后间爆发了一场激烈的权力之争。上元三年（676年）初，李贤立为太子未久，唐高宗曾想逊位于皇后，遭到宰相郝处俊和中书侍郎李义琰的激烈反对，这两位士族出身的官僚引经据典要皇帝“谨守宗庙，传之子孙”。唐高宗因此作罢，一心培植儿子李贤，任命郝处俊和新提拔的李义琰两名宰相兼太子左、右庶子，辅佐李贤。李贤也招集张大安、刘讷言、格希元、许叔牙、成玄一、史藏诸、周宝宁等一批学者注《后汉书》，实际是在后党北门学士之外另立太子系的宗派。唐高宗数次命他监国，“太子处事明审，时论称之”，表现得比他哥哥更有能力，而和母后之间却存在隔阂。武则天命北门学士撰《少阳正范》和《孝子传》给李贤读，还“数作书诮让之”，李贤并不顺从。正谏大夫明崇俨“私奏章怀太子不堪承大位”，消息泄露出去被李贤知道。仪凤四年（679年）五月一天夜里，明崇俨突然遇刺身亡，李贤成为怀疑对象。搜查东宫，从马坊里查获皂甲数百领，以为是谋反的罪证。武则天不同意皇帝要宽宥李贤的想法，说：“为人子怀逆谋，天地所不容；大义灭亲，何可赦也！”李贤终于被废，幽禁起来。四年后，文明元年（684年）二月，在废唐中宗后三天，武则天派人去巴州（今四川巴中）杀了李贤。李贤成为与母后争权的牺牲品。

弘道元年（683年）唐高宗去世，遗诏：“军国大事有不决者，兼取天后进止。”他们的第三子李显继位为唐中宗，武则天为皇太后继续过问国事。两个月后，嗣圣元年（684年）二月，唐中宗被废，他想让岳父韦玄贞当宰相，授予乳母的儿子五品官，和中书令裴炎顶撞起来，武则天立即命裴炎、刘祎之带禁军上殿，将唐中宗撵下宝座，废为庐陵王。她再容不得一个想握实权的人坐在皇帝位上，哪怕那个人是她的亲生儿子。

↑ 李贤墓室壁画《客使图》

武则天严密防范儿子们，牢牢把政权掌握在自己手里，这就使包围着他儿子们的士族官僚士大夫复辟门阀政治的活动无隙可乘。无论当时一心用在权力上的武则天是否明确想到过这一层，她同儿子们的争夺是有这样的后果的。

五

文明元年（684年）二月，武则天立小儿子李旦为皇帝（唐睿宗），但居于别殿，不许参与政事。武则天以皇太后身份临朝称制。从此到武则天下台的神龙元年（705年），其中包括天授元年（690年）起武则天称帝的十四年，史称“则天朝”（684—705年）。是武则天“圣衷独断”，掌握着全部皇帝权力的二十一年。

在武则天临朝称制和称帝的时期，最引人注目的事件，是光宅元年（684年）的扬州起兵、垂拱四年（688年）的宗室起兵和自文明元年至万岁通天二年（697年）长达十四年的酷吏政治。反对派官僚和李唐宗室两次发动武装叛乱，武则天则任使酷吏，以滥刑恐怖为回报。

发动扬州起兵的是以李勣（原名徐世勣）之孙徐敬业为首的遭贬谪的失意官僚。唐高宗死后政局动荡，他们以为有机可乘，举兵“以匡复庐陵王为辞”，还抬出一个貌似李贤的人，扬言“贤不死，亡在此城中，令吾属举兵”。发了一篇骆宾王起草的《讨武曌檄》，向武则天公开挑战：“请看今日之域中，竟是谁家之天下！”他们聚集十万兵马，占了扬、润（今江苏镇江）、楚（今江苏淮安）三州，却没有渡淮北上直取洛阳与武则天决战，而是以金陵（今江苏南京）有王气，可以守江自固，掉头南下，营筑分裂割据的“霸基”去了。

武则天看到对自己极尽诽谤漫骂之能事的檄文不过微微一笑，她问明作者是骆宾王后，还可惜如此人才流落在外，说是宰相之过。行动上武则天一面果断地处决在朝中利用这一事件要挟自己退位的首相裴炎，一面派出三十万大军沿运河南下直扑扬州，在盱眙都梁山、淮阴、高邮下阿溪一路鏖战，终于大破叛军。前后四十四天，平定了扬州，而“海内晏然，纤尘不动”。徐敬业一伙搞分裂的野心家得不到社会的同情支持，很快就一败涂地。

垂拱四年（688年）五月，武则天加尊号“圣母神皇”，并正式称“陛下”，这明白无误地传递着要改朝换代的信息。一时盛传预定在年底举行的明堂朝会是个阴谋，待诸州都督、刺史及宗室外戚会齐，武则天要对宗室子弟下毒手。于是李唐宗室诸王策划举兵反抗，还是以“迎还中宗”及救拔被幽縶的唐睿宗皇帝为旗号。

卷入这一事件的有以韩王李元嘉为首的宗室王公和公主驸马十余家，但因范阳王李霭出首，计划泄露，只有琅琊王李冲及其父越王李贞俩仓促起事。李冲在博州（今山东聊城东北）胁迫五千兵发难，因是“与国家交战”，人无斗志，纷纷逃亡，不过七日便不战自败。待李贞闻讯在豫州（今河南汝南）起兵接应时，李冲已经败死。李贞无奈，一度想罢兵赴阙请罪。武则天派十万大军前往讨伐，围城攻坚，李贞征募的七千人马毫无斗志，争先恐后坠城出降，越王见大势已去，服毒自尽。

两处宗室起兵简直都不堪一击。回想他们的祖先，从西魏柱国大将军李虎到李唐开国皇帝李渊、李世民，奕世以武功见长，但随着关陇军事贵族整个集团的衰败，他们的子孙把马上征战的看家本领也丧失殆尽了。在政治上斗输之后，兵戎相见时也敌不过武则天。至此关陇集团只好绝了死灰复燃东山再起的希望。这是被历史巨浪淘去的一代风流。关陇集团在其存在的一个多世纪里曾有过光辉的建树，历史铭记着他们为结束南北朝的纷乱，重新开创大一统繁盛局面的贡献。李氏一家，从李虎到李世民四代人都可为之见证。但他们既然从下层上来后又趋向与旧门阀合流，在面向未来时又代表着过去，背上了沉重的包袱。于是历史优选出武则天来取代关陇集团，以有便于整个社会结构的改造更适应新的门阀后社会的特点，从而能比较顺利地前进。

为了给一切公开的和潜在的对手以最沉重的打击，武则天作为一个专制君主，除了动用军事机器进行镇压外，平时更多仰仗严刑酷法慑服群臣。

武则天在朝堂设铜匦，接受告密文书。规定凡有告密，官员不得过问，无论农夫樵人，一律按五品官标准供给食宿，驿送京城。告密有功者破格封官，失实者不加追究，造成“四方告密者蜂起，人皆重足屏息”的恐怖气氛。

武则天很快就拉起一支凶残狠毒没有人性的酷吏队伍。后来受到禁锢惩治的二十七名大酷吏中包括周兴、来俊臣等臭名昭著的家伙。他们编写《告密罗织经》教唆其徒陷害无辜，设计出“定百脉”“求即死”“死猪愁”等刑具和“驴驹拔橛”“凤凰晒翅”“猕猴钻火”“方梁压髁”等骇人听闻的酷刑。凡下制狱者，几乎无一生还。那是封建专制历史上极黑暗极恐怖的一页，武则天本人因而也难逃“千古未有之忍人”的恶名。她这一套还被后代的专制独裁者传承，流毒深远。

从文明元年（684年）杀李贤、裴炎起，到万岁通天二年（697年）杀李昭德的同一天来俊臣弃市为止，十四年间可以统计到的四十余宗大案里，李唐宗室近支被诛杀殆尽，特别是有资格同武则天争夺皇位的唐高祖、唐太宗、唐高宗三代皇帝的皇子，除了武则天自己生的李显、李旦二人外，无一幸存。十四年间任职宰相五十八人，被杀被贬的各二十一个，占72.4%，误伤了如刘祎之、范履冰、岑长倩等自己的一批亲信力量。而冤杀禁军主将程务挺、王方翼、李孝逸、黑齿常之、张虔勖、泉献诚等，又使军队战斗力大损。由于随时有被酷吏捕杀的危险，朝官每上朝时往往战战兢兢地同家人诀别：不知能再相见不！他们认为武则天“朝与之密，夕与之仇，不可保也”。武则天因此丧失群臣的信赖，一批旧臣难忘中兴之计，酝酿政变，埋伏下最终导致她下台的危机。

历史地、全面地看，这场酷吏的恐怖政治主要是针对宗室贵族和上层官僚的，除了派六道使到地方杀流人和王弘义杀傲邑斋的耆老等少数事件，对社会下层骚扰不大。武则天的做法当时还取得了一些官吏的谅解，他们也认为“不峻刑名，不可摧奸息暴”，而“苍生晏然，紫宸易主”，是一“大哉伟哉”的成功。武则天在酷吏猖獗时注意悉心保护了徐有功、魏元忠、狄仁杰等一批直臣，而当皇权在她手里逐渐巩固时，她便陆续处置了包括周兴、来俊臣在内的大部分酷吏，放弃了酷吏政治，并在生前下诏平反了所有冤狱。我们还应该看到，搞酷吏政治的滥刑和当时武则天破格用人的滥选相辅相成，造成官僚队伍的不断更迭。在这个变动中，大量普通地主涌上政治舞台，不少旧门阀士族被清除出去，士族门阀世袭的政治特权无从维系，新兴普通地主得到了在政治上大发展的机会。没有完全被酷吏政治的血腥气湮没的社会，还是挣扎着蹒跚地迈出了自己向前的步履。

六

在武则天临朝称制和称帝的则天朝时期，国家的治理颇有成效。

武则天一贯强调：“建国之本，必在于农”，北门学士编写的《兆人本业》通过到朝廷述职的朝集使们颁行各地指导生产，她要求刺史县令“敦劝农桑，均平赋役”，以“田畴垦辟，家有余粮”作为官员考核擢升的基本条件。据统计，则天朝二十一年共兴修水利二十二项。此外，敦煌吐鲁番文书反映沙州、西州也都有发达的灌溉系统，河陇一带的屯田也取得成功。贞观前期，河西州县萧条，户口鲜少，百姓凋敝，帑藏空虚。这时由于郭元振屯田成功，粮价大跌，由一斛数千钱降为一缣可换数十斛，凉（今甘肃武威）、甘（今甘肃张掖）一带“牛羊被野，路不拾遗”。全国的人口，在神龙元年（705年）即她退位去世那年达到六百一十五万户，比贞观时增加一倍。若从永徽三年（652年）的三百八十万户计算，五十三年中递增率为千分之九点一。半个多世纪里保持住这样的增长率，反映经济在稳步地发展着，这就为紧跟着出现的开元盛世准备了直接的经济条件。

↑ 圩田

为了培植亲信，改造官僚队伍，她继续破格用人，科举制度也有发展。载初元年（689年）她亲自策问贡人于洛城殿，数日方了，首创殿试。长安二年（702年）又初设武举，选拔军将。科举考试时用“糊名”等办法防止作弊。还不时下诏求贤，允许自举。她待人能进用不疑，求访无倦，得官虽易，课责却严，“不肖者施黜，才能者骤升，是以当代谓知人之明，累朝赖多士之用”。最著名的如姚崇、宋璟，这时都已被她破格提拔担任要职，后来他俩成为开元名相。所以又可以说，武则天还为后来的开元之治做好了干部方面的准备。但她这时选拔上来的官员太多，正员已满，就作员外官安置，最后员外官数达两千人，不仅增加财政负担，官滥也影响吏治。遗留到开元初成为一大弊端。

和周边民族国家的关系，唐高宗在世时即比较紧张。龙朔三年（663年）吐蕃吞灭吐谷浑后，又于咸亨元年（670年）攻陷西域十八州及拔换城（今新疆阿

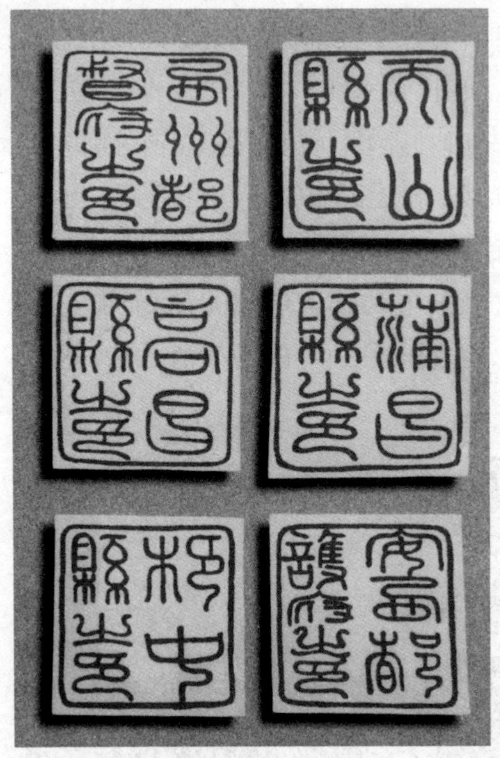

↑ 安西都护府地方官印

克苏），唐罢龟兹、于阗、焉耆、疏勒四镇。其后唐军还在大非川（今青海共和县切吉平原）和青海湟川接连大败。高宗末年，西突厥联合吐蕃，侵逼安西，不断举兵反唐，四镇一再易手。调露元年（679年）东突厥二十四州酋长皆反，三十年无事的北边又烽火连年。东边，唐军平高丽后不过八年，便于上元三年（676年）撤回辽东。武则天临朝之初，各方都不安宁。

对叛唐复立的东突厥，武则天除了调动军队进行防御战外，还以极大的耐心和宽容争取和解，终于在对契丹作战时得到突厥默啜可汗的配合，突厥军两次突袭契丹后方，使骚扰河北的战火很快平息下来。武则天授予默啜“立功报国可汗”的称号，并归还其咸亨年间安置在丰（今内蒙古巴彦淖尔）、胜（今内蒙古准格尔旗东北十二连城）、灵（今宁夏灵武西南）、夏（今陕西靖边县白城子）、朔（今山西朔州）、代（今山西代县）六州的突厥降户数千帐，又给谷种四万斛，杂綵五万段，农器三千事，铁四万斤。后来还建立了和亲关系。武则天当时虽未能完全遏制突厥的不断侵掠，但由于比较重视发展内地和突厥族间从生活资料到生产资料的交换关系，为天宝初年突厥再次来归，并最终融合在我们民族大家庭中准备了条件。

对一度依附吐蕃侵逼安西的西突厥十姓，高宗末年接连派裴行俭、王方翼讨平。垂拱（685—688年）以后，因无力抵御东突厥的攻掠，西突厥继往绝可汗斛瑟罗率余众六七万人入居内地，武则天改封他为“竭忠事主可汗”，后来用他镇守碎叶（今吉尔吉斯斯坦托克马克附近）。

吐蕃自松赞干布和禄东赞死后，在西边为患三十年。由于大规模屯田的成功，加强了西北边防的实力，武则天很有战略眼光地派军队同吐蕃反复争夺安西四镇，终于长寿元年（692年）由王孝杰最后收复了四镇，派三万汉兵镇守，以拱卫西北边防，维持东西方间丝绸之路的畅通。对吐蕃请罢安西四镇戍兵和分十姓突厥之地的无理要求，武则天派郭元振调查考察，最后采用郭元振的建议，向吐蕃声明：置四镇就是为扼其东侵，若吐蕃实无东侵意，可归还吐谷浑诸部和青海地为交换。婉转地拒绝了。武则天并连年派出和亲使，作出友好的高姿态，怀念松赞干布——文成公主时代唐蕃亲密关系的吐蕃人民，因而怨好战的论钦陵，终于这个三十年来破坏唐（周）蕃关系的罪魁在内讧中自杀。

东北的契丹族，因不堪忍受营州（今辽宁朝阳）都督赵文翽（音huì）的欺凌，于万岁通天元年（696年）起兵反抗，攻陷营州、冀州（今河北衡水市冀州区）、瀛州（今河北河间）、幽州（今北京）、赵州（今河北赵县），一路杀掠屠城，收复四镇的王孝杰也战死。由于东突厥的配合，奚族反水，才平息了这一事件。事后武则天赦免的契丹勇将李楷固、骆务整曾建功击平契丹余党。但开元以后这个方向的民族纷争仍一直不断，由于唐玄宗处置不当，酿成安史之乱，唐王朝从极盛的峰巅一下子跌落下来。

总之在以上几个主要方向的边防和民族关系上，武则天时期采取各种手段努力镇抚，有一定成效，但问题也很严重，时时给各族人民带来惨痛的劫难。不过就整个形势的发展而言，治边的问题历代层出不穷，不能完全归罪于她个人的失误。

七

神龙元年（705年）正月，八十二岁的武则天在一场突发的宫廷政变中下台，唐中宗李显复位，改周为唐，一切又回到原来李唐王朝的轨道上。武则天统治末期，原来统治阶级内部两个比较尖锐的矛盾，即由滥刑造成的武则天和她的大臣之间的矛盾以及李、武两姓争夺皇位继承权的矛盾，已因诛杀来俊臣等酷吏和复立庐陵王李显为太子而缓和下来，一时朝野庆泰，人们若重睹和煦的阳光，政治气氛轻松活泼，那么为什么又爆发了推翻武则天、拥戴太子李显的政变呢？

问题出在幸臣张易之、张昌宗身上。武则天晚年重用二张，在统治阶级内部酿成新的争权斗争，导致政变的爆发。

万岁通天二年（697年），太平公主把“年少、美姿容、善音律”的张昌宗荐给母亲武则天。张昌宗又把他的哥哥张易之也拉进宫里。兄弟俩成为僧怀义（冯小宝）和御医沈南璆之后的又一代男宠，连权势炙手的武承嗣、武三思等一班贵戚重臣都“候易之门庭，争执鞭辔，谓易之为五郎，昌宗为六郎”。在他俩面前像门生家奴奉主一样恭敬。

圣历二年正月（699年12月），武则天为张易之置控鹤监，以张昌宗、吉顼、田归道、李迥秀等为控鹤监内供奉。同时，武则天又命张昌宗和李峤为修书使，召张说、徐坚、沈佺期、刘知几等二十六人在内殿修《三教珠英》，是一部关于儒、释、道的百科全书。控鹤监和修书网罗才能文学之士参与，类似以前设北门学士包含的政治目的，是想以二张为核心再形成一股新的亲信力量。朝臣中一批趋炎附势的人物也投靠二张，其中包括吉顼、李迥秀、李峤、苏味道、杨再思、房融、崔神庆等宰相，占当时曾在相位人数的三分之一。像武则天复立庐陵王为太子这样的大事，也是经二张、吉顼策划说项而决定的，由此可见他们干预政事之深，绝非等闲之辈。

二张得势后，经常打击不顺从自己的大臣乃至王公贵戚，武则天为之贬逐多年最受信重的宰相魏元忠和张说、杨元禧、杨元亨兄弟，长安元年（701年）又杀了私下议论武则天委政张易之兄弟的李显长子邵王重润（懿德太子）和他的妹妹永泰郡主、妹夫武承嗣子魏王武延基。官员们则利用张氏兄弟贪赃枉法和引术士占相等案件，绳之以法，可是武则天一再将他们赦免。诉诸法律解决不了问题，一场政变就不可避免了。

策划政变主要人物是宰相张柬之、崔玄暐和中台（尚书）右丞敬晖、司刑少卿桓彦范、相王府司马袁恕己等五人，政变成功后他们都封王，所以历史上称这次政变为“五王政变”。另一名宰相姚崇，是重要的幕后人物。中央禁军中，右羽林卫大将军李多祚和左、右羽林卫将军杨元琰、李湛、薛思行、赵承恩等参与政变，五王中敬晖、桓彦范也有将军衔。政变集团还联络好太子李显、相王李旦、太平公主和武则天外家的杨执一、杨睿交及洛州长史薛季昶等人。

神龙元年（705年）正月，乘武则天卧病不起，张柬之等发动了政变，首先顺利占据了宫城正北的玄武门，突入宫中，直奔武则天居住的迎仙宫，在廊下当即将张易之、张昌宗处死，而后又杀了他们的兄弟张昌期、张昌仪、张同休，他们的党羽流放外地的计有韦承庆、房融、崔神基、李峤、阎朝隐、宋之问、杜审言等数十人。当时他们回答武则天，政变是因张易之、张昌宗谋反，奉太子令诛之。武则天看到李义府子李湛和她亲自提拔起来的崔玄暐也参与政变，非常生气，李湛受到责备，愧无以对。

政变的性质是反二张的，从根本上说，不是反武则天的，参与政变的许多人物，包括太子、太平公主、姚崇等，都和武则天有很好的关系，但是因为二张弄权，不得不铤而走险，以政变为自安计。但是既然政变已经成功，完全控制住局势，就顺便把武则天请下台。次日，以武则天名义下《命皇太子监国制》，第三天宣布传位太子，第四天唐中宗复位，武周政权至此告终。

当年武则天搞酷吏政治，虽然一时维护了她的统治，但这件很不得人心的事在武则天君臣关系中留下深深的伤痕，表面上后来融洽起来的君臣关系下面埋伏着信任危机，武则天的晚年政治上实际是非常孤立的。内心的空虚寂寞使她不得不在政治上求助于二张，而这样做又使她陷于更加孤立的境地，最后二张为她招来了政变。这位在半个世纪政治斗争中的常胜者，终于没有逃脱悲剧性的结局。政策在社会上必然的反馈使她自食恶果。

↑ **乾陵无字碑**

这一年十一月，武则天悄悄地死于洛阳宫城西南的上阳宫仙居殿。有人反对武则天与唐高宗合葬乾陵，唐中宗没有理睬，亲自将灵柩护送回长安，隆重地为母亲举行葬礼。复立庐陵王以后武则天母子间前嫌俱释，这一成功的决策既安定了当时的政局，也为自己身后赢得哀荣。

乾陵是我国唯一一座一对皇帝夫妇的合葬陵，陵前高耸着一块武则天纪念碑，这庄重的巨碑意味深长地一字不镌。有的说是因为女皇功绩盖世，无法以文字表达；有的说是因武则天功过是非，当时人难于结论。这座闻名于世的无字碑栉风沐雨，千余年来昂然挺立，它似乎象征着武则天对自己一生事业的信心，是有意留下空白，任凭世人评说吧！

胡戟

陕西师范大学历史系教授，专攻隋唐史，专著有《武则天本传》《中国古代礼仪》《隋炀帝新传》等；论文集《胡戟文存——隋唐历史与敦煌卷》等；主编《20世纪唐研究》等书。

由皇帝到囚徒的南唐后主

李煜

南唐后主个人小档案

姓名：李煜（初名从嘉）

年号：沿用北宋年号

字：重光

号：钟隐、钟山隐士、莲峰居士等

别称：南唐后主，李后主

所处时代：五代十国、北宋

生卒年：937—978年

出生地：彭城（今江苏徐州）

在位：961—975年

主要成就：能诗擅词，工书善画，通音晓律

相关作品：《虞美人》《望江南》《相见欢》《破阵子》等

轶事典故：伉俪情深，李煜之死

死亡地：汴京（今河南开封）

追封：吴王

追赠：太师

葬地：洛阳北邙山（今河南洛阳北）

最得意：诗词书画

最失意：国破家亡

李煜

“昨夜小楼又东风，故国不堪回首月明中”，这首词悲切、哀艳，千百年来曾赢得不少人的赞赏，也使人不由地产生怜悯之心。词的作者就是李煜。

李煜，字重光，初名从嘉，号钟隐，又称钟山隐士、钟峰隐者、钟峰白莲居士、莲峰居士。后边的这些号，显然是文人骚客般的自许，本非其名，而最为著称的倒是李后主。

李煜出自帝王之家，做了十几年的国主，享尽世间欢乐，然他在亡国之后又备尝了阶下囚的辛酸和耻辱。他的词实录了一段历史的兴衰，吟咏出他这一独特人物的悲欢情怀。

破落国主

五代之初，南方江淮地区有个较为兴旺的吴国。它是唐末庐州节度使杨行密创建的。杨能征善战，也重视治国，境内安定，生产发展，与当时朱（温）、李（克用）鏖战下的中原相比，倒是一片可以安居的乐土。他死后，大权为宰相徐温及徐的义子徐知诰掌握。天福二年（937年），徐知诰代杨氏而称帝，立都金陵（今南京）。两年后，政基既稳，自称大唐帝胄，改国号为唐，更名李昪，这就是五代十国中的南唐。

李昪谋国而不废政。他说，唐朝后期以来，朝廷失驭，武人用事，节度使擅权称霸，吏治坏到极点。要治国就要重用儒吏，废除苛政，解去人民的苦难。他在吴执政二十年，当皇帝又五年，力矫时弊，颇具重文抑武的特色。南唐的领域，包括今江苏、安徽的大部，江西全部和湖南、湖北的东部，是割据诸国中面积较大、人口较多的一个。

李昪以嗣兴唐祚自命，想要学汉光武帝刘秀，做个中兴之主。然而他并不急于北上争雄，而是用积蓄实力以待中原有变之策。他临终时，嘱咐他的儿子李璟说："我已积存了数以百万计的金银财宝，你好好守住这个根基，善交邻邦，千万别走隋炀帝的路子啊！"

李璟，即南唐中主。他在位十九年，只会坐享，谈不到守成。在文治上，他把李昪的励精图治变成以文害政，重用和偏信宋齐丘、陈觉、冯延巳辈奸佞之臣，朝政乌烟瘴气，一些有抱负或刚正不阿之士，遭到构陷或疏斥。他自己在国事上没主见，只知终日与一帮文士吟诗作画，竞艳斗奇。史书上说他音容闲雅，眉目若画，好读书能写诗。又说他少喜栖隐，筑馆于庐山瀑布前，本想当一辈子寄情山水的隐逸诗人，因为身为皇子，不得已才当了皇帝。这当然是为他这个政治庸人辩解。他和他的儿子李煜等人的"超脱"厌俗，都是因富贵而求潇洒，当了皇帝还想成仙罢了。

李璟刚即位的时候，南边的闽，西边的楚，都是政治昏乱、灾难较多的小国，两国的民众也多希望归附南唐。北边正是石敬瑭父子丧权辱国、民怨沸腾的后晋，不少有识之士和避祸的人民纷纷南来，希望南唐能够北定中原。著名文人韩熙载与其好友李谷诀别南来时，说："如果南国用我为相，我一定能北定中原。"虽是一时豪言，却反映了当时不少人对天下形势的看法和愿望。但是这一历史时机被李璟错过了。他对闽、楚的战争，本来已经取胜，却由于偏信了陈觉、边镐等人，反而由胜变败，国力受到很大消耗。北边，后晋被契丹灭亡之时，本是南唐长驱中原的天赐良机，可他一无决心，二无实力，眼看着后汉、后周相继称雄，自己只求偏安江左。如果说周世宗柴荣是在短期内创建统一天下之根基的英主；那么李璟就是个自毁根基、无所作为，终于丧师辱国，北向称臣的昏君庸人。

↑《韩熙载夜宴图》（五代，故宫博物院藏）

正在周师南伐之时，历事吴、唐两朝的老臣周宗病逝。宋齐丘吊丧时哭道："老先生啊，你真'聪明'，来得是时候，去得也正是时候！"言外之意是说，"你是看不到国破家亡了，而我怎么办呢？"降将孙朗也曾说："我在金陵这几年，看到了真相，真是朝无贤臣，军无良将，忠奸不别，赏罚不当。这样的朝廷，只是苟延残喘，怎能统一天下呢！"南来的韩熙载虽然当了大官，却早已大失所望，为了避遭嫌忌，竟蓄妓自污。显德六年（959年），李璟对周称臣，削帝号，称国主，尽献江北之地，南唐已是破落半亡之国。

显德七年（960年），赵匡胤代周建宋，李璟继续臣事中原朝廷。建隆二年（961年）李璟去世，第六子李煜继位。据李煜自述，他也是思追巢许，远慕夷齐之人[①]，只是因为其兄长文献太子等早亡，才不得已做了继位的国主。看来他们父子都是想吃闲饭怕操心的人物，当然也可能与国势日衰，前景暗淡有关。

事实上，李煜与其父一样，恬淡是假，慵懒是真，足足地享尽了为君的乐趣，是典型的及时行乐派。李煜在位的十六年，除了弊政民瘼之外，尽是酣歌醉舞的记录。一派破落、怠荒的景象，只等强者来收拾了。

经过李璟近二十年的挥霍和战争的消耗，南唐已到了帑庾告竭的地步，李昪留下的巨额财富早已无存。但李煜的奢侈比其父有过之而无不及。史书上说他

①巢（父）、许（由）、（伯）夷、（叔）齐：都是上古时代有名的不愿为君的隐士。

性尚奢侈，常在宫中造销金红罗幕壁，上面镶饰着白金和瑇瑁。每到春天，在梁栋、窗壁、柱栱、阶砌上，都装有隔筒，插上各种奇花异草，题为锦洞天。每当七月七，就命人用数百匹的红、白罗绢做成月宫天河之状，玩过后就废掉不再用。

李煜佞佛，每天都要办佛事，亲自主持上供诵经，并施舍大量财物。宫中有十几个寺庙，金陵城内也到处都建有寺院佛塔。他还亲自募民为僧，由朝廷开支养活数以万计的僧尼，从不吝惜。他与皇后穿戴袈裟僧帽，跪诵佛经，甚至把额头磕出大包，真是荒唐之极。他这样做，自然带动了臣僚百姓，上下狂惑，国势日非。和周世宗柴荣的抑佛恰成鲜明对比，仅此一点，就足见他是害政丧国之君了。当时有个名叫汪焕的进士，豁出性命上书警告他："南朝梁武帝就是因为舍身佞佛而亡国，最后饿死在台城，我看陛下有一天会比梁武帝的下场还惨！"李煜虽知这是逆耳忠言，但并不改正。

大小周后是老臣周宗的两个女儿，丽质娇艳，通音律，善歌舞，恰是李煜理想的伴侣，备得宠幸。李煜就终日陶醉在高唐梦境之中，骨软心酥，哪里还有半点心思和魄力经理朝政。大周后爱梳高髻，穿轻纱衣裙，"人皆效之"，是国内第一美人和"时装模特"。据说她通音律，善谱曲，创制新声时，喉无滞音，笔无停思，可以顷刻即成，称得起是个极有才华的音乐家。可惜的是，这些只能使李煜更加颓靡软懒罢了。

↑ 窅娘像（明人绘）

李煜纳小周后时，特举亲迎之礼，引全城的人前来观看。李煜为了玩得惬意甜蜜，在花丛中修了个穷极华丽的小亭子，上覆红罗，饰以玳瑁象牙，与小周后在里面酣饮作乐，也真是挖空心思了。

宫女窅（音yǎo）娘，体态轻盈，纤丽善舞。李煜就让人做了六尺高的金莲花，叫她在上面起舞。据说窅娘以帛缠足，成新月状。素袜纤足回旋于莲花之中，有凌波之态。有个名叫唐镐的曾写下“莲中花更好，云里月长新”的诗句咏赞此事。也有人以此为美，竞相效法，这便是后世妇女缠足的由来。可见这一遗毒千载的病态陋习，李煜是有责任的。

《南唐拾遗记》上说，宋伐南唐，接收了李煜的宠姬。这些美人夜晚不习惯灯火，因为在江南时，宫中晚上不用灯，以夜明珠照亮。这虽然是夸大的趣谈，却也反映了李煜宫廷的穷奢极欲。

可悲的囚徒

就在李煜纵情声色之时，北边的宋朝正在一步步实现着统一大业。李煜对宋一味卑躬屈膝，乞求宋军不要南下。他即位之初，派大臣冯延鲁上表宋廷，极尽委曲求全之意，表示“惟坚臣节，上奉天朝”。以后每年贡献数以万计的金银财宝。为了表示恭顺，还自贬仪制，改易官号，原封的子弟各王一律称公，宫殿屋脊上作为帝居标志的鸱（音chī）吻完全取掉。真是驯服到极点。

开宝四年（971年）宋灭南汉，屯兵汉阳。这可吓坏了李煜，他赶忙派宰相到宋朝贡，自动把南唐国主改名江南国主，取消独立的国号，想以此换取宋的宽免。当时宋军已经做着过江的准备，有个商人报告李煜说，宋在荆南（今湖北荆州）造好战舰千艘，可以派人去偷袭烧毁，以免后患。可是李煜哪里有这种胆量。大臣林仁肇密奏：“宋灭了蜀国，现在又用兵南汉，消耗已大，它的扬州一带兵力单薄。请给我几万兵去收复江北之地。就是宋的援军来了，我能坚守淮水一线，也可保无事。为了慎重，您可宣布我是叛军。成功了，有利国家；失败了，可诛灭我的全家，以表明陛下对宋并无二心。”可是李煜对此赤心报国之计，不仅不从，反而听信了宋的反间计，把这个忠臣良将杀死。真是昏庸到极点。他的办法，就是送礼。不仅公开孝敬宋朝皇帝，还偷偷地贿赂宋相赵普白银五万两，求赵替他说情。

开宝六年（973年），宋派大臣卢多逊来要江南各州的地图，这是接管江南的信号。李煜赶紧派人上表，请求宋太祖赏封他个爵号，正式列为宋的臣属，就不必出兵南下了。这当然是他的妄想。当时有个名叫潘佑的臣子愤切上书批评朝政，劝李煜振作起来。李煜不听，潘佑就一连上书七八次，气愤地说："三军可夺帅，匹夫不可夺志，我已上书数万言，该说的都说了。陛下一味纵容奸邪，不分是非，整个国家坏在你手里了，你都不如古时的桀、纣、孙皓，你太无能，太信邪了。我绝不与奸臣为伍，也绝不臣事亡国之君，你不听我的，就干脆把我杀死吧！"果然，李煜就把潘佑逼得自杀了。

开宝七年（974年），宋派大将曹彬南伐，为取得借口，先派人请李煜北上参加天子的祭祀大典。李煜感到凶多吉少，就推说有病不能从命。宋军十万，水陆并发。曹彬的水师从荆南顺流而下，得池州（今安徽池州），战铜陵，打垮江南两万军队的拦截。然后用三日架成横跨大江的浮桥，接潘美的步兵由采石矶（在今马鞍山市以西）上岸，又一举打败江南大将郑彦华、林真的两万军队。

开宝八年（975年），宋军攻取舍陵之战开始，很快就夺取了金陵外围的重镇、据点，十万大军涉过秦淮河完成了对金陵的包围。经过一场激烈的争夺，宋军烧毁江南水寨，攻破金陵的阙城（外郭）。据说宋军临近金陵时，李煜还被臣下皇甫继勋等蒙在鼓里，一点也不知道。一日，他登城见到城外旌旗遍野，才知宋军已到。不过他在担心害怕之余，仍继续与小周后在宫中饮酒作乐。金陵原为六朝之都，又经李昇的修建，城防甚为牢固，宋军一时难以攻下。当年秋天，受李煜之命由南都洪州（今南昌）赶来解围的十几万水军，火攻宋军，因遇逆风而大败。金陵再无解围之望。城内米斗万钱，人多饿死。李煜仍抱求和的幻想，派大臣徐铉去开封请求缓师，也是去讲理和诉委屈。徐铉对宋太祖说："李煜无罪，陛下出师无名。他对您如同儿子孝敬父亲一样毕恭毕敬，为什么还要受惩罚呢？"宋太祖说："既是父子，就不应再分两家！"弄得能言善辩的徐铉倒无话可说了。

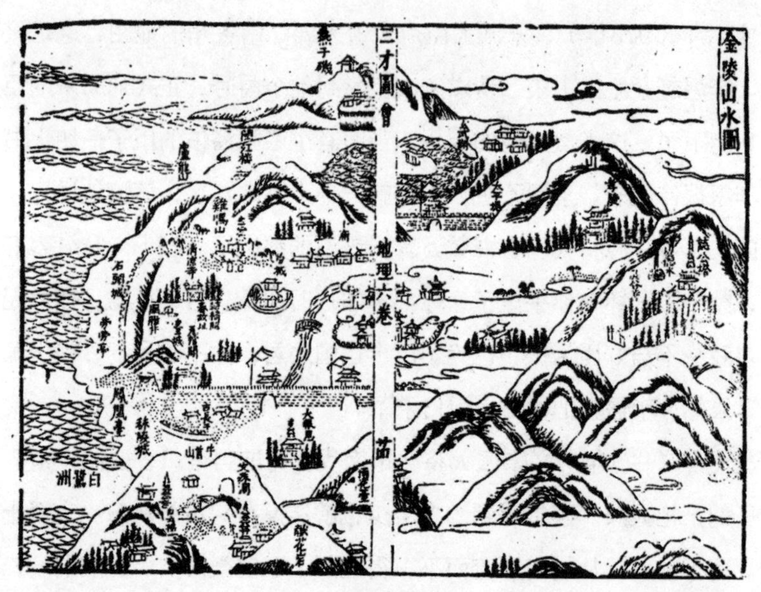

↑ 金陵山水图

一次未成，李煜又二次派徐铉去开封。徐铉只能以保全一邦性命为辞，哀求撤兵，再不敢说别的了。赵匡胤发怒说：“少废话，江南有什么罪，我不是惩罚江南，现在是天下一家，国无二主，我的卧榻之侧，岂能容许别人在此鼾睡！”宋太祖赵匡胤的这些话，虽然是强横者的诡辩之词，不过也正是对甘为弱者、奴者的报应和惩罚。

据载，当宋军日夜攻城之时，李煜仍每天到佛堂听和尚法师诵经，请隐士到宫中讲解《易经》八卦。全城人都知道城破就在旦夕，他却只信大臣张洎“北师已老，将自遁去”的谎言。十一月二十七日，金陵陷落，李煜正在宫中与小周后赋诗填词，刚成一首《临江仙》的首句：“樱桃落尽春归去”只好搁笔作罢，率领那些不愿殉国的臣僚，肉袒出降[1]，当了俘虏。

《江南野史》载，李煜曾对人表示：“宋军一旦来讨，我必亲督士卒背城一战。如果不胜，我宁可聚室自焚，也不做他国之鬼！”宋太祖听说后笑道：“这是书生吹牛的话，嘴上说说算了，从前的孙皓、陈叔宝都是这号人。”果然言中。

①肉袒：脱衣露背，表示服罪。

李煜及其后妃臣僚被宋军押送过江时，回瞻金陵，泪如雨下，成诗一首：“江南江北旧家乡，三十年来梦一场。吴苑宫闱今冷落，广陵台殿已荒凉。云笼远岫愁千片，雨打归舟泪万行。兄弟四人三百口，不堪闲坐细思量。”囚徒生活就开始了。

第二年，开宝九年（976年）正月初四，李煜到了开封，身着白衣纱帽，跪于明德楼下。演过这场献俘阙下的仪式之后，赵匡胤没有杀他，封他为光禄大夫，检校太傅及上将军之衔，列在上品，只是为了责其没有自动投降之罪，给了一个“违命侯”的辱称。当年宋太祖去世，宋太宗继位后，免去这一辱称，加封李煜为陇西郡公，且给予较厚的俸禄。总之还算待遇不低。但是李煜不是“乐不思蜀”的刘禅[①]，他毕竟是个有知有觉的人。十六年的国主做惯了，一旦成为俘囚，实在是个极大的精神刺激。他怕死，但又不能心甘情愿地凑合活着。日子一天天过下去，他的今昔之慨却越来越重。

当时朝廷中已收降了楚、蜀、南汉等国的君主。其中以南汉的刘铱最“乖”，在伐北汉之前的一次宫中宴席上，他对宋太宗说：“朝廷伟大，统一了天下。原各国的伪主都已归附了，今天都在场。陛下即将北伐，不久北汉既平，再来个刘继元（北汉主），就全齐了。我来得早，请您封我个降王大班长吧！”逗得宋太宗大笑不已。李煜就少这种“功夫”和“表现”，这就麻烦了！要命了！他终日以泪洗面，唉声叹气，想他的江南宫阙，痛不能忘被俘时的凄惨。当时写的那几首脍炙人口的词，虽赢得了后世人们的赞许，却为自己铸成杀身之祸。其一《破阵子》：

四十年来家国，三千里地山河。凤阁龙楼连霄汉，玉树琼枝作烟萝。几曾识干戈？　　一旦归为臣虏，沈腰潘鬓消磨[②]。最是仓皇辞庙日，教坊犹奏别离歌，垂泪对宫娥。

①蜀亡后，刘禅被封为安乐县公。一日，司马昭问他，想不想蜀地，他说：“此间乐，不思蜀。”

②南朝诗人沈约曾说自己年老多病，腰越来越瘦。潘岳说他的鬓发已经变白。李煜在词中借此说自己一天天变老变瘦了。

↑ 李煜手迹

其二《浪淘沙》：

帘外雨潺潺，春意阑珊。罗衾不耐五更寒。梦里不知身是客，一晌贪欢。　独自莫凭栏，无限江山。别时容易见时难。流水落花春去也，天上人间。

其三《虞美人》：

春花秋月何时了？往事知多少。小楼昨夜又东风，故国不堪回首月明中。　雕栏玉砌应犹在，只是朱颜改。问君能有几多愁？恰似一江春水向东流。

道尽了辛酸，倾泻了悲痛，至今读来，仍能动人心弦，令人怜悯。以致千百年来在人们的感情上，无形中，他成了被同情者，而宋代皇帝却受到冷落。这样的悲歌，实则是对胜利者的变相控诉，宋太宗岂能容他！

从某种意义上讲，李煜是个因嗜文而害政失国，又以能哭善诉而遭杀身的可悲诗人。

李煜的情绪早已引起朝廷的注意，加强了对他的监视和限制。

太平兴国三年（978年）七月的一天，宋太宗派徐铉去看李煜。徐铉知道太宗之意，心里很紧张，而李煜一见到自己的旧臣，忆旧伤心的情绪一下涌了出来，竟放声大哭了一阵。他还自疚地对徐铉说：“当年我错杀了潘佑，现在想起来，真后悔啊！”这句话吓坏了徐铉。再谈下去，不知李煜还会说出什么更犯忌的话来，徐赶紧告辞。宋太宗马上召见徐铉，徐不敢隐瞒，只好把李煜的话说了出来。宋太宗知道李煜心怀怨恨，就派人给他送去下了牵机药的毒酒，命他喝下。李煜心知酒中有毒，接过杯子声泪俱下地说：“陛下既已允我不死，就让我当个开封的老百姓吧，我也好看看当今的太平盛世，为什么还要杀我呢？”这虽又增加了他的一层不解，但还是无可奈何地把酒喝下去。终年四十二岁。

抒情的诗人

李煜天资聪颖，生于唯美唯文的帝王之家，以国主的身份领江南文运十几年，再加上最后几年的特殊遭遇，终于成为一个在古代文学史上占了一席之地的诗人。史载他有文集三卷，杂说百篇，而留传下来的仅有那几十篇颇具特色的作品。数量虽然不多，却可能是他的精品和代表作。

做国主时的词，多是艳丽淫靡的宫体诗，是其醉梦般宫廷生活的记录。然其中也有些与一般宫体诗不同，颇具一股人情味，并非雕琢乏味、意境浅薄之作。如“砌下落梅如雪乱，拂了一身还满”“离恨恰如春草，更行，更远，还生”等句，不仅有洒脱、见真之妙，而且与一般人的感情有相通之处。他似乎是个颇具“人性”的君主，或是个做了君主的多情诗人。他为周后写的一篇数千字的骈体悼文，哀苦伤神，情笃意切，也称得是工丽哀艳的抒情诗、咏叹调，不是一般形式主义的宫廷诗所能比的。当然这些作品的情调都是消极的、颓废的，没有一点英气豪情或健康质朴的情感，是病态的唯美主义。

后期的词都是自作挽歌。因他哭得悲切、说得着实，在艺术上达到更高的水平。

历代文论家，称道李煜的颇多。近代著名学者王国维在《人间词话》中说他的词超过温庭筠和韦庄，达到了“神秀”。说“词至李后主而眼界始大，感慨遂深”，在题材上、意境上都有了明显的突破和开拓，由一般俗唱俚歌变成文人们状物抒情的重要艺术形式。

李煜在政治上，与刘禅、陈叔宝一样，是怠政误国的典型，本无可称道。而他之所以名声并不很坏，除了他的文学成就之外，也因为他不算是个暴君。他虽然不能自持，自己却尚能自责、自疚。南唐的败亡，非他一人之责，他的父亲李璟以及一大批奸佞之臣也有责任。徐铉在为他写的墓志铭中说他：法不胜奸，没有治国的魄力；重文轻武，不能适应群雄争逐的时代。这应是比较恰当的批评。有人说他本来是个天才诗人，竟当了君主，从而使他痛遭不幸，真是历史的误会。这是出自对其文采的过爱而想把他从君主中拉出来，自然是不客观、不现实的。不过李煜以其诗词，给人留下了弱者、败者、悲者的形象，使人们叹其命，责其过，而不幸其亡。

曹月堂

国家图书馆出版社编审，著作有《中国政治思想史·清代部分》《评注阅微草堂笔记选》等；主编《中国文化世家丛书》等。

强化封建专制主义中央集权的宋太祖

赵匡胤

宋太祖个人小档案

姓名：赵匡胤

年号：建隆、乾德、开宝

字：元朗

别称：香孩儿、赵九重

所处时代：五代、北宋

生卒年：927—976年

出生地：洛阳夹马营（今河南洛阳）

在位：960—976年

定都：汴京（今河南开封）

主要成就：建立北宋，结束五代十国战乱局面

相关作品：《咏初日》

轶事典故：黄袍加身，杯酒释兵权，烛影斧声

死亡地：万岁殿

庙号：太祖

谥号：启运立极英武睿文神德圣功至明大孝皇帝

陵寝：永昌陵（今河南巩义）

继位人：宋太宗赵光义

最得意：建立北宋

最失意：未能彻底统一

赵匡胤

在20世纪30年代的一个大雪纷飞的早晨，一个伟人矗立在祖国北方的高山之巅，眺望着蜿蜒逶迤的万里长城和那千里冰封的高山大川，吟咏出一首势吞山河的《沁园春》词。在这首雄伟壮丽的诗篇中，他历数了自秦始皇以来的古代杰出帝王。其中，就有我们所要叙述的主人公——宋太祖赵匡胤。

在动乱的年代里

后唐天成二年二月十六日，也就是927年三月二十一日，这一天在中州古都洛阳夹马营的一个军人家中，诞生了一个婴儿。这个婴儿也许同成千上万的婴儿一样，并没有什么异常特别之处。然而，由于他日后的地位，致使后来的史家们总是不甘心把他说成是一个凡人。于是，在他们笔下，伴随着这个婴儿的出生，就呈现一些异兆："赤光绕室，异香经宿不散，体有金色，三日不变"云云。

赵匡胤出生时，威赫数百年的大唐帝国已经在世界上消失整整二十年了。一个平衡被打破，接踵而来的就是长久不息的动乱。开平元年（907年），在唐末农民大起义和藩镇割据的军阀混战中起家的朱温，废掉已是有名无实的唐哀帝，在开封建立了后梁王朝。以此为标志，统一的唐帝国，形成了支离破碎的分裂局面，开始了历史上的五代十国时期。建立了后梁王朝的朱温，并不满足于他眼下狭小的统治区域。顺利地篡唐，膨胀了他统一天下的野心。而在他四周割据的军阀，当然并不十分瞧得起这个实力并不大的暴发户，觊觎着朱温统治的中原地区。于是，各种势力一直进行着逐鹿中原的厮杀。“攻城以战，杀人盈城，攻地以战，杀人盈野。”中原大地上又出现了三国时期曹操所描述的那种悲惨情形：“白骨露于野，千里无鸡鸣。”社会经济遭受了严重破坏，黎民百姓蒙受了极大的苦难。在龙德三年（923年），后梁终于被沙陀人李存勖攻灭。在这片废墟上，李存勖建立起了后唐。五代乱世，不但各军阀势力之间互相进行着征伐攻战，各种势力的内部也不断上演篡杀夺位的闹剧。后唐庄宗李存勖的皇位还没坐上几年，就被他的义兄李嗣源发动政变推翻。也许是接受了前朝的教训，新上台的后唐明宗李嗣源暂时停止了对外征战。他的这些做法，在几年内收到了一定的效果。史家记载这一时期是“年谷屡丰，兵戈罕用，较于五代，粗为小康”。赵匡胤就是诞生在这样一个乱世中的暂时承平时期。

↑ **后梁太祖朱温、后唐庄宗李存勖像**

赵匡胤的家庭，是一个武人家庭。他父亲赵弘殷在后唐任飞捷指挥使，这是一个中级禁军头目。也许是因为处于承平时期，也许是因为篡位的明宗李嗣源把他视为庄宗的人，总之，赵弘殷的官运不佳，多年未得升迁。因此，赵匡胤的家庭，并没有为这位未来的天子安排一条锦绣前程，只是像一般的小康人家那样，送他去读了几年书。然而，由于军人家庭的耳濡目染，赵匡胤对舞刀弄枪很感兴趣，子曰诗云倒没记住几句。随着年龄的增长，赵匡胤练就了一身武艺。

一晃几年过去了，赵匡胤已满二十一岁。作为武将的父亲，只能给他娶了一个袍泽的女儿，却不能为他今后的进身发迹想出更好的办法。颇有些冒险精神的赵匡胤，决心自己闯荡江湖，碰碰运气。于是在二十一岁这年，毅然告别了父母妻子，开始浪迹天涯。

赵匡胤沿黄河西行，到关陇（今陕西甘肃）一带这大唐崛起之地漫游，寻找风云际会的机缘，但一无所遇。四处漂泊的赵匡胤，走到原州潘原县（今甘肃平凉东），大概已近于囊空如洗。但见一群赌徒在赌博，便也参加进来，希冀发一笔意外之财。果然，被他赢了几注。但那群市井无赖欺负他是外乡人，竟群起围攻，寡不敌众，赵匡胤被打得鼻青脸肿，钱也被抢走了。

在关陇无望，赵匡胤就南下到了复州（今湖北仙桃西），去投奔与他父亲有旧交的防御使王彦超。但王彦超没有收留他，看在他父亲的面上，给了十贯钱，就把赵匡胤打发走了。赵匡胤又来到随州（今湖北随县），找刺使董宗本，这也是父亲的旧友。董宗本倒是把他收留下来，赵匡胤满以为有了一个安定的生活，舒了口气。不料，与赵匡胤年纪相仿的董宗本的儿子董遵诲，却对穷困潦倒而寄于篱下的赵匡胤横加凌侮。赵匡胤感到在随州没什么出路，同时也咽不下这口气，就愤然辞别，又开始了漫游。

赵匡胤走到襄阳，投宿在一个寺庙里。也许是由于南来北往的香客及过路人很多的缘故，寺庙的老和尚对天下大势颇知一二，就向茫然不知所向的赵匡胤说：“我给你一点盘缠，你一直往北走，也许会交上好运。”当时，后汉刘知远称帝刚刚一年就病死了，年幼的后汉隐帝刘承祐即位，后汉统治集团内部各种矛盾加剧。军校赵思绾在长安发动兵变，联合凤翔节度使王景崇反叛，护国节度使李守贞也密结辽朝，自称秦王，在潼关反叛。三镇连叛，汴京震动。急忙派枢密使郭威前去讨伐。在平定三镇连叛前后，郭威便招兵买马，扩充势力。襄阳寺庙老和尚指点赵匡胤北去，正是要他去投奔正在邺都（今河北大名东北）的郭威。

基于以前投奔王彦超和董宗本的坎坷遭遇，赵匡胤对这次投奔郭威也颇感前途未卜。一天，在路过归德（今河南商丘）的高辛庙时，他看到人们在占卜凶吉。穷困潦倒的人，更关心自己的命运。赵匡胤也走进庙中，拿过香案上占卜用的竹筊，一边默默祷告，一边抛掷竹筊。漫游了一两年也没交上好运的赵匡胤，并不指望这次投靠郭威能出现什么奇迹。他先问能否当个小校，不吉。而后连问几个也不吉，当问到能否当节度使时，竹筊所显示的还是不吉。再往上就是天子了，赵匡胤有些急了，难道是做天子不成？他这样问。果然，像是同他开玩笑似的，竹筊呈现出吉兆。赵匡胤这种占卜结果，纯属于一种偶然的巧合，而后来的史家却说成是上应天命，显然是荒唐的。不过，这对心怀大志的赵匡胤来说，无疑是一剂兴奋剂。尽管看来这种占卜结果目前还是可望而不可即，但它像是一粒种子，在赵匡胤的心中埋下。当后来他的势力强大时，这粒种子，就膨胀发芽了，充满了野心。

与天命无关，大凡胸怀大志之人，平素谈吐也必有异于常人之处。史载汉高祖刘邦卑微时，在人群中围观威仪凛凛出巡的秦始皇，喟然叹息曰："嗟乎！大丈夫当如此也。"项羽看到这一场面，说道："彼可取而代之！"赵匡胤在漫游时，一天看到几个文人正对着初升的朝阳吟诗。听了听，感到这些人的诗尽管文辞华丽，但意味却很浅陋。于是，从来不喜欢吟风弄月的赵匡胤不禁随口诌了几句：

太阳初出光赫赫，
千山万山如火发。
一轮顷刻上天衢，
逐退群星与残月。

这几句果然气象不凡。看得出，只要有了条件与机会，赵匡胤是有着扫平群雄，泻一天下之志的。

到了邺都，郭威把这个身强力壮，精通武艺的青年收了下来。

戎马生涯

平定三镇连叛，郭威坐拥重兵，足以左右朝廷。汉隐帝为了巩固统治，先后杀死了权臣杨邠、史宏肇、王章，随即把刀锋转向郭威，密遣使者赴澶州杀害郭威。郭威被逼起兵，以清君侧的名义，渡过黄河向汴京进军。汉隐帝无力抵抗，被兵杀死。郭威进入汴京，士兵大掠。郭威请太后临朝听政，准备迎立刘知远之侄武宁节度使刘赟继位。这时，边报辽兵南犯，郭威率禁军北上抵御。行军途中，将士纷纷议论说："我们把京师攻陷了，每个人都有罪。如果刘氏复立，我们就没命了。"于是，军至澶州时，将士哗变，撕裂黄旗裹在郭威身上，拥立为帝。郭威回师汴京，受禅即皇帝位，是为后周太祖。

赵匡胤作为军中的一员，由于命运所系，在拥立郭威这一事件中，表现得很突出，深得郭威赏识，提升为东西班行首，成为禁军军官。这次事件，给赵匡胤留下了深刻的印象。

↑ 后周世宗像

两年后，郭威任命赵匡胤为滑州（今河南滑县东）副指挥使。还没去赴任，皇子柴荣被封为晋王，担任开封府尹。由于柴荣曾与赵匡胤同在军中，很了解他的勇武与才能，就要求把赵匡胤留在了他的身边，任命为开封府马直军使，成为柴荣的潜邸旧僚。这才是真正的风云际会，对赵匡胤一生的发展起到了决定性的作用。第二年，郭威病死，养子柴荣即位，是为周世宗。

周世宗即位不久，北汉联合契丹入侵。世宗率军亲征，赵匡胤与禁军另一将领张永德各领牙兵一千随行。两军在高平遭遇，后周骑兵将领樊爱能、何徽不战自溃，望风而逃，步兵也纷纷解甲投降。世宗只好率领亲兵督战。赵匡胤看到形势十分危急，振臂大呼："主上这样危险，我们还活着干什么！"并对张永德说："你手下的士兵长于射箭，赶快占领右翼制高点，我率兵从左翼包抄。国家安危，在此一举！"说罢，率兵从左翼冲入敌阵。北汉军队没有防备几乎战败的后周军队的突然反扑，全军大溃。在这次战役中，赵匡胤表现了出色的指挥才能与勇敢精神，改变了战场的形势，转危为安，转败为胜。

高平战役后，赵匡胤被提拔为殿前都虞侯，领严州刺史。这次战役，使周世宗痛感军纪不肃，兵力不振，骄兵悍将，临阵溃逃，使他几陷绝境。他决心彻底整顿军纪，首先他把樊爱能、何徽等七十多名临阵脱逃的将校斩首。继而又授权给他所欣赏的赵匡胤，对禁军裁汰老弱，精选强壮，大大整顿了一番，使后周禁军的战斗力大为增强。这次整军，为赵匡胤掌握禁军提供了机会，也为他以后整军积累了经验。

通过高平战役，使周世宗感到赵匡胤不只是一介武夫，仅有匹夫之勇，而是一个智勇双全，具有战略眼光的将才。这使赵匡胤深为周世宗所倚重。显德二年（955年），后周攻打蜀国秦、凤等州，但攻了很久未攻下。周世宗不甘心师出无功，就派赵匡胤前去观察一下，能否打赢。赵匡胤到前线认真观察了战势，回来报告说可以获胜。果然不出一个月，就传回了捷报。

周世宗在进行内部改革的同时，挥兵开始了统一天下的事业，赵匡胤在统一战争中建立了卓著的功勋。显德三年，后周进攻南唐，久攻寿州不下。而淮水下游涂山驻扎着的一万多唐军则随时有可能包抄周军。周世宗派赵匡胤去解除这一威胁。赵匡胤在涡口设下伏兵，然后派一百多个骑兵前去唐军营前挑战，佯败，且战且退，把唐军引入包围圈，大败唐军，杀死唐将何延锡，夺得战舰五十多艘。

解除周军围困寿州的后顾之忧，但唐军还随时有可能从滁州增援。在涡口破敌后，周世宗又派赵匡胤远道奔袭滁州。唐军皇甫晖拒兵于清流关下，赵匡胤初战失利。他感到不能硬碰，必须智取，就密访当地人，怎样能绕过清流关，直捣滁州。在当地人的指点下，赵匡胤率兵走山后小径，突然出现在滁州城下。皇甫晖大惊，慌忙退回州城，赵匡胤紧逼到城下。皇甫晖说："人各为其主，愿从容成列而战。"赵匡胤应允。皇甫晖稍定惊魂，率兵复出，还未站稳，赵匡胤只身飞骑，突入敌阵，大吼一声："我要捉的是皇甫晖，其他人不是我的敌人！"皇甫晖一愣神，已被赵匡胤一剑砍在头上。一拥而上的周军活捉了受伤的皇甫晖，一举攻克滁州。被俘后的皇甫晖对周世宗叹息道："臣非不忠于所事，但士卒勇怯不同耳。臣向日屡与契丹战，未尝见兵精如此。"盛称赵匡胤的英勇。

在滁州，对于赵匡胤来说具有重要意义的是，他在这里结识了辅佐他将来创立北宋王朝的核心人物赵普。这意义无异于刘备结识了诸葛亮。史载赵普“少习吏事，以吏道闻”。在认识赵匡胤之前，他已“托迹诸侯十五年”。他到平定后的滁州任军事判官，就是由于永兴军节度使刘词临死前的举荐和后周宰相范质的提名。赵匡胤与赵普虽未有“隆中对”，但初次相见，赵普的一番谈话，已使赵匡胤感到这是一个重要谋臣。随后，赵普在滁州处理狱事，也使赵匡胤很钦佩。然而当时赵匡胤的地位还不可能将赵普罗致在身边。而看来赵普却没有轻视这个地位还不是很高的武将，凭他多年的经验，认准了这颗正在升起的新星。因此，他对病倒在滁州的赵匡胤父亲赵弘殷，端茶送药，殷勤服侍，使赵弘殷深为感动，“待以宗分”。这使赵普与赵匡胤结下很深的私交。所以当八个月后，赵匡胤一被任命为同州节度使，兼殿前都指挥使，就立即上表把已经做了渭州军事判官的赵普要到身边做节度推官。赵匡胤集团开始初步形成。

此时，赵匡胤作为一个军人，已由一名小校迅速成长为一员出色的武将。这除了有军人家庭给他的熏陶外，主要还是他亲冒矢石、身经百战的锻炼。而且从小校到殿前都指挥使，从将兵到御将，也使他在原本具有的匹夫之勇和战术计谋之外，还逐步锻炼得具有战略眼光。

赵匡胤战功卓著，迅速升迁。在任命为同州节度使后，不久又因攻克寿州战功，改领义成军节度使。一年后，因征淮南战功，又改领忠武军节度使。同时他一直担任殿前都指挥使，握有禁军大权。

他被历史推上去了

五代时期，烽火不熄，政局动荡不定。五十四年间，更八姓十四帝，平均每四年更换一个皇帝。这些皇帝的即位，多数是靠拥重兵夺得。如后梁太祖朱温、后唐庄宗李存勖的皇位是靠多年血战夺得；后晋高祖石敬瑭是借契丹的兵力自立；后汉高祖刘知远是以河东节度使乘乱称帝；而后唐明宗李嗣源、末帝李从珂、后周太祖郭威的皇位，都是靠禁军夺得。所以，在这些人头脑中，已经没有什么君权神授的观念。燕王刘守光公然说："我地方二千里，带甲三十万，直作河北天子，谁能禁我！"安重荣说得更直截了当："天子，兵强马壮者当为之，宁有种乎！"整个五代，都是一种实力的角逐。谁有实力，谁兵强马壮，谁就可以实现野心。生活在这样一个时代里，心怀异志的赵匡胤早已看透了这一点。

显德六年（959年），周世宗亲征契丹，在军中出现了一个奇怪的木牌，上面写着"点检做"三个字。这使周世宗疑心重重。不久周世宗在军中病倒，回到汴京。当时的殿前都点检是周太祖郭威的女婿张永德，与周世宗辈分平等。而病中的周世宗想到皇位继承人皇长子柴宗训年仅七岁，自己死后，张永德辈分居上，手握重兵，就可能会跋扈难制。于是就解除了张永德的军职，而代之以他认为忠实可靠的赵匡胤。就这样，赵匡胤轻而易举地把禁军最高指挥权握在了手中。

这块蹊跷的"点检做"木牌，显然是一种阴谋，而并非像后来史家所附会的是赵匡胤以后从殿前都点检做了天子的神符。此时已萌发野心的赵匡胤，为了夺取禁军最高指挥权，用来除掉张永德而要了个把戏。即使是作这样的假设，恐怕也不为过。

不久，周世宗病死，七岁的柴宗训继位。这时的赵匡胤从殿前都虞侯到殿前都点检，掌军政已达六年，在军队中势力已很大，威信很高。他不仅手握军权，还把一些重要将领拉拢到身边，以盟誓结义的古老方式，与石守信、王审琦等人结成义社十兄弟。目前后周这种"主少国疑"的局面，自然为赵匡胤取代后周统治提供了极好的机会。对于赵匡胤的势力扩大，在周世宗时，有一些人已经感到不安，右拾遗杨徽之曾对周世宗说赵匡胤威望太高，不宜典禁兵。在周世宗死后，韩通同赵匡胤并掌禁兵，他的儿子也劝韩通寻机把赵匡胤除掉，韩通不听。于是，郭威代汉的一幕，不到十年又重演了。

在显德七年（960年）元旦，镇、定二州报告契丹会合北汉入侵。宰相王溥、范质仓促派赵匡胤统帅禁军北征抵御。这种伎俩，与九年前郭威代汉如出一辙，拙劣的模仿，使赵匡胤的企图暴露无遗。"司马昭之心，路人皆知。"京城中纷纷传说"出军之日，策点检为天子"，人们害怕因政局变动而遭受洗劫，争为逃匿之计。这件事只有内庭晏然不知。

大军行至开封东北四十里的陈桥驿，因天色已晚，就在那里驻扎下来。当晚，赵匡胤的亲信便在将士中制造舆论："现在周帝幼小，不能亲政，我辈冒死为国家抵御外敌，又有谁知道！不如先立点检为天子，然后再北征也不晚。"五代以来，牙兵悍将动辄拥立主帅。因此，这些话果真把一些将士的情绪煽动了起来，要求拥立赵匡胤。这时一直在幕后策划的赵普、赵匡义走到前台。他们表面上劝将士们不要这样做。名为劝阻，实为激将。果然群情汹汹。赵普、赵匡义看到时机成熟，就派人连夜回京通知赵匡胤的把兄弟殿前都指挥使石守信和殿前都虞侯王审琦，让他们在京城策应。部署妥当，天已蒙蒙亮了。于是便演出了一场兵变的把戏。全副武装的将士团团围住赵匡胤的住处，把佯作不知的赵匡胤喊了出来，给他裹上了象征皇权的黄袍，高呼万岁。这一场面，与郭威代汉，将士"裂黄旗以被帝体"何其相似！不过黄旗还像是仓促所为，而现成的黄袍则表明事件的预谋。

↑ **陈桥驿系马槐**

赵匡胤假意推辞，将士不可。作为将士，拥立主帅，这对周朝来说是大逆不道的。如果赵匡胤拒绝了，则以后这些将士的性命也难保。而如果拥立成功，他们便成了开国有功之臣。所以，只要赵匡胤同意拥戴，则这些将士对赵匡胤的话自然是无所不从。赵匡胤抓住将士们的这种心理；就说："你们贪图富贵，立我为天子，如果你们肯听我的命令，我就干，否则我不能干。”将士们异口同声说我们听你的。于是，赵匡胤说：“周少帝及太后是我所侍奉的，朝中公卿大臣都与我平起平坐，你们不能伤害他们。以前改朝换代，初入京城，皆纵兵大掠，你们不能这样做，事成之后，我会重赏你们，不听命者诛灭九族。”与将士约法如此，就整军回师京城。除了韩通想组织反抗被杀外，几乎是兵不血刃地成功进行了这次政变。

以和平方式进行朝代更替，可以说是赵匡胤集团的既定策略。因为这样有利于稳定局势，巩固统治，继续进行周世宗所未竟的内政改革和统一事业。在周世宗死后，能够继承其事业的，不是七岁的周少帝所能胜任的。各种实力与势力比较的结果，只能是赵匡胤，而不可能是别人，这是历史的选择。

极为温和的禅代顺利地进行着，看上去似乎是仓促事变，但禅代诏书竟也有人事先准备好了。因为赵匡胤所领归德军就在宋州（今河南商丘），所以定国号为“宋”。至此，大宋王朝在中国历史上诞生了。

当然，事情并不是一帆风顺，诏令传布天下，也并不是四方臣服。后周开国功臣、镇守在潞州（今山西长治）的昭义节度使李筠，素怀野心，首先起兵反抗。此后又有淮南节度使李重进反抗。然而，他们的实力都不足以同赵匡胤对抗，赵匡胤率兵亲征，各个击破，在不到半年的时间内就将反叛平定了。

赵匡胤和平代周，客观上说，是有进步意义的。否则七岁的周少帝当政，不可能使周世宗的未竟事业继续发展，如果四方政权乘后周“主少国疑”进犯，中原势必又会重新陷入混乱。而赵匡胤代周，则保证了周世宗的各项改革措施与统一事业的继续进行和大步前进。

他在想怎样不成为第六个短命王朝

从开平元年（907年）到显德六年（959年），这短短的五十三年内，像走马灯似的，中原更换了五个朝代，更换了八姓十三君。这五个朝代中，除了最初建立的后梁是被长期与之对立的军事集团太原李克用、李存勖父子推翻的以外，其他各朝都是被统治集团内部的军人所篡夺的。作为一个军人，赵匡胤亲自参加过拥立后周太祖郭威的行动，在不到十年后，又被人拥立，他是深深懂得立由武将，废由武将这一点的。特别赵匡胤基本上是以军事联盟的形式夺得政权的。登基之后，他原来结盟的义社十兄弟以及资望高于他而又久拥重兵的大将，都成了他的潜在威胁。因此，如何消除这些威胁，使刚刚诞生的大宋王朝长治久安，不至于成为继五代之后的第六个短命王朝？自宋太祖赵匡胤登基之后，这个问题一直萦绕在他的头脑中，使他食不甘味，睡不安枕。节度使李筠与李重进的相继反叛，使他更感到解决这个问题的紧迫性。因此，在平定了李筠与李重进的反叛之后，赵匡胤就把赵普召来，问道："天下自唐末以来，几十年间，帝王凡易八姓，战火不熄，生民涂地，这是什么原因？我想要熄灭天下战火，为国家长久计，应当怎样做呢？"赵普回答："以前的动乱，是由于方镇太重，君弱臣强。如果改变这种局面，只有稍夺其权，制其钱谷，收其精兵，这样天下自然就安定了。"话还没说完，赵匡胤就说："你不要说下去了，我全明白了。"

话虽这么说，但是要让宋太祖对多年来出生入死、情同手足的结义兄弟下手，颇重情义的宋太祖还是有些犹豫不定。当时他的十兄弟如石守信，王审琦等，分别掌握禁兵军权，赵普多次劝宋太祖换掉他们。宋太祖都未答应。他说："他们绝对不会背叛我，你过虑了。"赵普开导说："我并不是忧虑他们本人会背叛你，在我看来，他们都没有统御天下之才，但万一他们手下的人拥立，也由不得他们。"宋太祖联想到亲身经历的一次次兵士迫立的场面，顿觉不寒而栗，从而下定了决心。

一天，宋太祖专门把石守信等人召来聚饮。酒过三巡，宋太祖发话了："如果不是你们拥戴，我哪能有今天呢？可这天子也不是好当的呀，真不如当节度使轻松愉快，我到现在哪睡过一个安稳觉！"石守信他们忙问为什么。宋太祖说："这还不明白，我这个位置，有谁不想坐！"石守信等人大惊失色，忙说："陛下怎么说起这样的话呢？现在天命已定，谁敢再有异心！"宋太祖说："不对，你们虽然没有异心，但你们手下的人如果贪图富贵，有一天突然也给你来个黄袍加身，那时你们就是不想做，办得到吗？"石守信等人听了宋太祖这番话，都顿首涕泣说：“我们实在愚蠢，没想到这一点，千万请陛下可怜我们，给我们指示一条生路。”宋太祖一看时机已到，就把底兜了出来，说：“唉！人生就像白驹过隙，转眼即逝。人所追求的不过是多积金钱，吃喝玩乐，使子孙也过上好日子。你们何不放弃兵权，出去当个地方官，买些好房好地，为子孙立业，多置些歌儿舞女，天天饮酒作乐，以终天年，我再与你们结成儿女亲家，君臣之间也无猜疑，上下相安，这样不是很好吗？”第二天，这些人纷纷称疾请罢兵权。宋太祖大喜，赏赐他们许多钱财，打发他们到外地去当个基本上仅有虚名的节度使。这就是闻名于史的“杯酒释兵权”。

↑ **杯酒释兵权**

解除了身边掌握重兵的禁军将领的军权之后，分别担任过殿前都虞侯、都指挥使、都点检各种禁军要职的宋太祖，感到目前这种军事制度是一块能够产生新的实力人物的土壤，必须加以改变，才能从根本上消除潜在威胁。因此，宋太祖在解除禁军将领军职的时候，有的重要职务也就从此撤销了。如在任慕容延钊为节度使时，就乘机撤销了殿前都点检一职。在任高怀德为节度使时，就撤销了副都点检一职。在解除石守信军职时，又撤销了侍卫马步军都指挥使一职，逐步形成了禁军由官职较低的殿前都指挥使、侍卫马军都指挥使、侍卫步军都指挥使分别统领的“三衙分立”制度。这比过去一人统领三军，或兼领马步军那种手握重兵的局面有了很大的改变。而且规定三衙只有带兵权，没有发兵权。发兵权归枢密院。而枢密院虽可发号施令，却不直接统兵。这样互相牵制的结果，把军权都集中在皇帝手里。这是宋太祖对军事机构的最大改造，这样一来，基本消除了武人发动兵变的可能性。

但宋太祖并不满足，他对以此起家并用来保卫他的江山的军队，防范是很严的。首先，他加强禁军的力量。在宋代，禁军等于正规军，此外还有厢兵、乡兵、土兵等地方军队。宋太祖下令选择了一批“琵琶腿、车轴身”这样身体健壮的兵卒作为兵样，“令天下长吏择本道兵骁勇者，籍其名送都下，以补禁旅之阙”。这样一来，各地的强兵锐卒便统统转充三衙禁兵，剩下的老弱残兵成了专供杂役的厢兵，使地方部队，无法同禁军抗衡。在禁军的驻防上，宋太祖采取了“强干弱技”的策略，即在京师附近驻有强兵，使各地无以敌京师，同时，禁军还实行更戍法，经常戍边换防。这样既可以使士兵“习劳苦，均劳役”，又不至于使禁军久驻一地，与地方产生密切的关系。对于禁军的各级将领也经常调换，目的是使“兵不识将，将不专兵”，“兵无常帅，帅无常师”，使士兵与将帅之间不可能产生过于密切的关系，不至于形成五代时那种牙兵悍将。

军队兵员的来源，宋太祖采取募兵法，除了平时补充兵员外，遇有荒年灾岁，更是大量募兵，以便把破产脱离土地的农民招募到军队中来。宋太祖对这种做法有个很特别的解释。他对赵普说：“吾家之事，唯养兵可为百代之利。盖凶年荒岁，有叛民而无叛兵；不幸乐岁变生，有叛兵而无叛民。”

宋太祖在军事制度方面的各种改革措施，成功地防止了宋王朝没有继五代之后成为第六个短命王朝。但是，他所制定的这些祖宗法，互相钳制的指挥系统，无限制的募兵，守内虚外的方针，等等，又给宋王朝日后的积贫积弱埋下了种子。

“卧榻之侧，岂容他人鼾睡”

宋太祖初步巩固了内部，但他并不能安枕，他对赵普说：“吾睡不能着，一榻之外，皆是他人家也。”宋太祖懂得，对他这个新生政权的威胁，不仅来自内部，而且还来自外部。后梁被后唐几十年血战攻灭的近代史不断提醒宋太祖，而后周世宗南征北伐开拓疆土带来的大好形势也在鼓舞着宋太祖。他决心扫灭群雄，改变分裂局面，统一天下。在当时，中原最有条件的、力能胜任统一全国的，只能是宋王朝。其他各国基本上都是已偏安多年，统治腐朽，内乱频仍。而宋朝建立之前，周世宗内革弊政，外拓疆土，经济军事力量日益强盛，非他国可比。赵匡胤代周，也继承了这样一个大好局面。因此，自然要把周世宗未竟的事业进行下去。

然而，在当时，北有北汉、契丹，西有后蜀，南有南汉、南唐、吴越、荆南等，譬如面对满桌菜肴，从何下箸呢？这也是使宋太祖颇费心思的问题。他还记得素所钦佩的王朴，在昔日向周世宗的献策："凡攻取之道，必先其易者。""得江南，则岭南巴蜀，可传檄而定；南方既定，则燕地必望风内附。"斯人已逝，这种先南后北的策略是否可行，宋太祖还举棋不定。

↑《雪夜访普图》（明刘俊绘）

一天夜里，大雪纷飞，赵普的府邸响起了叩门声。赵普开门一看，宋太祖独立于风雪之中。赵普慌忙迎进。不久，赵光义也应宋太祖之约来了。这三个赵匡胤集团的核心人物，坐在堂中，围着红红的炭火，吃着烤肉。赵普的妻子给他们斟酒，宋太祖也以大嫂相称，君臣亲密无间，仿佛又回到赵匡胤未即位前的岁月。宋太祖说起了来意，对赵普说，我睡不着，想同你商量攻打北汉。赵普说："北汉当西北二面，太原如被攻下，那么这西北二面，就要我们独当。等削平各国之后，则北汉那弹丸之地，还能逃到哪去！"宋太祖笑了："我也正是这样想的，不过想试探一下你的意思。"宋太祖的设想曾与其弟赵光义谈起："中国自五代以来，兵连祸结，帑藏空虚，必先取巴蜀，次及广南、江南，即国用富饶矣。河东与契丹接境，若取之，则契丹之患，我当之也。姑存之，以为我屏翰，俟我富实则平之。"王朴旧策的启示，赵普的见解，多日的深思熟虑，形成了

“雪夜定策”，这就是先南后北。

战略方针确定后，宋太祖准备征伐的第一个目标就是高继冲盘踞的荆南。荆南的军事力量较弱，但战略位置却很重要。这里南通长沙，东距建康，西迫巴蜀，是宋太祖西征南下的要冲。宋太祖派人出使荆南时，就对使者说：“江陵人情去就，山川向背，我尽欲知之。”使者回来说，荆南兵力不强，民困于暴敛，很容易攻取。尽管如此，宋太祖还是想师出有名。恰巧，机会来了。割据湖南的武平节度使周行逢病死，十一岁的儿子周保权袭位，大将张文表不服而反叛。周保权一面派兵抵抗，一面向宋朝求援。于是，宋太祖就决定借道荆南，名为援助湖南周保权，而一箭双雕，乘机灭掉这两个割据政权。宋太祖派遣的慕容延钊、李处耘率领的大军几乎没有遇到什么大的抵抗，就先后灭掉了荆南、湖南两个割据政权。

接着宋太祖又以西蜀欲勾结北汉伐宋为由，两路出兵西蜀，经过王全斌、曹彬等人的激战，用两个月又灭掉了西蜀。随后越过五岭，灭掉了南汉。南汉灭亡，使南唐处于三面受敌的形势之下。南唐盘踞的地盘不小，但一直畏惧讨好宋朝。而宋朝在征伐别国时，对南唐也一直是采取羁縻政策，使其处于中立立场。现在南方诸国有的攻灭，有的臣服（如割据泉、漳的留从效），自然兵锋所指就是南唐了。这时，南唐已自行削去国号，君主改称江南国主。江南国主李煜只会吟风弄月，而对宋朝的进攻却不知所措，他派大臣徐铉去宋朝问宋太祖，为什么要讨伐江南，宋太祖厉声喝道：“你不用多讲了，江南有什么罪，只不过天下一家，卧榻之侧，岂容他人鼾睡！”

灭掉南唐，南方还剩有吴越一国，宋太祖没有急于出兵，而是采取了恩威并重的手段。宋太祖把胆战心惊的吴越王钱俶招到汴京，临走给了他一包宋朝臣僚要求扣留钱俶的章疏，吓得他彻底臣服了。吴越的灭亡只是一个时间问题。

宋朝南征，几乎没费什么气力就平定了。但宋太祖念念不忘的是恢复汉唐旧疆，平定北汉，收复燕云十六州。他在宋军攻灭西蜀后，两次出兵，讨伐北汉，后一次还是他亲自出马。但都因契丹的增援而未成功。此志未遂，宋太祖把平定江南诸国所得金帛运回汴京，建立了封桩库，准备储满五百万之后，向契丹赎回燕云十六州，如果契丹不肯，就用这笔钱作为军费，兵戎相见。终太祖之世，除北汉外，基本上结束了延续几十年的分裂局面，中原和南方广大地区实现了“天下一家”。扫平群雄，也应了宋太祖早年吟诵的“逐退群星与残月”的雄心壮志。宋朝统一事业的胜利，除了宋太祖个人的杰出作用之外，更重要的是统一是“分久必合”的大势所趋，人心所向。

从军人到政治家

赵匡胤是个军人，他一生的大部分时间是戎马生涯。黄袍加身之后，平定叛乱，征伐群雄，所进行的也都是些军事行动，包括“杯酒释兵权”这样的调整军事机构的做法，也是从军事角度来考虑如何巩固政权的。然而，从他登上皇位那天起，他就已经开始了从军人到政治家的转化。这一方面是他自己的主观所为，另一方面也是整个北宋统治集团这样来塑造他。

最初，宋太祖同五代时期的许多军人一样，瞧不起文人儒生，崇尚的是武力。有一次，宋太祖与赵普路过朱雀门。宋太祖指着门上的牌匾问：“为什么不直接叫‘朱雀门’，中间加个‘之’字有什么用？”赵普回答“之”是语助词，宋太祖轻蔑地笑了笑说：“之乎者也，助得甚事！”宋太祖从武将骤然当了皇帝，开始还保留着许多过去的习气。有一天，他在禁中后苑弹雀，正玩得起劲，有臣子称有事请求召见，他只好放下弹子去见，一问只是一般政务。宋太祖很生气，就责问那人为什么谎称急事骗他，那人说：“这事也比陛下弹雀要急。”宋太祖大怒，随手拿起身边的斧子，用斧柄向那人打去，打落那人嘴上的两颗门牙。那人慢慢地弯下腰，拾起牙齿放在口袋里。宋太祖问：你把打落的牙齿收起来，难道还想告我吗？”这话的确像个蛮不讲理的武夫所言。也许宋太祖此时在盛怒下忘却了自己的身份。但那人却从容回答说：“臣不能讼陛下，自有史官书之。”这句话等于警戒赵匡胤，你做了皇帝也不能为所欲为。宋太祖的自我反省精神还是很强的，那人的这句话，使他意识到自己的身份，立刻堆下笑脸，赏赐了那人许多金帛。

还有一次，宋太祖到太庙中祭祖，看见里面摆设许多礼器，武人出身的赵匡胤，不认识这是些什么东西，就问："那是什么东西？"侍臣说是礼器。宋太祖说："我祖宗哪认识这些东西！"就命令撤掉，换上日常碗碟和家常便饭。祭祀结束后，宋太祖醒悟到，这已经不是普通老百姓在祭祖了，于是又令侍臣把那些撤掉的礼器重新摆上。

宋太祖赵匡胤时常反省自己的言行，这使他加速了从军人到政治家的转化过程，迅速适应了新的身份。有一天罢朝之后，宋太祖一直闷闷不乐，内侍问他为什么。他说："你以为天子那么好当吗？早朝的时候，我由着自己性子办了一件事。现在想起来做错了，所以难过。"

↑ 赵普像

对宋太祖赵匡胤影响最大的，应当说还是辅佐他登上皇位的重要谋士赵普。赵普在赵匡胤登基之后的所为，虽然不像是唐太宗手下的魏征，但也是经常犯颜直谏。有一次，他推荐某人可以为某官，宋太祖不同意。赵普第二天又提起那个人，宋太祖还不同意。第三天赵普还推荐那个人，宋太祖大怒，抢过赵普的奏折，撕碎扔到地上。赵普脸不变色，跪下拾了起来，第二天把撕碎的奏折贴起来，继续推荐那个人。宋太祖拗不过赵普，终于同意了。还有一次，赵普提出给一个宋太祖很反感的人升官。宋太祖不同意，赵普仍坚持请求。宋太祖大怒，说道："我就不给他迁官，你能怎么着我？"赵普严肃地说："刑赏，天下之刑赏，怎么能以陛下你一个的喜怒来决定呢？"

当了皇帝的赵匡胤，逐渐明白了，天下由马上得之，却不能以马上守之。在承平的岁月中，统治集团中的文人儒士显示出越来越大的作用，使得宋太祖不止一次感慨地说："宰相须用读书人！"从自身的体验出发，赵匡胤对臣子说："今之武臣，亦当使其读书，欲其知为治之道也。"

宋太祖在赵普等大臣的协助下，制定了一系列重文轻武的政策和加强中央集权的措施。

宋太祖把改革军事机构的原则与经验，也应用到改革政治经济制度上来。总的说就是内外相制，上下相维，最终集权于中央，集权于君主一人。

在中央，宋太祖实行政务、财务、军务分立的制度。以中书门下平章事为宰相，同时设参知政事为宰相之副，既协助宰相处理政务，又可以防止宰相专权。设三司使主持财政，号称计相。沿五代之制，由枢密使负责军政。在地方实行州县二级制，州长官称知州，以朝官充任，并规定不得兼一州以上职务，还经常调整。以文臣知州事，是为了防止武将掌握政权的局面出现，把政权从武人手里收归中央，并在知州之外又设通判，互相牵制。在州县之上，又将全国分为十五路，等于监察区。每路设官也分权，设有帅司（安抚使）、漕司（转运使）、宪司（提点刑狱）、仓司（提举常平）。

宋太祖以和平方式禅代后周，后周的官员基本全部留任了。这在一定时期内有助于稳定政局，但这并非是长久之计，宋太祖在保留原有官名的基础上，“别为差遣，以治内外之事”。这实际上就逐渐削夺了原来留任官员的实际权力。把原来的官名作为官员品位禄秩的标志，差遣才是实职。如中书令、侍中等是官名，而只有带同中书门下平章事、参知政事等差遣，才是实际上的宰相、副宰相。用差遣任官，给人以一种临时性质的感觉，也同样有防止官员专权的意义。

在财政上，宋太祖削夺地方上的财权。五代以来，地方财权都掌握在节度使手中。宋太祖在乾德三年开始设置转运使来管理地方财政，要求除诸州度支经费外，财政收入一律运送京师，不得擅留。这样，既保证了中央财政收入，又断绝了地方上藩镇兴起的经济基础。

为了保证新建立的各项制度的实行，赵匡胤建立了一套强有力的监察制度。御史谏官必须由皇帝亲自选拔，宰相大臣不得干预。台谏的职责，本来包括向皇帝进谏。但从宋代开始，却成了天子的法官，督察各级官员的工具。

为了扩大统治基础，宋太祖不但恢复了科举制度，还把殿试制度固定化。

↑ 宋人《科举考试图》

他亲自招试士子，禁止及第人对知举官称“恩门”，自己称为“门生”，而使他们都成为“天子门生”。除了以科举选拔人才外，宋太祖平时也留意人才，司马光说，宋太祖“知人善使任，擢用英俊，不问资级，察内外官有一材一行可取者，密记籍记之。每一官缺，则披籍选用焉”。

在经济发展方面，宋太祖整顿了五代以来混乱的赋税制度，实行轻徭薄赋，奖励农桑，兴修水利，繁荣工商业等一系列政策，使刚刚完成统一战争的宋王朝，社会经济有了较快的恢复和发展。

宋太祖赵匡胤从个人品质上看，基本上是一个气度豁达的忠厚长者。他当了皇帝之后，赵普多次劝他报复那些过去对他不好的人。宋太祖说：“不能那样做，那时候人们哪知道谁是天子宰相!”赵匡胤这样说的，也是这样做的。宋太祖早年浪迹天涯的时候，在董宗本那里曾受过其子董遵诲的欺侮。宋太祖即位后，董遵诲十分惶恐，董遵诲的部下也乘机上诉其不法之事。宋太祖召见他，他以为必死无疑，这时宋太祖却说：“不要害怕，我怎么能念旧恶呢？”于是对他委以重任，并且还把他陷于辽朝幽州的母亲用金赎了回来。

史载宋太祖生活较为俭朴，常常穿着旧衣服，乘坐的车子及穿的衣服多是素色。宫中的帘帷也没有华丽的装饰。有一次，他发现他的三女儿穿着用翠鸟羽毛装饰的衣服，就说：“今后你不要再穿这样的衣服了。”公主不以为然地说：“这一件衣服才用多少翠羽。”宋太祖说：“不是因为这一件衣服，因为你一穿，宫内宫外就会争相仿效，翠羽的价格昂贵，有的人就会乘机倒卖害民。你生活于富贵之中，要知惜福。”公主看到宋太祖的车子很普通，就问：“你做了天子，难道还不能用黄金装饰车子吗？”宋太祖严肃地说：“我以四海之富，就是把宫殿全用金银装饰起来也办得到。但我是为天下守财，哪能妄用!古语说：以一人治天下，不是以天下侍奉一个人。”宋太祖对自己的地位有着较为清醒的认识，也是颇为难能可贵的。

烛影斧声之谜

宋太祖赵匡胤苦心经营了十多年，分裂了几十年的天下重新趋于统一。宋王朝内部各个领域的各项制度初具规模，对外关系基本稳定。宋王朝迎来了欣欣向荣的发展时期。正当这时，宋太祖却病倒了，而且很快就驾崩归天了。时为宋开宝九年（976年）。这一年，宋太祖赵匡胤整整五十岁。作为一个君主来说，正是年富力强，大有作为之时。

宋太祖赵匡胤死后，其弟赵光义即位，是为宋太宗。宋太祖之死，虽说是因病，却也死得有几分蹊跷，不明不白。

宋代有一个叫文莹的山林老僧在《湘山野录》中记载了赵匡胤之死：在一个大雪纷飞的夜晚，已经卧病的宋太祖，召其弟赵光义来到寝宫，把宦官宫妾全部屏退，二人对饮。有人远远望去，只见烛光之下，赵光义有时做出避席的姿态，像是有难忍之状。三更鼓响过，二人方饮罢。此时殿前的落雪已有几寸深了，太祖赵匡胤用柱斧戳着雪地，盯着赵光义说：“好做!好做！”便回殿解衣入睡，鼾声如雷。这天夜里赵光义也留宿于禁中。没到五更，宋太祖赵匡胤就毫无声息了，内侍一看，已经归天了。

关于宋太祖之死，宋代官修史书均语焉不详。这恐怕与北宋自太宗以后全是太宗子孙继承皇位，避讳此事有关。

不过从宋太宗赵光义的即位看，也有许多可疑之处。司马光在《涑水记闻》

中记载：太祖死时已经四更，宋皇后派内侍王继隆召太祖子秦王德芳，王继隆却直接去了开封府找晋王赵光义。时隔不久，宋皇后听到王继隆的声音，忙问："德芳来了吗？"王继隆说："晋王到了。"宋皇后大惊失色，对着赵光义哭泣说："我母子的性命，都交给官家了。"在宋代俗称皇帝为官家，赵光义说了一句："共保富贵，不要发愁。"

为了说明宋太宗即位的合理性，又有所谓谁也没见过的"金匮之盟"一说。这是指赵匡胤母亲杜太后临死前，当着匡胤、光义、赵普面立下的匡胤死后光义即位的遗嘱。从司马光记载宋皇后急忙召秦王德芳看，"金匮之盟"似属子虚乌有。

宋太宗赵光义即位后，在当年就急忙改元。这种未逾年而改元，在宋代历史上是绝无仅有的一次。此外，没过几年，其弟廷美贬死房州，太祖子德昭被逼自杀，德芳不明不白死去。种种蛛丝马迹，使后人颇为怀疑赵匡胤死于非命。然而，传闻非一，文献难征，烛影斧声，遂成千古之谜。

历史应当对他如何评价

宋太祖赵匡胤以一介武夫，崛起于乱世之中。他仿效后周太祖郭威，以兵变的形式，黄袍加身，跃上帝位。而后继承了周世宗的统一事业，南征西讨，统一天下，顺应了历史发展的必然趋势，结束了实质上从唐中叶就开始了的两百年分裂局面，使四分五裂的华夏大地重新统一，开始了中华民族历史的一个新的时期。宋代，是中国封建社会历史上空前繁荣的时期，在中华民族为世界文明贡献的四大发明中，就有火药、指南针、活字印刷术出在宋代。就赵匡胤本人来说，从士兵到元帅，一生的大部分时间是在打仗。他首先是一个杰出的军事家。他登上帝位后，尽管不少精力还倾注在统一战争上，但地位的变化，已使他开始了从军人到政治家的转变。在他生命结束之时，基本上可以说是完成了这一转变的。他草创的许多祖宗之法，为宋王朝的昌盛发展创造了条件，当然，也为日后带来不少弊端。他很想做唐太宗，但烛影斧声使他不假天年，正当大有作为之时便离开了人世。他的一生以武功居多，但他却扭转了近百年来的重武轻文之风。“唐宗宋祖，稍逊风骚。”在中国封建社会的史册上，宋太祖可以说是一个为数不多的杰出帝王。

王瑞来

原为中华书局编辑，后赴日本学习院大学任东洋文化研究所研究员。专攻宋史，兼及中国古典文献研究与整理，专著有《中国史略》《宰相故事——士大夫政治下的权力场》《宋季三朝政要笺证》等。

力图革新的政治家金世宗

完颜雍

金世宗个人小档案

姓名：完颜雍

年号：大定

字：彦举

别称：完颜乌禄、完颜褎

所处时代：金朝

生卒年：1123—1189年

民族：女真族

出生地：上京（今黑龙江哈尔滨市阿城区）

在位：1161—1189年

迁都：中都（今北京）

主要成就：与民休息，开创“大定之治”

相关作品：《本朝乐曲》《减字木兰花·赐玄悟玉禅师》

轶事典故：“小尧舜”

死亡地：中都福安殿

庙号：世宗

谥号：光天兴运文德武功圣明仁孝皇帝

陵寝：兴陵（今北京房山）

继位人：金章宗完颜璟

最得意：大定之治

最失意：爱妻自杀

完颜雍

金世宗对“金朝”中期历史有一定影响，占有相当的重要地位，是个有作为的皇帝。

东京即位

金世宗，名完颜雍，女真名乌禄，金太祖阿骨打的孙子。于金太宗天会元年（1123年）出生。他的父亲完颜宗尧（初名宗辅），是阿骨打的第五子。宗尧比较有头脑，当太祖诸子带兵出征时，宗尧经常运筹于帷幄之中。他主张以汉制对汉人，同宗翰等推行的杀戮政策有一定区别。金太宗天会十三年（1135年），宗尧四十岁那年，去世了。那时完颜雍只有十二岁。他的母亲李氏，出身于辽阳渤海大族，聪明能干。幼年的金世宗，主要受母亲的教养。依金的习俗，丈夫死后，妻子应当嫁与宗族的人。李氏却不愿接受这种落后的习俗，就在辽阳出家为尼。完颜雍长得很魁伟，性格沉静明达，又善于骑射。年轻时，他每次出猎，很多老年人都跟了去看，赞赏他的骑射技术，“国人推为第一”。他为人宽厚，常随叔伯们四处征战，将士都很推崇他。金熙宗皇统年间（1141—1148年），完颜雍以宗室子授光禄大夫，封葛王，为兵部尚书。

金熙宗在位后期，时常酗酒，杀戮亲贵大臣，唯有对完颜雍比较好。什么原因呢？原来完颜雍的父亲伐宋时，得到了一条宋朝皇帝用过的白玉带，作为传家之宝。完颜雍很珍爱它。金熙宗时，完颜雍的妻子乌林答氏，对他说：“此非王邸所宜有也，当献之天子。”完颜雍觉得她的话有道理，就将白玉带奉献给金熙宗，博得熙宗的悼平皇后的欢心，也得到熙宗的信任。海陵王即位之初，完颜雍判会宁（今黑龙江哈尔滨市阿城区）牧，不久，判大宗正事，改为东京（今辽宁辽阳）留守，后又改为燕京（今北京）留守、济南府尹、西京（今山西大同）留守等职。完颜雍能文能武，在女真贵族中威望较高，海陵王对他很不放心，经常调动他的官职。乌林答氏又劝完颜雍多向海陵王进献珍异，以打消他的猜疑，免遭诛身之祸。完颜雍照妻子的话，把辽骨睹犀佩刀、吐鹘良玉茶器之类的珍宝，送给海陵王。海陵王认为完颜雍怕他，对他又很恭顺，疑忌之心稍解。但在完颜雍任东京留守时，还派了心腹高存福任东京副留守去监视他。

正隆六年（1161年），海陵王动员了大量的兵力、物力、财力南伐宋朝，搞得“民皆被困，衣食不给”，“民不堪命，盗贼蜂起”。契丹人不愿当兵，杀了金朝官吏，夺取三千副兵甲，举行起义。海陵王的统治更加不稳。完颜雍的舅父李石劝他积蓄力量，夺取金朝最高统治权，他们也积极修造兵甲。这件事让高存福知道了，偷偷派人去告诉海陵王；同时还同推官李彦隆图谋杀害完颜雍。幸好高存福的家人向完颜雍告了密。海陵王得悉，派谋良虎去杀害宗室兄弟。完颜雍听到这些，心里非常恐惧，李石劝他及早即位。经过一番商议，决定以讨论备“贼”事为借口，将东京官吏召到他母亲出家的清安寺开会。高

↑ 表现宋金战争场面的砖雕

存福不敢来，完颜雍派人多次去召他，他才来。完颜雍当场把高存福和李彦隆抓起来。十月初三，南征万户完颜福寿等率领金军两万人从山东前来，完颜谋衍率兵五千从常安（今辽宁沈阳东北）前来，他们都来投奔完颜雍。七日，各路军队入城，共同击杀高存福等人。第二天，诸军官属来到完颜雍的府第求见。完颜雍刚刚走出来，诸军官属在庭下高呼万岁。完颜雍推让了一番，将领、官员一再劝进。于是，完颜雍亲赴太庙，祭告祖先，再来到宣政殿登上了皇帝宝座，是为金世宗。金世宗即位后，改元大定，废黜海陵。从此开始了他为期二十八年的统治。

金世宗能顺利地登上皇帝宝座，并非偶然的事。从他本人来说，自为官以来“久典（主管）外郡，明祸乱之故，知吏治之得失”，有丰富的实际统治经验。因此，无论在女真贵族或渤海大族中，他都很有声望。从当时金朝最高统治者海陵王来说，他由于指挥南伐宋朝的战争，远离了金朝的统治中心，给完颜雍的即位带来有利的条件。更主要的是，海陵王的伐宋战争，极不得人心，金朝从上到下，都反对这场战争。这就更为完颜雍的即位，提供了条件。

稳定政局

金世宗虽然顺利地即了位，但他即位后的金朝政局并不稳定。金朝自阿骨打建国以来，至金世宗已历四帝，即金太祖、金太宗、金熙宗和海陵王。在这期间，金朝从政治到经济都有很大的改革和发展，统治区域已经扩展到中原地区。女真贵族依靠契丹、汉族地主建立起一套仿效汉制的统治机构和典章制度。经济上也被迫逐步放弃落后的生产方式，而采用新的封建的生产方式。对农业，金统治者越来越重视。这都有利于北方农业经济的恢复。但是，金朝的发展并不是一帆风顺的。统治阶级内部，改革派和保守派的斗争相当激烈。以金太宗的儿子宗磐和太祖的儿子宗隽为首的保守派，反对改革，极力打击以太祖的侄子宗翰、宰相完颜希尹为首的改革派，致使宗翰愤懑而死，希尹也一度被罢去宰相的职务。

在改革派和保守派激烈斗争的同时，统治阶级内部争权夺利的斗争也十分激烈。金熙宗杀完颜希尹，就是改革派内部争夺权力的斗争。金熙宗十六岁即位，大权都掌握在女真贵族手中。他亲政以后，无法摆脱贵族势力的影响。为了控制政局，他大肆屠戮贵族。从兄弟、叔侄到皇后、妃嫔，都遭到诛杀。最后他自己也被完颜亮所杀。完颜亮即位（即海陵王）后，他继续执行以杀戮来稳定政局的政策。金太宗子孙七十余人，全被杀死，甚至连他自己的母亲由于反对南伐宋朝，也被他杀害了。朝中人人自危。

金世宗即位时金朝的政局不稳，还表现在金朝境内布满了各族人民的起义。海陵王时，女真族大量南迁，金朝政府授予他们土地，这必然要侵夺当地人民的土地，因而激起人民的反金斗争。同时，海陵王伐宋，在民间“征敛烦急”。女真、契丹和奚三个民族的壮丁，全部要应征入伍，这还不够，又强征汉族壮丁。丁男不能从事农业生产，而军队需要大批粮饷，就产生了经济危机。这也激起各族人民的反金斗争。其时“盗贼蜂起，大者连城邑，小者保山泽”。人民的起义动摇着金朝的统治。

金世宗即位时，从对宋的战争看，金朝正处于失利的局面。海陵王的伐宋，不像金朝初期，女真贵族处于奴隶社会时代，奴隶主贵族为满足掠夺的贪欲，都积极支持伐宋战争。这时的女真已向封建社会过渡，女真贵族大多已沉溺于富贵享乐的生活之中，不愿再去战场冲锋陷阵。金朝的军队，大部是从各民族征来的壮丁，自然也不愿打仗。海陵王不顾政治上的动乱，经济上的贫困和从上到下的厌战情绪，仍一意孤行。可是，他刚刚率军出发，“将士自军中亡归者相属（连接）于道”。十月初八，海陵王渡过淮河，进兵庐州。就在这天，金世宗在辽阳即位。海陵王得到这个消息，仍然继续进兵。当他们抵达采石准备渡江时，金军遭到宋军英勇抵抗，大败而退。

金世宗就是在这种危机四伏的情况下即位的。他即位后面临的首要任务就是如何稳定政局。

金世宗首先把都城迁到中都。金朝迁都中都，始自海陵王，当时遭到女真保守势力的反对。由于海陵王是杀金熙宗即位的，统治期间又大杀宗室贵族，所以，在女真贵族眼里，他的所作所为都是不合法的。金世宗即位于金的东京辽阳府，辽阳府地理位置偏僻，不适合做都城。在海陵王之前，金的都城在上京会宁府。世宗即位，多数大臣建议他还都上京。但一些有见识的大臣不同意这种意见，已被任命为参知政事的李石，对金世宗说："正隆（指海陵）远在江淮，寇盗蜂起，万姓引领东向（伸长脖子向东看，意思是把希望寄托在东京的金世宗身上），宜因此时直赴中都，据腹心以号令天下，万世之业也。"另一位参知政事独吉义也劝说："今正隆已渡淮，窝斡（指契丹人民起义领袖）未至太盛，将士在南，家属皆在北，惟早幸中都为便。"从当时形势看，上京偏于一隅，对于已进入中原地区的金政权来说，不利于控制全国；而且，那里的女真旧贵族的势力太大，不利于皇权的集中。为此，金世宗毅然采纳了李石等人的意见，十一月，诏群臣宣布迁至中都的日期，决定以中都为都城。十二月，金世宗率臣属抵达中都。

↑ 金中都水关遗址

稳定最高统治集团，这是金世宗即位后的又一项稳定政局的措施。金世宗一反金熙宗和海陵王滥杀宗室贵族反对派的做法，一即位就表示维护宗室贵族和对海陵王手下的高官采取宽容大度的政策。金世宗即位后，下诏历数海陵王杀皇太后、太宗及宗翰、宗弼子孙，毁上京等几十条罪过，把他贬为炀王，然后给完颜亶除掉东昏王的称号，恢复名誉，加谥号为熙宗，改葬于思陵，又修复被海陵王毁掉的会宁府宫殿，恢复上京称号。他还多次下诏令，对那些被无辜杀戮大臣的家属、沦为奴仆的，恢复他们的身份，对那些大臣的遗骨，派人到各处去访求，得到以后，由官府收葬；对那些被海陵王无故削职、降职的官员，给予改正，量才录用。这些措施都起到了安抚、笼络女真宗室贵族的作用。史书记载金世宗“临御（统治）三十年，绝少诛夷宗族之事”这确是事实。对于原来反对过他而有才能的人，金世宗不忌前怨，仍然重用。海陵王时的尚书左丞、右领军大都督纥石烈志宁，很有才干，在金世宗即位前，曾与将领白彦敬等准备去攻打完颜雍。世宗即位后，派使者争取他们归附，志宁不但不肯归顺，还先后杀死使者九人。世宗在用武力征服志宁之后，不但没有加罪于他，还委以重任。海陵王时任东京路转运使的张玄素，也很有才能。他曾在海陵王面前告过完颜雍的状。世宗即位后，张玄素去见他，世宗对过去的事“一切不问”，反而升任他为户部尚书。海陵王时曾任宰相和南京留守的张浩，是金代几朝老臣。金世宗即位后，拜他为太师、尚书令，封南阳郡王，让他入朝可以不拜，还给他在大殿的东边专门设了座位，对他十分尊敬。金世宗不忌前怨的任人政策，使得女真贵族和海陵王手下的官员，纷纷前来投奔，最高统治集团很快就稳定了。

各族牧民大起义，尤其是契丹人移剌窝斡领导的牧民大起义，严重威胁着金世宗的统治。所以他即位以后，立即采用招抚和镇压两手，来对付起义军。他先派移剌扎八去招降起义军，结果扎八见窝斡势盛，反而参加了起义军。正隆六年（1161年）年底，窝斡称帝。金世宗忙派兵去镇压，派去的兵都被窝斡起义军打得大败。第二年正月，金世宗又派右副元帅完颜谋衍等统兵前去镇压，并对归降者许以优厚条件，还在起义军中大搞策反活动，以此孤立窝斡一人。到这年秋天，窝斡被人出卖，捕至京师遇害，起义失败了。一部分起义军投奔了南宋。金世宗对起义首领的镇压十分残酷，不仅把窝斡枭首于市，而且把他的手足砍下来，分悬于各个京府。然后又派人前去招抚奚、契丹各族。为了防止契丹人民的反抗，金世宗把参加起义的契丹人分别编入女真的猛安谋克各部，使之杂处，便于统治。这样，金的境内暂时取得了相对稳定的局面。

促成南北讲和

正隆六年（1161年）海陵王伐宋，想使海内一统。但当时，金朝社会矛盾重重，政治上动乱、经济上贫困，不具备完成南北统一大业的条件。结果，伐宋未成，海陵王反自取灭亡。金世宗“鉴海陵之失”，即位不久，即着手创造与南宋议和的条件。大定元年（1161年）十二月，他派出以元帅、左监军高忠建等为报谕宋国使，“语以罢兵，归还正隆所侵地”。第二年正月，他又“命河北、山东、陕西等路征南军士，并放还家”。这两个措施，前者立足于议和；后者为了缓和海陵时期因征调过度而造成的社会矛盾。

就南宋来说，本来是个偏安政权，并无恢复中原之心。但在正隆六年（1161年），由于击退海陵王的进兵，朝中的抗战派力量稍稍抬头。大定二年（1162年），宋高宗传位给太子赵昚（慎的古体字），即宋孝宗。宋孝宗初即位，血气方刚，欲意恢复中原，抗战派在朝中占了优势。第二年五月，南宋分道出兵攻金，初战告捷，恢复宿州（今安徽宿州）。可是，当时的南宋已很腐败，军势、军威已大大削弱，将领内部又不能精诚合作，要想在军事全局上有个突破是不大可能的。所以，金兵又很快占领了宿州。朝中以宰相汤思退为首的主和派又大肆活动，主张议和。汤思退甚至派人去金朝，要金出兵来压服宋朝同意议和。金世宗在宋孝宗即位时，又派高忠建到临安商议“遣使报聘”，同时祝贺孝宗即位。后来，他看到南宋抗战派抬头，对议和不抱积极态度，就做了两手准

↑ 宋《中兴四将图》

备：一方面，于大定二年（1162年）十一月，任命右丞相仆散忠义为都元帅，总戎事，居南京（今河南开封），节制诸军，任命左副元帅纥石烈志宁为副元帅，驻军淮阳，摆出准备攻宋的架势。另一方面，在仆散忠义将去赴任时，金世宗对他说："宋若归侵疆，贡礼如故，则罢兵。"这实际是让仆散忠义到南京后，先去同宋议和。金世宗的这两手，意图非常明显，只要维持旧的和约，就可以议和。仆散忠义到南京后，于大定三年（1163年）三月，一面以十万重兵屯河南，声言要取两淮，一面让副帅纥石烈志宁致书宋帅张浚说："宋若归还近年占领的金的地方，各自还按原来划定的疆界，凡事均依绍兴和议的去办，我们就可以撤兵。"张浚接书后，一面请朝廷以大兵屯驻盱眙、泗、濠、庐备战，一面复书纥石烈志宁，同意金宋商讨议和之事，但同时驳斥了金书上关于疆界的论点。这表明，南宋的抵抗派并非完全不同意议和，只是想即使议和，也要争取比"绍兴和议"体面一些的条件。四月，南宋出兵，双方战事又起，南宋先胜后败。宋孝宗在主和派的压力下，只好同意与金议和。谈判期间，宋一度同意归海，泗、唐、邓四州于金，两国约为叔侄。仆散忠义向金世宗请示，金世宗为了促成和议，同意把条件降低些，使宋对金由称臣改为称侄。他向仆散忠义表示："若宋人归疆，岁币如昔，可免奉表称臣，许世为侄国。"这对宋孝宗来说毕竟体面了一些。仆散忠义又致书于宋，前后共七次。宋朝仍未应允，仆散忠义把军队移至江淮，攻取了濠、滁、楚等州，进一步用武力逼和。金世宗了解到金军又给宋以打击之后，想到天下人苦于战争，应当让百姓得到安宁，就下诏给仆散忠义，让他适可而止。这说明金世宗确实想尽快结束对宋战争，实现和议。双方在商定和议条件期间，仆散忠义曾认为宋失信，扣留了宋朝的使者胡昉。金世宗听到此事不以为然地说："使者何罪，要放胡昉回去。议和的事，再好好考虑考虑。"经过反复谈判，双方于大定四年（1164年），也就是宋孝宗隆兴二年，达成和议。和议的内容是：南宋每年给金"岁币"银二十万两，绢二十万匹，宋朝放弃收复的海、泗、唐、邓、商、秦六州，交换的条件是宋不再向金称臣，而是改称侄皇帝。第二年正月，南宋使臣魏杞等带着议和书至金，正式为金世宗批准。在议和的过程中，金宋双方各陈武力，讨价还价。由此可以看出，当时无论哪一方都没有足够的力量征服对方、完成统一中国的大业。金世宗对这种形势，认识得比较清楚，所以和议的主动权一直掌握在他的手里，最终基本上按照他的意志达成了和议。而南宋，由于投降派汤思退之流的从中破坏，议和的条件越降越低。“隆兴和议”的条件对宋来说尽管比“绍兴和议”好一些，但并不是理想的和议。

隆兴和议之后，金宋之间四十多年没有发生大的战争。这就有利于双方的社会安定和经济、文化的发展。和议达成后，金世宗立即诏天下“罢兵”。仆散忠义向他报告说在江淮一带的官军有十七万多人，准备留十一万六千多人屯戍。金世宗认为现在既然已同宋讲好，不需要留那么多屯戍的军队，他说只要留六万军队就可以了，“余并放还”。放还的士兵，多数是农民，就可以回乡去生产。由于减去了战争的额外负担和繁重的兵役，金朝的经济迅速恢复和发展起来。《金史·世宗纪》赞扬他说：“即位五载，而南北讲好，与民休息”，“上下相安，家给人足，仓廪有余”。

致力于改革

金朝自建国以来，一直是在不断地改革中发展的，其中以海陵王的改革措施最为显著。尽管金世宗是以反海陵王而即位的，但在改革的问题上，应当说他是同海陵王一致的，而且有所发展。这是历史发展的必然，也是巩固统治的要求。金世宗在稳定政局以后，采取了一系列卓有成效的改革措施。

金世宗的各项改革，首推吏治改革。他的吏治改革内容，一是任人唯贤唯才，不重资历。金朝自太宗以后，选官以资历为标准。而金世宗认为，“止限资级，安能得人”。他对臣下说：“用人之道，当自其壮年心力精强时用之，若拘以资格，则往往至于耆老（老年），此不思之甚也。”金世宗还举了个例子说，参知政事阿鲁罕为人忠正、沉厚，有才干，不阿谀顺从。但他本人是出自低微的胥吏，当他按资历升迁到参知政事时，已经年老了。金世宗说：“若是能早让阿鲁罕担任重要的职务，朝廷就必然能得到他的辅佐，可惜现在他已经衰老了。”

所以，金世宗认为，按照资历用人，只是对待一般的人来说，对于才干过人者，怎么还能拘泥于常例呢!按照这种思想，在他统治期间，朝中任用了一些出身低微的小吏。如移剌道，原来不过是个都督府长史，世宗得知他的政绩，建议大用。但按他的资历最高只能升为翰林直学士。世宗认为这样不足以尽其才，就派他去担任中都路的转运使，后又升任宰相。选官不重资历，这就把一批有才干、年富力强的人选到了领导集团中来。二是官吏的升迁以政绩为准，反对苟且因循。金世宗认为对官吏应“察其奋勤则升用之”，凡是“苟简于事，不须任满，便以本品出之”。有一次，金世宗去上京，一路所过州郡，都征发众多的民夫，大修桥梁驰道，以博得金世宗的欢心。唯独同知北京（今辽宁凌源西）留守刘焕，只派少量的人把道路修得平整些。金世宗认为刘焕做得好，就升他为辽东路转运使。正是由于他以政绩好坏来选拔升迁官吏，因此，在他统治期间，出现了一批政治上有作为、正直清廉的官吏。三是官吏到了一定年龄，就应当辞官。他认为人到晚年，精力总是不足的，他以自己为例说：“朕今年五十有五，若过六十，必倦于政事。”因此他规定朝中大臣“许六十致仕”，也就是允许六十岁辞去官职。他在吏治方面的改革除上述几点外，还有对官吏赏罚分明、中央和地方官经常交流等，都取得了良好的效果。吏治改革，保证了金世宗在政治、经济等方面的改革。

↑ 金“河东南路兵马都总管印”

在改革吏治的同时，金世宗在官制、法制方面，也进行了改革，并进一步发展了科举制。他即位以后，在熙宗、海陵王改革官制的基础上，着眼于集权于皇帝，又进行了改革。新订的官制，以尚书令、左右丞相和平章政事为宰相官，左右丞、参知政事为执政官。宰相增员，可以分散宰相的权力，以集权于皇帝一人，也可以使更多的官员参与政事。在法制上，金世宗主张择善而从。他认为旧的法律条文有不合适的地方，应当更改，唐朝、宋朝的法律有可用的，就用。他还对臣下说：“制定法律条文，不要只局限于按照旧律，而且一些条文还很难让人看懂。历代的法律都在不断地修订、补充。文化低的百姓，常因不懂法律而违法。如果对那些难懂的条文，加以删改，让百姓一看就明白，不是更好吗？应当修订法律，务必让大家明了。”大定年间，金朝的法律经过修订，更加完善了。金世宗重视通过科举选拔人才。他初即位时，有人提出要罢科举，世宗就召张浩来商议，问张浩说：“自古帝王有不用文学之士的吗？”张浩回答说：“有。”金世宗又问：“谁呀？”张浩说：“秦始皇。”金世宗看看左右的大臣说：“怎么可以让我成为秦始皇那样的人呢!”这样一来，科举制不仅没有罢，反而进一步发展了。大定四年（1164年），金世宗下令：“进士文优则取，勿限人数。”大定六年（1166年）开始置太学，学生最初只有一百六十人，后发展到四百人。大定十六年（1176年）又设置府学十七处，有学生上千人。金世宗尤其注意培养女真贵族子弟，他派人把《论语》《孟子》《老子》等，都译成女真文字，供女真贵族子弟学习。他还挑选猛安谋克良家子弟，让他们在地方的学校学习，共有三千多人。大定十一年（1171年），创设女真进士科。两年以后，又创设女真国子学，在各路设女真府学，聘请新科进士为教授。对女真贵族子弟承袭猛安、谋克的职位，金世宗要求他们要学会一种文字，即女真、契丹或汉字。这样，在大定年间，女真贵族的文化水平，大大提高了。金世宗对状元、进士，不仅要求其有才，而且要求人品要好。他规定，状元品行不好的，要除名。对中状元的人，先要访察他在乡里的品行，品行好的，才能按状元的待遇对待。金世宗一朝，科举制从人数到考试科目、到中举的质量，都有了发展和提高。官吏中有很大一部分，来自科举考试。科举制的发展，为金朝政府广招人才，进一步充实了统治集团。

在经济方面，金世宗也采取了一系列的改革措施。金世宗即位时，北方的农业生产同金灭辽和北宋时相比，有所恢复，但由于海陵王发动攻宋战争，造成“兵兴岁欠”“仓廪久匮”。要想巩固统治，社会兴旺发达，必须恢复和发展北方的经济。金世宗看到了这一点，他先从减轻农民的兵役、徭役和赋税负担着手。海陵王时农民的徭役、兵役负担很重。为营建中都和南京，海陵王役使人夫工匠达三百余万。发动对宋战争，征发壮丁达二十七万。金世宗即位后，于大定二年（1162年）正月，命河北、山东、陕西等路被征发攻宋的步军，“并放还家”。至大定五年（1165年），对宋战争结束后，又命除留守江淮的六万戍军外，“余并放还”。在徭役方面，他极力主张减轻农民的负担，要求各地把差科负担的详情，向他如实上奏。大定三年（1163年），他了解到河南、陕西、山东、北京以东及北边州郡，“调发甚多”，而地方上仍然照例征取赋役，造成百姓负担过重、影响正常生产的现象，就规定免去百姓的一部分负担。他还提出：“凡有徭役，应当让富户分担，不要让贫民分担。”经过一段时间的努力，到大定十三年（1173年），“民间科差，计所免已过半矣”。在赋税方面，海陵后期为攻宋，增加了许多杂税，有菜园、房税、养马钱等。金世宗时南北议和之后，宰相宗尹建议罢去杂税，金世宗立即同意了。“于是，养马等钱始罢。”大定年间，金世宗因各地水旱灾害，多次减免赋税。一些政府部门因财用不足，建议向百姓预借租税，金世宗一般都不同意。总的来说，金朝时期农民的赋税负担要比辽、宋少，而金世宗时的赋税，比海陵王时更少些。

金世宗还采取各种措施，劝民力田。海陵后期爆发了各族人民大起义，许多农民逃避兵役、徭役而离开了家乡。世宗在大定二年（1162年）二月，派官去安抚山东百姓，招谕起义农民和躲避起义或逃避徭役离乡的百姓，都回到自己的土地上，及时耕种，不问罪名轻重，都予以免去。三月，又诏令河南、陕西、山东等地官府，把“良民”错当起义者俘虏的，加以改正，让他们还乡生产。金朝初入中原，曾把许多耕地占为牧场、苑囿和猎地。金熙宗时，已逐渐弛禁，世宗时则进一步开弛禁地，将一些猎地、苑囿与民耕种。辽灭亡时，一些贵族的土地为百姓耕种。金统治者后来不断把这些土地入官，仅山东一地所括田达两万余顷，这就造成农民失去土地四处流亡。大定二十一年（1181年），金世宗诏令，将山东路所括民田，依原数还民，仍免租税。金世宗还多次下令对破坏农业生产的人，给予法律制裁，包括亲王、公主势要之家在内。他还诏令天下，把“劝民力田”好坏，作为衡量官吏的标准。大定年间，土地兼并也很严重，有些豪强还冒占官田，这自然不利于农业的发展，也加剧了豪强地主同政府的矛盾。金世宗为了抑制豪强占田，采取了一些措施。如大定二十一年规定，占官地十顷以上的，都括籍入官，将这些地平均分赐贫民。还规定，女真贵族只许在一处占地，其余各处都要收为官地。对女真贵族冒占官地的，他采取处罚其手下官吏和把田地归为政府的办法。抑制豪强兼并土地，也大大有助于农业生产的发展。

金世宗再一项重要的经济改革措施是实行通检推排。通检推排是政府每三年普遍检查一次户口和土地、奴婢、园地、屋舍、车马、牛羊等资产数，然后根据人户的钱财、物力多少，推排出各类人户的等级，再依不同的户等征收物力钱和摊派差役。通检推排的目的是解决“赋调轻重不均”“差役不均”的现象。金世宗认为同为谋克户，拥有的奴婢多少不同，而所担负的科差却相同，这怎么合理呢？而解决赋税、差役不均的目的是抑制新富，增加国家收入。从大定四年至大定二十六年（1164—1186年），进行过四次通检推排。开始，并不顺利。派到各地的使者，大多苛刻百姓，有的把百姓的产业增加数倍，使百姓身受其害。金世宗了解到这种情况，让各路以搞得比较好的东平、大名地区为标准，进行通检推排。实行通检推排最显著的效果是国家的收入增加了。以辽东为例，大定十七年（1177年），原有赋税收入六万余石，通检后将近二十万石。而且，实行通检推排，使地多财富的豪强之家，多少要多负担一些赋税和差役，而地少财薄的农民，也多少减轻了一点负担。

↑ 金代纸币铜版

此外，金世宗还采取措施，兴修水利，放

免了处于奴隶地位的“二税户”及奴婢，鼓励民间手工业的发展，增加货币铸造，促进商业的发展，等等。

金世宗的这些改革措施，取得了明显的成效。大定年间，金朝的政治由混乱逐步转为稳定、清明。史书记载，其时“天下治平，四民安居”，“群臣守职，上下相安”，“刑部岁断死罪，或十七人，或二十人”。金朝的经济，也由崩溃的边缘而逐步恢复发展繁荣起来。“户口殷繁充实”，“仓廪有余”。北宋末及金初，北方人口大大减少，至金世宗初年恢复到三百余万户，到金世宗末年已增到六百七十多万户。在中都、河北、河东、山东一带，已是“人稠地窄，寸土悉垦”。

思想和作风

金世宗自幼受母亲的教育，母亲李氏是渤海望族，汉化很深，自然用儒家思想教育儿子。世宗年轻时博读史书，熟悉汉家皇帝的统治思想。鉴于海陵行暴政的失败，所以，称帝后的金世宗是以儒家的“仁政”思想来治世的。史书上也说他“一向以仁政自居”。他对大臣说过：“海陵纯尚吏事，当时宰执止以案牍为功。卿等当思经济之术。不可狃于故常也。”他崇尚仁政、宽政，但又主张遵守纲纪，赏罚分明，不能宽大无边。他提倡科举，大办太学、府学，令人翻译五经，也都是他用儒家思想治世的表现。他对臣下说：“朕所以令译五经者，正欲女真人知仁义道德耳。”正由于他笃信儒学，对佛、道两教思想均不以为然。他曾对大臣说：“至于佛法，尤所末信”，他认为梁武帝舍身同泰寺，辽道宗以民户赐给寺院，是被迷惑太深的缘故。他还说：“人皆以奉道崇佛设斋读经为福，朕使百姓无冤，天下安乐，不胜于彼乎。”他认为做君主的如果为百姓做好事，才符合天意，福自然会来到；相反地，如果做坏事而嘴上祈福，又有什么用呢？

从作风上看，金世宗比较讲求实际。他吸取历代帝王的统治经验和海陵“专任独见”的教训，能较好地听取大臣的进谏。他对大臣说：“朕为天子，未尝敢专行独断，每事徧（遍）问卿等，可行则行之，不可则止也。”他多次要求大臣向他进谏，并且说：“我初即位，许多政事不熟悉，都要靠你们同心辅佐，以及百姓上书言事，对我也有所补……正隆专任独见，不谋臣下，以取败乱。卿等其体朕意。”他让大臣高衎传令：“凡上书言事，被一些官府阻止的可以直接向我进表。”大定二年（1162年）正月，金世宗去中都郊外大房山祖陵祭祀，然后就想去游猎。左丞相李晏等劝阻说：“边事未宁，不宜游幸。”金世宗接受意见还宫，后对李晏等说：“我常常敬慕古代帝王，虚心纳谏。你们应当有意见就提，不要心里有意见嘴上不说。”他经常批评朝臣不要明知他做得不对，却当面顺从，以致“成朕之失”。

↑ 宋金时期山西神将泥塑

金世宗在作风上还很崇尚节俭。他对秘书监移刺子敬等说：“昔唐虞之时，未有华饰，汉唯孝文（汉文帝）务为纯俭。朕于宫室唯恐过度，其或兴修，即损（减少）官人岁费以充之，今亦不复营建矣。”他说自己“从即位以来，服御器物，往往还是用旧的”。据说他吃的也比较俭省。一次他正在吃饭，女儿来了，他竟没有多余的饭菜给女儿吃。还有一次，太子詹事刘仲诲向金世宗请求增加东宫的收入和陈设。他不同意，并且说：“东宫收入已有规定，陈设也都有，为什么还要增加呢？太子生于富贵，容易养成奢侈的习惯，你们应当引导他崇尚俭朴。”他反对铺张浪费。他曾对移刺子敬说：“亡辽的日子杀了三百头羊来庆贺，哪里用得了那么多，这是白白的伤生呀!我虽然处在至尊的地位，每次吃饭，常常想到贫民的饥饿状况，仿佛就在面前一样。”大臣们认为皇帝不同于常人，可以豪华点。他不以为然地说：“天子也是人，浪费有什么必要？”对各地进贡的食品，他几次下诏罢止。他听说自己到各地住过的殿堂，都封闭起来，不让别人住了，认为这样做太无聊，就让臣下诏令，这些房子仍然可以住人。他经常教育太子、亲王，要他们节俭，并以自己所穿的衣服为例说，“此服已三年未尝更换，尚尔完好，汝等宜识之”。这些记载虽有所夸张，但多少也说明他的个人生活是比较节俭的。他崇尚节俭，是因为认识到这样做才不会失天下。他对臣下说：“前代的君主，享受富贵，不知道耕作艰难的人很多。他们失去天下，都是因为这个原因。”他还说：“辽朝的君主听到民间缺粮食，就说为什么他们不吃腊肉呢?这是因为他自幼没有老师教导他懂得俭朴，等到即位，也就不知民间疾苦了。”

金世宗于大定二十九年（1189年）元月二十四日病死于中都，享年六十七岁。死后葬于大房山兴陵。

金世宗的政绩。使他赢得了封建史学家的美誉，称他为“小尧舜”，颂他有“汉文景风”，说他统治的时期“号为小康”。这些赞颂虽有过分，但历史地分析金世宗在位时的所作所为，他称得上是我国封建社会里一位杰出的政治家的。

像一切剥削阶级的统治者一样，金世宗对人民起义的镇压十分残酷，对蒙古等少数民族，则实行的是民族压迫政策。所以，在金世宗统治期间，各族人民的反抗斗争也始终没有停止过。

王宏志

人民教育出版社编审，以历史人物、历史教材理论研究见长，发表论文几十篇，专著有《旧史新谭》《洪承畴传》《吴晗传》（合著）、《历史教材的改革与实践》，并参与多部历史著作及多种历史教材的编写工作。

铁木真

『一代天骄』元太祖

元太祖个人小档案

姓名：孛儿只斤·铁木真

国号：大蒙古国

尊号：成吉思汗

所处时代：金朝

生卒年：1162—1227年

民族：蒙古族

出生地：漠北鄂嫩河上游地区（今蒙古国肯特省）

在位：1206—1227年

主要成就：统一漠北，建立大蒙古国，南攻西夏和金，西征中亚

轶事典故：十三翼之战

死亡地：六盘山下清水县（今属甘肃东南）

庙号：太祖

谥号：法天启运圣武皇帝

陵寝：不儿罕山起辇谷

继位人：拖雷（监国）

最得意：创立大蒙古国

最失意：父亲被毒死

铁木真

13世纪初，在北方草原上出现了一个强大的政权——大蒙古国。成吉思汗就是大蒙古国的缔造者。他的活动对当时的世界产生了巨大的影响。

12世纪的蒙古草原

位于亚洲北部的蒙古草原，历来是游牧民族活动的地方。在这里相继出现过匈奴、鲜卑、突厥、回纥、黠戛斯等政权，他们的活动都在历史上发挥过重大的影响。9—10世纪，当回纥、黠戛斯相继衰落以后，蒙古草原上分布着许多大小不等的部落，经常为争夺牧地和牲畜发生激烈的冲突。蒙古就是其中的一个部落。

蒙古部落在唐代是室韦部落联盟的组成部分，史书上称之为蒙兀室韦。当时他们居住在今额尔古纳河以东的兴安岭中。后来逐渐向西迁徙，到12世纪初，已经游牧于鄂嫩、克鲁伦、土拉三河的源头，成为漠北的一支强大势力。当时蒙古草原上比较强大的部落，有克烈、篾儿乞、塔塔儿、乃蛮、弘吉剌等。克烈部位于蒙古之西，占据了蒙古草原的腹心地带。这个部落人数众多，势力强大，很早就信奉景教（基督教的一派，又称聂斯脱里教）。篾儿乞部位于蒙古的西北，以勇悍善战闻名。塔塔儿部游牧于蒙古之东，有营帐七万，分为六部，它占有呼伦贝尔湖周围富饶的草原。乃蛮部则在克烈与篾儿乞之西，位于阿尔泰山与杭爱山之间，领土广大，畜群众多。乃蛮部也信奉景教。弘吉剌部居地在塔塔儿部的东北，势力较弱，他们与蒙古部落的关系最为密切。

上述这些部落的成员主要过着游牧生活，逐水草迁徙。牲畜既是游牧民的生产资料，也是他们的基本生活资料。此外，他们也从事狩猎和采集，用以弥补生活资料的不足。在游牧民中间，已经出现了适应游牧经济需要的简陋的手工业，主要是以牲畜产品为原料的家庭手工业，也有少数专业的工匠。在有些部落中，已经开始经营农业，当然规模是很有限的。

在草原各部落中，氏族组织的结构仍然普遍存在。氏族组成部落，氏族内部不能通婚，血族复仇盛行。各氏族都有自己的谱系，以及一定的祭祀仪式，等等。但是，牲畜和其他财产私有的现象已普遍出现，父系的财产继承制度也已确立。在私有制的基础上，贫富分化日益显著。富有者称为“伯颜”，拥有大量牲畜和其他财产，占有奴隶。他们中间有的世代相袭为部落首领，还接受辽、金王朝赐予的官职或名号，于是便成为草原贵族，称为“那颜”。氏族中的大部分成员称为“哈剌出”（下民），只有少量牲畜，不得不依附于伯颜或那颜，随他们转移牧场，为他们服各种劳役。伯颜、那颜的奴隶，称为“孛斡勒”，或是战争中的俘虏，或是因贫困不能自存被迫卖身的穷人。孛斡勒的社会地位是很低的，平时为主人服役，从备马鞍、开门、挤奶、剪羊毛，一直到牧放牲畜，战时还要跟随主人出征。孛斡勒的后代世世代代都要听由主人使唤。孛斡勒如果逃亡，抓回来就要把“脚筋挑了”，“心肝割了”，“性命断了”。

阶级分化的出现，必然导致社会上层建筑的变化。草原各部的首领，拥有越来越大的权力，可以任意向氏族成员征收财物，对不听命者施加刑罚。在部落首领周围，开始形成了“那可儿”集团。“那可儿”当时汉语译为“伴当”，也就是随从。他是首领们从本部落（有时也从外部落）召集来的战士，平时跟随首领狩猎，执行首领的各项命令；战时则随同首领出征，是部落军队的核心力量。这样一种独立的武装力量的出现，促进了专制王权的产生。在有的部落中，已经设官分职，使用印信。政权的雏形已经出现。

↑ 敌对的两个蒙古部落在战斗

草原各部的首领都把对外掠夺战争当作扩大自己财富和权力的主要手段，因此，随着首领们权力的增大，各部之间的武装冲突也就日甚一日了。一旦发生流血冲突之后，部落首领们就利用原始的“血族复仇”观念，使这种冲突无休止地继续下去。在同一部的各个贵族家族之间，为了争夺统治权，也经常发生矛盾、冲突，直至兵戎相见，互相残杀。

当时草原各部大多数和金朝发生过联系，接受金朝的管辖。金朝统治者害怕草原各部力量壮大威胁自己的统治，一贯采用分化、收买和镇压的办法。对于归附自己的部落，则授以官职、称号，给予种种赏赐，允许他们到边界贸易。同时在他们中间制造矛盾，挑动他们互相残杀。对于那些敢于反抗的部落，则派遣军队进行残酷的镇压。在12世纪90年代，就曾三次派遣大军进剿草原东部弘吉剌、塔塔儿等部，使这些部落的生命财产遭到极大的损失。当时把这种血腥的屠杀称为“减丁”，就是用暴力强行减少人丁。屠杀之外，金朝军队还掳掠了大批蒙古儿童，转卖给河北、山东等地的官僚、地主，充当奴隶。

总之，12世纪的蒙古草原，是十分混乱的，13世纪蒙古人回忆这时的情况说：“天下扰攘，互相攻劫，人不安生。”蒙古草原上的各部人民在这种动荡的环境中无法从事正常的生产，他们迫切要求解除金朝的残酷压迫，停止无休止的部落之间的冲突。而一些强大的部落首领，也企图进一步扩大自己的势力，吞并其他各部，称霸草原。正是在这样的形势下，成吉思汗出现了。

在艰苦的环境中奋起

蒙古部落中又分成若干部，其中之一是孛儿只斤部，乞颜氏和泰赤乌氏是孛儿只斤部中两个强大的氏族，经常充当蒙古部的领袖。金大定二年（1162年），乞颜氏族的也速该参加了蒙古部对塔塔儿部的战争，俘虏了一个名叫铁木真的塔塔儿首领。为了纪念这次战斗的胜利，也速该将自己刚出生的儿子取名铁木真。这个孩子就是后来震动世界的成吉思汗。

大定十一年（1171年），铁木真九岁。也速该带领他到弘吉剌部去求婚。弘吉剌部首领特薛禅答应将自己的女儿孛儿帖许配给铁木真。订亲后，铁木真留在岳父家里，也速该独自回家。在回家的路上，经过塔塔儿人的营盘。塔塔儿人认出也速该是他们的仇敌，便在酒中下毒。也速该到家之后，毒发身死。临死之前派人把铁木真叫回来。但是铁木真年纪太小，不能继承父亲的地位，乞颜氏族失去首领，势力中衰，不少部众和属民纷纷离去。原来和乞颜氏族一起游牧的泰赤乌氏族，也乘机扩大自己的势力，扔下也速该家属不管。也速该的妻子诃额伦带着未成年的子女，既缺乏牲畜，也缺少劳动力，“除影子外无伴当，尾子外无鞭子”，生活非常困难。他们经常只能靠采集野生的果子，挖掘地下的草根，勉强过活。铁木真兄弟逐渐长大成人，钓鱼打猎，和母亲一起共同度过艰辛的岁月。

铁木真长大以后，失散的部众又逐渐回来。泰赤乌氏族的首领担心乞颜氏族重新壮大，威胁自己的地位，便不时前来骚扰。在一次突然袭击中，他们捕获了铁木真，将他套上木枷到处示众。铁木真利用泰赤乌人举行宴会疏于防备的机会打倒看守人，几经曲折，才在旁人帮助下逃回家中。不久，泰赤乌人又来盗马，铁木真追踪了六天，才把马匹夺了回来。这些冒险的经历，使得他的声望逐步提高。

为了恢复自己氏族的地位，铁木真积极进行活动。他前往弘吉剌部迎娶童年时订下的妻子孛儿帖，从而加强了与弘吉剌部的联系。接着又把孛儿帖拜见婆婆的礼物黑貂鼠皮袄，献给克烈部的首领王罕。王罕原来曾与也速该结为“安答”（盟兄弟），接受了礼物之后，表示愿意为他收集离去了的部众。这样，铁木真得到了弘吉剌、克烈两部的支持，地位有了明显的改变。不久，篾儿乞部发动突然袭击，掳走了孛儿帖。铁木真在克烈部王罕和札答阑部（也是蒙古部中的一支）首领札木合（铁木真的“安答”）的协助下，发起了对篾儿乞部的战争，把对方打得大败，夺回孛儿帖，还俘虏了许多篾儿乞人作为奴隶。对篾儿乞一战，具有重要意义，标志着铁木真开始走上草原的政治舞台。

击败篾儿乞人以后，铁木真和札木合再一次结为“安答”，共同游牧，非常亲密。但没有多久，彼此便发生了矛盾。铁木真势力不断壮大，引起了札木合的猜忌，双方便分裂了。大定二十九年（1189年），一部分蒙古部贵族聚集在铁木真周围，拥立他为罕，得到了克烈部首领王罕的承认。札木合当然不能容忍这一举动，便纠集了蒙古部的其余首领，拥兵三万，分成十三翼，前来挑战。铁木真也把自己的部众和归附于自己的各部分成十三翼应战。这便是蒙古早期历史上著名的十三翼之战，地点在鄂嫩河畔的答阑版朱思。这次战斗以铁木真失败告终，他被迫退到鄂嫩河上游，但实力并未受很大损失。札木合虽然得胜，但他对部属十分残暴，内部又互争雄长，不能统一，不少人反而前去投奔铁木真。铁木真通过这场战争得到了磨炼，而且很快便恢复了元气。

十三翼战役后不久，金朝接连发动了对蒙古各部的战争。强大的塔塔儿部，长期以来依附于金朝，不时在金朝支持下，攻打克烈、蒙古诸部。蒙古部的著名首领俺巴孩便是被塔塔儿人抓住献给金朝处死的，两部是世仇。但是在明昌六年（1195年）金军进攻呼伦贝尔地区的部落时，塔塔儿人拦夺其俘获的羊马，因而与金军发生冲突。承安元年（1196年），金朝派遣大军由丞相完颜襄统领，向塔塔儿部进攻。塔塔儿部抵挡不住，纷纷逃窜。铁木真得到消息，立即与王罕联合，阻击逃跑的塔塔儿人，捕杀他们的首领，掳掠了大批财物。这次胜利，实现了蒙古部复仇的愿望，大大提高了铁木真的威望。事后，完颜襄授予铁木真以

“扎兀惕忽里”（诸部统领）的称号，实际上承认他是蒙古部的首领，从而使他的地位具有合法性。

这样，到12世纪末，铁木真已经成为蒙古草原的一支强大力量了。

↑ 蒙古武士像

“七载之中成大业”①

从承安五年（1200年）起，铁木真用七年的时间，实现了蒙古草原的统一。其间进行了四次大规模的战斗。

第一次在泰和元年（1201年）。札木合纠集泰赤乌、塔塔儿、篾儿乞、乃蛮诸部，打算向铁木真、王罕发起突然袭击。但铁木真事先得到消息，与王罕联合，迎击札木合联军。在战斗中铁木真中箭负伤，部众损失也很惨重，但终于击败对手，彻底吞并了泰赤乌部。札木合败逃。

第二次在泰和二年（1202年）。铁木真主动出击，把矛头对准东方的塔塔

①这是兴定三年（1219年）成吉思汗致长春真人丘处机诏书中的话，见《辍耕录》卷10“丘真人”条。

儿部。塔塔儿部经过金军的打击，力量衰微，当然不是铁木真的对手，很快便失败了。胜利之后，为了替祖先报仇雪恨，铁木真下令将塔塔儿部中身长高于车辖的男人都要全部杀掉①，其余分给蒙古人当奴隶。这道命令被塔塔儿人知道了，人人拼死反抗，使蒙古军遇到很大损失。经过这一仗以后，塔塔儿部就一蹶不振了。

在攻打塔塔儿人以前，铁木真发布军令：在作战中不许私自掳掠财物，要等胜利后统一分配；军退时要返回杀敌，逃走者斩。这两条军令都是针对部落贵族而发的，他们在战争中往往随意进退，自行掠夺财物，不听从统一指挥。这两条军令的颁布和实施，大大提高了铁木真作为领袖的地位，进一步树立了他的权威。

塔塔儿部居住的呼伦贝尔草原，位于蒙古高原的东部，是个水草丰美、牲畜繁衍的好地方。铁木真夺取了这一片富饶的草原，便获得了强大的物质力量。这样，蒙古草原政治力量的构成，发生了很大的变化。占有东部的新兴的蒙古部，与中部的克烈、西部的乃蛮，三足鼎立，成为可以左右局势的力量了。

第三次在泰和三年（1203年），对手是克烈部。铁木真原来依靠克烈部的支持来扩大自己的势力，他尊称王罕为“罕父”，不断贡献。王罕当之不疑，在他眼中，铁木真不过是可供指使的附庸。但是，随着蒙古部势力日益强大，王罕和他的儿子桑昆越来越感到不安，双方终于破裂了。原来他们的共同敌人札木合这时也投奔王罕，共同策划反对铁木真。泰和三年（1203年）春，王罕父子设计，请铁木真赴宴，想在宴会上乘机将他杀掉。但是这一计划被两个奴隶知道了，逃走向铁木真报告。王罕知道计划泄露，便发兵来攻，双方大战于合兰真沙陀（约在今内蒙古锡林郭勒盟乌珠穆沁旗北境）之地。这一仗是铁木真一生中最为艰苦的战斗。称雄漠北多年的克烈部，兵强马壮，又得到札木合等支持，人数既多，又具有很强的战斗力。铁木真的部众，数量上比对方差得很远，面对强敌，有的将领在阵前用马鞭抚弄着马鬣，犹豫不决，不敢向前。这时铁木真的结义兄弟忽亦勒答儿挺身向前说：“我要把大旗插到敌人后方的山冈上去，你们跟着我

①辖是为了固定车轮与车轴位置而插入轴端孔穴的销钉。身长高于车辖就是高于车轮的一半。按照这一命令，儿童也不能幸免。

上。如果我死了，希望把我的几个儿子抚养成人。”他说完以后便跃马冲锋，果然把大旗插上了山冈，这样一来，铁木真军队士气大振，奋勇杀敌。王罕的军队眼看就要抵挡不住，桑昆率领援军来到，稳住了局势。又经过一番战斗，铁木真的军队终因寡不敌众，被迫败退，王罕军队的攻势已衰，桑昆又在战斗中受伤，也就停止了追击。

在败退过程中，铁木真部众溃散，他率领一十九骑经过巴勒渚纳（一译班朱尼河，意为沼泽。有些记载中称之为黑河）。这个地方只有一点泉水，不够他们和马匹饮用，于是只好从污泥中挤出水来喝。他们携带的干粮均已吃完，荒野上找不到别的可吃的东西，便四处打猎，射杀野马，剥皮为釜，敲石取火，煮熟了吃。铁木真在这里对天发誓：将来能成大业，一定要与大家同甘共苦，绝不相负。他的话起到了稳定人心的作用。离开巴勒渚纳以后，他把离散了的部众重新收集起来，还收降了与自己联姻的弘吉剌部，力量逐渐恢复。他便派遣使者到王罕那里去，列举自己对王罕的种种好处，并且说：“大车的两个轮子如果折断了一个，犍牛想拉也拉不动，我就好比你的大车上的两个轮子中的一个。”他要求王罕派使者来谈判。王罕承认自己对铁木真有不公正的地方，答应与他联系。这样，依附于王罕的札木合等大失所望，策划自立为罕，并要袭击王罕。王罕得知此事，抢先发动进攻，札木合等便逃往乃蛮部去了。

泰和三年（1203年）的秋天，铁木真让自己的兄弟合撒儿派人去对王罕说：“现在蒙古部处境困难，愿意归附王罕。”王罕信以为真，派遣使者来与合撒儿联系。其实这是铁木真的计策，以此来麻痹王罕父子，放松戒备。使者还在半路上，铁木真的军队已出动。王罕父子正在兴高采烈举行宴会，蒙古军在夜间发动了突然袭击。经过三天三夜的激战，彻底打垮了王罕的军队。王罕向西逃亡，被乃蛮人杀死。他的儿子桑昆到处流窜，也被人杀害。以强大著称的克烈部，完全被铁木真征服了。

对克烈部的战斗，是铁木真统一蒙古草原的关键。从原来的力量对比来说，铁木真并不占有优势，在最初的战斗中，他还吃了败仗。但他以坚韧不拔的意志，巧妙地利用对方的弱点，终于取得了这场决定性的胜利。为了纪念这场战斗，铁木真对在巴勒渚纳追随他的骑士都赐予特殊的荣誉。他们的后代在元代也都受到优遇。在战斗中一马当先的忽亦勒答儿，因伤重死去，他的家族也得到特殊的待遇。

↑ **蒙古骑兵作战图**

第四次在泰和四年（1204年）。克烈部被征服以后，草原上唯一还有力量与蒙古部抗衡的，是西边以“国大民众”著称的乃蛮部。乃蛮部在蒙古草原各部中，经济、文化水平较高，从来看不起那些“歹气息，破衣服”的蒙古部人。现在听说克烈部的结局，受到很大的震动，意识到铁木真的目标是想统治整个草原。乃蛮部的领袖太阳罕也有成为草原霸主的野心，“天上只有一个日月，地上如何有两个主人!”他决心要与蒙古部较量一番，要把对方“生得好的妇女掳来，将他们的弓箭夺来”。实际上，太阳罕昏庸无能，喜好的是放鹰、狩猎，再加上兄弟不和，内部矛盾重重，人心离散。

而铁木真却利用战胜克烈部的有利形势，对军队进行整顿。他按十进制的原则将军队分成百户、千户，统一编组起来，委派了各级那颜。他挑选那颜子弟和其他勇士千人组成怯薛（护卫军），规定了怯薛轮番宿卫的制度。这些措施，使军队完全听从大汗的统一指挥，从而大大提高了战斗力。

泰和四年（1204年）初夏，双方集结军队，进行决战。在太阳罕统率下的，除了乃蛮部军队之外，还有先后被铁木真打败的篾儿乞部、克烈部残余力量以及铁木真的老对手札木合等。铁木真军队在数量上处于劣势。双方遭遇之后，铁木真下令全军，每人于夜间点燃五堆篝火，虚张声势。这一招果然有效，太阳罕以为蒙古军人数众多，先自胆怯。两军交锋时，铁木真亲自打前锋，锐不可当，乃蛮军节节败退，最后被迫据山固守。入夜后，乃蛮军队企图突围，遭蒙古军拦截，许多人坠崖而死，太阳罕也在乱军中死去。札木合和太阳罕之子屈出律逃走。铁木真取得了完全的胜利，乃蛮部归于他统治之下。紧接着，铁木真相继征服了篾儿乞和乃蛮两部残余势力。札木合在逃亡途中被捉杀死。蒙古草原全都听从铁木真的号令，再没有能与他抗衡的敌手。

大蒙古国的建立

泰和六年（1206年）春，铁木真在蒙古部原来居住的鄂嫩河源头召集全体贵族、将领举行大会（蒙语称为“忽里台”）。在会上，全体与会者推举铁木真为大汗，号“成吉思”。并以大蒙古作为国号。“成吉思”意为海洋，成吉思汗就是像海洋一样的统治者。蒙古本是草原上一个部落的名称，现在成为国家的名称了。

在成吉思汗建立大蒙古国时，他统治的地区东起兴安岭，西迄阿尔泰山，南到阴山，是一片极其广阔的地区。这个地区内的各种游牧部落，原来都有自己的名称。在大蒙古国建立后，他们逐渐融合为一个民族，以蒙古为名称。也就是说，蒙古族的形成，是与成吉思汗统一草原、建立大蒙古国分不开的。

成吉思汗建立了一套具有草原游牧民族特色的统治机构。

（1）千户制。草原上的人民原来主要是按部落、氏族编制的。在统一草原的过程中，原有的部落组织已被打乱，有的部落通过掳掠或其他手段吸收了大量来自部落之外的人口，有的部落则因战争失利而被强制拆散，分属胜利者的部落。因此，迫切需要适应这种变化的新编制形式。前面说过，成吉思汗在与乃蛮作战以前，按十进制编组军队。建国以后，他进一步推广这种制度，将全蒙古的百姓划分为九十五个千户，分封开国功臣为千户长，分别进行统治。千户以下，又分为百户、十户。每个千户都有固定的游牧地区。百姓与千户之间，有严格的隶属关系，如果投奔他处，就要被处死，接受者也要受严厉惩罚。大蒙古国按千户来征收赋税、分派徭役。在作战时，就由千户长、百户长率领成年男子出征。千户制既是行政机构，又是军队的组织形式。这种军民合一的制度，是草原游牧民族的特色。

↑ 千户印

在千户以上，设有万户。东边直至大兴安岭的广大地区内分布的各千户，由左手万户管辖；西边直至阿尔泰山的广大地区内分布的各千户，由右手万户管辖。成吉思汗任命自己亲信将领木华黎和博尔术为左、右手万户。此外，还任命一个中军万户，统领大汗的护卫军。万户、千户、百户都是世袭的，但如果对大汗不忠，就会被撤职。

（2）怯薛。在征服乃蛮以前，铁木真已经建立了一支千人组成的怯薛。大蒙古国建立后，他将怯薛扩充为一万名，主要由各级那颜和贵族子弟中选充，也有一小部分来自“白身人”（平民）。怯薛分为四队，每三天一次，轮流到大汗身边值班。怯薛是大汗亲自掌握的一支精锐部队，负责大汗的安全，同时还承担各种杂务。四怯薛长由大汗最亲信的“四杰”担任。怯薛受到大汗的特殊宠信，常常被委派处理各种政务。元朝建立以后，怯薛仍然保留下来，成为一个最有特权的部门，怯薛成员往往很快就可以当上大官。

前面说过，草原各部首领周围形成了“那可儿”（“伴当”）集团，这是首领们对内统治、对外战争的得力工具。怯薛实际上就是由“那可儿”发展而成的。

（3）札鲁忽赤和札撒。札鲁忽赤译成汉文就是断事官。建国以前，铁木真已任命过札鲁忽赤。大蒙古国建立时，成吉思汗任命义弟（诃额仑收养的孤儿）失吉忽秃忽为最高的札鲁忽赤，授权他分配人户、审理盗贼、诈伪等事，该杀的杀，该罚的罚，任何人不得违背。同时还命令他将“断了的事，写在青册上，以后不许诸人更改”。“写在青册上”的断事决定，就是法律条规，当时称为“札撒”。札鲁忽赤兼管财政、刑法，拥有很大的权力。后来大汗派往征服地区的最高长官，也都称为札鲁忽赤。

千户制、怯薛、札鲁忽赤和札撒，便是大蒙古国初建时国家机器的主要部分。它们对于巩固成吉思汗的统治起了很大的作用。还应该提到的是蒙古文字的创建。蒙古人原来没有文字，调发兵马时结草为记或刻木记事。铁木真征服乃蛮时，俘虏了乃蛮的掌印官塔塔统阿。塔塔统阿懂得畏兀儿（今天维吾尔族的祖先）文字，乃蛮的印章就是用畏兀儿文刻成的。根据成吉思汗的命令，塔塔统阿借用畏兀儿文的字母来拼写蒙古语，创制了蒙古文，教授蒙古贵族子弟。蒙古文创建后，应用于印信、牌符上，还用来发布大汗的旨意，记录法令，这就进一步加强了国家机器的职能。

大蒙古国的建立，是蒙古社会进入奴隶制发展阶段的标志。在统一草原的过程中，铁木真将大批战争中的俘虏分配给有功的将士为奴隶。建国后，又通过“札撒”肯定了抑配俘虏为奴和使用奴隶劳动的合法性。随着大规模战争的继续进行，大量外族的俘虏被遣回草原，作为蒙古人的奴隶。由于蒙古成年男子必须从军或在驿站服役，以至于在草原上牧放牲畜的主要是外族奴隶。大蒙古国是代表蒙古奴隶主利益的政权。成吉思汗是蒙古奴隶主的政治代表。

一代天骄

大蒙古国建立后，南边与西夏、金朝为邻，西边与畏兀儿、哈剌鲁相接。在蒙古草原以北的森林地带，还有一些部落没有降服。

泰和七年（1207年），成吉思汗派遣长子术赤前去征服森林地带的“林木中百姓”，经过艰苦的战斗，取得了胜利，这样便巩固了后方。紧接着，便开始对外发动大规模的战争。主要分两个方面：一是南下进攻西夏和金朝，一是西征中亚。

一、南下进攻西夏和金朝

泰和四年（1204年）铁木真灭乃蛮部后，统治的境土已与西夏相接。泰和五年（1205年），蒙古军以西夏接纳逃亡的乃蛮贵族为借口，攻入西夏境内大肆抢掠，但很快便退回。大蒙古国建立的次年，成吉思汗亲自率军侵入西夏，历时五个月才退出。这两次军事行动都属于实力侦察性质。到大安元年（1209年）春，蒙古军发动大规模进攻，连克名城，包围西夏首都中兴府（今宁夏银川）。西夏向金朝请求援助，遭到拒绝。大安三年（1211年）初，西夏纳女称臣，成吉思汗才退回蒙古草原。

蒙古与金朝的关系是很复杂的。蒙古部的首领俺巴孩曾被金朝杀害，但成吉思汗本人曾配合金朝军队对塔塔儿部作战，并因此接受过金朝的封号。在泰和六年（1206年）建立大蒙古国后，成吉思汗曾到边境向金朝进贡，金章宗派遣叔父卫王完颜永济接受贡献。完颜永济为人软弱无能，成吉思汗轻视他，对他很不礼貌。泰和八年（1208年）金章宗死，无子，完颜永济嗣位。金朝派遣使臣将即位的诏书传送到蒙古，成吉思汗问使者：“新君为谁？”金朝使臣回答说：“卫王也。”成吉思汗向南方吐了一口唾沫，骂道：“我以为中原皇帝都是天上人做，这种无用软弱的人也能做吗!我才不拜他呢!”立即跳上马背走开了。成吉思汗归附金朝不过是一种策略手段，他早已有意对金用兵，现在昏庸无能的卫王做了皇帝，正是出兵的好时机，所以他利用这一机会与金朝决裂。

西夏称臣后，成吉思汗消除了来自侧翼的威胁，拆散了金、夏之间的联系。于是，大安三年（1211年）的春天，他便在克鲁伦河畔聚众誓师。按照蒙古的习俗，他登上高山，祈求上天帮助，为祖先报仇雪恨。他发动对金战争，就是以报仇为借口进行的。这一年七月，蒙古军突破金朝用来防御草原游牧民进攻的边墙，在野狐岭（今河北张北）大败金军。蒙古军进而围攻中都（今北京），金兵坚守，相持不下，蒙古军退兵。崇庆元年（1212年），成吉思汗亲自率军围攻西京（今山西大同），大败金朝派来的援兵，但在攻城时中了流矢，便退回阴山附近。至宁元年（1213年）秋，成吉思汗集结军队，再次攻金。在怀来（今河北怀来）大败金朝丞相完颜纲和术虎高琪指挥的军队，金朝伤死的将士“如烂木般堆着”，金军精锐在这一仗被消灭殆尽。蒙古军乘胜来到居庸关前。居庸关是中都西北的要隘，一过居庸关，就是平原，无险可守，因此金朝在这里置重兵固守，布下了严密的防御工事。成吉思汗避实就虚，由山间小路绕到关后。然后分兵三路，连破山西、山东、河北和辽东的许多州县。到贞祐二年（1214年）春，属于金朝管辖的华北平原广大地区，只有中都、真定等十一个城未下。三路大军掳掠了大量人口、牲畜、财物之后，在中都附近集合，准备攻城。正当蒙古军在华北平原上驰骋时，金朝宫廷中发生政变，皇帝完颜永济被权臣谋害，金宣宗（完颜珣）继位，宣宗面对内外交困的局势，只好向蒙古求和，献出公主（永济之女），加上大批金帛、童男女、马匹，由丞相恭送蒙古军出关。

这一年五月，被蒙古军吓破了胆的金宣宗不顾一部分贵族官僚的反对，将朝廷迁到汴京（今河南开封），留下大臣完颜承晖镇守中都。成吉思汗闻讯，便派军队包围中都，金朝由河南派遣军队来救援，中途被击溃。中都孤立无援，城中发生饥荒。贞祐三年（1215年）五月，完颜承晖自杀，城中军民投降，蒙古军占领了这座华北平原上的名城。

↑ 居庸关（《三才图会》）

兴定元年（1217年）起，成吉思汗集中全力西征，把对金战争交给左手万户木华黎全权负责，封他为太师国王。木华黎率领蒙古军和归附的其他各族武装，逐步占领了河北、山西、山东的大片土地。

二、西征中亚

当大蒙古国建立时，它的西边有畏兀儿，居地是以别失八里（今新疆吉木萨尔）、哈剌火州（今新疆吐鲁番）为中心的新疆东部地区；哈剌鲁，居地在今巴尔喀什湖东南的伊犁河、楚河流域。在畏兀儿和哈剌鲁以西，则是西辽和花剌子模汗国。辽朝灭亡时，皇族耶律大石率领一支军队西行，建立了一个国家，仍以辽为国号，历史上称为西辽，也称为哈剌契丹（黑契丹）。西辽的统治地区以河中（锡尔河与阿姆河中间地区）为中心，首都是虎思斡耳朵（今吉尔吉斯共和国托克马克附近），一度是中亚最强大的国家，畏兀儿和哈剌鲁都成为藩属，受它控制。西辽以西是花剌子模，它位于咸海以南，首都玉龙杰赤（在阿姆河下游）。13世纪初，花剌子模算端（算端是统治者的称号）野心勃勃，到处扩张势力，辖地已达今伊朗、阿富汗的广大地区，并曾大败西辽。

西辽在畏兀儿地区派驻少监，横征暴敛，对畏兀儿的亦都护（统治者的称号）巴而术阿儿忒的斤和他的部属加以百般凌辱。巴而术阿儿忒的斤得知成吉思汗统一蒙古建立国家的消息后，便于大安元年（1209年）将少监杀掉，归顺蒙古。成吉思汗给予畏兀儿亦都护以隆重的待遇，按照游牧民族收养子的习惯，承认亦都护为第五子，又把女儿许给他为妻。自此，畏兀儿成为蒙古的藩属。畏兀儿的归附，有着重要意义。畏兀儿人有较高的文化，他们对于大蒙古国的行政管理起了很大的作用。畏兀儿地区位于东西方交通的要道，商队必经之地，成吉思汗通过畏兀儿对西方的情况有了更多的了解。紧接着，居住在海押立地区（今伊犁河中游北岸）哈剌鲁人首领也杀死西辽的少监，摆脱与西辽的藩属关系，投向蒙古。阿力麻里（今新疆伊犁地区）的哈剌鲁首领当时正在反抗西辽的统治，很快也归附成吉思汗。这样，大蒙古国便与西辽发生直接接触了。

蒙古灭乃蛮时，乃蛮王子屈出律向西逃走，几经曲折，来到西辽。西辽皇帝耶律直鲁古把女儿嫁给他，并支持他招集乃蛮旧部。屈出律势力渐大，便乘西辽与花剌子模之间交战的时机，发动突然袭击，囚禁耶律直鲁古，夺取了帝位。屈出律称帝后，出兵征服可失合儿（今新疆喀什）、斡端（今新疆和田）等地，强迫当地人民放弃伊斯兰教，改信佛教或景教，对当地人民敲诈勒索，奸淫烧杀，引起了强烈的反抗。成吉思汗知道这些情况后，便于1218年派遣大将哲别领兵两万出征屈出律。哲别进入西辽境内后，宣布信教自由，从而得到伊斯兰教徒的广泛支持。屈出律犹如惊弓之鸟，不敢与蒙古军交锋，狼狈逃窜，后为巴达哈山（今阿富汗巴达克山）地区山民捉获，送交蒙古军处死。蒙古征服了西辽，便和花剌子模接壤。

花剌子模这时正处于鼎盛时期。它与蒙古发生关系较早。成吉思汗在草原上崛起的消息，很快传到中亚，引起了花剌子模算端的注意。他派遣使者来到东方，侦察蒙古的虚实。贞祐二年（1214年），成吉思汗接见了使者，提出双方派遣使臣、商人互相往来，交换商品，彼此和好。为了表示自己的诚意，他用很高的价格买下了花剌子模商队的货物，同时便派遣使臣和四百余人组成的庞大商队回访。蒙古使臣见到了算端，但商队却被讹答剌（今哈萨克共和国境内锡尔河右岸）城的长官扣留。经过算端同意，讹答剌的长官下令杀死商队中的所有商人，没收全部货物。他的命令被执行了，但是商队中有一人设法逃走，回到蒙古，向成吉思汗报告事情的经过。成吉思汗闻讯大怒，感到遭受了前所未有的耻辱。他奔上高山之顶，脱去帽子，以脸朝地，祈祷了三天三夜，说："我非这场灾祸的挑起者，赐我力量去复仇吧。"下山以后，他派遣使者到花剌子模，向算端提出质问，并警告说，自己打算讨伐，要算端做好准备。算端摩诃末当场下令将为首的使臣杀死，其余二人剃去胡须后放回。这件事进一步加深了成吉思汗对算端的仇恨。但由于西辽未灭，加上对金用兵，就暂时搁置了下来。在消灭屈出律、征服西辽以后，他就开始对花剌子模采取行动了。

兴定三年（1219年）秋天，成吉思汗率领蒙古军和其他民族的军队，共十余万人，出征花剌子模。花剌子模貌似强大，实际上内部矛盾重重，各怀异志。面对强敌，算端摩诃末根本无法组织军队进行决战，只能采取分兵守御要塞的办法，把希望寄托在蒙古军大掠后会自行退兵上。但是，经过对西夏和对金战争的锻炼之后，原来长于野战的蒙古军，现在在攻坚方面也具有很高的能力。严密设防的讹答剌、撒麻耳干（今译撒马儿罕，在乌兹别克共和国）、不花剌（今译布哈拉，在乌兹别克共和国）、玉龙杰赤等城，相继都在蒙古军攻击下陷落了。蒙

↑ 蒙古军攻城图

古军对居民大肆杀戮，抢劫财物，纵火焚烧各种建筑，使这些城市受到毁灭性的打击。有的城市（如讹答剌、玉龙杰赤）则被夷为平地。算端摩诃末在蒙古军追击下狼狈逃窜，最后逃到里海的一个小岛上病死。摩诃末之子札阑丁组织力量抗击，兴定五年（1221年），他在申河（今印度河）边被成吉思汗打败，逃入印度境内。蒙古军的一部，在追逐摩诃末时，曾越过高加索山脉，打败当地钦察部落和斡罗思（今译俄罗斯）人的联军，沿第聂伯河至里海北岸，然后返回。从兴定三年（1219年）到兴定六年（1222年），蒙古人的铁骑在中亚广大地区到处驰骋，给花剌子模汗国以致命的打击。但是，成吉思汗这次出征主要目的是报仇，在这一地区大肆掠夺，造成极大的破坏，却没有建立牢固的统治。所以到他死后又有第二次西征。

在战胜札阑丁之后，成吉思汗回到大雪山（今兴都库什山）山麓过冬。兴定六年（1222年）四月，在那里接见了全真道的领袖丘处机。丘处机住在山东，成吉思汗听说他有长生不老之术，专门派遣使者召他前来。丘处机在进谒时坦率地说，只有卫生之道，没有长生之药，并劝说成吉思汗要以“敬天爱民为本”。在接见丘处机后不久，成吉思汗决定结束西征，循原道回师，经过两年多的跋涉，在正大二年（1225年）春回到鄂嫩河头的营地。

三、西夏的灭亡和成吉思汗之死

当成吉思汗西征时，曾要西夏出兵相助，遭到西夏大臣阿沙敢不的拒绝。成吉思汗对此深为恼怒，为了对花剌子模用兵，他没有立即对西夏采取行动。在西征胜利以后，他急于回师的原因之一，就是因为西夏变得倔强，动摇于降叛之间。

正大三年（1226年）初，成吉思汗率领大军，进攻西夏，势如破竹。阿沙敢不战败被俘。十一月，两军在灵州（今宁夏银川南朵儿篾该）决战，西夏将士虽奋力抵抗，但没能挡住蒙古骑兵的冲击，终于失败。灵州陷落后，蒙古军进围西夏国都中庆府。经过长期包围之后，中庆府粮尽援绝，到正大四年（1227年）六月间又发生强烈地震，灾上加灾。西夏国王被迫请降。成吉思汗在出征西夏前已因打猎时坠马得病，这时因水土不服病势更加严重，他自知很快要死，下令死后秘不发丧，待西夏国王前来谒见时便把他杀掉。这年七月十二日，成吉思汗病死，终年六十六岁。死后三天，西夏国王出降被杀，中庆城也被洗劫一空，城中居民不是惨死在刀下就是沦为奴隶。

成吉思汗的遗体，立刻被护送到鄂嫩河头的营帐所在地，沿途看见人畜全部杀死。根据他生前的意愿，遗体埋在鄂嫩、克鲁伦、土拉三河发源地不儿罕山的起辇谷，后来元朝诸帝死后也都送到这里来安葬。起辇谷草木茂密，到13世纪末，成吉思汗的葬地已经无法辨认了。

成吉思汗有许多儿子，正妻孛儿帖所生四子地位最高，他们是术赤、察合台、窝阔台、拖雷。四人常常跟随成吉思汗出征，立下了功劳。成吉思汗将巴尔喀什湖以西蒙古军马蹄所到之处封给长子术赤，自畏兀儿地到阿姆河之间地区分给察合台。窝阔台占有以叶密立河（额敏河）和霍博（今新疆和布克赛尔）为中心的地区。蒙古人习惯，幼子继承家业，其余诸子另立门户，所以前面三子分有被征服的领土，而幼子拖雷继承了漠北蒙古本土。至于汗位继承，则与财产继承有所区别。成吉思汗对于确立汗位继承人，非常犹豫。在西征将要开始时，也遂夫人（成吉思汗宠爱的妻子）说："皇帝涉历山川，远去征战。若一日有不讳，四子内命谁为主，可令众人先知。"成吉思汗就把四个儿子找在一起商量。他先征求术赤的意见。术赤还未说话，察合台抢先说道："父亲问术赤，是不是要委付他？他是篾儿乞种带来的，俺如何教他管？"原来，成吉思汗长妻孛儿帖曾被篾儿乞人抢去，夺回以后才生下术赤，所以他的血统是很可疑的。术赤听了这番话，非常恼怒，揪住察合台的衣领，就要动手，被旁人劝阻住。面对二子的冲突，成吉思汗感到忧虑，便指定第三子窝阔台为汗位继承人，并要其余三子立誓拥戴。术赤于成吉思汗出征西夏时在自己的封地死去。成吉思汗临死前，将窝

↑ 《觐见蒙古大汗图》

阔台、拖雷及其他诸子召集在一起，用箭和多头蛇作譬喻，要他们拥戴窝阔台为大汗，并说：“只要你们弟兄相互帮助，彼此坚决支援，你们的敌人再强大，也战不胜你们。”因此，在成吉思汗死后召开的忽里台大会上，根据遗命与会者一致推选窝阔台为大蒙古国的大汗。但是，事实与成吉思汗的愿望相反，子孙并不听从他的嘱咐，反而经常为争权夺利发生冲突。从窝阔台即位之日始，以术赤系和拖雷系为一方，以窝阔台系和察合台系为另一方，形成两个派别，围绕着汗位一直进行着明争暗斗。大蒙古国与元朝政治生活的许多方面，都是受这一派系斗争影响的。

成吉思汗是中国和世界历史上的一个传奇人物。他幼年时历经艰辛，成人后屡遭挫折，但从不气馁，努力奋斗，终于战胜一个个强大的对手，统一了蒙古草原。大蒙古国建立后，他又接连用兵，四处出征。他的一生，“灭国四十”，在世界历史上写下了惊心动魄的篇章。“一代天骄”，他是当之无愧的。

大蒙古国的建立，使草原上说各种语言的部落，逐然融合为一个民族共同体，以蒙古为名，走上了世界历史舞台。在蒙古族的形成和发展过程中，成吉思汗的贡献是巨大的，他是当之无愧的蒙古族民族英雄。他在我国北方的军事活动，打破了长期以来分裂割据的局面，为以后元朝统一全国奠定了基础，也是有积极意义的。当然，无论在蒙古草原统一的过程中，或是对金、西夏的战争中，都造成了巨大的破坏，各族人民（包括蒙古族在内）的生命财产遭到十分惨重的损失。这样严重的罪行，是由成吉思汗的奴隶主阶级本性决定的。

成吉思汗的西征，是一个长期存在争论的问题。西征是在“复仇”的名义下进行的，实质上是争夺霸权的斗争。西征给中亚各族人民带来了极大的痛苦，成吉思汗的暴行长期留在人们的记忆里。但是，也应该看到，它冲破了长期以来各国互相隔绝的状态，促进了东西方经济、文化的交流。“丝绸之路”再一次兴盛起来。西征带来的这方面的后果，在世界历史上是有积极意义的。

明代官修的《元史》称赞成吉思汗“深沉有大略，用兵如神”。历来中外历史学家都盛赞成吉思汗的军事天才。确实，他善于用兵，能出奇制胜，在军事上有许多值得重视的创造。但是，我们也可以看到，他并不是天生的常胜将军，在统一蒙古过程中，曾不止一次吃过败仗。重要的是，他在失败之后从不气馁，善于从失败中学习，以坚强的意志，重振旗鼓，直到取得胜利。正因为他在艰苦的环境中得到了充分的磨炼，所以在走出蒙古草原以后，才会所向无敌，成为叱咤风云的一代豪杰。

陈高华

中国社会科学院研究员，专攻元史，专著有《元大都》《元史研究论稿》等；主编《中国军事制度史》（六卷本）、《中国风俗通史》（十卷本）等书，还整理古籍《滋溪文稿》等。

朱元璋

卓越的政治家和军事家明太祖

明太祖个人小档案

姓名：朱元璋

年号：洪武

字：国瑞

别称：朱重八、朱兴宗

所处时代：元明之际

生卒年：1328—1398年

出生地：濠州钟离（今安徽凤阳东）

在位：1368—1398年

定都：应天（今江苏南京）

主要成就：消灭群雄，代元建明，开创“洪武之治”

相关作品：《大明太祖高皇帝御注道德真经》《周颠仙人传》

轶事典故：火烧庆功楼，剥皮楦草，月饼起义

死亡地：应天皇宫

庙号：太祖

谥号：开天行道肇纪立极大圣至神仁文义武俊德成功高皇帝

陵寝：孝陵（今江苏南京东）

继位人：明惠帝朱允炆

最得意：代元建明

最失意：太子早亡

朱元璋

明太祖朱元璋生于元天历元年（1328年），卒于洪武三十一年（1398年），原名重八，又名兴宗，字国瑞，濠州钟离东乡（今安徽凤阳县小溪河镇燃灯社区金桥村）人。洪武元年至三十一年（1368—1398年）在位。他是我国历史上继刘邦之后又一位布衣出身的开国君主，也是我国封建社会后期一位有作为的皇帝。

从小行童到开国君主

朱元璋出生在元朝末年淮北一个贫苦的农民家里。他家祖祖辈辈给地主当佃户，自己也从小为地主放牛，生活十分困苦。十七岁那年，淮河流域发生旱灾、蝗灾和瘟疫，朱元璋的父亲、长兄和母亲先后去世，他失去生活的依靠，只得到附近的於皇寺去当小行童。不久，於皇寺因为缺粮关门，朱元璋又断了生路，只好带上一个木鱼和一只瓦钵，到淮西一带去游方化缘，过了三年，才又回到寺里。

元朝是以蒙古贵族为首建立的统一王朝。崛起于漠北草原的蒙古族在进入中原以前，还处在奴隶制的发展阶段，1206年，成吉思汗统一蒙古各部，建立奴隶主专政的大蒙古国。1234年，蒙古灭金。至元八年（1271年），元世祖忽必烈改国号为元，至元十六年（1279年）灭亡南宋，统一全国。忽必烈建立的元朝，是地主阶级专政的封建王朝。进入中原地区后，忽必烈一方面“变易旧章”，附会汉法，以适应中原地区高度发达的封建经济，取得汉族地主阶级的支持和合作；另一方面又“稽列圣之洪规，讲前代之定制”，将儒学与儒士边缘化，并继续采用色目人的回回法和蒙古法，保留许多落后的蒙古旧制，以确保蒙古贵族在政权中的主导地位和种种特权，从而形成一套蒙汉杂糅、内蒙外汉的政治文化二元模式。元朝统治者，在征服中原和江南地区的过程中，把全国各族人民按照被征服的先后次序，划为蒙古、色目（包括西域各族人和西夏人、吐蕃人）、汉人（包括原先金朝统治下的汉族和契丹、女真等族人）、南人（包括原先南宋统治下的汉族和其他各族人）四个等级，四个等级的政治地位各不相同，蒙古人最高，色目人次之，南人最为低下。元朝末年，由于起义反抗的多是汉人、南人，元政府又重申原先规定的汉人不得执兵器、执寸铁的禁令，并下令北人殴打南人不得还报等，有的大臣甚至还提出了杀绝汉人张、王、刘、李、赵五大姓的主张。除了野蛮的民族压迫外，元朝统治者更对各族人民实行残暴的阶级剥削。元朝不仅赋税、徭役的征敛极其苛重，而且掳掠大量人口，抑为“驱口”“驱丁”（即奴隶）；搜刮大批民间工匠，抑为“系官人匠”（即工奴）。此外，为了适应蒙古人游牧生活的需要，元朝初期还在中原地区圈占大量良田充作牧场，不耕不稼，专放牲畜。后来，在中原地区发达的农耕经济的影响下，入居内地的蒙古人改从农耕，但土地的兼并却有增无减。元朝官府经常夺占汉人的耕地充作官田，赏赐给蒙古贵族、权臣和寺院。蒙

←色目人陶俑

古、色目贵族和汉族地主也使用各种手段，疯狂兼并土地，索债征租，驱迫农民，甚至干预佃客男女婚姻，将佃客随田转卖。

到了元朝末年，由于朝政的腐败，土地的集中，赋役和地租剥削的沉重，水旱、瘟疫的频繁发生，“贫者愈贫，富者愈富”，广大农民连简单再生产都难以维持，生活困苦不堪，纷纷揭竿而起，展开小规模的反抗斗争。至正十一年（1351年）四月，因黄河年久失修，经常决口泛滥，元朝官府征发北方十三路十五万民夫治理黄河，派遣两万官军监工。白莲教首领韩山童及其门徒刘福通乘机进行宣传鼓动，发动服役的民夫，准备举行大规模的起义。他们提出“复宋”口号，并发布檄文，抨击“贫极江南，富称塞北”的不公平现象，号召广大人民群众推翻元朝的黑暗统治，不幸消息泄露。官府派兵搜捕，韩山童被捕牺牲，刘福通率领部众，苦战突围，于五月攻占颍州（今安徽阜阳），正式点燃了元末农民大起义的烈火。各地农民纷起响应，涌现出无数支起义队伍，其中，信奉白莲教的起义军，因头裹红巾，被称为红巾军。以刘福通为首的一支称为北方红巾军，主要活动于江淮一带，以徐寿辉、彭莹玉为首的一支称为南方红巾军，主要活动与江汉一带，在这前后，还出现了不信奉白莲教的起义军，主要有起兵于庆元（今浙江宁波）的方国珍起义军和起兵于高邮（今属江苏）的张士诚起义军。这些起义军各自为战而又互相呼应，对元朝的腐朽统治发起了猛烈的冲击。

就在刘福通起义的第二年正月，土豪郭子兴在定远起义，二月攻占濠州，组织红巾军，属北方红巾军系统。濠州附近的元朝官军不敢同起义军接战，却四处捉拿百姓，充作红巾军俘虏，向上级报功领赏。老百姓无处存身，纷纷前往濠州投奔红巾军。在濠州参加起义的同乡汤和，捎信劝朱元璋前去投奔。不料这事被旁人发觉，扬言要向官府告发。恰在这时，於皇寺又被火焚毁，使朱元璋失去生活的依靠。朱元璋走投无路，便在闰三月初一，到濠州投奔了郭子兴的队伍。

参加起义后，朱元璋刻苦学习武艺，进步很快。每次作战，他都表现得很勇敢，很有计谋，因而深得郭子兴的赞赏，被调到身边当亲兵，授予最低一级军衔九夫长，并将其养女马氏嫁他为妻。此后，有要紧的事，郭子兴都找他商量，有重要的战斗任务，也常常交给他去完成。朱元璋每次奉命出征，都身先士卒，冲锋在前，得到战利品，自己又分文不取，全部分给部下，士卒深受鼓舞，无不英勇杀敌，所以每战必胜。后来，朱元璋回到家乡，招募七百名农民，又陆续收编附近的几支地主武装，严加训练，培养了一批骨干力量和一支三万人的精兵，一举攻克定远、滁州（今安徽滁州），更受到郭子兴的器重，很快被提拔为镇抚、总管。至正十五年（1355年），郭子兴派其妻弟张天佑等人攻占和州（今安徽和县），任命朱元璋为总兵官。和州诸将成分复杂，纪律也差，出征时往往乱抢乱杀，掳掠人口，霸占民女。他们又欺负朱元璋年轻，不把他放在眼里，每次议事皆抢占上席，而把最末一个座位留给他。朱元璋决心改变这种状况。有一天，他把将领们找来商议修建城池的事，约定每人负责一段，限三天之内完工。届时只有朱元璋的一段修完，其他几段均未完工，他拿出郭子兴的令牌，严厉地说："我这个总兵官是郭元帅任命的，不是自己封的。既然当这个官，就得负起责任，对大家不能没有约束。现在修建城池，大家不按时完工，万一敌人来攻，我们怎么对付？今后再有违抗命令的，一概按军法从事!"诸将理屈词穷，连声说："是，是!"接着，下令释放掳掠来的百姓妻女，他们都一一照办。部队的纪律从此开始好转，朱元璋的威信也逐步树立起来了。不久，郭子兴病死，北方红巾军所建宋政权的小明王韩林儿（韩山童之子），任命郭子兴子郭天叙为都元帅，妻弟张天祐为右副元帅，朱元璋为左副元帅，由朱元璋执掌实权。

和州东南紧靠长江，城廓小，驻军多，遭到元兵的几次进攻，发生了粮荒。朱元璋带兵横渡长江，攻占南岸的采石（在今安徽当涂西北）太平（今安徽当涂）。太平离集庆（今江苏南京）很近，早先在攻占定远时，儒士冯胜就建议他攻取集庆，说："这个城市龙蟠虎踞，是帝王之都，应该占下来作为立足基地，然后四出征伐，讲仁义，收人心，不贪子女玉帛，天下不难平定。"占领太平后，儒士陶安又提出类似的建议。至正十六年（1356年）三月，朱元璋便带兵攻占集庆，改集庆路为应天府，向宋政权报捷。郭天叙、张天祐都死于攻占应天之役，朱元璋便成为这支队伍的最高统帅。宋政权下令在应天设立江南等处行中书省，任命他为行省的最高长官平章。

朱元璋占领应天和它周围的一些据点，有了一个立足的基地，但地狭粮少，兵力和地盘不及徐寿辉、陈友谅和张士诚，政治威望和影响也不如小明王，处境还是比较困难的。不过，在北面，宋政权领导的北方红巾军吸引着元朝官军和地主武装的绝大部分兵力；在西面，徐寿辉和他的部将陈友谅领导的南方红巾军，牵制着长江中游的元军，在东面，非红巾军系统的张士诚还没有投降元朝。这恰好为朱元璋筑起三面屏障，对他是十分有利的。他果断地作出巩固东、西两线，出击东南的战略决策。在北线，只留部分兵力维持地方治安。在东线，先派兵攻占镇江以确保应天的安全，然后派人与张士诚通好。张士诚自恃地富粮足，拒绝他的通好要求，出兵进攻镇江。朱元璋派兵还击，攻占太湖以东地区，从江阴沿太湖至长兴筑起一道坚固的防线，挡住张士诚西犯的门路。在西线，派兵攻占池州作为应天的屏障，此后也对徐寿辉采取防御态势。主要兵力则集中到东南一线，向南面和东南面出击，夺取孤立、分散的元军据点。至正二十年（1360年）五月，朱元璋的军队已陆续攻克皖南和浙东的许多地方，迅速扩大了他的占领区。

在集中兵力向东南一线出击的同时，朱元璋抓紧时机，积极营建以应天为中心的根据地，为逐鹿中原做准备。经过几年来的反复较量，元朝的官军、地主武装和农民起义军，双方各自形成几个势均力敌的武装集团。朱元璋起义较晚，实力较小，要想逐一消灭对手，进而推翻元朝，必须准备进行长期的艰苦斗争，因而需要有一个稳固的战争基地为之提供物力、财力和兵力。郭子兴死后，他执行冯胜的建议，攻占应天及其周围据点，即提出“积粮训兵，待时而动”的方针开始着手经营这个基地。

朱元璋深知，“兴国之本，在于强兵足食”。他首先抓紧军队的建设，经常命令部将带领士兵进行军事训练，提高作战本领。他尤其重视军事纪律的训练和整顿，强调要“惠爱加于民，法度行于军”，要求全体将士严守纪律，爱护百姓，如有违犯，则严惩不贷。亲征婺州时，他派骑兵带着令牌传告全军：“不准乱杀无辜，不准掳掠妇女，不准焚烧房屋，违令者斩!”随同出征的亲随黄某抢劫民财，即被斩首示众。为了发展自己的势力，朱元璋还注意礼贤下士，招揽人才。早在南略定远、攻打滁州的过程中，他就吸收冯国胜兄弟及李善长等下层知识分子加入自己的队伍。后来，又有范常、陶安、李习、宋思颜、潘庭坚、王恺、汪广洋、夏煜、杨宪、孔克仁、秦从龙、陈遇等一批儒士前来投奔。攻下浙东后，刘基、叶琛、宋濂、章溢等四大名士应聘至应天，朱元璋特地筑礼贤馆，请他们住到里面，做自己的顾问。其次，朱元璋又大抓农业生产。他设置营田司，任命康茂才为营田使，负责兴修水利；派遣儒生，到各地劝课农桑，命令军队在江阴、龙江等处屯田，边打仗边生产；推行民兵制度，组织农村丁壮，一面练武，一面耕种，兵农兼资。在发展生产的同时，又设法减轻百姓的负担，征派民间税粮、军需和差役皆“务从宽减”，并多次下令蠲免税粮差役。此外，朱元璋还注意讲究斗争策略。为了避免树大招风，他在形式上一直对小明王保持臣属关系，使用的是宋政权的龙凤年号，打的是红巾军的红色战旗，连斗争口号也不改变，占领婺州（今浙江金华）时他树起“山河奄有中华地，日月重开大宋天”的大旗，与刘福通树起的“直抵幽燕之地，重开大宋之天”的旗号是一致的。朱元璋担任的职务，从江南行省平章到后来的吴国公，都是小明王敕封的。直到消灭陈友谅，北方红巾军也失败以后，他才称吴王，但发布文告，第一句话还写“皇帝圣旨，吴王令旨”，表示自己仍是小明王的臣属，免得引人注目，遭受打击。经过几年的努力，朱元璋逐步巩固和发展了根据地，兵壮粮多，已经可以同其他几支势力相匹敌了。

至正二十年（1360年）闰五月，陈友谅杀害徐寿辉，自称皇帝，建国号汉，约张士诚夹攻朱元璋。朱元璋立即实行战略转移，改取固守东南、向东北和西线出击的方针，开始与群雄逐鹿中原。

陈友谅兵众土广，顺长江而下，来势汹汹。应天的文武官员惊慌失措，有的主张投降，有的主张放弃应天，也有的主张抵抗，但建议先取据有苏湖肥饶之地的张士诚，再回头对付陈友谅。独有刘基指出：“早先我就说过，张士诚目光短浅，只满足于割据一方，没有什么可怕；陈友谅挟持徐寿辉以令群臣，名号不正，又占据上流，没有一天不想消灭我们，应该先把他灭掉。陈友谅一灭，张士诚孤立，我们就可轻而易举地把他消灭。然后再北向中原，必定可成王业。现在陈友谅打来了，我们就要坚决回击，主张投降或逃跑的，应该斩首。”

朱元璋问他：“对陈友谅的仗应该怎么打？”他的回答是：“陈友谅自恃人多势众，骄傲轻敌，待他深入我方境内，用伏兵截击，很容易把他打败。”朱元璋觉得刘基的话很有道理。他也看出陈友谅骄傲轻敌，好生事端，如果先打张士诚，陈友谅一定倾巢来犯，直逼应天，自己两面受敌，必定非常被动；而张士诚狡猾胆小，目光短浅，如果先打陈友谅，张士诚肯定不会越过平江（今江苏苏州）一步，出兵助陈友谅，自己则可集中兵力对付陈友谅，这仗就好打多了。于是，他采纳刘基的意见，把主力放在西线，在应天附近的龙江设伏击败了陈友谅。张士诚慑于形势，果然未敢轻动。过了三年，陈友谅倾其全力，统兵六十万包围洪都（今江西南昌），以报龙江之仇。朱元璋亲率二十万大军救援洪都，陈友谅退至鄱阳湖迎战，惨遭失败，被流矢射死。朱元璋进克武昌，俘其子陈理而归。接着，便挥师东向，于至正二十七年（1367年）灭张士诚，并迫降方国珍。至此，长江中下游这块全国最肥沃富饶、人口最稠密的地区，已尽归朱元璋所有。

↑ 鄱阳湖之战

在出兵征服方国珍的同时，朱元璋审时度势，果断地决定了南征北伐的大计。他分出部分兵力，用四年时间先后削平福建、两广等地的割据势力。主要兵力则用来北伐，同元朝政权进行最后的决战。

元朝政权虽然依靠地主武装，在至正十九年（1359年）攻陷宋政权的都城汴梁（今河南开封），后又联合张士诚的部队，袭破宋政权的最后一个据点安丰（今安徽寿县），把北方红巾军镇压下去，但它的统治基础，也在各支起义军特别是北方红巾军的沉重打击下趋于瓦解。此时，它依靠几支地主武装来支撑残局，内部派系林立，矛盾重重，已是不堪一击。至正二十七年（1367年）十月，朱元璋派徐达、常遇春率师北伐。大军出发前，他亲自制订了一个周密的作战计划："先取山东，撤除大都的屏障；再回师河南，剪掉它的羽翼；夺取潼关，占据它的门槛。如此一来，天下形势已为我掌握，然后进兵大都，元朝势孤援绝，可不战而克。拿下大都，再挥师西进，山西、陕西和甘肃一带，便可席卷而下。"他发布讨元檄文，提出"驱逐胡虏，恢复中华，立纲陈纪，救济斯民"的口号，以争取北方汉族地主的支持；宣布"蒙古、色目人，虽非华夏族类，但同生于天地之间，如果有能知礼义，愿意做我臣民的，将同中夏之人一样的受到安抚"，以争取蒙古部众，分化元朝统治集团。徐达、常遇春按照朱元璋的作战计划统兵北上，所向披靡，元朝的将领纷纷归附。不过短短的几个月，北伐军即下山东，取汴梁，克潼关，对大都形成三面包围之势。元顺帝眼看大势已去，慌忙带着后妃、太子北逃。第二年八月，徐达统领大军进入大都，统治达九十七年的元朝政权终于被推翻。接着，徐达、常遇春领兵西进，至洪武三年（1370年）已基本攻占北方各省。洪武四年（1371年），朱元璋又派水陆两路大军，分别从瞿塘和秦、陇攻入四川，迫降夏国主明升，平定了四川。洪武十四年（1381年），再进兵云南。据守云南的元将梁王把匝剌瓦尔密兵败自杀，云南也于次年平定。洪武二十年（1387年），又令冯胜、傅友德、蓝玉北攻辽东，元朝丞相纳哈出力竭而降。至此，除了漠北地区和新疆等地，全国已基本上实现统一。

至正二十八年（1368年）正月，就在徐达统领北伐大军攻克山东的凯歌声中，朱元璋在应天登上帝位，国号大明，建元洪武，改应天为南京，一个新的封建王朝建立起来了。

加强集权　整肃吏治

朱元璋登基以后，每天天不亮就起床办公，接见大臣，批阅奏章，一直忙到深夜，没有休息，也不讲究文化娱乐。他兢兢业业，一心想着如何巩固统治，使朱家王朝得以万世长存。

明朝刚建立时，社会矛盾还很尖锐。由于那些旧地主和战争后涌现出来的新地主，拼命追求土地、财富，并用隐瞒土地和丁口等办法，逃漏赋税徭役，把负担转嫁给农民，功臣宿将也倚仗权势，违法乱纪，横征暴敛，贪污腐化，刚刚缓和下来的阶级矛盾又日趋激化，小股的农民起义不时发生。再加上统治阶级内部的各派势力互相争权夺利，北方元朝的残余势力经常南下骚扰，东南沿海又有日本倭寇的侵扰活动，政治局势动荡不安，封建统治很不稳固。针对这种状况，朱元璋大力强化封建专制中央集权制度，以加强对内镇压敌对势力，对外保卫国土的力量。

明初的国家机构，基本上沿袭元朝的制度。经过了几年的统治实践，朱元璋认为这种体制很不理想，特别是中书省的丞相，权力过大，容易产生擅权专恣、皇权旁落的弊端，决心进行改革。行政机构的改革，首先从地方入手。元朝的行中书省是从大都的中书省分设出来的，它总管一省的行政、军事和司法，职权很大，后来四方兵起，中央根本指挥不动，俨然成为一个独立的王国。洪武九年（1376年），朱元璋宣布废除行中书省，分设承宣布政使司、都指挥使司和提刑按察使司，分管行政（包括财政）、军事和司法。三个机构彼此独立而又互相牵制，皆直接听从朝廷指挥，便于中央的控制。接着，又进行中央行政机构的改革。洪武十三年（1380年），有人告发中书省丞相胡惟庸的谋反行为，朱元璋以擅权枉法的罪名将他抄家灭族，宣布撤销中书省，罢除丞相，并相应提高吏、户、礼、兵、刑、工六部的地位，由六部分理朝政，直接对皇帝本人负责。这样，丞相的职权实际上就由皇帝来兼任，各行省的权力集中到中央之后，也就都集中到皇帝手里，朱元璋成了中国历史上权力最大的君主之一。

在军事上，原先设有大都督府，统领全国所有卫所的军队。后来，朱元璋觉得大都督府权力太大，在废除中书省的同时，把它一分为五，设立左、右、中、前、后五军都督府，分别统领所辖的卫所军队。并规定都督府只管军籍和军政，而由兵部掌握军令颁发和军官铨选之权，若遇战事，调遣军队和任命将帅均由皇帝决定。只有在皇帝做出决定之后，兵部发出调兵命令，都督府长官才奉命

↑ **北平行都指挥使司夜巡铜牌**

出为将帅，带领所调集的军队出征。一旦战事结束，将帅即需交还将印，回原职办事，军队也立即回归原来的卫所。经过这一改革，军权也集中到皇帝的手里。但朱元璋对将领们还是放心不下，觉得他们毕竟不是朱家皇室的人，未必可靠。他又实行分封藩王制度，把他的儿子封到各个重要城市去做亲王，用以监视驻守各地的将领。这些藩王都拥有一支护卫兵，少者三千人，多的达到一万九千人。他们还拥有指挥当地卫所守镇兵的大权，遇有急事，封地里的卫所守镇兵，在接到盖有皇帝御宝的文书的同时，还必须有亲王的令旨，才能调动。这样，亲王事实上就成为皇帝在地方的军权代表，他们代替皇帝监视各地的将领，起到藩屏王室、翼卫朝廷的作用。

中央的监察机关原称御史台，朱元璋在洪武十五年（1382年）把它改为都察院，下设十三道监察御史。都察院的职权是纠察百官，辨明冤枉，凡有大臣奸邪，小人构党，擅作威福，扰乱朝政，或者贪污舞弊，学术不正，变乱祖制，都要随时检举弹劾。十三道监察御史在朝监督一切官僚机构，出使到地方则巡按、清军、提督学校、巡盐、巡茶、巡马、监军等。他们的官阶只有七品，但什么话都可以说，什么大官都可以告发。特别是巡按御史权力更大，他代表皇帝出巡，按临所至，小事立断，大事也可直接奏请皇帝裁决。十三道监察御史并非都察院都御史的属官，不仅彼此不相统辖，而且可互相纠举。此外，在中央还设有六科给事中，负责监督六部官吏，并与都察院互相纠举。这些“天子耳目风纪之司”，起着为皇帝搏击异己的鹰犬作用。

为了加强对臣民的控制，朱元璋又设立巡检司和锦衣卫。巡检司遍设于全国各府县的关津要冲之地，专门盘查过往行人，负责缉捕“盗贼”，盘诘“奸伪”。军民的行动一概限在百里之内，如走出百里之外，必须事先请领路引，巡检司才能让他通过关津。锦衣卫是由皇帝指挥的特务机构。明朝建立前后，朱元璋曾派自己的心腹做检校，秘密侦察大小官吏的活动，见有不公不法之事，随时向他报告。但这种特务性质的检校，只能察听、告密，却没有扣押、审判、处罚罪犯的权力。洪武十五年（1382年），朱元璋便把身边的警卫机构亲军都尉府（前身是拱卫司）改为锦衣卫，下设镇抚司，专管本卫刑名，兼管军匠，民间称为“诏狱”。后将镇抚司改称南镇抚司，专管刑名，另设北镇抚司，专管军匠。赋予侦察、缉捕“盗贼奸宄”的大权，成为一个正式的特务机构。洪武年间，检校或锦衣卫校尉等特务，遍布街坊路途，严密监视着朝内外的文武百官。吏部尚书吴琳告老还乡后，朱元璋曾派特务到他家乡侦察他的活动，见一个农民模样的人从小凳上站起，下稻田插秧，问道：“这里有个吴尚书，在吗？”那人拱手回答：“吴琳便是。”这个特务回去报告，朱元璋听了很高兴。博士钱宰被征调到南京编纂《孟子节文》，罢朝归家，信口吟诗曰：“四鼓鼕鼕起着衣，午门朝见尚嫌迟。何时得遂田园乐，睡到人间饭熟时。”在旁监视的特务向朱元璋报告，第二天上朝，他对钱宰说：“昨天作的好诗!不过我并没有‘嫌’你啊，改作‘忧’字怎样？”钱宰一听，吓出一身冷汗，连忙磕头谢罪。大学士宋濂有天在家请客，特务即对朱元璋报告。第二天，朱元璋问宋濂：“昨天喝酒了

↑ 锦衣卫木印

吗？请的哪位客人？吃的什么菜肴？”宋濂一一如实回答，他才笑着说：“说的都对，没有骗我。”国子监祭酒宋讷有一天在家生闷气，暗中监视的特务把他的相貌画了下来。第二天，朱元璋问宋讷：“昨天因何生气？”宋讷照实说了，问朱元璋怎样知道这件事，朱元璋把画像拿给他看，他才恍然大悟，赶紧磕头谢罪。有时，朱元璋还亲自出马，对臣僚搞特务侦察。弘文馆学士罗复仁秉性耿直，能言敢谏，但因为他原是陈友谅的部下，朱元璋对他很不放心。有一天，朱元璋想看看罗复仁在家干什么，就亲自跑到城郊的罗家去私访。罗复仁正在粉刷他的几间破房子，见皇帝到来，忙叫妻子抱过一个小凳让坐。朱元璋见状，把他夸奖了一通，说：“贤士怎么能住这样破烂的房子？”下令赐给他一座城里的大宅第。

各级的监察官吏和无处不钻的特务，不断发现一些文官武将的违法行为，尤其是某些勋臣宿将，情况更加严重。胡惟庸在被罢官之前，仗着自己的丞相地位，骄横跋扈，专恣擅权，朝中生杀黜陟之事，他往往不待奏闻即自行决断。内外诸司的奏章，他必先行拆阅，于己不利的即藏匿不报。他还大肆结党营私，排斥异己。朝廷内外的势利之徒，竞相向他贿赂，奔走于他的门下。他收受的金帛、名马、珍宝、器玩，多到不可胜数。最后竟令其亲信“在外收辑军马”还偷阅“天下军马籍”，为调动军队进行谋反做准备。开国大将蓝玉，居功自傲，私蓄奴婢假子数千人，恃势横暴，在军擅自黜陟校将，进止自专，不听命令，北征回来，夜过喜峰关，守关将士未及时开关迎纳，他纵兵毁关而入。明政府明令禁止贩卖私盐，他令家人到云南中盐万余引，私行贩卖，破坏盐法。他侵占东昌民田，御史按问，他竟下令驱逐御史。最后也发展到四处联络其亲信，准备暗杀朱元璋，起兵谋反。为朱家王朝的万世长存着想，朱元璋对功臣展开了无情的屠杀。洪武十三年胡惟庸案发后，朱元璋即以胡案为武器，将胡惟庸的罪名逐步升级，由擅权枉法到私通日本，再升级到私通蒙古，最后发展到串通李善长谋反，把与胡惟庸有亲戚、同乡、故旧或其他关系的臣属加以连坐族诛，先后杀掉了三万多人。洪武二十六年（1393年），特务告发蓝玉准备谋反，朱元璋又将蓝玉凌迟处死，抄斩三族，并连坐族诛和蓝玉关系较为密切的将帅一万五千人。两个大案之外，其他的开国功臣，包括朱元璋自己的亲侄朱文正、亲甥李文忠等，也分别以各种罪名加以诛戮，只有少数人侥幸地逃脱了被杀的厄运。

经过一番改革和经营，朱元璋把全国的军政大权都集中到中央，最后统归皇帝一人掌握，封建专制主义的中央集权制度发展到了高峰。朱元璋认为这套严密的统治制度，是确保朱家王朝“万世一统”的最好制度，特地编订一部《皇明祖训》，要求他的子孙必须世代遵守，不可加以改变。

在强化专制主义中央集权统治的同时，朱元璋还严厉整肃吏治。元末吏治的腐败，激起了大规模的农民起义，这给予朱元璋深刻的教训。他说：“老百姓的力量是可怕的。如果当权者办事不当，上违天意，下失民心，发展下去，天怒人怨，没有不灭亡的。”即皇帝位后，他召见文武百官，对他们宣布：“我从前在民间时，看见州县的官吏大多不爱恤百姓，他们往往贪财好色，饮酒废事，对民间的疾苦无动于衷，我的心里恨透了。如今要严肃法纪，发现官吏贪污、虐待老百姓的，坚决治罪，决不宽恕。”

明政府制定了许多法律章程，对各级官吏的职权、任务以及应当遵守的事项，都作出详细的规定。对官吏的违法乱纪行为，也定出具体的惩处办法。例如《明律》规定，凡是奸邪进谗言使没有犯死罪的遭受死刑者，处斩；如有人犯了死罪，大臣小官用巧言进谏，使之免除死刑者，也处斩；如刑部及大小衙门的官吏，听从上司主使，不按法律的规定处理案犯的，都要处斩，并将其妻子充作奴婢，财产没收入官。对官吏的贪污，处罪特别重。朱元璋认为：“吏治之弊，莫过于贪墨”，“这种弊端如不革除，要想施行善政，是根本不可能的。”他下令：“凡是官吏贪污的，都要治罪，不容宽贷!”官吏因为枉法而贪赃的，一概发配到北方边地充军。官吏贪污获赃六十两以上的，处以枭首示众、剥皮实草之刑。各府州县衙门左首的土地庙，就是剥皮的刑场，叫皮场庙。贪官被押到这里，砍下头颅，挂到竿子上示众，再剥下人皮，塞上稻草，摆到衙门公座旁边，用以警告继任的官员。就连因公乘坐官府的牲口车船，附载私人物品超过规定重量的，也要处刑。比如乘坐官府牲口车船，除随身衣物外，附载私物不得超过十斤，每超过五斤笞一十，十斤加一等，最重至杖六十。整个洪武年间，对违法乱纪、贪污受贿的官吏，除去平常的零星打击，还进行过几次大规模的清洗，其中以郭桓案的规模最大，洪武十八年（1385年），有人告发北平二司与户部侍郎郭桓通谋舞弊，贪污税粮。朱元璋把六部左右侍郎以下的官吏都处以死刑，追出赃粮七百万石。供词牵连到各布政司的官吏，又杀了数万人。追赃还牵连到各地的地主，许多中产以上的地主被弄得倾家荡产。由于采取了这些有力措施，吏治腐败的现象逐渐得到扭转。据《明史·循吏传》的记载："一时守令畏法"，"吏治焕然丕变矣"。

另外，朱元璋还采取了一些抑制豪强的措施。豪强地主占有大量土地，在乡里横行霸道，欺凌百姓，是造成社会动荡的一个因素。朱元璋几次下令把江南的富户迁到中都凤阳或京师。如洪武二十四年（1391年）徙天下富民五千三百户到京师，后又移富民一万四千三百余户以实京师。迁到京师的富户，还强迫他们承担各种差役。据传修筑南京城，即令富豪沈万三的后裔出资修建城墙的一半。这些豪强地主迁离乡土，减少了当地百姓所受的欺凌和压榨。

朱元璋的这些措施，加强了国家的统一，并使社会矛盾得到一定程度的缓和，政治局面日渐趋于安定。他希望这种安定的局面能够长期保持，不再发生动荡。每日黄昏，便令专人在道路上敲打木铎，高声呼喊："和睦乡里，教训子孙，各安生理，毋作非为!"五更时，又派专人在城门谯楼上吹起画角，高声唱道："创业难，守成又难，难也难!"

休养生息　发展生产

明王朝刚刚建立时，田野荒芜，经济凋敝，到处是破烂不堪的景象。河北平原遭受战争的破坏最为严重，很多地方道路榛塞，积骸成丘，人烟断绝。文化一向比较发达的汉中地区，也是荒草丛生，虎豹啸吟。往昔的繁荣胜地扬州，被朱元璋的军队攻占时，城中仅余居民十八家。人民力竭财尽了，地主贵族难以榨取到地租，封建政府的税源也近于枯竭。为了巩固封建统治的经济基础，朱元璋下决心推行“休养生息”的政策，大力恢复和发展生产。即位之初，他就召见各地来朝的府州县官，对他们说：“天下刚刚平定，百姓财力都很困乏，像刚学飞的小鸟，拔不得羽毛，新栽的树木，碰不得根，应该让他们休养生息，搞好生产。”他要求各级官吏把“田野辟，户口增”作为头等大事来抓，并规定官吏的考核都要上报农桑的治绩，违反的官员要降职、处罚。

农业是封建社会最主要的生产部门，受到朱元璋的特别重视。在封建时代，恢复和发展农业的主要措施是奖励垦荒和实行屯田。经过元末农民战争，不少官僚地主死亡逃散，他们霸占的土地有的回到农民手里，有的荒废了。朱元璋下令，凡是战争中抛荒的田地，被他人耕垦成熟的就成为耕垦者的产业，如果原来的田主回来，由官府另外拨给同等数量的荒地作为补偿。这实际上是对农民在战争中取得的胜利果实的一种承认。对那些无主荒地，朱元璋则鼓励农民积极开垦。洪武元年（1368年）规定，各处的荒闲土地，允许百姓开垦，永为己业，免除徭役三年。过了两年，又规定北方郡县的近城荒地，授予无业的农民耕种，每户给十五亩，另给菜地二亩，有余力多种的，则不限亩数，并全部免除三年租税。类似的政策也施行于南方某些地区，如苏州府太仓每丁授田十六亩。后来还规定，在陕西、河南、山东、北平等布政使司及凤阳、淮安、扬州、庐州等府，允许农民尽力开垦荒地，官府不得征派赋税。许多逃亡农民，纷纷回乡垦荒，变成了拥有小块土地的自耕农。

明政府还大力推行屯田。屯田分为民屯、军屯和商屯三种。民屯主要是迁徙无业农民和降民、罪徒，从地狭人稠的地区迁往地广人稀的地区去垦荒屯种，由政府发给路费，有的还发给耕牛、农具和种子，三年不征赋税。如洪武三年（1370年），即徙苏州、松江、嘉兴、湖州、杭州无业农民四千多户到凤阳屯垦，又迁沙漠遗民三万二千余户到北平屯种，还迁山西泽州（今晋城）、潞州（今长治）农民到河北。整个洪武时代，屯垦的移民有数字可考的达到一百六十多万人，实际数字可能是此数的一倍还多。他们后来大多也变成了小自耕农。军屯由卫所军队承担，当时规定边地的军队三分守城，七分屯种；内地军队二分守城，八分屯种。每个军士由政府拨给五十亩土地，并发给耕牛、种子和农具，屯种的头几年不必纳税，后来每亩交税一斗，其余的收获物留本卫所作军粮。明初一百多万军队的军粮，大部分出自军屯的收入，朱元璋曾自夸说：“我养兵百万，不费百姓一粒米。”商屯是军屯的一种补充。开始，明政府实行“中盐法”，令商人运粮到边境的卫所，然后发给价值相等的盐引，商人再持盐引到产盐地领取食盐，运到指定的地区销售。后来，商人干脆在边塞地区募民屯垦，就地缴粮，以减省运费，这便出现了商屯。军屯和商屯的发展，使大量的荒闲土地得到了开发。

↑ **《晓耕图》**

为了推动农业的发展，朱元璋非常注意水利的建设。即位当年，他就下令：“凡是百姓提出有关水利的建议，地方官吏必须及时奏报。”后来，又特地指示工部大臣：“凡是陂、塘、湖、堰可以蓄水泄水、防备旱涝的，都需根据地势加以修治。”洪武年间，兴修了许多大规模的灌溉工程，有的工程投入人工达数十万，可灌溉田地万顷至数万顷。如洪武六年（1373年）疏浚开封府自小木到陈州沙河口一十八闸，投入人工达二十五万，两年后疏浚泾阳洪渠堰，可灌溉泾阳、三原、醴泉、高陵、临潼一带田地二百余里。洪武二十四年（1391年）治理定海、鄞县的东湖，可灌田数万顷，次年开凿溧阳银墅东坝河道四千三百多丈，从嘉兴等州调集的民工多达三十五万九千七百人。更重要的是督促各地的官吏组织劳力，利用农闲，大力修建中小型的灌溉工程。例如洪武二十七年（1394年）派遣国子监生分赴全国各地，督促吏民兴修水利，到第二年底，全国即修治塘堰四万零九百八十七处，河流四千一百六十二处，陂渠堤岸五千零四十八处。朱元璋在位不过三十一年，就修建了这么多的水利工程，这在中国历史上并不多见。另外，朱元璋还很注意水利工程的保护。明朝的法律规定，对盗决河防、圩岸陂塘者都要处以重刑，负责水利的官吏不修河防、圩岸或者修治不及时的，也要处刑。

为了调动广大农民的生产积极性，朱元璋还采取措施提高他们的社会地位。元朝的农民对地主存在强烈的人身依附关系，法律规定佃户见地主要行仆人对主人之礼，地主打死佃户只受到杖一百七十下的刑罚，再交纳烧埋银五十两，便可了事。明政府规定，佃户见地主行小辈对长辈之礼，并取消了元律关于地主打死佃户只科以杖一百七、征烧埋银五十两的规定。农民对地主的依附关系，有了一定的松弛。元代蓄奴的风气很盛，权贵勋戚都拥有大量的奴婢、驱口、驱丁，有的多达数千名。在元末农民战争的风暴中，不少奴隶摆脱了主人的束缚，赢得了自由，但也有一些农民因为饥荒又沦为奴隶。朱元璋下令，凡是在战乱中被迫为奴的，主人必须立即释放，恢复他们的自由民身份。并下令由政府出钱，赎还因饥荒而典卖为奴的男女。洪武十九年（1386年），仅河南布政使司即赎还了开封等府典卖为奴的男女二百七十四人。明朝法律还规定：功臣之家蓄养奴婢不得超过二十人；庶民之家不得养奴，否则要受到杖一百下的刑罚，并将奴婢放还为民；凡收留人家迷失的子女、在逃的子女卖作奴婢，或冒认自由民为奴婢的，都要处以重刑。

在改善农民地位的同时，朱元璋又设法减轻农民的负担。通过元末农民战争，朱元璋认识到对百姓如果榨取过甚，就会激起强烈的反抗，懂得了“步急则蹶（摔跤），弦急则绝，民急则乱”的道理。即位之后，他反复强调，要把赋税徭役的征派控制在一定限度之内，“取之有制，用之有节”，不可只顾眼前的利益，竭泽而渔，把老百姓榨得一干二净。明初制定的赋役法，规定民田一般亩征税粮五升三合五勺，按当时亩产最低一石而论，为三十税一。徭役的征派也比元末减轻许多。由于经过长期的战乱，元代的户口和土地簿籍已大部丧失，保存下来的也同实际情况不相符合。地主便乘机隐瞒丁口和田产，逃漏徭役和赋税，把负担转嫁到农民身上，官吏也上下其手，乘机舞弊贪污，额外地加重农民的负担。朱元璋下令在全国普遍清查户口，丈量土地，于洪武十四年（1381年）和洪武二十年（1387年）编制赋役黄册和鱼鳞图册[1]，作为征派赋役的依据。黄册编定后，又对徭役做了一番整顿。这就在一定程度上限制了豪强地主隐瞒丁口田产、逃避赋役的状况，使负担相对均平，从而减轻了农民的负担。

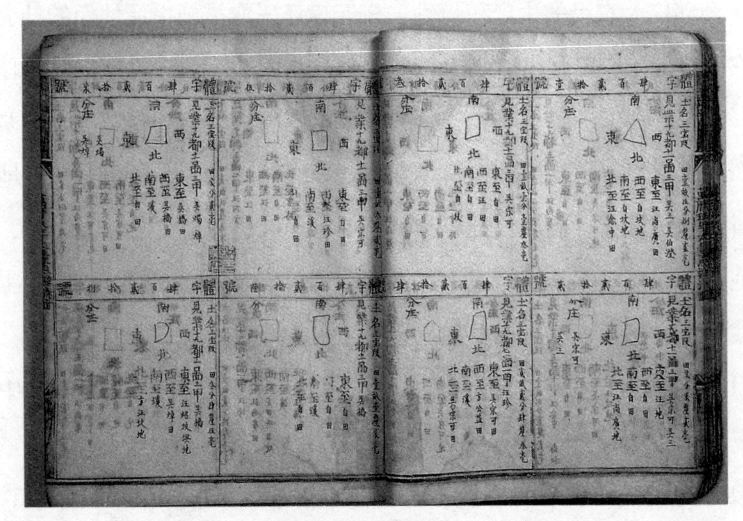

↑ 《鱼鳞图册》

朱元璋出身贫苦，深知物力的艰难，农民的辛劳。他说：“士农工商四业之民，算农民最为辛苦。他们终年勤苦劳作，难得休息。遇到丰收年头，还可以吃饱，碰上水旱灾害，则全家挨饿。我穿件衣裳吃顿饭，总要想到种地织布的艰难劳累。”因此，他比较体恤民情，注意勤俭节约，力戒奢侈，惜用民力，以便减轻百姓的负担。有个内侍穿着新靴在雨中走路，朱元璋把他训斥了一顿。另一个散骑舍人穿着一件极华丽的新衣，朱元璋问他：“这衣裳花费多少钱？”他回答说：“五百贯。”朱元璋就说：“五百贯，这是一个数口之家的农民一年的费用，你却用来做一件衣裳，如此骄奢，实在是太糟蹋东西了。”他不仅要求别人

①赋役黄册和鱼鳞图册：赋役黄册是全国户口的总清册，由于它进呈户部时用黄纸做封面，所以称黄册，又因为它是征派赋役的依据，故其正式名称叫作赋役黄册。鱼鳞图册是全国土地的总清册，册中画有每块田地的方圆形状，重重叠叠，状若鱼鳞，故称为鱼鳞图册。

节俭，对自己也是如此，他说：“所谓俭约，非身先之，何以率下？”洪武八年（1375年）改建大内宫殿，他指示左右大臣：“我现在只要求把宫殿建得安全牢固，不追求华丽，凡是雕饰奇巧，一概不用。只有朴素坚壮，才可传之永久，使我的后代子孙，世守为法。至于台榭苑囿之作，劳民费财，以事游观之乐，这是我所不为的！”他祭祀郊庙，拜褥的褥心用红布做成；乾清宫睡的御床，金龙画得很淡，若有若无，与中产人家的卧榻没有多大区别，每日早膳，只用蔬菜就餐。在他的影响下，后妃也都注意节约，穿的都是洗过几次的旧衣裳，从不盛装打扮，唯恐暴殄天物，剥伤民财。朱元璋还严格控制大规模的营建工程，地方上修建大型工程，一律要报请批准，才许动工。凡是不急需的工程，都尽量缓建。一般工程，也尽可能安排在农闲时进行，以免耽误农时。他还根据各地的具体情况，多次下令减免赋役，遇到灾情，则赈济钞、布、粮食，帮助农民度过灾荒。这些措施。也在一定程度上减轻了农民的负担。

除了农业，朱元璋对手工业和商业的发展也颇为重视。朱元璋在抓农业时，特别注意抓经济作物的种植。明朝建立前，他在江南占领区就下令，凡农民有田五亩到十亩的，栽种桑、麻、棉花各半亩，十亩以上的加倍，田多的按比例递加。明朝建立后又把这个命令推广到各地。后来，还让户部命令全国百姓多种桑、枣、柿和棉花，每户初年种桑、枣二百株，次年四百株，三年六百株，违令的全家充军。多种棉花的免税。为了鼓励农民尽量多种，洪武二十八年（1395年）还下令，洪武二十六年以后栽种

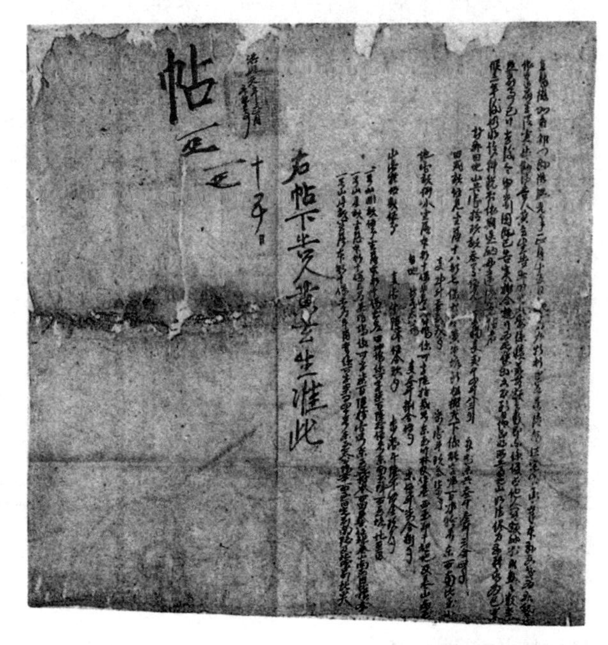

↑ 《直隶开垦事帖》

的桑、枣果树，不论多少，都免除赋税。经济作物的发展，特别是棉花的普遍种植，既为手工业生产提供了原料，又促进了商业的繁荣。朱元璋还改革了元代工匠常年服役的制度。洪武十九年（1386年）规定，工匠每三年赴京服役一次，每次三个月。洪武二十六年（1393年）又制定更加详密的工匠服役法，将工匠按工种的不同和赴京路程的远近重新编定班次，分为五年、四年、三年、二年或一年一班制，每班服役三个月，这种工匠称为轮班匠。另外一些固定在京城或各地官府做工的工匠，称住坐匠，每月服役十天。工匠在服役的时间之外，可以自由营业。在商税方面，朱元璋也做了整顿，规定三十税一，书籍农具免税，并裁撤税课司局三百六十四处。

"休养生息"政策的实行，使濒临绝境的社会经济慢慢复苏和发展起来了。农业的发展尤其突出，全国的垦田面积大量增加，洪武二十四年（1391年）达到三百八十七万四千七百四十六顷，比洪武元年（1368年）扩大了一倍多。比北宋最高的耕地数字增加了三百多万顷（元代没有全国耕地数字可作比较）政府的税粮收入也随着增加了，洪武二十六年（1393年）达三千二百七十八万九千八百石，比元朝一年的税粮收入增加了近两倍。随着农业的发展，手工业和商业日趋发达。人口数字也迅速上升，据洪武二十六年（1393年）统计，全国共有一千零六十五万二千八百七十户，六千零五十四万五千八百一十二人，比元朝极盛时期的元世祖时代增加了一百九十五万户，七百万人。随着生产的发展，"四民各有定业，百姓安于农亩，无有他志，官府亦驱之就农，不加烦扰，故家给人足，乐于为农"。在洪武年间经济发展的基础上，社会生产在以后的永乐、洪熙、宣德三朝继续上升，从而形成了"明初盛世"的局面。

尊孔崇儒，振兴传统文化

元世祖忽必烈建立元朝后，实行内蒙外汉、蒙古本位的国策，将原本处于独尊地位的儒学边缘化。他虽也兴办学校，但却迟迟不开科举，又使儒士边缘化。

元仁宗延祐年间复开科举，明令“明经内四书、五经，以程子（指程颢，程颐兄弟），朱晦庵（朱熹号晦庵）注解为主”，将朱熹的《四书章句集注》定为官本，使理学完成官学化的过程。但元廷仍然坚持蒙古本位的国策，儒学与儒士边缘化的状况并未改变，因此，以华夏文化为主干的传统文化的发展，便受到严重压制与阻滞。

朱元璋建立明朝后，决心扭转这种局面，他采取一系列措施，尊孔崇儒，倡导理学，制礼作乐，立法定律，兴办学校，推行科举，大力振兴传统文化。

明朝刚建立，朱元璋在洪武元年（1368年）二月即下诏以太牢（牛、羊、豕三牲全备）祭祀孔子于国子学，遣使前往曲阜祭孔，并郑重戒谕使臣说：“仲尼之道，广大悠久，与天地并，故后世有天下者，莫不致敬尽礼，修其祀事。朕今为天下主，期在明教化以行先圣之道。”儒学于是又重新恢复了独尊的地位。

为了树立儒学的崇高地位，朱元璋大力提倡尊孔崇儒。他在登基的次月，即下诏召元代最后一位衍圣公、国子祭酒、孔子第五十五世孙孔克坚入京。四月，孔克坚入京朝觐，朱元璋说：“尔祖明先圣之道，立教经世。万世之下，君君、臣臣、父父、子子，实有赖焉。”并赐田二千大顷，赐宅一区，马一匹，月给米二十石。十一月，诏以孔克坚之子孔希学继为衍圣公、品秩由元代的三品升为二品，赐银印，置衍圣公官属，以其族人孔希大为曲阜世袭知县，立孔、颜、孟三氏教授司，立尼山、洙泗二院，并免除孔氏子孙及颜、孟大宗子孙的徭役。洪武十五年（1382年）四月，诏全国通祀孔子。五月，京师国子监落成，又释奠于先师孔子。到第二年二月，据谏官关贤报告：“国朝崇尚儒学，春秋祭享先师，内外费至巨万。”崇儒之风盛极一时。

在儒家学说中，宋代的程朱理学在先秦儒学的“外王”之外，着力于解决“内圣”问题，将内圣与外王有效地贯通起来，形成一个完整而精致的理论体系，因而也更加适应在战乱之后重建封建统治秩序的需要。因此，朱元璋对程朱理学的提倡更是不遗余力。登基之后，他继续任用朱学在金华（婺州）的传承人物与学者如宋濂、刘基、王祎、许存仁等，让他们参与国家大政的决策，或礼乐制度、文化教育事业的建设，进一步树立程朱理学的统治地位。

朱元璋还通过各种途径，大力提倡读经。他反复告谕大臣：“道之不明，由教之不行也。夫五经载圣人之道，譬之菽粟布帛，家不可无。人非菽粟布帛，则无以为衣食；非五经、四书、则无由知道理。”他除经常命儒士为太子、诸王和文臣武将讲授儒家经书外，还规定学校生员必修《四书》《五经》，并特命国子祭酒许存仁教授生员“一宗朱子之学”，“令学者非五经、孔孟之书不读，非濂、洛、关、闽之学不讲”。全国的科举考试，一概从《四书》《五经》中命题，以程朱注疏为准。这样全国上下的思想言论，都被纳入孔孟之道、程朱理学的轨迹中。

朱元璋自己，更是努力学习《四书》《五经》，他小时曾读过几个月的私塾，后因家贫而辍学。流浪淮西三年，眼界大开，返回於皇寺后，“始知立志勤学”，跟几个老和尚学习佛经，文化水平逐渐提高。参加起义后，在战斗的空隙，更是抓紧时间读书，“甚喜阅读经史”，并四处寻儒问道，每到一处，就设法招揽儒士，留置幕府，朝夕相处，讲论经史。明朝建立后，虽未确立经筵制度，但仍不定期地令儒士为之讲读经书，如命宋濂、王袆等进讲《大学》，陈南宾讲《尚书·洪范》九畴，朱善讲《周易》。自己在宫中无事之时，“辄取孔子之言观之”。经过长期的学习、钻研，他对儒家经典不仅烂熟于心，而且颇有自己独到的见解，以之作为治国理政的理论基础和指导方针。

朱元璋对元代施行的蒙汉杂糅的礼法之制深恶痛绝，明朝建立后，即致力于构建以儒家思想为主导的礼法制度，说：“礼法，国之纪纲。礼法立，则人志定，上下安。”礼与法两手，朱元璋尤重礼制的建设。礼是儒家文化的核心内容，被视为“国之柄”。儒家传说的礼，一般包括乐在内。礼的含义非常宽泛，它既是国家典制、仁义道德的规范，也是人际行为的准则，具有定尊卑、明等威、叙长幼的作用。儒家的乐，指被赋予某种道德属性的德音雅乐，起到陶冶性情、淑化人心、协调人群、团结社会的作用。礼用以辨异，分别贵贱的等级；乐用以求同，缓和上下的矛盾。明朝建立之前，朱元璋在吴元年（1367年）六月，他务未遑，即首开礼、乐两局，广征耆儒，分曹究讨。到洪武三年

（1370年）九月，修成《大明集礼》五十卷，“其礼准五礼而益以冠服、车辂、仪仗、卤簿、字学、音乐、凡升降仪节、制度名数，纤悉毕具”。此后，又陆续修成《孝慈录》《洪武礼制》《礼仪定式》《诸司职掌》《大礼要义》《皇朝礼制》《大明礼制》《洪武礼法》《礼制集要》《礼制节文》《太常集礼》《礼书》等书，厘定包括吉礼、嘉礼、宾礼、军礼、凶礼在内的各种礼制。这些礼制皆“斟酌古制”而定，《明史》称“其度越汉、唐远矣”。一些懂音律的儒臣，还根据朱元璋“锐意雅乐”的旨意以及乐章要“章和而正”、乐曲要“协天地自然之气”、和谐自然的指示，相继制成朝贺、祭祀、宴飨的乐歌和祭祀之乐歌节奏、朝贺之乐歌节奏及祭祀朝贺之乐舞器服制度。朱元璋还亲自动笔，撰写了《圜丘乐章》《方丘乐章》《合祭天地乐章》和《先圣三皇历代帝王乐章》。

在强调“明礼以导民”的同时，朱元璋也重视“定律以绳顽”。明朝建立前夕，他即于吴元年（1367年）十月下会议定律令，于当年十二月编定以《唐律》为蓝本的律二百八十五条，与记载诸司制度的令一百四十五条合在一起，编为《大明律令》。洪武建国后，律条经过洪武七年、九年、十六年、二十二年的

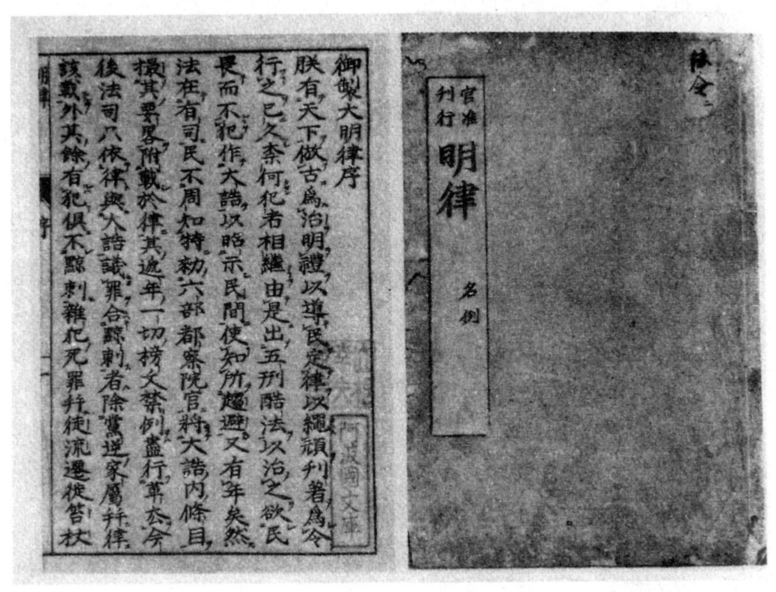
御製大明律序
朕有天下倣古爲治明禮以導民定律以繩頑刊著爲令
行之已久奈何犯者相繼由是出五刑酷法以治之欲民
畏而不犯作大誥以昭示民間使知所趨避又有年矣然
法在有司民不周知特勅六部都察院官將大誥內條目
撮其要略附載於律其遞年一切榜文禁例盡行革去今
後法司只依律與大誥議罪合黥刺者除謀逆家屬并律
該載外其餘有犯俱不黥刺雜犯死罪并徒流遷徙笞杖

官准刊行
明律
名例

↑ 《大明律》

几次修订，最后于洪武三十年正月正式颁行全国，这就是通行于明一代的《大明律》。除大明律外，朱元璋还亲自汇集一批针对“情犯深重、灼然无疑”的“奸顽刁诈之徒”施行法外加刑的案例，加上一些峻令和自己的训话，编成《御制大诰》四编，先后颁行于洪武十八年十月、十九年三月和十二月、二十年十二月，作为《大明律》的补充。洪武三十年正月重新颁布改定的《大明律》时，又择取《御制大诰》的有关条目，与有关律文一起编成《钦定律诰》，附载于《大明律》之后，规定“其递年一切榜文禁例，尽行革去。今后法司只依律与大诰议罪”。

《大明律》以唐律为蓝本，但在体例结构与内容方面均较《唐律》有了发展。在体例结构上，洪武七年编成的《大明律》将唐律的末篇《名例律》列于首篇，洪武二十二年修订时，又将唐律其余十一篇归并为六篇，按六部官制分为《吏律》《户律》《礼律》《兵律》《刑律》《工律》。这样，不仅分类更为合理，而且内容更为集中，条理更加分明，也更接近近代按部门的分科立法。在内容上，为了强化君主专制，《大明律》设立“奸党”条，增加有关惩治思想言论犯罪的条款；并设立《受赃》的专卷，加重对官吏贪污的惩罚；适应明初社会经济的发展，《大明律》还加大经济立法的比重，设立《户律》和《工律》两个专篇和《课税》《钱债》《市廛》等几个专卷，并取消了唐律中有关“占田过限”的规定。明律充分反映了明代统治阶级的意志，成为我国封建社会晚期高度成熟的一部法典。

基于礼法结合的精神，明律远引礼入法。《大明律》特在卷首开列《二刑图》（《五刑之图》《狱具之刑》）与《八礼图》（以儒家纲纪伦常为依据制定的丧礼服制图）。朱元璋说：“此书首列《二刑图》，次列《八礼图》者，重礼也。”从重礼的原则出发，《大明律》还立有“犯罪存留养亲”的条款，规定犯有死罪之人，所犯死罪不在“大恶”范围的，如有祖父母、父母老而无养者，可奏请免于处死，留下性命以奉养亲人；还立有“亲属相为容隐”条款，规定同居亲属犯有“十恶”之外的罪行，可以互相容隐，不加举报。此外，明律还规定，除了“十恶”大罪，奴婢不得告发主人，子孙不得告发父兄；告人祖父，不得指其子孙为证；弟不得证兄，妻不得证夫，奴婢不得证主人。

元代学校教育的发展极为有限，又迟迟不开科举，元仁宗复开科举后，汉族儒士仍不受重用，“凡负大器、抱大才、蕴道艺者，俱不得与其政事”。朱元璋对这种状况极为不满，说：“自胡元入主中国，夷狄腥膻，污染华夏，学校废弛，人纪荡然，加以兵乱以来，人习斗争，鲜知礼义。今朕一统天下，复我中国先王之治，宜大振华风，以兴治教。”龙凤五年（1359年）正月，即在婺州设立郡学，十一年九月又在应天设国子学。洪武建国后，更是大力发展教育，形成国学、郡学和社学三类学校。

国学是由中央设立的高等学府，前身是龙凤十一年在应天设立的国子学，洪武十五年改为国子监。洪武八年三月还在凤阳设立一所国子监，二十六年并入京师国子监。两所国子监合并后，生员人数多达一千一百二十四名，成为当时世界上规模最大的高等学府。监生分为官生（包括品官子弟、土司子弟和海外留学生）和民生（包括贡监即地方官从府、州、县学中选拔的岁贡生员，和举监（即保送入监补习的会试下落举人）。监生除了学习《四书》《五经》《御制大诰》《大明律令》，汉代刘向的《说苑》外，还要学习数学和书法，并兼习骑射。考试结业后，可以直接做官，也可以参加科举，及第后做官。

郡学又称儒学，是由府、州、县设立的中等学校。龙凤五年开设于婺州的郡学是最早的一所儒学。洪武二年（1369年）十月，朱元璋诏令“天下郡县并建学校”，各地陆续开设儒学。整个洪武年间，全国共有儒学一千三百一十一所。儒学的生员，起初规定府学四十名，州学三十名，县学二十名，后来又命扩增，不限名额。生员“专治一经，以礼、乐、射、御（驾车）、书、数设科分教”，并学习《御制大诰》和《大明律令》。生员经过考核，成绩优异者可岁贡为国子监生；也可参加乡试成为举人。如果入学十年学无所成，或有大过，则送吏部充吏，追夺廪粮。

此外，同府、州、县儒学相近的还有都司、卫所所设的儒学。洪武年间，全国计有都司、卫所设置的儒学二十六所。另外，还有边疆少数民族土司设立的土司儒学。

社学是设在基层的启蒙性质的初级学校，遍布于府、州、县的乡里城坊。最初属于官办，后来由于地方官经常借此扰民，一度停办。洪武十六年（1383年）十月，朱元璋下令民间自立社学，于是又出现民办社学。社学也以《御制大诰》和《大明律令》作为必修课程。洪武年间，各府州平均设有社学六十一所。至明中后期，虽穷乡僻壤，也“莫不有学”。

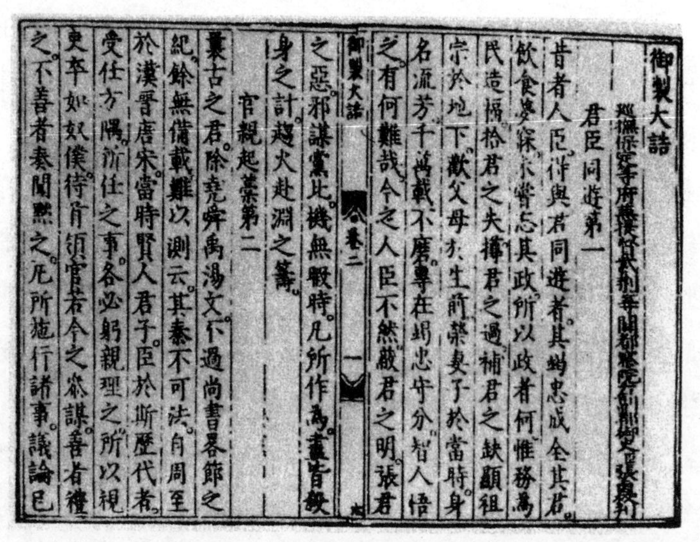
御製大誥

巡撫保定等府兼提督紫荊等關都察院右副都御史張[illegible]刊

君臣同遊第一

昔者人臣得與君同遊者，其竭忠成全其君，飲食寤寐不替忘其政。所以政者何？惟務為民造福，拾君之失，擁君之過，補君之缺，顯祖宗於地下，歡父母於生前，榮妻子於當時，身名流芳，千萬載不磨。專在竭忠守分，智人悟之，有何難哉。今之人臣不然，蔽君之明，張君之惡，邪謀黨比，幾無暇時。凡所作為，盡皆殺身之計，趨火赴淵之籌。

御製大誥　卷二　一

官親起稾第二

稽古之君，除堯舜禹湯文，不過尚書略節之紀，餘無備載，難以測云。其秦不可法。自周至於漢晉唐宋，當時賢人君子臣於斯歷代者，受任方隅，所任之事，各必躬親理之，所以視吏卒如奴僕，待首領官若今之參謀，善者禮之，不善者奏聞黜之。凡所施行諸事，議論已

↑ 《御制大诰》

除上述几类学校，还有为宗室子弟开设的宗学，为武官子弟开设的武学，等等。

为了推动教育的发展，朱元璋采取了许多措施。第一，考核地方官吏的办学成绩。洪武五年（1372年）规定，“今后有司考课，必书农桑、学校之绩，违者降罚”。如所在地方“师不教导、生徒惰学者”，地方官“皆论如律”。第二，重视教官的选拔，稳定师资队伍。洪武十五年十月，朱元璋特命各按察司严格考核学校教官，不通经术者送吏部调任他职，有通经术、能文章而受压制，任用不当者，由朝廷另作安排。洪武二十六年（1393年）十月又制定教官考课法，规定教官在任九年，所教生员，府学有九人、州学六人、县学三人中举，本人经考试又精通《四书》《五经》者提升官职；所教生员中举人数较少，本人又不通经，则降黜之，调任教官以外的职务。此外，朱元璋还严禁随意将教官调离学校，担任其他部分的职务。第三，优礼师儒。规定在学生员由官府供给廪粮，并享受免役特权，除本人外，又免除其家二丁的差役。对教官，规定有司不得随意差遣，

教学成绩优异者，可升任中央和地方的官职。第四，规定书籍笔墨免税。这些措施的施行，有力地推动了教育的发展，从而形成“无地而不之学，无人而不纳之教，庠声序音，重规叠矩，无间于下邑荒徼，山陬海涯”的局面，“此明代学校之盛，唐、宋以来所不及也”。学校是传统文化重要的传播阵地，洪武年间学校之盛，对传统文化的复兴产生了积极的作用。

在大办学校的同时，朱元璋还大兴科举。吴元年（1367年）三月，他就下令设文武二科取士，命各级行政机构“预为劝谕民间秀士及智勇之人，以时勉学，俟开科之岁，充贡京师”。洪武建国后，洪武三年（1370年）正月下诏正式建立科举制度，定于当年八月举行科举考试，务“使中外文臣，皆由科举而选；非科举者，毋得与官”。四年三月，又令各行省连试三年，以后每三年一举。连试三年后，发现录取的多为后生少年，缺乏工作能力，洪武六年二月又下令停止科举，别令察举贤才。此后停止科举十年。但举荐上来的人，滥竽充数者也不少。朱元璋又决定对被荐举者实行考试，国时恢复科举，于洪武十七年（1384年）命礼部制定科举之式，颁行各行省，遂为定制。

洪武年间的科举考试，分乡试、会试和殿试三级。考试内容，与学校教育相一致，专取生员所学的《四书》《五经》命题，“文略仿宋经义，然代古人语气为之，体用排偶，谓之八股，通谓之制义”。《四书》《五经》以指定的程朱注疏为准。乡试录取的名额，开始定为五百名，除直隶一百名，广东、广西各二十五名之外，其他行省各四十名，“才多或不及者，不拘数额”。洪武十七年，又下诏不限数额，以实际成绩录取。中试者称为举人。会试的参加者，必须是乡试中试的举人，录取名额临期奏请朝廷定夺。中试者称为贡士，可参加殿试。殿试分三甲录取，一甲仅取三名，赐进士及第；二甲若干名，赐进士出身；三甲若干名，赐同进士出身。所取进士，或授翰林院官，或到翰林院、承敕监等近侍衙门实习，称庶吉士，待熟悉政务，再擢任具体官职。其他或授中央部门的给事、御史、主事、中书、行人、评事、太常、国子博士等官职，或授地方行政机构的府推官、知州、知县等官职。举人、贡士多次参加科举落榜的，可以考入国子监，卒业后也可担任小京官，或做府佐和州县正官，或做儒学的教官。元代儒士被边缘化的局面，也就因此得到根本的扭转。明代官员的任用，国初是荐举、监生、吏员三途并用。由于朱元璋规定应“使中外文臣皆由科举而选，非科举者毋得与官”，科举逐渐受到朝廷的重视，“内外重要之司，皆归进士”，后来就逐渐形成所谓进士、科贡、吏员三途并用的格局，儒士是传统文化的重要载体与传承者。儒士特别是进士受到重用，恰恰印证了“书中自有黄金屋”的古训，从而吸引更多的人进入学校读书，从而进一步推动教育的发展，促进了传统文化的复兴。

朱元璋推翻元朝，统一全国，并采取措施安定社会、发展生产、振兴传统文化，奠定了明初盛世的基础，这些历史功绩是值得肯定的。当然，他强化封建专制主义统治、滥用刑罚、屠戮功臣，对当时和后来都曾产生很大的消极作用，这也是必须指出的。但总的说来，他不愧是封建帝王中一个有作为、成就较为突出的人物。

陈梧桐

中央民族大学历史系教授，专攻明史，发表论文几十篇，专著有《洪武皇帝大传》《黄河传》《朱元璋研究》等；主编《中国文化通史·明代卷》等。

促进明王朝巩固和发展的明成祖

朱棣

明成祖个人小档案

姓名：朱棣

年号：永乐

所处时代：明朝

生卒年：1360—1424年

出生地：应天（今江苏南京）

在位：1402—1424年

迁都：北京

主要成就：加强皇权，迁都北京，北征蒙古，南平安南

相关作品：《御制弘仁普济天妃宫诗》

轶事典故：燕王扫北，诛灭十族，赐名天津

死亡地：榆木川（今内蒙古乌珠穆沁）

庙号：成祖

谥号：启天弘道高明肇运圣武神功纯仁至孝文皇帝

陵寝：长陵（今北京昌平）

继位人：明仁宗朱高炽

最得意：夺得皇位

最失意：庶出身份

朱棣

在明代历史上，明成祖朱棣是继明太祖朱元璋之后的又一位有作为的君主。如果说明王朝的建立者是朱元璋，那么使明王朝得到进一步巩固和发展的则是朱棣。朱棣在位虽然只有二十二年，统治的时间不算长，但他采取了许多重大措施，繁荣社会经济，加强中央集权，维护和巩固多民族国家的统一，扩大对外往来，提高国际地位，从而对历史的发展做出积极的贡献。

一

朱棣生于元至正二十年（1360年），卒于永乐二十二年（1424年），是朱元璋的第四个儿子，十岁被封为燕王，二十岁进驻北平的封国。当时，明朝的开国元勋徐达奉命镇守北平，朱棣跟他学习兵法，练就了一身好武艺。徐达死后，开国大将大多因为受到朱元璋的猜忌而遭杀戮，朱棣便与秦、晋二王并肩负起北方边防的重任。

↑ 徐达像

朱棣不仅武艺高强，而且“智勇有大略”。洪武二十三年（1390年）正月，朱元璋命令朱棣与晋王带兵讨伐元将乃儿不花。晋王胆怯不敢进兵，朱棣独自率领傅友德等大将带兵出征。哨兵打听到乃儿不花在迤都（今蒙古国东南境内）扎营，他挥师急进。途中遇到大雪，诸将主张停止前进，他说：“天下大雪，敌人毫无戒备，我们应该冒雪迅速挺进，打他个措手不及。”他挥师穿过茫茫雪原，出其不意地逼近敌营，迫使乃儿不花不战而降。朱元璋得到捷报，高兴地说：“将来肃清蒙古沙漠者，必定是燕王也!”后来，屡次命令朱棣出塞巡边，筑城屯田，并节制沿边士马，朱棣的威名因此大振。

随着军事实力和政治威望的提高，朱棣逐渐滋长继承皇位的欲望和野心。洪武二十五年（1392年），皇太子朱标死去，朱标的儿子朱允炆被立为皇太孙。朱允炆酷似其父，为人优柔寡断，迂阔懦弱，朱元璋对他很不放心。有一次，朱元璋在禁中观看打猎，令朱允炆赋诗。朱元璋见一匹马疾驰而过，出语“风吹马尾千条线”，朱允炆对以“雨打羊毛一片膻”，朱元璋觉得这个对语毫无气度，满脸不高兴。此时，在旁的朱棣奏对说：“日照龙鳞万点金”，朱元璋听了笑逐颜开，连声夸奖：“对得好，对得好!”于是，对朱棣倍加赏识，曾有更换皇储的想法，后来被大臣劝止。这更助长了朱棣接替皇位的野心。

洪武三十一年（1398年），朱元璋病死，朱允炆继承皇位，改元建文。这时，朱允炆看到诸王的势力很大，危及自己的统治，内心十分焦虑。原先，朱元璋分封藩王，把他的儿子分封到各个重要城市，交给他们一支护卫兵和指挥当地驻军的权力，目的是想让他们监视各地的异姓功臣，防止武人叛变。后来，诸王权力越来越大，如宁王拥有护卫兵八万，战车六千辆，所辖的朵颜三卫骑兵，尤为骁勇善战；燕王和晋王的护卫兵经过朝廷的特别补充，实力尤为雄厚，他们不仅屡次带兵出征，节制沿边诸将，朱元璋还特许他们在军中小事立断，大事方报告朝廷。如今，诸王以朱允炆的叔父自居，根本不把这位年轻、孱弱、没有经验的皇帝放在眼里，他们凭借手中的雄厚兵力，言多不逊，行多不法，使朱允炆的皇位受到严重的威胁。为了维护自己的统治，朱允炆与太常卿兼翰林院学士黄子澄、兵部尚书齐泰进行商议，决定削藩。到建文元年（1399年）六月，他已先后削废了五个藩王，接着准备对燕王开刀。

朱棣对朱允炆的继位本来就非常不满，现在眼看就要被削藩，更是愤懑异常。他找谋士道衍和尚（姚广孝）商议对策，道衍劝他起兵夺取皇位。于是，他便暗中选拔将领，招募勇士，训练人马，铸造兵器，积极进行准备。建文元年（1399年）七月，正式誓师起兵，以反对奸臣诱惑皇帝破坏祖制为借口，指控齐泰、黄子澄为奸臣，打着“清君侧”的旗号，自称为“靖难”之师。一场朱家王室内部的夺权斗争就这样爆发了。

起兵之后，朱棣在不到一个月的时间里，以迅雷不及掩耳之势，抢先攻占了北平北面和东面的一些军事重镇，解除了后顾之忧，接着再集中兵力对付朝廷的问罪之师。朱允炆起先命令老将耿炳文带兵讨伐，遭到惨败之后，又任命李景隆接替耿炳文，带领五十万大军北上。李景隆是个寡谋而骄、色厉而馁的膏粱子弟，他深知朱棣智勇善战，不敢贸然进攻北平，命令部队进驻河间，另派吴高带领辽东军队进围永平。朱棣带兵赴援永平，引诱李景隆前来攻城。李景隆果然中计，驱兵进围北平。朱棣在解永平之围后，北攻大宁，挟持宁王朱权，收编他的八万护卫兵，加强了自己的实力，然后回师北平，一举击溃李景隆。后来，李景隆又纠集六十万大军，与朱棣再战于白沟河（今河北雄县），结果又惨败而逃。燕军乘胜追击，直逼济南。朱允炆以盛庸替代李景隆，才算把济南保住。

建文三年（1401年）十一月，南京的宦官给朱棣送来情报，说京师城守空虚，宜疾进直取。十二月，他便采用批亢捣虚之策，指挥大军南下，直取京师。朱棣经营北平已久，封地附近的郡县卫所，先后受其节制，所以“靖难”兵起，一呼百应。他又精于韬略，善用计谋，而且作战非常英勇，每临战阵，总是身先士卒，得到战利品，则全部分赏部下，因此将士皆乐意为他效力，士气十分高涨。朱允炆虽然处于正统的有利地位，但办事迂阔。他一再叮嘱将士不得伤害朱棣，以免使他背上杀害叔父的罪名，结果使朱棣几次在面临困境时都得以从容脱险。在任命将帅、指挥作战方面，朱允炆也是优柔寡断，偏听偏信。建文四年（1402年）四月，燕军在灵璧西南的齐眉山下遭到徐辉祖、平安等人的围攻，接连损失几员战将，许多士卒又不适应当地酷暑湿闷的气候，染上了疫疾，士气骤然低落。这时，朱允炆却听信一些大臣的意见，命令徐辉祖从齐眉山撤军，回守南京。徐辉祖一撤，燕军乘机反攻，转败为胜。此后，朱棣挥师南下，势不可当，在六月渡过长江，攻入了南京。宫中起火，朱允炆不知所终。朱棣终于取得了战争的胜利，在群臣的拥戴下登上皇位，改元永乐。

二

朱棣刚即位时，全国的政治局势是严峻的。由于朱元璋在强化君主专制时，滥用刑罚，大杀功臣，明初的君民关系、君臣关系本来就相当紧张。朱棣又是以武力夺取到皇位的，用封建正统观念来衡量，这是大逆不道的行为，因此朱允炆的一部分臣属拒绝同他合作，另一些人则持观望态度。此外，许多藩王手握重兵，对他的皇位也是一个潜在的威胁。为了解决这些问题，消除不安定的因素，巩固自己的统治，朱棣在政治上进行了一系列调整和改革。

朱棣认为，“致治必资贤才”，不团结、依靠一大批贤明能干的臣僚，就不可能达到天下大治。但是，要想让臣僚乐于尽心效力，君主对他们就必须推诚相待，否则，君主对臣僚心存疑忌，他们谁还会尽力呢？所以即位后，朱棣强调要推诚任贤。对跟随他起兵夺位的“靖难”功臣，他一般都不过河拆桥，而是厚加赏赐，妥善安排，同享安乐。就是对朱允炆的故吏，他也不一概排斥，而是尽力争取，只要他们真心归附，他都既往不咎，量才录用。入宫时缴获了一千多份建文朝的大臣奏章，朱棣下令把涉及军马钱粮数目的留下，其余的通通销毁。他问身边的几个朱允炆旧臣：“里面大概也有你们的奏章吧？”有人回答：“我实在没有写过。”他就说：“你认为没有上过奏章，就贤明吗？食其禄则思任其事，当国家危急之际，左右大臣都无一言行吗？我不痛恨那些效忠于建文帝的人，而是痛恨那些诱导他破坏祖宗法制的人。你们过去做他的大臣自应对他效忠，现在做我的臣下则当效忠于我，过去的事就不必再提了。”话说得很明白，只要现在愿意为朱棣服务的，他就既往不咎。他不仅这样说，而且也是这样做的。郑赐原先任北平参议，在朱棣手下办事甚为卖力，后来被朱允炆提拔为工部尚书，曾督师阻扼燕军，因而被列入奸臣名单遭到逮捕。朱棣责问他：“你为何背叛我？”他回答说：“我不过是对皇上竭尽臣职罢了！”朱棣便笑着把他释放，任命为刑部尚书。有人曾指控黄观、廖升等人“死心塌地为建文帝效劳”，要求逮捕治罪，朱棣立即严肃地指出：“我所杀的不过是齐泰、黄子澄数辈。后来，有些被列入奸臣名单的人都宥罪任用了，何况你说的这几个，还不在奸臣名单之中哩!他们过去的事就不要追究了！”因此，有不少朱允炆的故吏先后归附，和朱棣原来的臣属同心协力，励精图治。

为了扭转朱元璋滥用刑罚所造成的人人自危的紧张局面，朱棣提出了“用法当以宽不以猛”的主张，一再告诫臣下说：“君主掌握统御天下的大权，不可滥用刑罚，否则好人无辜被害，坏人不知警省。”他反复叮嘱司法机关的大臣，办案判刑一定要明刑慎法，宁缓无急，并且规定判死罪的案件一律要反复上报审核五次，然后才能处刑。有一次，刑部送上判处死刑的三百多人名单，要朱棣审批，他说：“这三百多人定的罪恐怕未必个个确实。如果有一个人不实，那死者就会含冤受屈。你们再仔细复审，一天审不完就两三天，即使审个十天半月又有什么关系？务必不要让一个人受到冤枉。”经过复审，果然有二十多人无罪释放。朱棣不仅要求司法机关按法律办事，而且自己注意身体力行。有一次刑科上报有人冒领官粮，他大发脾气，下令斩首。刑科上奏说，按法律规定，此犯不该判处死刑。他立即改正，说：“这是我一时发火，判得过分了，就依法处置吧。”

朱棣以藩王起兵夺位，深知藩王手握重兵对中央皇权所造成的威胁。刚即位时，为了表明自己的起兵旨在维护祖宗法制，他恢复了几位被朱允炆削废的藩王爵位。但时隔不久，他便找各种借口，把谷王迁到长沙，把宁王迁往南昌，并削去代王、岷王和辽王的护卫兵。齐王在长沙骄纵不法，阴蓄刺客，私造兵器，并拘留告发他的朝廷官吏，朱棣便把他废为庶人。后来，谷王也以谋反罪被废。宁王到南昌后，有人告发他“巫蛊诽谤”之罪，朱棣派密探侦查，但未找到证据，不了了之。他从此行韬晦之计，终日以鼓琴读书自娱，总算确保无事。永乐十八年（1420年），周王被控企图谋反，第二年朱棣召他入京，把揭发他的状纸拿给他看，他赶紧跪下叩头请罪，回到封地主动献出了自己的护卫兵。这样，经过几年的削藩，势力最大的几个藩王的护卫军队几乎全被解除，中央集权制度得到了进一步加强。

削藩之后，如何加强北方的边防便成为突出的问题。元朝的统治被推翻后，元顺帝逃往漠北，仍拥有雄厚兵力，不时南下骚扰。针对这一情况，朱元璋在分封藩王时，把几个儿子封到长城沿线一带，交给他们优厚的兵力和军事指挥大权，用以加强北方的防御力量。如今，尽释藩王兵权，北方的防御力量也就削弱

↑ **明人绘《北京宫殿图》**

了。为了弥补这个缺陷，朱棣决定往北迁都，以天子备边，来加强北方的防御力量。永乐元年（1403年），他下令改北平为北京。接着，派人疏浚会通河，并凿通清江浦，疏通了已经淤塞的京杭大运河，使江南的粮食和丝帛等物资得以漕运北京，保证北京的物资供应。永乐十八年（1420年），北京的宫殿营建完工。第二年正月，正式下令迁都北京，以南京为留都，并称南、北两直隶。北京从此成为明朝的首都，全国的政治、经济和文化中心。

在政治上进行调整和改革的同时，朱棣在经济上实行休养生息，努力恢复和发展遭受战争破坏的社会生产。“靖难之役”刚结束时，江淮以北，田园荒芜，杂草丛生，加上蝗旱灾害，人民流离失所，政府财政收入锐减。即位以后，朱棣继续执行朱元璋的移民垦荒政策，除移直隶、苏州等十郡和浙江等九省的富民充实京师，还多次移山西、山东、湖广等地少地农民及无业流民到北京及附近地区屯垦。还宣布免除山东、北平、河南等地的徭役三年，减免凤阳和淮安、徐、扬三州田租一年，并给山东贫民发放耕牛、农具，帮助他们发展生产。明政府还大力兴修水利，如永乐元年（1403年）命令夏原吉调集十余万民工治理苏、松、嘉兴三郡水患，次年疏浚会通河时，又命宋礼督二十万人治理黄河，都收到很大的效益。此外，朱棣又采取措施，惩治贪官污吏，限制僧道人数，赈济水旱灾民。由于这些措施的施行，再加上政治局势日趋稳定，农业生产逐渐恢复和发展起来，国家的财政收入也大量增加。到永乐十一年（1413年），政府收入的税粮从建文四年（1402年）的30459823石增至32352244石，布帛从56744匹激增至1878828匹。每年收入的税粮，除输送京师数百万石外，各地的府县仓库还有大量积存，陈陈相因，至红腐不可食。随着农业的发展，手工业和商业也繁荣起来。明代最大的冶铁厂，就是永乐年间在遵化建立的，其山场分布在蓟州（今天津蓟州区）、遵化、丰润、玉田、滦州（今河北滦县）、迁安等地，占地面积达四千五百多亩，计有民夫、工匠、军夫达两千五百多人。炼铁炉高达一丈二尺，每炉可容纳矿砂两千多斤，每日出铁四次。制瓷业有了长足的进步，出现了锥拱、脱胎等新的瓷器品种。造船业更是居于世界的前列，所造的航海宝船，长四十四丈，阔一十八丈，可乘载一千多人，并备有航海图、罗盘针，是当时世界上最先进的航海船只。

朱棣还遵循朱元璋奠立的“祖制”，尊孔崇儒，倡导理学。他起兵靖难，路过山东汶上，即戒饬将士曰：“孔子是万世帝王之师，创立致天下天平之道。孟子传孔子之道以开谕后世，其功德在生民，与天地日月相为无穷。曲阜是孔子的家乡，邹县是孟子的家乡，将士都不要踏入其境。如有侵入其境，损坏一草一木的，都杀无赦！”夺位称帝后，他于永乐四年三月亲往国子学，令礼部详议释奠先师孔子之礼，说：“皇考太祖高皇帝（朱元璋谥号高皇帝），膺君师亿兆之任，正华夏文明之统，复礼乐衣冠之旧。渡江之初，首建学校，亲祀孔子，并御经筵听讲经书，坚守帝王之心法，继承圣贤之道学，集大成以臻至治，朕继承鸿业，遵循皇考之成宪。今日亲往太学，拜奠先师，以表崇儒重道之意。你们礼部大臣仔细研究一下，看看应该行什么礼，上报给我。”礼部尚书郑赐说按照宋制，祭拜先师，应着袍靴，行再拜之礼。朱棣认为此礼太轻，说祭拜先师之礼不可过简，必须服皮弁，行四拜之礼。他以此礼祭拜孔子之后，即命国子监祭酒、司业、博士、助教四位教官，依次为他和诸位大臣及太学生讲授儒家经典。为了倡导程朱理学，他还将解缙在洪武年间的倡议付诸实施。洪武年间的科举考试，专取《四书》《五经》命题，以程朱注疏为准。解缙建议召集志士儒英，编辑一部继承孔孟坠绪的理学经典，以供儒士阅读。此事在洪武年间未及实行。明成祖在位时，即召集一批理学精英，广辑宋元理学的各家学说，纂成《五经大全》《四书大全》《性理大全》，颁赐全国，作为学校教材和科举取士的准绳。不过，由于编辑时间过于匆促，这三部《大全》存在许多缺漏，被后人视为不甚全的“大全”。

此外，朱棣还积极发展学术文化。他认为金玉之利是有限的，书籍之利则无穷，所以十分重视文化典籍的搜集整理工作。永乐元年（1403年）七月，他召见解缙等大臣说：“天下古今事物，散载诸书，篇秩浩繁，不易检阅。我想遍采各书所载事物，分门别类，按韵收辑，编成一部大书，这样查阅起来就像探囊取物，十分方便。”他把这个编纂任务交给解缙，并叮嘱说：“书的内容务求详备，凡有文字以来的经、史、子、集百家之书，以至天文、地志、阴阳、医卜、僧道、技艺之言都要收罗进去，毋厌繁浩。”解缙受命后，在第二年十一月即将书稿编好，送给朱棣审阅。朱棣看了，认为取材不够完备，下令重修，并派姚广孝、刘季篪同解缙一起监修，同时命令礼部选拔内外官员及四方宿学老儒及有学问的人充任纂修，选派生员充当缮抄人员。这样，又先后调集了三千多人，经过四年的努力，终于把这部书编辑就绪。朱棣审阅之后十分满意，亲自写序，并赐名为《永乐大典》。全书辑入古今图书七八千种，“用韵以统字，用字以系事”，共有两万两千九百三十七卷（包括目录、凡例），约三亿七千万字，装订成一万一千零九十五册，成为我国有史以来最大的一部类书。

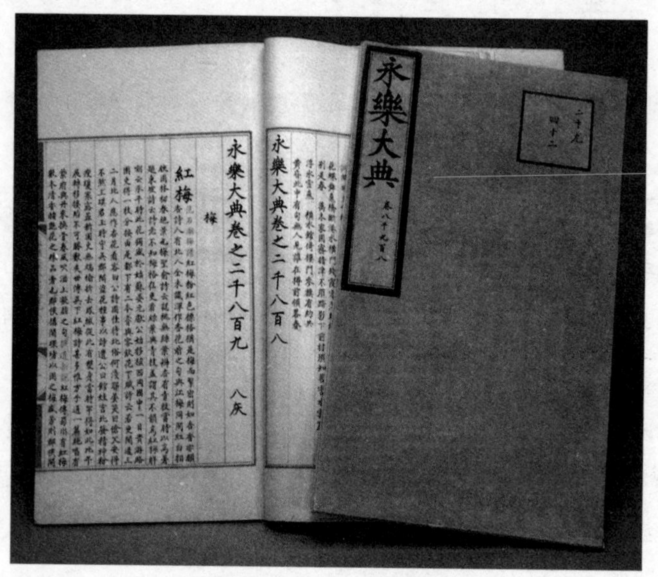

↑ 姚广孝等监修的《永乐大典》

三

即皇帝位后，朱棣又继承朱元璋的未竟之志，致力于发展和巩固我国多民族国家的统一事业。

在北方，朱棣同元朝残余势力展开了坚决的斗争。在朱元璋的晚年，由于明朝军队的打击，加上内部的纷争，退往漠北地区的蒙古贵族分裂为鞑靼、瓦剌和兀良哈三部。兀良哈部归附了明朝，朱元璋设立泰宁、福余、朵颜三卫，以领其众。瓦剌和鞑靼两部仍然妄想复辟元朝的统治，继续与明朝为敌，他们彼此互相攻战，并不时南下袭击明朝边境。朱棣继续采用朱元璋的“威德兼施”的方针，一面积极进行招抚，遣使与蒙古贵族通好，希望他们能归附明朝，另一面又努力加强防御，用武力坚决回击他们的侵扰活动。即位之后，朱棣即下令将朵颜三卫之地赐给兀良哈，用以酬谢他们跟随“靖难”之功，并赐给他们大量的耕牛、农具、种子、布帛和酒食，帮助他们发展生产，安排生活。他还开设开原（今辽宁开原北）和广宁（今辽宁北镇）两个马市，让兀良哈部到该地进行贸易。永乐二年（1404年），朱棣又遣使到瓦剌和鞑靼宣布：“天下一统，华夷一家，何必有什么彼此之分呢？只要遣使前来通好，我就授给官职，让你们聚居本土，狩猎放牧，安居乐业，永享太平之福。”永乐七年（1409年），瓦剌接受招抚，朱棣分别敕封其首领马哈木、太平、把秃孛罗为顺宁王、贤义王和安乐王。但鞑靼拒不归降，反而扣留明朝使臣，驱兵掩袭兀良哈，进攻明朝边境。朱棣命令丘福带兵回击，不料丘福轻敌冒进，全军覆没。于是，他决计亲自带兵出塞，讨伐鞑靼。永乐八年（1410年），在经过充分的准备之后，朱棣亲率五十万大军出征，在斡难河（今鄂嫩河）一带先后两次大败鞑靼军队，迫使他们向北逃窜。不久，鞑靼又受到瓦剌的攻击，势穷力竭，其首领阿鲁台被迫带领部众南下，派人向明朝奉表称臣，朱棣予以接纳，封他为和宁王。但是，瓦剌和鞑靼首领的归附并非出于真心，后来他们又先后反叛明朝。因此，朱棣又四次亲征漠北。永乐二十二年（1424年），就在第五次北征的归途中，朱棣病逝于榆木川（今内蒙古多伦西北）。朱棣的五次北征，耗费了大量的人力、物力，但却有力地打击了鞑靼和瓦剌的侵扰活动，并迫使他们与明朝保持臣属关系，从而暂时保障了北部边境的安宁。

在东北，朱棣积极招抚黑龙江中下游的女真各部。明朝建立后，朱元璋在辽阳建立辽东都指挥使司，并派人招谕东北各族，受元朝残余势力统治的女真、蒙古各族首领争先归附，连黑龙江下游奴儿干地区的一些元朝故臣也率部入京，进贡马匹。朱棣继位后，永乐元年（1403年）又派邢枢等人前往奴儿干招谕，女真各部的首领相继归附。第二年，他们派遣使者随邢枢入京朝贡，朱棣下令在当地设置卫所，任命他们担任卫所官职。到永乐七年（1409年），在鄂嫩河、黑龙江流域南北地区以及松花江、乌苏里江、格林河、亨滚河（今俄罗斯境内的阿姆贡河）等流域，已先后建立了一百三十个卫所。由于形势发展的需要，朱棣便下令在黑龙江出海口附近的特林，设立奴儿干都指挥使司。奴儿干都指挥使司设有元帅府和各级衙署，派有官吏，驻有护印的军队，负责管理所辖卫所的军民，征收贡赋。为了便于运输贡赋、赏赐物品和传递公文，明政府在奴儿干都司开辟了四条驿站线。“海西东水陆城站”是其中的一条主要干线，它南连辽东，直通北京，北达奴儿干城，沿线驿站星罗棋布，纵横交错。奴儿干都司建立后，朱棣曾派宦官亦失哈多次前往巡视。永乐十一年（1413年），亦失哈第二次巡视时，在奴儿干都司衙署西边的江岸石崖上建造了永宁寺，并立碑寺前，记叙了建立奴儿干都司的经过和他巡视奴儿干的情况。这块石碑和亦失哈在宣德朝重建永宁寺时所立的另一块石碑，是明政府管辖鞑靼海峡两岸地区和我国各族人民共同开发黑龙江、乌苏里江流域的历史见证。

在西北，朱棣对西域的经营也很积极。元朝灭亡不久，统治西域的察合台汗国也跟着垮台，西域地区陷入分裂割据的状态。朱元璋在洪武五年（1372年）派兵攻下肃州（今甘肃酒泉），随后在嘉峪关下的安定、阿端、曲先、罕东等处设置卫所，步步向西推进，至洪武二十四年（1391年）攻克哈密，为进一步统一西域打下了基础。朱棣就位后，即在永乐元年（1403年）派遣亦卜剌金等人前往西域招谕。当年十一月，哈密王安克帖木儿派人入京贡马，归附明朝，朱棣在第二年六月敕封他为忠顺王。此时，地处哈密北方的鞑靼鬼力赤可汗，力图控制哈密，进而恢复蒙古贵族对西域的统治，并从西北方向包围明朝，派人毒死了安克帖木儿。朱棣针锋相对，派官前往哈密祭悼安克帖木儿，并将在自己身边长大的安克帖木儿之侄脱脱送回，承袭忠顺王的爵位。永乐四年（1406年）春，脱脱遭到他祖母的驱逐，朱棣命令哈密的头目将他接回，并下令在哈密设卫，任命哈密头目马哈麻火者（和卓）等人担任指挥、千百户等职，同时从内地派去汉族官员周安、刘行等，辅佐忠顺王执政。后来，朱棣即以哈密为据点，招致别失八里等部，进一步加强对西域的控制，同时又派李达、陈诚等官员出使西域各地，以促进西域与中原地区的友好往来和经济、文化交流。此外，在哈密建卫的前后，朱棣还先后在西北地区建立沙州、曲先、赤斤蒙古等卫，连同安定、阿端、罕东、哈密等卫，合为关西七卫。关西七卫的建立，大大加强了西北的防御力量，这对维护西北边疆的统一、防御蒙古贵族的侵扰，具有重大的意义。

此外，朱棣还大力加强对西南少数民族地区的管辖。永乐十一年（1413年），贵州思南、思州的土司互相仇杀，朱棣命令镇守贵州的顾成，带兵五万平定战乱，乘机削除这两个土司的势力，设立贵州布政使司，下辖八府四州。贵州从此成为省一级的行政单位，直接归属明朝中央政府的管辖。永乐五年（1407年）到永乐十二年（1414年），朱棣又下令修筑从四川雅州到乌斯藏的驿路，以加强西藏和内地的联系。随着明政府对西南地区统治的加强，西南少数民族同内地的经济、文化交流也在不断扩展。

四

朱棣在位期间，还大力发展同亚非国家的友好交往和经济、文化交流。

明朝建立之初，朱元璋把主要精力用于巩固国内的统治上，对外则实行闭关锁国的政策，下令实行禁海，严格限制外国政府、商人同明政府的往来和贸易，禁止民间交易。朱棣改变了政策，广泛开展同外国的联系，积极发展官方的对外贸易，对民间贸易的限制也有所放松。登基的当年，他立即恢复朱元璋设而复废的浙江、福建、广东三个市舶提举司以接待外国商人，宣布："自今外国人愿来中国贸易者，悉听自便。"接着，又派遣使臣到安南（今越南）、暹罗（今泰国）、爪哇（今属印度尼西亚）、琉球（今属日本）、日本、苏门答腊（今属印度尼西亚）、占城（今越南南部）等国，宣布自己登基，招谕各国前来中国访问，进行朝贡。为了接待外国使臣，朱棣特地在京城修建一座会同馆，并在各市舶提举司设立驿馆。对前来朝贡贸易的外国使臣，都给予优惠的待遇，不仅派官军巡视海道，保护贡船，还命令各市舶提举司设盛宴招待。有些明朝官吏固守朱元璋的传统政策，对外国使臣来华贸易加以限制，朱棣亲自出面干预，予以妥善解决。永乐元年（1403年），日本使臣在宁波向当地百姓出售兵器，礼部上奏说："按照政府规定，外国使臣不得向中国百姓出售兵器，应该下令搜查他们的船只，没收其违禁物品，解送京师。"朱棣回答说："外国人到中国朝贡，履险蹈危，耗费实多，卖点物品资助费用，符合情理，岂可一概以违犯禁令论处呢？"下令准许他们按值出售兵器。第二年，琉球使臣到处州（今浙江丽水）购买瓷器，礼部认为处州不是外贸地点，要求把他逮捕法办，朱棣又说："远方之人，只知求利，哪懂得中国的禁令!"下令免予治罪。

为了发展对外关系，朱棣不仅广泛招徕外国使臣，而且还派遣众多的使团出访外国。郑和下西洋，是永乐年间规模最大、影响也最为深远的一项外交活动。朱棣对这项活动极为重视，亲自做了大量的、周密的准备工作。永乐五年（1407年），他下令在翰林院开设"八馆"，吸收年轻的举人和国子监生，学习西天（印度）、回回（阿拉伯）、缅甸、蒙古、女真等八种外国和国内少数民族的语言文字，培养翻译人才。并规定学习译书的"八馆"生员，可以同学习汉书的举人一起参加科举的会试，中试后可以被点选为庶吉士，继续得到深造。朱棣还命令福建等地建造大批海船，如永乐元年（1403年）令福建造海船一百三十七艘，第二年又令建造海船五艘，永乐五年（1407年）又令改造海运船二百四十九艘。与此同时，朱棣经过多方考察，确定了出访西洋使团的负责人选。宫廷内官兼太监郑和，在"靖难之役"中曾出入战阵，建有奇功，对朱棣忠心耿耿；他机智敏捷，能言善辩，富于外交才能，身长七尺，腰大十围，具有胜任艰难使命的健壮体魄；既是伊斯兰教徒，又崇奉佛教，便于同西洋各国信仰伊斯兰教或佛教的居民打交道，朱棣便任命他为钦差正使。宦官王景弘忠于职守，被任命为副使。接着，朱棣又与郑和一起，选拔军事指挥人员、士卒、水手和各种专业人员，组成了一支人才齐备的庞大的出使队伍。在准备就绪之后，郑和便率领使团，从永乐三年（1405年）开始，先后七次出使西洋，遍历南洋群岛各国，到达印度支那半岛、印度半岛、阿拉伯半岛等三十多个国家，最远到达非洲的东海岸，大大促进了中国与亚非各国在政治、经济、文化上的交流，增进了中国人民与亚非各国人民的友谊。

郑和出使西洋的过程中，途经南海，还积极加强对南海诸岛的经营。南海指的是我国广东、海南两省南部的海域，国外也有称作南中国海的。由于南海经常涨潮，我国古代又称之为涨海。南海水域分布着一些岛屿，大体分为西沙群岛、东沙群岛、中沙群岛和南沙群岛四个岛屿群。我国很早就对这些岛屿进行勘察和经营。郑和先后七下西洋，其中前六次奉朱棣之命下西洋，都要经过南海诸岛。对所经之处，郑和一行都要进行反复勘察，并对一些岛屿进行了命名。如将西沙群岛两大岛屿群中的西面岛屿群命名为“永乐群岛”。在南沙群岛，将一个较大的岛屿命名为“景宏岛”（王景宏是郑和下西洋时的副使）；将另一个较大的岛屿命名为“费信岛”（费信是随郑和出使的专事记录的幕僚）；将一个岛屿命名为“马欢岛”（马欢是郑和下西洋时的翻译）；还将一群岛礁命名为“郑和群礁”。这些岛屿的命名，是明王朝在那里行使主权和管辖的确凿证据。1920年，西沙群岛的渔民曾在那里发现许多中国的古钱，其中以“永乐通宝”的数量最多，表明明代我国的渔民曾在那里谋生与居住。这一切，无不证明朱棣对南海诸岛的经营是卓有成效的。

朱棣极其重视发展同亚非各国的友好关系，但是绝不容忍邻近国家对中国的侵犯。当时，安南屡次出兵侵占占城，拘留、抢劫占城派往明朝的使臣，甚至逼迫占城国王为其臣属。永乐二年（1404年）、三年（1405年），他又武装侵占我国广西、云南的边境地区，掳掠人畜，派差征税，扰得我边境人民困苦不堪。永乐四年（1406年），还公然用伏兵袭杀明朝的使臣。朱棣忍无可忍，遂下令出兵安南。明朝军队从云南、广西两路攻入安南，彻底打败了安南侵略者，有力地支援了占城人民的反安南斗争，并保障了我国南疆的安全。

↑ 永乐通宝

朱棣在政治、经济、军事以及外交方面所采取的这些措施，收到了显著的效果，推动了明初经济的恢复和发展，促进了我们这个多民族国家的统一。虽然他好大喜功，使国力遭到很大消耗，人民的负担很重。不过，总的说来，他的历史功绩还是主要的。但是，由于朱棣是以藩王起兵，从侄儿手中夺取帝位的，因而历来受到许多封建文人的责难和否定。其实，以他的才能和政绩公允而论，朱棣仍不失是一位有作为的封建皇帝，是一位值得肯定的历史人物。

陈梧桐

中央民族大学历史系教授，专攻明史，发表论文几十篇，专著有《洪武皇帝大传》《黄河传》《朱元璋研究》等；主编《中国文化通史·明代卷》等。

杰出的封建政治家 清康熙帝

玄烨

康熙帝个人小档案

姓名：爱新觉罗·玄烨

年号：康熙

所处时代：清朝

生卒年：1654—1722年

民族：满族

出生地：北京紫禁城景仁宫

在位：1661—1722年

主要成就：平定三藩，收复台湾，驱逐沙俄，大破准噶尔

轶事典故：废弃长城，熙水泉，推广西药

死亡地：北京畅春园

庙号：圣祖

谥号：合天弘运文武睿哲恭俭宽裕孝敬诚信功德大成仁皇帝

陵寝：景陵（今河北遵化）

继位人：雍正帝胤禛

最得意：智擒鳌拜

最失意：两废太子

玄烨

中国历史上有不少明君英主。清朝入关后的第二代皇帝康熙，就是其中最富传奇性的人物之一。此人在位六十一年，日理万机，励精图治，为清代中国的大一统和全盛奠定了基础。

少年康熙之烦恼

康熙帝姓爱新觉罗，名玄烨，是顺治帝的第三子，顺治十一年（1654年）三月十八日生于景仁宫。玄烨虽然贵为天子，但八岁丧父，十岁丧母，少年时代就成了孤儿。这不幸的遭遇给他带来许多政治的、人情的烦恼，同时也造就了他独立思考、奋发图强的个性。

顺治帝临死之前，遗诏命索尼、苏克萨哈、遏必隆和鳌拜四人为辅政大臣，叫他们共同辅佐年仅八岁的玄烨做皇帝。这四个人受命后，曾在顺治帝的灵前宣过誓，说他们要“协忠诚，共生死，辅佐政务”，并且保证“不私亲戚，不计怨仇，不听旁人及兄弟子侄教唆之言，不求无义之富贵”，“不结党羽，不受贿赂”等。但是，这些誓言保证不久都化作了泡影，辅政的大臣变成了少年天子的绊脚石。

四个辅政大臣中，索尼年老早死，遏必隆追随鳌拜，苏克萨哈与鳌拜有矛盾，康熙六年（1667年）时被鳌拜诬陷致死。鳌拜是个专横跋扈、野心勃勃的人物。他肆无忌惮地贪污受贿，结党营私，疯狂地扩张自己的权力和财富；并以维护祖宗之法为借口，把顺治时期的某些进步改革一个一个地推翻。鳌拜还欺康熙年幼，经常在康熙面前呵斥大臣，甚至吼叫着同康熙争吵不休，直到康熙让步为止。面对这样一个咄咄逼人的家伙，康熙应当怎么办呢？下令逮捕吗？不成。因为这个人不仅大权在握，而且还有一大批党羽，弄不好要出大乱子。康熙六年（1667年），玄烨已经十四岁，依照规定，他可以开始亲政了。此时他虽然还是个少年，但他天资聪慧，机智过人，加上平素努力学习历代统治经验，已经开始向成熟的彼岸过渡了。于是，他不动声色，悄悄地开始准备铲除鳌拜。古人说：欲擒故纵。玄烨对鳌拜也是采用的这种麻痹战术。他曾给鳌拜父子分别加过“一等公”“二等公”的封号，以后又分别加了“太师”“少师”封号。至此，鳌拜父子也真到了位极人臣的地步。然而，加封不过是一种表面现象，而且是一种假象。玄烨亲政后不甘做傀儡皇帝，他同鳌拜的矛盾无法掩饰地日益激化起来。到康熙八年（1669年），鳌拜自恃位高权重，经常借口有病不上朝。有一次玄烨去探望鳌拜，御前侍卫和托发现鳌拜神色反常，便迅速走到鳌拜床前，揭开席子发现一把匕首。鳌拜见此情景十分紧张。玄烨却出人意外地笑了，说：“刀不离身是满人的故俗，不足为怪！”当场稳住了鳌拜。回宫后，玄烨以下棋为名，立即召大学士索额图入宫，谋划铲除鳌拜之事。在此之前，他以演习摔跤为名，训练了一批身强力壮的少年，为擒拿鳌拜做准备。现在，终于到了实施他的计划的时刻了。一天，当鳌拜入宫去见玄烨时，便人不知鬼不觉地被一群演习摔跤的少年擒住，并立即被投入监狱。玄烨监禁了鳌拜后，公布了鳌拜的三十条大罪状，逮捕、惩办了鳌拜集团的首恶分子。后来，鳌拜死于狱中。玄烨解决了鳌拜之后，还为以前受鳌拜打击迫害的人平反昭雪，下令永远禁止圈占民地，限制奴仆制度，放宽逃人法，改革政府机构，恢复被鳌拜取消的内阁和翰林院。由于玄烨这些决定深得人心，因而进一步巩固了清朝的中央集权。

铲除权臣鳌拜，使少年的康熙帝在政治上从此摆脱了充当傀儡的烦恼，为他日后施展自己的雄才大略创造了条件。

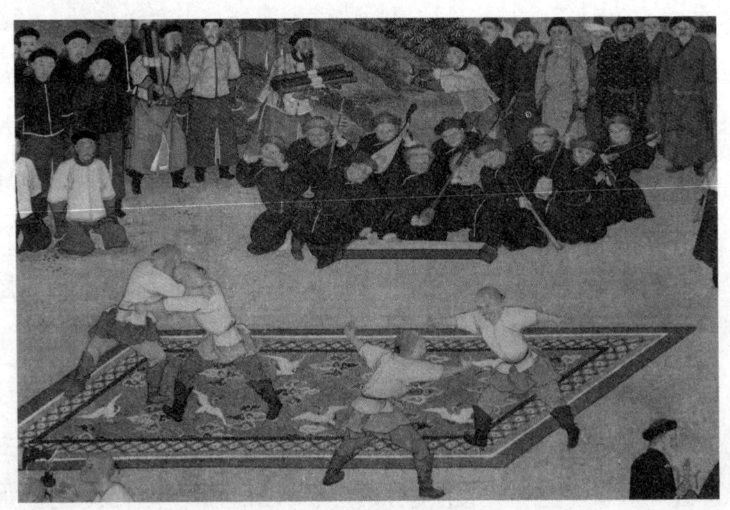

↑ 清宫廷画家绘《塞宴四事图》之“布库”

但是，少年时代的康熙帝还有第二个烦恼——科学的烦恼。这种烦恼在当时的具体事件就是清初的历法风潮。

清朝定都北京后，曾经为明朝修改历法的一些西方传教士，又投靠了清政府。以汤若望为首的耶稣会士们，在顺治帝当政期间，受到极为优惠的待遇。由于修改历法取得成绩，汤若望被任命为钦天监的监正（相当于国家天文台台长），还被赐予“通玄法师”的称号。顺治帝死后，康熙年幼，鳌拜排斥一切进步事物。可巧有一个名叫杨光先的人，上书给清政府，说明末科学家徐光启借鉴西方科学是“贪其奇巧”“阴行邪教”，有阴谋；又说汤若望阴谋推翻清朝，在《时宪历》上印有“依西洋新法”五字，是向全世界宣示清朝屈服于西方，应将汤若望等人处死，恢复旧历法。在鳌拜操纵下，议政王会议、礼部、刑部决定废除新历法，并杀了一批主张用新历法的人。仅仅由于康熙祖母的庇护，汤若望才免于一死。汤若望下台后，杨光先被任命为钦天监监正。杨对天文历法并无新的研究，对中国古老的一套也不熟悉，所以推算的错误屡屡出现。这时，玄烨已经十五六岁，他一面酝酿着消灭鳌拜势力，一面思考着解决新旧历法争议的途径。

当时，他还没有能力从科学上分清这场斗争的是非，因而十分苦恼。但他知道，只有抛弃偏见，并用实验的方法来检验新旧历法，才能得出正确的结论。他派大学士李霨等人向杨光先和西方传教士南怀仁等宣读他的指示：不准心怀偏见，不许固执己见，“务须实心，将天文历法详定，以成至善之法”。后来经过多次测量、推算，杨光先等人的旧法总是不准，而南怀仁的新法则比较准确。但杨光先的理论很厉害，说：“皇上是尧、舜的继承人，应该用尧舜以来的老黄历，假如改用西洋历法，那么尧舜以来的诸书礼乐、文章制度就都完了！”所以，“宁可使中国无好历法，不可使中国有西洋人！”康熙帝对此非常反感。到康熙八年（1669年）五月，鳌拜集团倒台。七月，南怀仁等传教士控告杨光先“依附鳌拜”，要求将杨处死。康熙帝虽然支持新历法，但反对把这场科学上的公案引入政治斗争的邪路。所以，他决定宽大处理：“杨光先本当依议处死，但念其年老，姑从宽免，妻子亦免流徙（流放）。”

大清順治元年歲次甲申新法七政經緯宿度五星伏見目錄

土 木 火 金 水

正月大 二月小 三月小

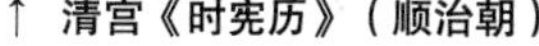

↑ 清宫《时宪历》（顺治朝）

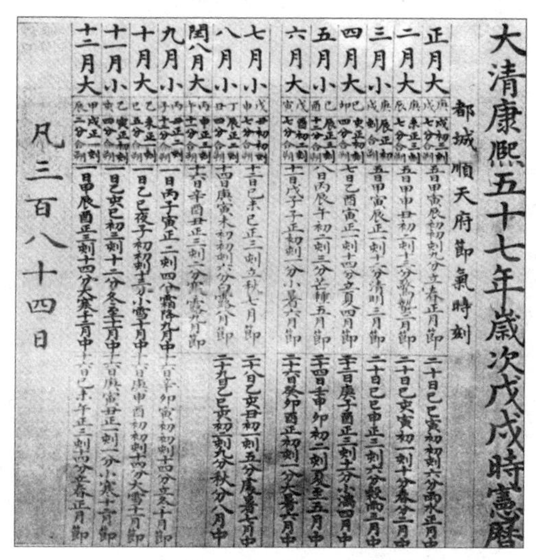

大清康熙五十七年歲次戊戌時憲曆

都城順天府節氣時刻

正月大 二月大 三月小 四月大 五月小 六月大 七月小 八月小 閏八月大 九月小 十月大 十一月小 十二月大

凡三百八十四日

↑ 清宫《时宪历》（康熙朝）

清初的历法争议，对少年的康熙帝产生了极大的刺激。他后来回忆说：“新旧历法两派互相控告，死了不少人。在双方辩论时，王公大臣中竟没有一个人对历法有了解。朕目睹其事，心中痛恨。所以在日理万机之余，专心学习天文历法二十余年，终于略知其大概，不至混乱。”

在科学的是非面前无所依从，虽然是他少年时代的一大烦恼，但却使他懂得了学习的重要性。康熙十五年（1676年），他下令钦天监的官员必须学习新法，对新法不掌握的人，不准升用。不过，康熙帝虽然学习西洋历法，但他并不迷信和死守这些成果。他认为，新法使用年月久了，也会出偏差，也必须不断修正。

少年时代的康熙帝，在政治上铲除了鳌拜集团，在科学上分清了历法争议的是非。这两件事，显示了他的确具有卓越的智慧，有统治国家的巨大魄力。

康熙的统一战争

康熙帝粉碎鳌拜集团之后，在朝廷内部实现了大权归一，真正达到了亲政的目的。但是，整个中国还不统一，还处于分裂割据的危机中。当时，在南方，有手握重兵、伺机而动的汉族军阀吴三桂、尚之信、耿精忠；在东南沿海及台湾有伺机进犯大陆的郑氏小朝廷；在西北方有剽悍难服、时而掳掠的准噶尔部。因此，康熙帝面临着一场统一国家的战争。

一、平定“三藩”之乱

“三藩”是指明亡后投靠清朝的三个汉族军阀，即平西王吴三桂（镇守云南）、靖南王耿精忠（耿仲明之孙，镇守福建）、平南王尚之信（尚可喜之子，镇守广东）。这三个军阀在追随清军镇压农民起义和消灭南明抗清势力的过程中，逐渐扩大了私人势力，各自拥兵在手，独霸一方。

三藩之中，以吴三桂势力最大。吴三桂自康熙元年（1662年）在云南绞死了南明永历帝朱由榔后，便割据云南。吴在当地圈占民地，抢掠人口，苛捐杂税，鱼肉百姓。他占据南明桂王五华山的帝宫作为藩府，大肆扩建，搞得“千门万户，极土木之盛”。吴三桂为了扩大势力，还招降纳叛，广收党羽。他选官、练兵，清朝中央政府不能过问，用度开支不受户部限制。所以当时有“天下之财赋，半耗于三藩”的说法。盘踞在广东、福建的尚之信、耿精忠也都极力扩大自己的势力。因此三藩的割据，不仅是清朝实行中央集权的巨大障碍，而且还严重地威胁着清朝的统治。

↑ 吴三桂像

对于三藩应持什么政策呢？是养痈贻患还是动手术切除？对此，清朝政府内部意见不一，曾经进行过多次辩论。有人主张削去三藩兵权，即实行撤藩，但许多人害怕吴三桂等人，认为撤藩会引出天下大乱。可巧康熙十二年（1673年）三月，平南王尚可喜因受不了其子尚之信的挟制，向朝廷提出告老还乡，并请求让尚之信接替他的封爵，继续镇守广东。十九岁的康熙帝认为这是撤藩的大好机会，便立即批准尚可喜告老还乡，但不准其子袭爵。当时，吴三桂的儿子在北京，消息很快就传到云南、福建。吴三桂、耿精忠心中忐忑不安，便于七月间先后上疏，假意请求撤藩，以此试探朝廷的态度。康熙帝接到吴三桂、耿精忠的上疏，下令廷臣会议讨论。当时大部分廷臣反对撤藩，有的说吴三桂镇守云南地方尚属平静，有的说撤藩后朝廷另派兵去镇守财政费用太大，因此断不可撤，实际上是怕引起乱子。只有户部尚书米思翰、兵部尚书明珠、刑部尚书莫洛等少数大臣主张撤藩，认为绝不能再让吴三桂盘踞云南了。经过几次会议讨论，意见始终不能统一，而且辩论十分激烈。这时，康熙帝挺身而出，作了果断的裁决：坚决撤藩。他指出：三藩久握重兵，已经形成尾大不掉之势。吴三桂蓄谋已久，撤亦反，不撤亦反，与其养痈成患，不如及早除掉。所以，他毅然下令批准吴三桂、耿精忠自请撤藩的上疏，并派特使分别赴云南、广东、福建宣读朝廷撤藩命令和督促实行。

吴三桂接到撤藩旨意后，便于当年（1673年）十一月悍然举行叛乱，发布讨清檄文，宣称要恢复明朝，并自称“天下都招讨兵马大元帅”。从此，一场长达八年的大叛乱正式揭开了战幕。

叛乱开始后，吴三桂的军队很快就打入湖南，广西、四川将军、提督、巡抚也闻讯响应。康熙十三年（1674年）三月，耿精忠在福建起兵反清，到康熙十五年（1676年）二月，尚之信又在广州揭起叛乱的旗帜。南中国燃起了熊熊战火！

三藩之乱来势汹汹。清朝内部有一些读史不能消化的腐朽大臣，主张效仿西汉初年景帝杀晁错的历史事件。他们对康熙帝说：“应该先杀掉那些主张撤藩的大臣，只有这样才能使吴三桂息兵。”康熙坚决反对重复历史的错误。他熟读史书，深知这是腐儒之见，汉景帝虽然杀了主张削藩的晁错，吴楚七国之乱依然不止，因为吴王濞等人是醉翁之意不在酒。康熙表示：“如果有错误，朕一人承担”，绝不把责任推给别人。因此，他非但不杀主张撤藩的户部尚书米思翰和兵部尚书明珠等人，相反却把吴三桂留在京师的儿子吴应熊等人投入监狱。与吴三桂有往来的达赖五世，也向康熙提出：“若吴三桂力穷求降，请免其一死；万一嚣张，不如裂土罢兵”，意思是以长江为界，承认一个南北朝的局面。康熙断然拒绝了达赖喇嘛，并命令他履行前言，协助清军平叛。为了横扫清廷内部的妥协论调和表示自己平叛的决心，康熙又下令处死了吴三桂的儿子吴应熊、孙子吴世霖。这样，朝廷内部的思想得到了某种程度的统一，并使吴三桂在精神上受到一定打击。

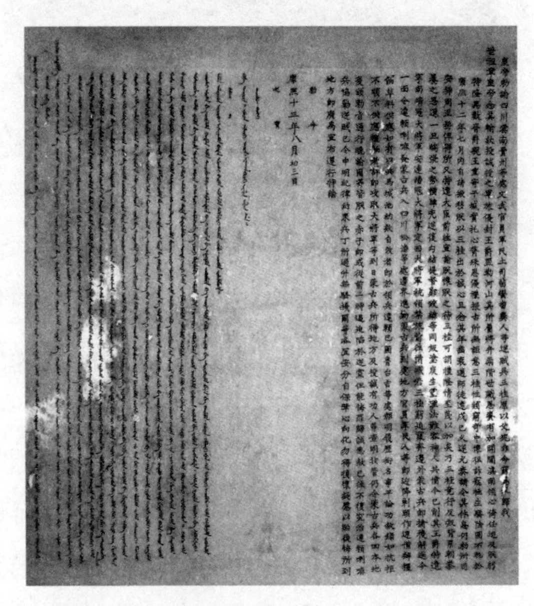

↑ 康熙皇帝关于进剿吴三桂的敕谕

三藩之乱爆发时，康熙年仅二十岁。但他历史知识丰富，又熟读兵法，善于谋略，指挥得当。他知道，三藩之乱虽然气势吓人，但是只要打败吴三桂，其他人均不在话下。所以，他制定了重点打击吴三桂的战略，争取其他叛乱者中立、归降。如他反复争取陕西提督王辅臣，稳定了西北战场，粉碎了吴三桂企图打通西北的阴谋；他在军事进攻之余，又利用耿精忠与台湾郑经集团之间的矛盾，招降了耿精忠；并乘势进军，迫使郑经势力退出福建；到康熙十六年（1677年），尚可喜忧愤而死，尚之信也因与吴三桂矛盾重重，在清军的进逼下投降。

康熙帝在激烈的战争中，能够保持刚毅、果断、沉着、机智。他深得用兵之道与指挥之法。他指示领兵诸将：战争中要紧的是得民心，所以一定要“严禁军士侵扰百姓”。为了取得这场战争的胜利，他执行了罚先行于亲贵的做法，即对那些敢于玩忽职守、贻误军机、畏惧不前的败军之将，即使是皇亲国戚，也决不宽贷。如他下诏公布了顺承郡王勒尔锦、简亲王喇布、贝勒尚善、察尼、鄂鼐、洞鄂等人错失战机、收受贿赂的罪行，分别给予了处罚。他说：“若非朕运筹决策，命令水师取岳州，命令岳乐的江西军队进攻长沙，命令图海的陕西军速复平凉，后果几乎不堪设想。在一般人尚不可原谅，何况是亲王、贝勒这些皇亲国戚呢！”

吴三桂等人虽然一度掀起大波，但这些朝秦暮楚、气节丧尽的家伙是得不到人民拥护的。当时有人作诗讽刺吴三桂说：“复楚未能先覆楚，帝秦何必又亡秦？丹心已为红颜改，青史难宽白发人！”这意思是说：你不但没有恢复明朝，反倒把明朝灭亡了；你为了一个美人（指陈圆圆）而改变了丹心，历史是难以宽恕你这老头子的！到康熙十七年（1678年）三月，在清军步步进逼下，吴三桂日暮途穷，在湖南衡阳称帝，国号“大周”，改元“昭武”，但几个月后就在内外交困、忧愤交加中死去。他的孙子吴世璠继位后更是一天不如一天。康熙二十年（1681年），清军攻陷昆明，吴世璠自杀。一场席卷十省、长达八年的大叛乱终于平息。二十七岁的康熙帝得到胜利的捷报，他心情激动，夜不能寐，挥笔写了一首《滇平》诗：

洱海昆池道路难，捷书夜半到长安。
未矜干羽三苗格，乍喜征输六诏宽。

天末远收金马隘，军中新解铁衣寒。

回思几载焦劳意，此日方同万国欢。

↑《纪功图卷》（局部）

三藩之乱平定后，康照采取一系列措施消除昔日的弊病。他下令在原来三藩控制地区设立八旗兵驻防，将藩王的财产全部充官作为军饷，革除昔日的苛捐杂税，归还被三藩霸占的部分民田。这些措施不但加强了国家的统一，也促进了经济的发展。

二、统一台湾

在三藩之乱硝烟弥漫的时候，盘踞在台湾及东南沿海的郑氏集团也乘机向内地进犯，并与三藩联为一气。因此，康熙在平定三藩之后，便决定解决台湾问题。

台湾自古就是中国的领土。荷兰殖民者趁明末中国动乱之机，派兵占领台湾，在台湾血腥地统治了三十八年。直到清初顺治十八年（1661年），民族英雄郑成功才把荷兰人赶走。郑成功原想以台湾作为反清的基地。但不幸中年早死，壮志付之东流。郑成功死后，郑氏集团内部互相倾轧，统治者花天酒地，鱼肉人民，完全丧失了郑成功那种英雄气质。清朝政府曾多次用招抚办法，想和平解决台湾问题。但郑经（郑成功之子）集团一面表示可以称臣入贡，一面又坚持不登岸，不剃发，像朝鲜、琉球那样对中国保持一个藩属关系，实际上是想把台湾从祖国分裂出去。康熙帝断然拒绝了郑氏集团分裂国家的要求。他指出：郑经是中国人，台湾“皆闽（福建）人，不得与琉球、高丽比”。既然称臣，就必须接受调遣。由于在这样重大原则问题上达不成协议，再加上三藩之乱的干扰，统一台湾的问题便拖了很长时间。

康熙二十年（1681年），福建总督姚启圣向康熙帝上疏，报告郑经已死和台湾内乱情况，认为“时不可失”，应立即派兵统一，并推荐以前从郑氏方面归降过来的施琅作为进军台湾的统帅。康熙立即批准这个建议，任命施琅为水师提督，相机进取澎湖、台湾。康熙二十二年（1683年）六月，施琅率军在澎湖海战中击溃了郑氏集团的主力，七月在台湾登陆。这时，台湾的当政者是郑克塽。有人教唆他赶快逃往南洋，建立流亡政府，也有人劝他认清形势，向清朝投降。就在郑克塽举棋不定的时候，康熙帝指示前线的施琅，要他力争和平解决，并转告郑克塽等人：“从前抗违之罪，尽行赦免”，而且保证他们归降后给予从优待遇。由于康熙英明的决策和施琅等人的认真贯彻，郑克塽及许多在台官吏放弃了逃亡国外的打算，从而使台湾最终以和平方式得到统一。康熙二十二年（1683年）八月，清军进入台湾。八月十五日（即中秋节）的晚上，统一台湾的喜讯传到北京，二十九岁的康熙帝无比兴奋。他多年统一国家的愿望终于取得了重大的成功。为了纪念这个重大的胜利，他欣然命笔，写了一首《中秋日闻海上捷音》诗：

万里扶桑早挂弓，水犀军指岛门空。
来庭岂为修文德，柔远初非黩武功。
牙帐受降秋色外，羽林奏捷月明中。
海隅久念苍生困，耕凿从今九壤同。

经过长期的努力，祖国终于实现了九壤同耕的大一统局面。郑克塽到北京后，受到康熙帝的接见，并被授予正黄旗汉军公，其亲属、部下也分别被授予官爵。康熙帝还特别下诏说，郑克塽的祖父郑成功、父亲郑经不是“乱臣贼子”，可以归葬南安。

统一台湾后，康熙又否决了朝廷内某些人放弃台湾主权的荒谬主张。他毅然批准施琅的建议，在台湾设一府三县，隶属于福建省，并在台湾驻军八千，澎湖驻兵两千。从此，台湾在政治、军事、行政上与大陆又重新成为一个整体，由于内地、沿海居民进一步移居台湾，台湾的经济也得到进一步发展。

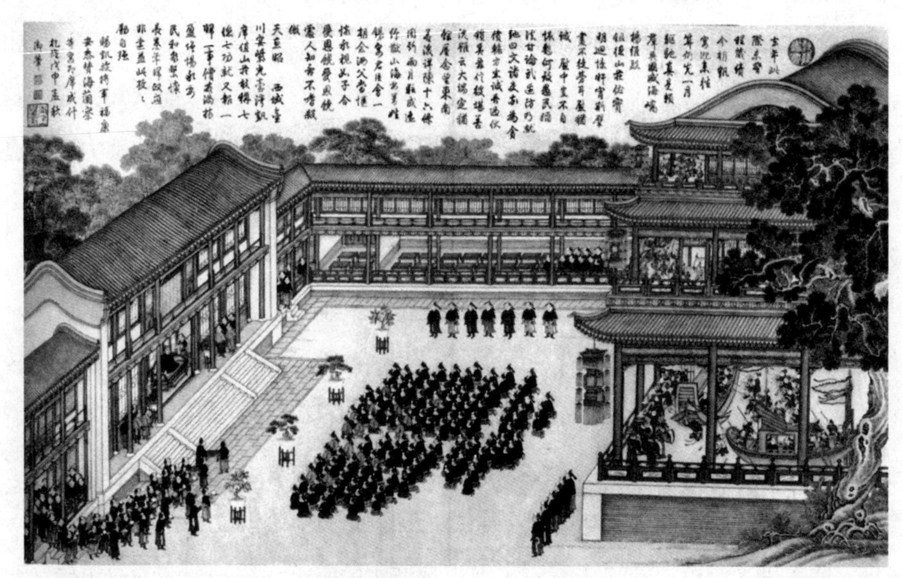

↑《平定台湾战图》之“清音阁凯宴将士”

三、平定噶尔丹之乱

在我国的厄鲁特蒙古族中，有一支游牧在巴尔喀什湖以东、天山以北和伊犁河流域的强悍部落，这就是准噶尔部。准噶尔部世代受中国政府管辖。康熙十年（1671年），噶尔丹杀死其兄僧格，夺取了准噶尔部的统治权。噶尔丹是一个雄心勃勃、掠夺成性的人物，他上台后频繁地对临近各部发动掠夺战争。康熙二十七年（1688年），噶尔丹在进攻喀尔喀蒙古的过程中，同沙俄侵略者相互勾结，逼得喀尔喀蒙古部人民向南迁逃。

康熙帝曾致书噶尔丹，要求他“罢兵息战”，不要对四邻各部肆行侵掠。噶尔丹虽然表面上臣服，但实际上却步步向东、向南进逼，甚至把他的军队推进到距北京只有几百里的地方。康熙二十九年（1690年）六月，康熙帝决定御驾亲征。八月间，左翼军同噶尔丹军队在乌兰布通（在今辽宁境内）发生了激烈的遭遇战，一举击溃噶尔丹的驼军，噶尔丹狼狈逃窜。康熙三十一年（1692年）噶尔丹派人到北京，向康熙帝“请安进贡”，表面上虽“词调恭顺”，实际上是想麻痹康熙。康熙一眼就看穿了噶尔丹的阴谋，他指出：“噶尔丹不可信任，如果不加防备，万一有事就要后悔。”当时，西藏的第巴桑结与噶尔丹狼狈为奸，要求康熙撤回各地戍兵。康熙说：“第巴何以敢要求我朝撤兵？这是噶尔丹的阴谋。”所以，他决定：不但不能撤兵，还要加强防备。果然康熙三十四年（1695年），噶尔丹又率三万人马沿克鲁伦河大举南犯，并扬言他背后有沙俄撑腰，已经从俄国借了六万鸟枪兵。康熙三十五年（1696年）春天，康熙帝力排众议，决定第二次亲征。他指出：上一次亲征，因裕亲王福全中了西藏喇嘛济隆的缓兵之计，致使噶尔丹从乌兰布通逃走。又加上当时自己生病，未能彻底歼灭噶尔丹，至今犹以为憾。这一次亲征，一定要彻底根除噶尔丹势力，以绝后患。他命将军萨布素率兵出东路迎头截击，命大将军费扬古率兵出宁夏为西路，断绝噶尔丹的退路，自己则亲率禁旅为中路，三路军约期夹攻噶尔丹，务期彻底歼灭之。

↑ 康熙戎装图

康熙亲率的大军，在克鲁伦河附近同噶尔丹的军队相对扎营。当时两军的距离甚近。噶尔丹望见康熙的御营和清军的威武阵容，不禁为之胆寒，立即下令拔营逃走。康熙亲自率兵追击到拖诺山。当噶尔丹逃到昭莫多（在乌兰巴托以东）时，又同清军的西路大军相遇。在两军激战中，噶尔丹的军队几乎全军覆没，他仅率少数人死里逃生。康熙的第二次亲征又取得了重大胜利。但是，噶尔丹并没有死，这股叛乱势力并未根绝。所以，康熙一面分化受噶尔丹控制的回部、青海，哈萨克诸部，警告与噶尔丹狼狈为奸的西藏第巴桑结，一面限期噶尔丹到北京投降。由于噶尔丹拒降，康熙三十六年（1697年），康熙又进行了第三次亲征。当时，康熙在各部族中的分化瓦解工作取得很大成功，因此噶尔丹四面楚歌，困难到“居无庐（帐幕），出无骑（马），食无粮”的地步。噶尔丹的儿子到哈密逼粮，也被当地维吾尔人擒送清营。原先追随噶尔丹叛乱的亲信们，也慑于清军的威力望风投降。最后，噶尔丹在走投无路、众叛亲离的困境中服毒自杀（一说病死）。至此，康熙平定噶尔丹叛乱的斗争宣告结束。

康熙五十六年（1717年），噶尔丹的侄子策妄阿拉布坦在沙俄煽动下，继两年前进攻哈密之后，又驱兵攻入拉萨，并到处毁寺庙，抢掠人畜。康熙五十七年（1718年）康熙帝命皇十四子胤禵为抚远大将军进驻西宁，指挥清军入藏平叛。当时有些朝臣希图苟安，看不到平叛的必要性，说：“西藏路途遥远险恶，且有瘴气，不能顺利进军。”康熙不同意这种看法，他反驳说：“策妄阿拉布坦的叛乱军队忍饥挨饿，步行一年有余，尚能到达西藏，我们的平叛大军怎么反而不能到达？”事实证明康熙的决定是正确的。当清军进入西藏时，西藏的大小头人、各寺喇嘛都争先恐后地出来迎接。清军迅速驱逐了叛军，取得了胜利。康熙死后，又经过雍正、乾隆两代人的努力，终于最后平定了准噶尔上层分子的叛乱。

康熙在用武力平定叛乱的同时，还用各种手段，对蒙古及西北、西南少数民族上层分子进行笼络。例如，他对蒙古王公用封爵、联姻、组织打猎等方法加以团结，在承德按照各民族的特点建筑一些庙宇，以表示他对各民族风俗信仰的尊重，并以此来表明，清朝是一个多民族的国家。他的这些做法，对维护国家统一起了积极的作用。

康熙的卫国战争

在康熙一生中，抗击沙俄的武装侵略，保卫祖国北方的领土，占有十分重要的位置。

贝加尔湖以东和黑龙江流域，自古以来就是中国的领土。在唐、宋、元、明一千余年的历史中，历朝的中央政府或地方政府，均在黑龙江两岸设有管辖机构。顺治元年（1644年），清朝在北京建立中央政权以后，不仅完全接替了明朝在这些地区的统治权，而且使当地同中央的关系更加密切。但是，自17世纪以后，沙俄利用我国明朝在东北势力的衰落和清朝入关南下之机，对黑龙江流域的侵略与日俱增。沙俄先后派遣波雅科夫、哈巴罗夫、斯捷潘诺夫等率兵侵入我国领土。他们到处烧杀抢掠，无恶不作，不但奸淫妇女，还残暴地烤食中国儿童。为了吞并我国领土，他们在被占领的土地上修建城堡，甚至还狂妄地叫嚣要清朝向沙皇进贡！顺治十五、十七年（1658年、1660年），清朝军队经过两次激战，击毙了斯捷潘诺夫，而且把其残部驱逐出黑龙江中下游。康熙继位后，沙俄又以被其占领的尼布楚为据点向东扩张，重新占据雅克萨城，并向南占领楚库柏兴（即色楞格，属蒙古），从而在贝加尔湖以东和黑龙江地区制造了新的紧张局势。

康熙帝从十三岁起，就注意到了沙俄对我国的侵略。康熙十年（1671年），十八岁的康熙进行了第一次东巡，前往东北地区“周览形胜”，并召见宁古塔将军巴海，了解当地情况，嘱咐他加紧操练兵马，做好边疆的保卫工作。当时，康熙已经准备开展一场驱逐沙俄的斗争。不料，康熙十二年（1673年），爆发了吴三桂等人的“三藩之乱”，康熙的抗俄计划被迫暂缓执行。在平定三藩叛乱过程中，康熙曾希望通过外交途径解决沙俄的入侵问题。但沙俄非但置之不理，而且变本加厉，在精奇里江一带修筑结雅斯克堡和德隆斯克堡，在额尔古纳河东岸修筑额尔古纳堡。康熙二十年（1681年），三藩之乱平定后，康熙立即把抗击沙俄的部署提上了日程。康熙二十一年（1682年），四月，他借到盛京祭陵之机，再一次到东北边疆视察；回到北京后，又在同年九月派副都统郎谈、彭春率人以捕鹿为名，到达斡尔、索伦等地观察形势，侦察敌情。在听取了郎谈等人的报告后，他下令修筑黑龙江呼玛城堡，调动军队，修造战船，储备粮食，开辟从乌喇（在今吉林）到瑷珲的驿路，组织了辽河、松花江、黑龙江的水路运输，为进行一场自卫反击战做好了充分准备。

康熙二十四年（1685年）六月，清军从水陆两方面包围了盘踞在雅克萨城的俄军，对负隅顽抗的侵略者展开了猛烈进攻。俄军头目托尔布津被迫出降。清军平毁了雅克萨城，将被俘的俄军遣送出境。但是，由于清军忽略了在雅克萨的驻军，又没有割除附近的庄稼，因此托尔布津等人又率兵卷土重来，在雅克萨的废墟上重新建造了更为坚固的城堡。这样，康熙二十五年（1686年）双方又进行了第二次雅克萨之战。在清军猛烈的炮火中，托尔布津重伤致死。到后来，八百名俄军死伤、病亡几乎殆尽，只剩了一百几十人。雅克萨城堡的攻克，已经指日可待。就在这关键时刻，康熙的停战命令到了前线，说俄国派出的全权代表已在途中。双方将在谈判中定议边界。

↑ 清军在雅克萨之战中使用的“神威无敌大将军”炮

康熙二十八年（1689年），经过反复折冲，中俄双方签订了《尼布楚条约》。条约规定，以格尔必齐河和额尔古纳河为两国国界。再由格尔必齐河源顺外兴安岭往东至海，岭南属中国。这就从法律上肯定了黑龙江和乌苏里江流域的辽阔地区是中国的领土。当时，由于噶尔丹叛乱的内因，清朝方面也做了重大让步，把本来属于中国的尼布楚划归了俄国。

总的说来，康熙帝的反侵略战争取得了重大胜利。他的英明表现在以下几处：不轻易用兵，而是先做好调查研究，做好军事的、物质的准备；不穷兵黩武，在取得反侵略战争的胜利后及时恢复和平，从不关闭谈判的大门；在战争过程中，他认为将军萨布素未能毁掉雅克萨附近的田禾是一大错误，因为这正是侵略者得以卷土重来的物质条件；当议政王大臣会议下令直隶、山东、山西、河南各省派火器兵支援进攻雅克萨时，康熙指出这些兵未曾经历过战阵，况且黑龙江火器甚多，应改派福建投诚、善用藤牌的官兵，由台湾投降的武将率领开赴雅克萨。第一次雅克萨之战的事实证明，这些久历战阵的藤牌兵确实起了不小作用，他们一举歼灭了从黑龙江顺流而下，企图冲入雅克萨城内的俄国哥萨克增援兵。

《尼布楚条约》的签订，缓和了中俄两国之间的紧张局势，暂时制止了沙俄的军事侵略。但是，康熙并没有因《尼布楚条约》而放松警惕。他说："今虽与俄罗斯和好，边界已定，但各省驻军仍照从前规定办理。"他决定继续在墨尔根等地驻军设防，并在外兴安岭、额尔古纳河、格尔必齐河等边界设立卡伦，派军队巡防驻守，以防备沙俄势力的侵扰。

爱科学的皇帝

康熙帝之所以是一个传奇式的人物，不但因为他在少年时代计擒过权奸鳌拜，青年时代平定了三藩之乱、统一了台湾，壮年时代平定了噶尔丹叛乱、抗击了沙俄的侵略，而且还由于他着迷地热爱科学、学习科学乃至在科学上做出了一定的贡献。

一、数学

少年时代所经历的那场关于天文历法的争论，在他心灵深处留下永不消逝的痕迹。他目睹了那些在科学面前无所适从的大臣的昏聩，也痛恨自己对科学的无知。他在杨光先与南怀仁的科学斗争中认识到，数学是这两个人胜败的关键之一。因此，他对数学狠下了一番功夫。他后来对人谈及自己如何发愤学习数学的情况时说："你们只知道我算术不错，却不知道我为什么要学算术。我少年时，钦天监汉官与西洋人不睦，互相攻击告讦，死了不少人。杨光先、汤若望在午门外，当着九卿大臣的面赌测日影。无奈九卿中没有一个人懂得这种方法。我当时想，自己不懂，怎么能够判断别人是对还是不对呢？所以我发愤学习数学。”他的确是这样开始其科学活动的。他先是同比利时传教士南怀仁学习几何。康熙二十七年（1688年）南怀仁去世，他又同来到北京的法国传教士张诚、白晋等人学习。为了学好课程，他为传教士准备了良好的生活条件，还叫他们到内务府学习满语、汉语。他自己则努力学习拉丁文，为的是能争取听懂或看懂数学讲义。他学习过欧几里德的《几何原本》和巴蒂斯的《实用和理论几何学》的满文译本。他每学一个定律，不但务求必懂，而且都尽可能联系实际。

↑ 南怀仁画像（铜版画）

康熙不但向外国人学数学，他还努力培养和团结一批中国自己的数学家。他团结了当时颇负盛名的大数学家梅文鼎，后来又把梅氏的孙子梅瑴成调到北京，让他专门从事科学研究与编纂工作。此外，如泰州人陈厚耀、大兴人何国宗以及蒙古族的明安图等数学家，也都曾受教于康熙。

康熙晚年在北京畅春园设立了“算学馆”。在他的倡导主持下，梅瑴成等人用了十年工夫，编成了集当时乐律、天文和数学之大成的巨著——《律历渊源》。此书之第二部取名为《数理精蕴》，它不但收录了中国历代数学精华，同时也囊括了明末以来传入的西方数学，是一部很有价值的数学丛书。

二、医学

康熙自幼对医学就感兴趣。后来，他在向西方学习的过程中，又接触了西方医学。他四十岁时得过一次疟疾，虽经御医多方治疗也未见效。这时，在宫廷工作的法国传教士洪若翰、刘应进献了一种特效药——金鸡纳。康熙服用了金鸡纳之后效果很好，不久就恢复了健康。为了酬谢传教士，他特赐在西安门内建立一座大教堂，这就是日后西安门内北堂的来历。

康熙病愈后，便不时推广金鸡纳。他每逢出巡时，总是随身带上些金鸡纳，赐给一些封疆大吏们。康熙五十一年（1712年）夏天，曹雪芹的祖父曹寅得了疟疾。曹寅托亲戚李煦向康熙讨要金鸡纳。康熙得知后，立即从北京用驿马昼夜星驰把药送往江宁（南京），并御批说："疟疾若未转泄痢，还无妨。若转了病，此药用不得。……金鸡纳专治疟疾，用二钱末，酒调服。若轻了些再吃一服，……若不是疟疾，此药用不得，需要认真。万嘱！万嘱！万嘱！万嘱！"可惜药还没有送到，曹寅就一命归天了。

康熙除了推广金鸡纳，还不时为臣下看病开方。有一次，直隶总督赵弘燮看文件时忽然半身瘫痪，请求康熙派人到保定给他治病。康熙派人去了，但指示说："类风之病，补药无益而有大损。十分留心！"后来赵弘燮又向康熙讨要"御制药酒"。康熙怕药酒容易坏，便动了一番脑筋，特赐西洋药饼，叫赵用时泡在酒里，还告诉他饮酒的用量。赵服酒之后，向康熙报告说："初服之日即觉得热气上至左膀，下至左腿。"颇为见效。

康熙在医学上的一个重要贡献，是他以皇帝的权威下令推广种痘法。明末清初，天花传染病流行，夺去了无数人的生命，也使许多人脸上留下了永不消失的疤痕。康熙帝就是天花的受害者之一。那时，世界上还没有防治天花的好办法。只有我国在世界上首先创造了一种预防天花的种痘法。这种方法，就是把患者的痘痂研成细末，用湿棉花蘸上这种"痘苗"塞在健康人的鼻孔里（或将痂末吹入人的鼻内），使接种者发生一次轻微的感染，从而获得对天花的免疫力。这种方法虽然历史悠久，却未能广泛推行。康熙知道这种方法以后，便首先在自己的孩子和一些亲贵子女中推行，后来又在蒙古等少数民族中推行。开始，有些老年人少见多怪，表示怀疑。但康熙以皇帝的至高无上的权力坚意推行，终于取得了很好的效果。

三、地理学

康熙学了数学与天文，因而对地理学的重要性有了更加深刻的认识。他学会了使用测量仪器，每行到一处，就要测量那里的地势，调查当地的地貌、地质、水文、土壤等。他不但测量该地距京师的里程，还要测量那里的纬度，并把这些情况记录下来，收入他撰写的文章、上谕中。例如，他在亲征噶尔丹的行军途中，就详细地调查过所经之处的风物、地理情况，把记下来的材料寄给留在北京的皇太子。康熙三十五年（1696年）四月二十一日，他在给皇太子的信中叙述了行军中的饮水问题，说：“自出喀伦未见寸土，其沙亦坚硬，履之不陷……营中军士凿井甚易，一人可凿二三十处。因水泊中取水嫌远，均于近帐房处凿井。可凿井的地方也很易认识。蒙古语叫‘善达’之处，地洼而润，掘未二尺即可出水；叫‘塞尔’的地方，山涧沟径，掘仅尺余即可及泉；有称‘布里杜’者，是一种丛草间积留的潦水，水质不佳；叫‘窥布尔’的，水流地中，以手探之泉即随出，故野驴以蹄趺之而饮……”可见，他对所经地方是做过详细调查的。

他在沙漠中行军，往往发现有贝壳。这种东西引起了他很大兴趣。他联想到当地蒙古人关于洪水的传说，推测这里在洪荒时代很可能是一片泽国。这和近代学者的某些科学推论是很接近的。

康熙在世时，还费了几十年的心血，开展了一场史无前例的伟大工程，这就是在辽阔的中国疆土上进行实测、绘制地图。这项工作是由外国传教士与中国工作人员共同完成的。这次测绘工作进行了多年，采用了当时比较先进的大地测量术和用经纬度绘图的方法。到康熙五十五年（1716年），除今新疆等少数地区外，对大多数省区进行了测绘。这次测绘的成果，便是一部《皇舆全览图》。它是中国历史上第一部完全实测、比较精确的地图集，也是世界地理测量史上的伟大成果之一。康熙曾对大臣蒋廷锡说：“此图是朕费三十余年心力才完成的，山脉水道合乎《禹贡》。你可以将此图和各省分图让九卿们细阅，倘有不对之处，可以面奏。”可见康熙很以《皇舆全览图》为自豪，但他又不拒绝别人批评。

四、农业

康熙从少年时代就喜欢看人种庄稼，而且自己也把各种种子种到地里，以观察收获的多少。他的这种兴趣一直坚持到老。康熙六十多岁时写过一篇《刈麦记》，其中说：“在收获的时节，看到苍颜老农欢庆秋收，黄口孺子不再愁饿肚子，这才是我真正的快乐！”为了使人们穿衣不忘织女之寒，吃饭不忘农夫之苦，他命人画了一册《耕织图》，每幅图旁由他题诗一首，然后刻板印刷，广为流传。

↑ 焦秉贞《耕织图·耕》（册页）

在康熙一生中，有一件很重要的事情，就是他曾发现、培育和推广过一种连作双季稻——“御稻种”。

在中南海丰泽园旁边，有几块水田，种着玉田稻子。有一年六月下旬的一天，康熙经过这里，发现有一颗高出众稻的特殊稻子，而且已经结穗成熟。于是，他把这颗早熟的稻穗摘下来，决定明年再种，看它是否仍比别的稻子早熟。第二年试种的结果，还是比别的稻子早熟。从此，他便以此为种子，培育了一个新的稻种——“御稻米”。这时的康熙二十八九岁。

康熙对他培育的这种粒长、色红、味香的新品种，寄以很大希望。他先在北京、承德试种若干年，取得经验后才在江南推广试点。他下令在苏州、江宁（今南京）等地先种。为了种好这种可以连作两季的品种，他还派了有经验的农民李英贵前去指导，他自己也随时下达具体指示。从康熙五十四年到六十一年，在苏州、江宁等地连续试种了八年，直到他去世为止。这种“御稻米”第一季的成熟时间平均不到一百天，最短的只有七十天左右，因此收割后可以连种第二季。而当时苏州本地稻子的成熟期，需要一百四五十天。显然，康熙培育的新品种有它的优越性。如果当地的稻田改种御稻米，由于一年可以连种两次，估计每亩可增产五成。苏州、江宁试种不久，江西、浙江、安徽的官吏和两淮商人也申请试种，康熙一律批准。当然，在封建时代，由于官府、地主对农民的残酷压榨，农民对种植紧张费力的连作双季稻是缺乏积极性的。况且他们也无法解决由于消耗地力过多而必须补偿的肥料问题。康熙的本意是培养一个新品种，让更多的人能吃到。但那时的官僚们，却把“御稻米”限制在上层人物中享用。清代作家曹雪芹的祖父曹寅，就曾在江宁受命试种过“御稻米”。《红楼梦》中所描写的“御田胭脂米”和“红稻米粥”，就是康熙培育的御稻米。

除了培育新品种之外，康熙还大力推行垦荒的政策。他主张大面积地开垦北方的处女地。他曾告诉臣下说：“边外地广人稀，自古以来无人开垦。我数年前避暑塞外，下令开垦种植，有的禾苗高达七八尺，穗长一尺五寸。”有的官吏听了不相信，康熙就命人取了几株，证明塞外荒地经过开垦，也可以长出很好的庄稼。由于他的提倡，原来荒凉的山区也出现了大村落。他曾写诗记述这种变化：

沿边旷地多，弃置非良策。
年来设屯聚，教以分阡陌。
春夏耕耨勤，秋冬有蓄积。
霜浓早收黍，暄迟晚刈麦。
土固有肥硗，人力变荒瘠。
山下出流泉，屋后树豚栅。
行之无倦弛，定能增户籍。
古来王者治，恐亦无以易。

大意是：沿边的荒地，丢弃不管不是好办法。近年来设立一些民垦的聚落，教他们耕种。春夏耕耘，秋冬收获。这里霜期早而浓，要早收黍；夏天来得晚，割麦要迟些。土地固然有肥有瘠，是可以用人力改变的。山下可以挖井（这说明康熙很懂地下水），屋后可以造猪圈。如果长期坚持下去，这里一定能繁荣起来，可以增加人口。古来帝王的治道，恐怕也没有更高明的方法吧？

为了农业的需要，康熙还努力研究气象，他下令各地每天记录当地的阴晴风雨，由主要负责人按时上报，并作为一种制度规定下来。至今，故宫内还保存着大批清代的《晴雨录》。这是一批很宝贵的气象史料。为了同样的需要，康熙还研究蝗虫，调查灭蝗的方法，并亲自指导一些地区的灭蝗工作。

五、治河

明末清初，由于政局动乱与战争的破坏，黄河、淮河、运河、永定河等许多河流因年久失修而连年泛滥。这不但关系到千百万人民的生命财产的安全，也威胁着封建王朝的长治久安。康熙帝从十四岁起就“反复详考”历代治河得失；亲政后，更把“河务”与“三藩”“漕运”作为三件大事写在宫廷的柱子上，以便每天看到，去努力解决这些重大问题。

康熙治河，比以往的治河方式有很大进步。第一，他治河的战略思想是积极的。他主张不但要减少水患，还要进一步变水害为水利。他说：“古人治黄河，唯在去其害而止；今则不但要去其害，还要利用黄河来运漕粮”，把河水变成运输的渠道。第二，他主张把原先绘在纸上的平面图，改为立体的地形图，因为纸上的图很难分辨地势高低。第三，他认为治河者必须亲临现场，没有亲历过的河工，就无法了解河势之汹涌、堤岸之远近高下，当然也就提不出好的治河方案。为了指导治河，他六次巡阅河工，并亲乘小舟，冒着风险进行勘察，亲自测量水位。因此，他不但对那些重大水患地区的情况了如指掌，而且能提出有实际意义的指导方案，能推测出曾经发生和预见到将来可能出现的问题。例如，他在视察永定河时及时发现薛家庄不宜筑减水坝，因为南岸已露出矶咀，北岸必被冲刷。询之当地群众，果然三十年前河身在南岸。他还预言高家堰堵塞六坝之后，泗州、盱眙等地必被水淹。到康熙四十五年（1706年），六坝刚刚闭塞，立刻引起洪泽湖水大涨，泗州、盱眙等地果然成水灾。

康熙研究了历代治河经验，指出深浚河身，让河水直行刷沙是治河上策。因此，他主张裁弯取直，束水刷沙。他认为，明朝治黄河多在徐州以上，本朝俱在徐州以下，应该注意中上游，吸取明代行之有效的经验。他还认为，明朝时山东微山湖一带，将水蓄在山中，涝则蓄为水库、旱则泄水灌溉的做法，深得其宜。

康熙在治理黄、淮、运诸河之外，特别注意治理经常改道泛滥的浑河（即永定河）。因为浑河关系到京师（北京）的安全问题。康熙三十七年（1698年）浑河工程竣工，他亲自改名为“永定河”。应该指出的是，他治理永定河不仅仅是为了北京，他还有一个更富战略的思想：永定河是一条小黄河。他是想把治永定河的经验推广到治黄工程中去。所以，当永定河工程用的方法成功之后，他便指示在治黄工程中推广，效果良好。康熙还鉴于永定河筑石堤取得成功，曾提出把这种做法推广到治黄工程中去，主张由徐州至清口皆修石堤。后因主持工程的大臣反对，加之财政开支太大而未能实行。

↑ **清人绘《黄河筑堤图》(局部)**

由于康熙积极治理河道，在他当政的六十余年中取得了很大的成绩，并为以后雍正、乾隆两代兴修水利打下了良好的基础。

康熙其人

康熙是一个什么样的人呢？据一个在他身边工作过的外国传教士说：

> 皇帝（指康熙）中等身材，是位慈祥、稳重、举止端庄的人。他那威严的外表，无论从哪一方面看，即使放在千人之中，也与众不同，能够立

即分辨出来。这是由于他想使自己的容态和举止，让人一看便是心地高尚的人所造成的。这一点，就我所见，任何王公权贵也没有超出其上者。最低限度，他能和这些人中任何人相匹敌的。他自诞生以来，就是一位发号施令的人，又熟悉科学的许多领域，每日都致力于钻研，还要处理国务，所以他在上午和下午都定出一定的时间来，专心于学习。

的确，康熙确实是一个不平凡的人。他自幼失去父母，是从奋斗中成长、炼就的人物。他性格坚毅，勤奋好学，读书曾用功到咯血的程度。他没有享受过足够的父母之爱，也没有顺治热恋董鄂妃或乾隆追求香妃那样的罗曼史。他把毕生精力都用到国家大事上了。但他能“治国”“平天下”却不能“齐家”。在那“家丑不可外扬”的时代，他的家丑却不胫而走。他立了一个品质恶劣的儿子胤礽做皇太子，胤礽非但不争气，反而父子成仇，终于又被他废掉。诸皇子之间为争夺继承权而演出的结党营私、明争暗斗的丑剧，使他既气愤又伤心，因而心身蒙受了严重的创伤，只活了六十九岁就去世了。

↑ **康熙“育德勤民”玺**

康熙在封建帝王中，是比较开明的人物。他在统一国家、捍卫主权、发展生产、提倡文化等方面都做出了重要贡献。但是，他毕竟不能超越历史、阶级的局限，也不能摆脱狭隘的民族偏见。他一面重视科学，一面又以更大的精力去提倡束缚人们思想的宋明理学，作为自己统治的思想支柱；他提倡文化，开博学鸿儒科，命人纂修《全唐诗》《佩文韵府》《历代赋汇》《康熙字典》《广群芳谱》

《律历渊源》《古今图书集成》等许多大部头的书籍，但又以禁止淫词小说为名，扼杀一些有悖封建礼教、有碍清朝统治的文化，并用文字狱打击有反清思想的士大夫，使之俯首就范；他重视农业生产，也曾下过开海令，但晚年又封锁海疆，禁止或限制中外贸易往来，扼杀本国的资本主义萌芽。所以，康熙一朝在经济、文化、科学等方面虽然有可观的成绩，却依然不能越出封建的雷池，致使中国不能脱茧而出地进入一个新的时代。当然，这是中国历史发展本身所造成的，康熙的一生得失，不过是这种历史发展在一个统治者身上的具体表现罢了。如果我们把他放在历代统治者的行列中去观察，他依然是一个出类拔萃的人物。

闻性真

北京出版社编审，专攻清史，尤以研究康熙帝见长，发表学术论文几十篇，主编《中国历代官制大辞典》《聊斋志异精选注释》等书。

倡导改革的清雍正帝

胤禛

雍正帝个人小档案

姓名：爱新觉罗·胤禛

年号：雍正

所处时代：清朝

生卒年：1678—1735年

民族：满族

出生地：北京紫禁城永和宫

在位：1722—1735年

主要成就：整顿吏治，改土归流，摊丁入粮，耗羡归公，平定青海，安定西藏

相关作品：《雍邸集》《拣魔辨异录》

轶事典故：九子夺嫡，西式服装

死亡地：北京圆明园

庙号：世宗

谥号：敬天昌运建中表正文武英明宽仁信毅睿圣大孝至诚宪皇帝

陵寝：泰陵（今河北易县）

继位人：乾隆帝弘历

最得意：夺得皇位

最失意：对准部用兵失利

胤禛

清世宗胤禛登基后改年雍正，故又称雍正皇帝。雍正是一个毁誉不一的君主。在他生前，小民曾静就指责他有十大罪恶，就是毒死父亲，逼死母亲，屠杀兄长和弟弟，诛戮功臣，猜忌，好色，好酒，贪财，宠幸佞臣等。这些罪状多是就他的道德修养讲的，当时的人对这些方面看得很重，今天仍然应当注意它。但更重要的是看雍正的政治好坏，看他对当时社会及历史的影响。笔者正是本着这种认识，简要地叙述他的历史。

雍正的继位及处理政敌

雍正，生于康熙十七年十月三十日（1678年12月30日），是康熙帝的第四个儿子，母亲德嫔，就是后来的仁寿皇太后。雍正名叫胤禛（音zhēn），他的同母弟、康熙第十四子允禵（音tí），一度名叫允祯（音zhēn），这两个字字形、字音相近，人们容易弄混，读者宜加区别。雍正二十一岁时，即康熙三十七年（1698年）被封为贝勒，三十二岁晋爵雍亲王。

雍正青少年时期受过良好而又严格的教育，熟读经书和史书，写得一手好字，又爱同僧侣讨论佛学。除了汉文，对当时的国文（满文）也是通晓的。自然科学知识略通一二，武艺科目也学习过。他还随从康熙办理过一些政事，康熙第二次亲征噶尔丹，雍正从军，掌管正红旗大营。康熙秋狝热河，西巡五台山，南巡江浙，雍正都跟从过。他奉命到盛京（今沈阳）、遵化拜谒祖陵，去曲阜祭孔，代行南郊祭天。参与查察京城仓储，磨勘会试原卷。各地考察及处理政事，使雍正能在实践中学习，锻炼了他的从政能力。康熙晚年把皇太子废了立，立了废，最后没有太子，他的儿子们乘机谋取储位，其子皇八子贝勒允禩（音sì）公开活动，得到朝臣的拥护，他的兄弟皇九子允禟（音táng）、皇十子允䄉（音é）及允禵都支持他。雍正也积极参加皇位争夺，他采取外弛内张的策略，表面不动声色，暗中加紧活动。他组成一个小集团，成员中有步军统领、理藩院尚书隆科多，川陕总督年羹尧。他奉命处理一些政事，以严厉的态度进行办理。他的手下人福建道员戴铎，说他的主子德才兼备，恩威并施，是大有作为的人。这表明雍正政治上主张整顿积习，刷新朝政。而允禩以仁义为纲领，所以获得人心。由此可见，康熙末年皇子争夺储位斗争中，各个集团有自己的政纲，以此而论，也是一场政治斗争。

康熙六十一年（1722年），康熙病故，隆科多传出遗言，说大行皇帝讲：皇四子胤禛，为人作风行事很像我，命他继承皇位。胤禛就在隆科多的支持下登基称帝，改年号为雍正，成为雍正帝，这时他已四十五岁了。官书是这样记载他的继位的，但是人们怀疑实际情况与此不同。有一种说法，康熙要传位给允禵，遗诏是“传位十四子”，雍正把“十”字改为“于”字，篡了位。还有说康熙临终征召允禵回京继位，因为当时他出任抚远大将军，领兵在甘肃，

↑ 皇十四子允禵像

准备征准噶尔人，而隆科多不发诏书，致使十四子不能及时回京登基。这些说法是民间传闻，与当时的宫廷警卫、公文制度及诏书制度都不相合。如御前大臣不可能只有隆科多一个人，发诏书是内阁职责，与隆科多无关，皇子一定要称“皇某子”，若真有传位十四子的遗诏，应书写为“传位皇十四子”，若把“十”改为“于”，就读不通了，雍正不可能以此继位。所以这类说法并不准确。雍正是合法继承抑或是篡位，都没有足够的资料来说明，这个问题可以存疑。不过笔者比较相信他是按康熙的意志继位的。

储位斗争进行了十几年，雍正登基把它结束，但允禩党人反对新君，希冀皇位，雍正就要把这场斗争彻底进行到底。他利用皇帝的优越地位，对允禩集团实行分化瓦解的政策。雍正继位，封允禩为廉亲王，与他关系最好的弟弟允祥为怡亲王，用允禩、允祥、隆科多和大学士马齐为总理事务五大臣，马齐原来是拥护允禩的，雍正这一手，明示优待政敌及其支持者，但不给允禩实权。在这四人中，允祥管户部，隆科多管吏部，掌握要害部门，允禩掌管工部，后改管理藩院，实权小。雍正对允禩集团的骨干，严惩不贷，允禟发遣至青海，允禵囚禁于遵化东陵，允䄉圈禁在京中，就这样把这个集团给拆散了。三年后将允禩、允禟害死，允禵因系同母弟，不便致死，改囚京城。于是彻底打垮了政敌，他的统治也随之而巩固。

雍正的改革思想

雍正即位的当月，要求大学士、尚书、侍郎等高级官员，根据有利于国计民生的原则，提出改革的建议。接着他对左副都御史李绂说：我如今上台，应当出现“政治一新”的局面，表明他登基伊始，即以改革政治为己任。他从康熙末年的社会矛盾和吏治败坏的现实中，从储位斗争的实际体验中，发展了他在当皇子时期的政治思想，形成了比较完整的改革政治主张，这就是以下几条。

其一，反对因循守旧。康熙晚年思想保守，认为办一件好事，也会产生一个弊病，因此多一事不如少一事，安安静静地保持现状，比冒风险的改革好。雍正不赞成他父亲的主张，认为那样把百官惯坏了，大家只知道因循苟且，过一天算一天，不能奋发有所作为。因此，问题成堆，不能处理。他认为这是人心怠惰太久，百弊滋生，如果他再不给这种恶习以惩罚，发展下去，就不可收拾了。他要求官员和他一样，具有改革思想，着意搜列前朝弊政，甚至几百年前的积弊，将它们清除干净。如科举中的弊病，是唐宋以来的积染之习，雍正宣布与它作斗争。他是看到科甲出身的人比较保守，清理科举之弊，也是冲击科目人的守旧思想。他这种反对因循的改革思想，被人攻击为“多事”，他则指斥这些人“浅见无知”，表示他坚持反对因循苟且。

其二，为利民生而整饬吏治的思想。因为对官吏的不法行为，睁一只眼闭一只眼，于是吏治腐败。官吏贪赃剥民，还以假行仁义来掩盖。雍正看透了这种鬼蜮伎俩，他说当今的官员，贪污肥了自家，而又沽名钓誉，倒落了个“名实兼收”，可是老百姓却受害。他在即位的元年元旦给从督抚到知县的各级地方文武官员的诏书中，对这种名实兼收作了无情的揭露，要求官员廉洁奉公，实心实意地去办事。他决心整顿吏治，剔除官吏贪赃枉法，因循苟且，朋比结党的积习。他的目的是使官吏忠诚执行他的改革政策，以利于国计民生，继续清朝的长远统治。

其三，反对朋党的思想。因为朋党各自按照自己的奋斗目标去行事，破坏朝政的统一，损害君主的权威；各党之间互相攻击，任用私人，不仅失去正常的用人原则，也干涉了君主的用人去人的权柄；朋党各抒己见，自我标榜，批评朝政，扰乱君主视听，妨碍实行既定的政策。所以雍正深知朋党的危害最大，搞朋党的人罪行最重，诛杀他们也不为过。他站在君主的立场上强调政治的统一，反对官僚结党。他特别撰写了专门文献——《御制朋党论》，诏告天下，表示他反对朋党的思想和决

→雍正寿山石『朝乾夕惕』玺

定。他打击允禩、允禟、年羹尧、隆科多、李绂、蔡珽就是在反朋党的名义下进行的，是他这一思想的付诸行动。

雍正政治思想的核心内容是兴利除弊，富国裕民。他主张办事从实际出发，踏踏实实地去做，这是他的政治思想的灵魂。他反对因循苟且和沽名钓誉，同务实思想相表里，是为在改革政治中清除思想障碍。他主张施政严猛，即要有雷厉风行的办事作风，这是他施政的策略思想和手段。雍正的改革思想实有他的可贵之处。

雍正从他的改革思想出发，制定了一系列的社会政策，并且逐一实践。下面就是他在经济、政治等方面的改革活动。

改革赋役制度

雍正改变千百年赋役分征的规则，实行影响深远的摊丁入粮制度，实行耗羡归公的征税法，同时制定与之紧密相关的养廉银制度，他还清理经济，打击贪官污吏，整饬不法士绅，使他们负担法定的钱粮，限制他们向劳动农民转嫁赋役负担。雍正实行的政策有以下几条。

一、清查亏空

雍正即位一个月，就向户部下达了清查钱粮的命令。他知道，从中央户部三库到地方州县库房，都有大量的亏空，造成国库空虚，一旦有事，将无钱可用，不抓紧清理不得了。他要求各省自行清查，如有亏空，限三年之内弥补上，否则从重治罪。

为清查中央各部的钱粮，特别设立会考府，并派允祥负责它的事务。经过允祥等的清理，发现户部库银亏空二百五十万两，雍正责令该部历任堂官、司官和吏员赔偿一百五十万两，另一百万两由户部逐年弥补。

地方上的清查在雍正元年（1723年）普遍开展起来，发现有贪赃的，不管原任、现任，逮捕审查。当年逮捕的就有巡抚、布政使、按察使地方大吏多人。

抄他们的家产，甚至令他们的亲戚代为赔偿亏空，这引起人们的不满，说雍正好抄人之家产。清查三年，还没有完毕，雍正又宽限三年。

清查取得了相当好的效果，各级政府弥补了亏空，充实了国库，打击了贪赃枉法的官吏，一度使吏治有所澄清。

二、实行耗羡归公制度

地方官征收钱粮时，借口有耗损，于定额赋税外，征收加耗，数量很大，往往是正额钱粮的三成或四成。地方官把耗羡银部分用于进奉上司，一部分落入私囊，它既败坏吏治，又引起税民的不满。康熙时这个矛盾已很严重，许多人提出改革主张，康熙一概不加理睬。雍正元年（1723年），山西巡抚诺岷首先请求，将该省各州县耗羡银，全部上交布政使司库，把大部分作为地方公费，小部分给地方官私用。雍正立即批准实行，同时命令九卿讨论，企图向全国推行山西的办法。九卿讨论，相当多的人不同意，认为这是把地方官的私征，变为地方政府的合法征税，是加税，名声不好听。他们说得冠冕堂皇，实际是耗羡归公之后，地方官得的少了，这些人不满意，故而反对。雍正看出官僚的私心，知道很难讨论出满意的结果，就在雍正二年（1724年）七月，下令在全国推行。他说明这样做的理由：第一，州县官征收火耗分送上司，上司日用之资依赖于州县，州县为非作歹，他们就不敢管了，故而吏治不清；第二，州县官征火耗为私利，比征国税还看得重，往往造成赋税收不上来，致使国帑匮乏；第三，火耗归公家收，用这个钱，给官员发养廉银，是上司养下级，把过去的关系颠倒过来，可以澄清吏治。诺岷的办法，是把地方官私征耗羡，改为公家征收，确实是把附加税变成正税，但是雍正限制耗羡额，把它限定在正赋的一至二成之间，比原来私征时的耗羡率有所下降。所以他承担加税之名，而实际降低了火耗，这既有利于税民，也是他为政务实的表现。

三、实行养廉银制度

清朝施行低俸禄制，正一品官年俸一百八十两，七品知县一年才四十五两的俸银，根本无法维持生活，加上官僚制度决定，他们必然大肆贪污。雍正实行耗羡归公的同时，把耗羡很大的一部分，按照地方官的职务，发给不等量的银两，督抚大吏每年一二万两，知县也有一二千两，作为他们的生活补助费和办公费，这个钱叫作养廉银，意思是说得了这笔钱，就应该廉洁奉公，不再贪赃剥民。这一制度的实行，使雍正朝的吏治比其他朝略好一些。

四、实现摊丁入粮制度

徭役是人人有份的，而在实行中，官吏放富差贫，很不合理，而且穷人也无力承担徭役，对官府征收也不利。康熙时就有人建议把丁银摊到土地中征收，即无财产的人不再出丁银，他们应交纳的由有田产的人代纳，富人不同意，这一办法不得推行。雍正元年直隶巡抚李维钧倡议实行摊丁入亩，并且知道这会遭到富人反对，请求雍正乾断。雍正命他提出详细的、合理的施行办法，以便堵住反对派的口，李维钧拟出细则后，雍正表示满意，命令在第二年开始施行。直隶施行后，各省效尤，除山西外，迅速实行摊丁入粮制度。

五、推行士民一体当差政策

官僚、读书人称为官户、宦户、儒户，可以优免粮差，他们还凭借势力，与地方官吏勾结，包揽词讼，包纳钱粮，为恶乡里。雍正于二年（1724年）、四年（1726年）先后下令，取消儒户、官户，只免除士人本身丁徭，他的家庭、宗族要按规定纳粮当差，不许逃避赋税，也不许借包揽之名侵剥里民和亏空官帑。这一政策的推行引起士人的不满，河南封丘县生员罢考，反对士民一体当差，雍正毫不退让，将为首者正法，坚持这一政策。他甚至下令，每年年底每个生员互相作证，不做非分之事，才允许参加科举。

变革行政制度

雍正确立秘密立储制度，完善与推行奏折制度，建立军机处，对行政机构和管理制度作了一些重大改革。

清朝没有完善的建储制度，清太宗、顺治及雍正继位都有一番争斗。雍正作为过来人，深感建立行之有效的立储制度对巩固清朝政权的重要性，于即位当年的八月，就想出秘密立储的方法：将预定的皇太子写在诏书中，并不宣布，而把诏书密封起来，置放在乾清宫最高处“正大光明”匾额之后，待到皇帝死后，才能打开诏书，由指定的皇太子继位。这样既确定了皇太子，而人们又不知皇太子是谁，免得发生皇太子与皇帝、与其他皇子的争斗，以及朝臣的结党营私。乾隆的储君地位就是根据这个制度确定的。

奏折制度在康熙时就基本确定了，但具折人尚少，奏折内容也较单调，具体办法也不完善。雍正扩大奏折人员范围，凡京中部院堂官，地方督抚布按提镇均可书写，有的知府、同知、参将中下级官员，经过特许，亦可上奏。奏折内容广泛，官员与皇帝互相交换政见、情报，交流感情，官员有什么政治见解或施政设想，先写奏折报告皇帝，皇帝同意了，再写题本正式提出来，以便内阁讨论施行。雍正对奏折很认真，奏折不经过任何政府衙门，由具奏人派专人送到宫门交内奏事处，或送皇帝指定的亲信大臣家中，转呈皇帝，任何人不能拆封。皇帝亲览，并在奏折上书写谕旨，由原投递人领回，具奏人依照朱批谕旨办理政事，所以这一制度推行，更能贯彻皇帝旨意。雍正利用它，贯彻他的改革方针政策，使它在行政上发挥重大作用。简单地看奏折只是一种文书制度，但是它在行政上发挥的作用却不能低估。

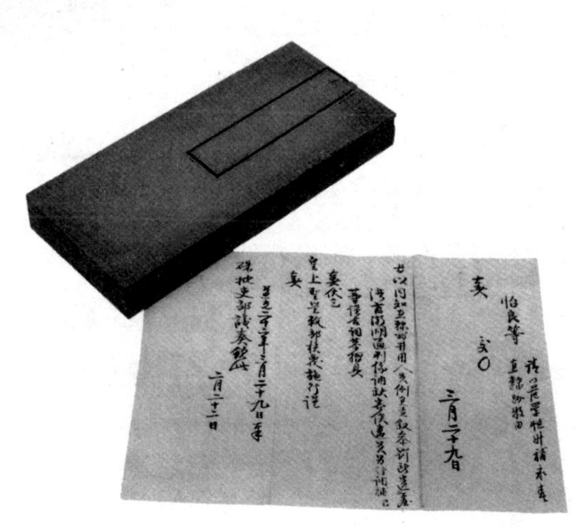

↑ 雍正时期的密折

雍正七年（1729年），雍正开始对准噶尔部用兵。为及时处理军务及保守秘密，设立军机处，到雍正十年（1732年）铸造关防，乾隆以降，长期保持了这一机构。这个机关设有军机大臣，由雍正指定亲信大臣担任。这个机构的职责是撰写谕旨，并发给有关衙门和官员。军机大臣特别是首席军机大臣每天觐见皇帝，有时一天几次，皇帝向他发布指示，或者令他提出意见供皇帝裁决。军机大

↑ 军机处值房

臣领命后撰写成谕旨，叫“寄信上谕”，直接发送出去。内阁发出的明发上谕，公文传递较慢，而军机处上谕，可以日行八百里，速度快，可收到贯彻施行快速的效果。而且军机处还本着当日事当日毕的原则处理事务，所以它的设立大大提高了行政效率，体现了雍正雷厉风行的作风。军机处处理的是军国要事和机密事务，自从它设立以后，内阁只处理日常事务，使其重要性降低了。军机处只是禀承皇帝的旨意办事，它的权力实际上是皇帝的权力，它取代一部分内阁职权，实质上是使皇权更加集中了。

对边疆少数民族的政策

雍正在民族事务中最成功的一件事，是在西南实行改土归流政策。在西南少数民族地区，元明以来施行土司制度，即中央政府承认土司世袭制，不向该地派遣流官，这样全国政体不能统一，不利于国家进一步的统一和边疆秩序的稳定，也不利于当地少数民族的发展。雍正即位后就看到土司鱼肉人民的残暴行为，有人建议实行改土归流政策，雍正怕不成功，没有批准。雍正四年（1726年）管理云贵总督事务的鄂尔泰提出改土归流的办法：设法命土官自动献出土地，争取和平解决；必要时出兵，也以用计擒为主，不可全凭恃武力；对交出土地的土司，给以职衔冠带，让他有出路；对土司属民，编制户口，征收田赋。雍正认为鄂尔泰是能人，会把事情办好，批准了他的建议，并把广西划归他管辖，任命他为云贵广西总督，加兵部尚书衔。在鄂尔泰、张广泗、哈元生努力下，到雍正八年（1730年）云贵两省的改土归流基本完成，贵州改设流官地区竟与原来州县地区相等。在云贵改流的声势推动下，湖北、湖南土官纷纷献出土地，没有经过什么战争，也实现了改土归流。广西、四川的改流也有所发展。到雍正十三年（1735年）春天，贵州古州地区发生反对改土归流势力的叛乱，雍正派兵镇压，到乾隆初年竣事。改土归流胜利结束。

雍正的另一个成功是在青海用兵。雍正元年（1723年），在青海的和硕特蒙古首领罗卜藏丹津妄图脱离清朝统治，攻打西宁，拘留清朝官员，发动叛乱。雍正任命年羹尧为抚远大将军，四川提督岳钟琪为奋威将军，领兵镇压，岳钟琪深入敌巢，迅速获得胜利。年羹尧处理善后事务，在青海推行札萨克制度，有效地统治蒙古族，又在青海增设州县。雍正向青海派驻办事大臣，加强了对青海地区的统治，为日后青海发展为行省创造了一定的条件。

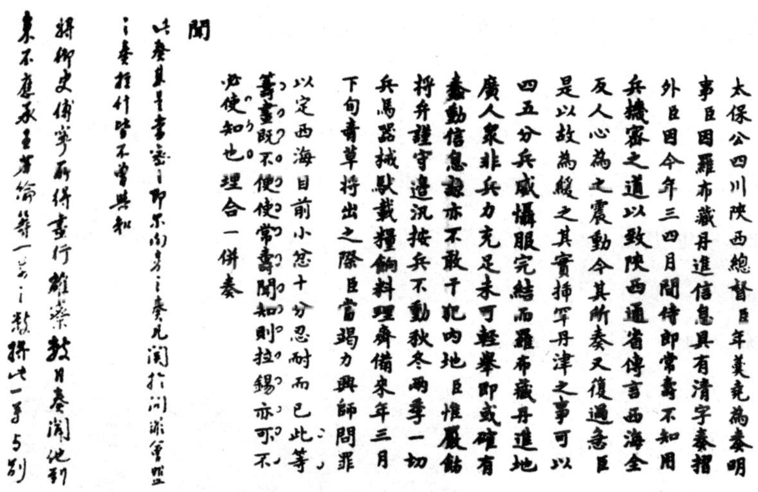
太保公四川陝西總督臣年羹堯為奏明
事臣因羅布藏丹進信息具有清字奏摺
外臣因今年三四月間侍郎常壽不知用
兵機密之道以致陝西通省傳言西海全
反人心為之震動今其所奏又復過急臣
是以故為緩之其實揷罕丹津之事可以
四五分兵威懾服完結而羅布藏丹進地
廣人衆非兵力充足未可輕舉即或確有
蠢動信息諒亦不敢干犯內地臣惟嚴飭
將弁謹守邊汛按兵不動秋冬兩季一切
兵馬器械馱載糧餉料理齊備來年三月
下旬青草將出之際臣當竭力興師問罪
以定西海目前小忿十分忍耐而已此等
籌畫既不便使常壽聞知則拉錫亦可不
必使知也理合一併奏
聞

↑　年羹尧办理西海军务奏折

雍正解决青海问题，有利于加强对西藏的管理。雍正五年（1727年）西藏发生阿尔布巴的叛乱，雍正派遣查郎阿率军入藏，消灭叛乱势力，留兵二千，分驻前后藏，又在西藏设立驻藏大臣，率领清军，稳定西藏局势。到乾隆时，驻藏大臣与达赖共理西藏事务。雍正派遣的驻藏大臣是这一制度的滥觞。

雍正处理青海、西藏事务，都考虑到准噶尔人问题。准噶尔人要控制黄教，干预西藏政事，而罗卜藏丹津逃亡准噶尔，清朝屡索不给。康熙末年，允禵领兵，对准噶尔人以攻为守，雍正初年纯粹采取守势，到七年（1729年），雍正认为财力充实，军队精良，可以对准部用兵了，于是用傅尔丹、岳钟琪为大将军，从蒙古和甘肃两路出兵攻打准噶尔部本土，但在哈密地区被准部偷袭，辎重损失惨重，又有和通泊之败，唯在额尔德尼昭得一胜仗，到晚年战争打不下去了，双方议和。雍正没有达到预定目标，用兵失败了。

雍正的文化政策

雍正对什么事情都想改一改，变一变，他要移风易俗，要在礼制、文化、风俗上有一些变化。他实行的一些政策，今天看来是可笑的，但他当时却很认真。

尊孔，雍正搞得特别热闹。他封孔子五辈先人为王，使他们的地位超越历代所受的尊崇。别的帝王去太学，叫作“幸学”，表示皇帝尊贵，到这里来视察。雍正说他担受不起，下令将幸学改称“诣学”，表示皇帝去朝拜孔子。他到孔庙，在举行献帛礼时，不按历来成规，而是亲自下跪，还对别人说，这才显出他对至圣先师的诚敬。为什么要这样呢？他说孔子的学说太伟大了，别人只看到它教育群众怎样做人的作用，没有认识到它对帝王最有好处，因为人民都被教育得服服帖帖，帝王统治就稳固了。他公开承认这一点，比别的统治者要坦率。

↑ 北京孔庙大成殿内的雍正帝手书“生民未有”匾额

崇佛，雍正也搞得很凶，但不敢公开承认。雍正号“圆明居士”“破尘居士”，自称“和尚”“释子”。他密用僧人文觉，参与对允禩、允禟、年羹尧、隆科多的处理。他在北京建造大觉寺，又广修天下名山古刹，派遣自己信任的僧侣去一些寺宇做住持。他在宫中开法会，将贵胄、官僚、和尚、道士收为徒弟。他派人编辑佛家典籍，刊刻出版。同时汇集释氏名僧语录和自己的佛学语录，编成《御选语录》一书。更稀奇的是，他以帝王之尊参加佛教禅宗内部的宗旨斗争，把明末清初的汉月藏一派看作是异端邪说，开除出去，不许他们的经书流传，不许人信仰，为此还搞了一部《拣魔辨异录》。

北京大觉寺金刚宝座塔

雍正迷信天人感应之说，大搞祥瑞。雍正一朝官员报祯祥的特多。有的报瑞谷，称麦子、谷子、稻子长十几穗，其实是龙须谷，本来就是多穗的，但雍正当作喜庆事，煞有介事地绘制成图，刊印让臣下传阅。有的报卿云，说五彩庆云，经时不散，而卿云出现，表示皇帝孝顺，这同世传雍正谋父逼母说相反，很合雍正心意。有的报告在雍正陵寝采石工地上发现凤鸟，五彩斑斓，向北飞鸣，简直是向皇帝朝贺了。有的报告天降甘露，还有说牛生麒麟的。恰在雍正三年发生日月合璧，五星连珠的稀罕事。钦天监测算出来，有人认为这是自然现象，不值得大肆张扬，雍正不得不承认这是可以预测的自然现象，但又认为在他的统治时期出现这样的祥瑞，还是要广为庆贺。于是百官上贺表。年羹尧在表中用错了词句，被抓住后严加惩治。雍正之世，似乎祯祥毕呈，无瑞不有，是太平盛世。但是雍正崇佛与信祥瑞，使当时人看不起，后人也批评他。

雍正大肆宣扬拾金不昧。开始有官员奏称有个八旗兵运草，车上有他人遗落的银子，交了公，雍正认为一个士兵能这样做，不简单，予以鼓励。接着河南巡抚田文镜奏报有个农民拾到商人的银子，交还原主，失主要给一半酬谢，坚决不要，雍正命赏他银子，还给八品顶戴。自此以后，拾金不昧就层出不穷了。有报改土归流地区出现的，有报台湾少数民族中出现的，有报兵丁、妇女中发生了，于是各地区、各民族、各类人都有了，雍正说这个好风气，是真正的祥瑞。其实有的是弄虚作假，因为拾金不昧，可以得到赏赐和官衔，好处比拾金还大，何乐而不为？乾隆看出它的弊窦，即位后禁止再报拾金不昧。

广东、福建人口音重，不会说官话。雍正认为这会耽误公事，他说做官的人说话，老百姓听不懂，就要用当地人的胥吏传达，胥吏就可以乘机做坏事，因此要求闽粤官员讲官话。他还规定闽粤士人在八年以内要学会官话，否则不许参加科举。到了八年之后，没有学会官话的，照样可以赶考。其实，他是心血来潮就做了决定，而没有看是否有实现的条件。旌表孝子顺孙节妇烈女，雍正也比别人上心。雍正说穷乡僻壤的人没有条件申请旌表，因此有的节妇烈女得不到表彰，为此令地方官着意采集这类人。在他的时代，放宽了旌表节妇的条件，原来三十岁以内守寡，五十岁以外故去的妇女才符合旌表条件，雍正接受大学士张廷玉的建议，四十五岁死了的也可以，使得更多的寡妇可以得到表彰。

山陕的乐户，浙江绍兴的惰民，江苏常熟的丐户，安徽的世仆、伴当，广东的疍户都是贱民，不得与良人通婚，不得读书出仕，不得改变职业，备受凌辱。雍正为此移风易俗，除豁他们的贱籍，允许他们改业从良。贱民的职业不是一纸命令所能改的，地位也不能因之骤变，但雍正的命令在法律上允许他们走上解放的道路，还是有意义的。

雍正之死及关于他的传说

雍正于十三年（1735年）八月二十一日亡故。关于他的死因有几种说法。官书记载，他在二十日白天还在办理政事，晚上得病，次日凌晨死去。根据这种迹象，有的专家认为他是中风而死；有的专家认为雍正与道家接近，宫中养有方士，他好吃丹药，可能吃药中毒烧死；有的小说中说吕留良的孙女吕四娘为父祖报仇，进宫刺杀雍正，所以雍正暴卒。被刺之说颇为流行，直传到现在。1980年河北易县曾经发掘雍正泰陵地宫，没有挖开就中止了，对雍正尸体状况自然毫无所知。但社会上传说，雍正地宫被打开了，发现只有尸身，没有头颅，似乎证实了被刺之说。其实遇刺说是无稽之谈，前二说当有待于证明，只有等待地宫打开检验其尸体了。

雍正和他的子嗣乾隆的出身，都有人提出与官书记载不同的说法。有人说雍正的生母是侍卫卫某的妻妾，有孕进宫生了雍正，故雍正是卫家儿。稍有历史常识的人就会知道这是脱胎于秦始皇出身的故事，因始皇母后赵姬是吕不韦的姬妾，怀孕送给秦公子异人的。异人的处境与康熙怎么相比，康熙身上绝不可能重演嬴异人之事。有人说雍正没有儿子，浙江海宁陈阁老家生了男孩，雍正用女孩把他换了来。后来乾隆南巡，还到陈阁老家探视过。乾隆自然是雍正的血胤，他有四个哥哥，其时有一个健康地活着，他的弟弟弘昼在他几个月后也来到人间，这就是说雍正并非没有后嗣，何须抱养他人之子!狸猫换太子故事的流传，可能给后人生造雍正换子说提供了一点编造的素材。

传说中的雍正有武功，养有剑客死士，现今内地和香港地区的雍正戏，都说他养有人熊，护卫自己，又说他发明血滴子杀人利器。雍正经过骑射训练，会有一些武艺，但不会太高。他继位以后，没有搞过一次秋狝，固然有客观原因，但也说明他对习武不是太感兴趣。送他武术家的桂冠，恐怕他也是担当不起的。

关于雍正私访的传说亦很多。有说大年三十晚上他到某衙门，遇一自愿值班的兰某，交谈之下，知其欲因勤谨得一广东税官，开年后雍正就令兰某如愿以偿。又有说鼎甲出身者朱某，新年休沐日在家同姬妾（或说同友人）打牌，忽然丢了一张，就不玩了。假日过后上朝，雍正问他新春做什么了，朱某如实回答，雍正很高兴，说他细事不欺君，就把他丢的那张牌还给他。这些说法给人造成雍正搞特务统治的印象。雍正实行奏折制度，得到情报多而且快，又派侍卫到地方大员身边，自然他们会打小报告。故而上述传说不一定是真的，但他的产生是有某种事实作根据的。

雍正是近于传奇的人物。关于他的传说很多，也远离其人实际，故而给他作传记，也需要就此废点笔墨。

对雍正的评价

雍正在位只有十三年，但对社会政治经济文化制度进行了多方面的改革，他实行的摊丁入粮、耗羡归公与养廉银，奏折制度与军机处，秘密立储，改土归流，除豁贱民，设立驻藏大臣制度，都成为清朝一代不可移易之法。他的政策自然含有消极与积极两方面的后果，不过积极意义更大。

↑ 雍正“为君难”玺

他的许多政策是直接或间接地解决农民生产生活问题的。摊丁入粮、耗羡归公，适当减少加耗的同时，也纠正徭役不均的偏向，令富人增加赋税而减轻贫民负担。这些政策的执行，国家收入不但没有减少，反而能及时征收。这是用调整地租再分配办法，强令富人支持国家，而削减国家对贫民的压榨，以利贫苦农民维持生产和生活。摊丁入粮制度实行后，政府不再需要严密控制人口，取消户口编审制度，放松了对人民的人身控制。政府又打击不法绅士，取消、限制他们的法外特权，平民从而少受他们的侵凌，这样就有利于发挥劳动者的生产积极性。除豁贱民，更是对这部分人的生产力的解放。所以雍正的政策在一定程度上调整国家与劳动群众、地主与佃农的矛盾，或多或少地有利于劳动群众，可提高生产力和改善生活。

雍正改革政策的实行，使他的政府成为相对廉洁的高效率的政府。雍正清理亏空，实行耗羡归公和养廉银制度，打击了贪官污吏，养廉银保证官员生活过得去，令他们不敢以身试法，故而在一定程度上澄清了吏治，使雍正朝成为清朝吏治最好的时代之一。军机处设立和奏折制度完善化，加上雍正的勤政，大大提高了行政效率，政事能得到及时处理。秘密建储制度确立，使清朝以后再没有出现储位斗争，有利于政局的稳定。各项财经政策的实行，赋税收入有保障，国库充盈，国力强大，促进了清朝的强盛。

雍正时期对边疆的经营，在西南少数民族地区、青海蒙古族地区、西藏地区是卓有成效的。统一行政制度，加强对边疆地区的管理，有利于我国统一多民族国家的巩固和发展。

总之，雍正这些措施解决了一些社会积弊，有利于社会生产发展，增强了国力，使清代沿着康熙时期发展的轨道向前推进，为日后乾隆时代的发展开辟了道路，从而出现康雍乾三朝盛世，成为中国封建社会晚期的一个繁荣时代。雍正的一系列定制，稳固了清朝的统治。

就雍正个人讲，不必过分纠缠于他的品质问题，他所进行的政治斗争是必要的，他的一系列的社会政策基本上是可以肯定的，他的政治活动，又同他的才能、性格、作风息息相关。没有他的才华，没有他的刚毅性格，没有他的雷厉风行的作风，也就没有他那个时代的政治。雍正时代的政治深深打着雍正个人的烙印。对雍正政治的肯定，同样也是给予他的褒扬。总之，我们认为雍正是中国历史上为数不多的杰出的帝王之一，他的改革事业值得后人重视。

冯尔康

南开大学历史系教授，专著有《雍正传》《清史史料学》《去古人的庭院散步——古代社会生活图记》等十余部；与人合著《中国社会结构的演变》等十余部；主编二十余部著作。

自称文治武功第一人的清乾隆帝

弘历

乾隆帝个人小档案

姓名：爱新觉罗 · 弘历

年号：乾隆

所处时代：清朝

生卒年：1711—1799年

民族：满族

出生地：北京雍亲王府（雍和宫）

在位：1736—1796年

主要成就：平定大、小和卓，灭准噶尔汗国，平定大、小金川，设置伊犁将军，安定西藏

相关作品：《御制诗集》《乐善堂全集》

轶事典故：六下江南，身世之谜，英使访华

死亡地：北京紫禁城养心殿

庙号：高宗

谥号：法天隆运至诚先觉体元立极敷文奋武钦明孝慈神圣纯皇帝

陵寝：裕陵（今河北遵化）

继位人：嘉庆帝颙琰

最得意：“十全武功”

最失意：贪风难挽

弘历

雍正十三年（1735年）八月二十三日凌晨，雍正帝胤禛暴死于圆明园寝宫。他在位十三年，终年五十八岁。在他刚即帝位时，鉴于其父康熙帝玄烨预立太子和诸皇子争夺皇位继承权的弊端，于雍正元年（1723年）八月召集御前王公大臣等宣谕密建储位之法——他秘密地写好皇四子、宝亲王弘历为皇位继承人，将诏旨封存在建储匣内，放置到宫中最高处、世祖皇帝御书“正大光明”匾额的后面；又另写同样的密旨藏在内府，以为他日驾崩后核对。胤禛死后，顾命重臣打开建储匣，与密藏于内府的遗命核对无误，于是，皇四子、宝亲王弘历即皇帝位，成为清入关后的第四代皇帝。改第二年为乾隆元年。

↑ **乾清宫“正大光明”匾**

弘历于康熙五十年（1711年）八月十三日诞生于雍和宫东书院的如意室。他的母亲钮祜禄氏是胤禛的侧福晋（庶妃），后册封为孝圣宪皇后。史籍记载：弘历少年时“天资凝重”，六岁即能诵读宋人周敦颐的《爱莲说》。他的祖父玄烨于雍亲王府牡丹台初见他时就非常喜爱，认为这孩子有福气，十一岁时携回宫中抚养，命自己的妃子提携看视，比其他诸皇孙更受恩宠。弘历年轻时曾受到几位叔父的教诲，“学射于贝勒胤禧，习火器于贝勒胤禄”。他曾跟随玄烨到木兰围场打猎。一次，玄烨用火枪把一头熊打倒在地，命弘历再用箭射死它，想让自己心爱的皇孙幼年时就在王公大臣面前表现出非凡的勇气和娴熟的武艺。弘历挽辔上马，刹那间，这头熊突然站立起来，企图反噬，玄烨迅速发枪将熊击毙。猎罢归来，玄烨对诸妃嫔谈起，对弘历临危不惊赞不绝口。弘历在尚书房读书时，受业于大学士张廷玉等人，师傅教导他要懂得“君德修明，唯在躬行实践，不徒尚喋喋讲论之虚文”，因此比较明理豁达，注重务实。十七岁时居住在重华宫，将自己的书室命名“随安”，取“随遇而安”之义。雍正十一年（1733年）二月，封为宝亲王，参预军国大事。

弘历自称“幼读诗书，颇谙洽治理”。他阅读《贞观政要》一书，十分赞赏唐太宗及其臣僚的“嘉言善行”。他即位时年方二十五岁，“春秋方富，年力正强，乃励精图治之始”，很想有一番作为。当时胤禛暴死，京师谣言迭起，他以免使“皇太后闻之心烦”为由，下令严禁宫内太监妄传国家政事：“凡外间闲话无故向内廷传说者，定行正法。”胤禛生前迷信鬼神，喜言祥瑞，也有传言他是祈求长生、服食炼丹而死。弘历将其信奉的“炉火修炼”术士张太虚、王定乾等从西苑逐出，并告诫他们和曾在内廷行走的僧人，以后不许妄言胤禛生前行事；还将胤禛生前明令赦免的一起大狱主犯曾静、张熙处死。与此同时，传旨各省提督、总兵等大员，有他不曾见过的，都要陆续进京陛见。令出必行，使胤禛死后受到震动的政局立即稳定下来，显示出青年皇帝刚刚登上皇位时使臣下敬畏的魄力。

为政之道　宽猛互济

清代经顺治、康熙、雍正三朝近百年的经营，封建统治比较稳定。从表面上看，弘历从他的祖父、父亲手里接过的是太平江山，用他自己的话说："朕承祖宗积德累仁之后，海宇乂（音yì）安，人民乐业，幸共享太平之福矣。"但是，清王朝这时已存在着深刻的社会矛盾和潜伏的危机。康熙一朝，为清代统一中国并持续二百余年的统治最终奠定了基础，政治上巩固了统一的多民族国家，经济上逐渐走上繁盛的道路，但一代英主玄烨到了晚年，面临诸皇子争夺储位的斗争，为之心力交瘁。胤禛本人有雄才大略，能洞悉世情，夺取皇位后勤于政务，以严治国，为清除康熙末年吏治废弛、贪污盛行的各种积弊，特别是反对贿赂请托、朋比因循之风，竭尽心思，取得一定的成效。可是他为人猜忌多疑，刻薄寡恩，也产生一些消极后果。弘历即位之初，汲取康熙、雍正两朝为政的经验，标榜自己以"执两用中"为准则。他说："从来为政之道，损益随时，宽猛互济。"所谓"损益随时"，是指不拘泥于成法，应当根据具体情况制定政策；所谓"宽猛互济"，是指恩威兼施，有刚有柔。他认为，"以刻下时势观之"，可以施行"惇大之政"，诸事从宽，矫正雍正一朝过严之弊，才能符合"一张一弛，文武之道"。即位伊始，他采取一系列措施，使胤禛在位时绷得很紧的弦稍稍松弛一下。例如：

——为解决俸禄很低，不足以维持官吏本人和家属的生活，给在京职官加添双俸；外省大小官员皆给予"养廉"。对以往文武官员受到"议""革"处分的，皆予宽免。各部院受到"降""革"处分的汉人司员，开复后准许通算前俸。

——为解决康熙末年诸皇子争夺储位遗留的历史问题，对宗室觉罗因罪革退者，子孙分别赐以红带子、紫带子，附载玉牒，恢复其贵族的身份。对受到削爵圈禁惩罚的允禵、允禩，予以宽释。以后，对胤禛视为最大政敌的允禩，还以"家居十数年来，安静循分，并未生事"为由，封为贝勒，命照常上朝。

——对各旗、省历年的亏空案件，一改胤禛时追赔到底的成例，其情罪有一线可以宽恕的，不但免予治罪，即已经没收入官的房地产，也予发还。凡应追赔的贪污侵占款项，倘本人家产已尽，都予以宽免。

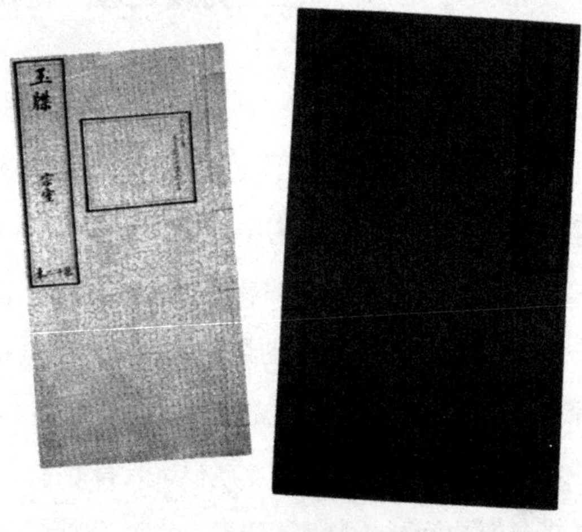

↑ 清朝皇室家谱——《玉牒》

这些措施是很大的转变。弘历还采取一些安定社会秩序的重要决策，如解决八旗生计问题，定八旗家奴“开户”之例，许其脱离奴籍，自立门户为“自由”旗人；准许八旗汉军出旗为民。秋审、朝审判决人犯，和民命出入攸关，乾隆二年、三年（1737、1738年），弘历皆命官员详加复勘，尽量予以减等免死。弘历还极力笼络官僚士子，命大学士以下、三品京堂以上官员，不拘资历都可以举贤荐能。特别值得一提的是，弘历对读书人示以优礼。以往规定，考生入闱，穿的衣服必须“皮衣去面，毡衣去里”，以防止在衣服里夹带。读书人把好端端的皮袄面子拆去，穿着光板皮桶去应试，不但有失体统，简直是污辱人格。弘历令“将皮衣去面之例停止”，士子莫不感恩戴德。所有这些措施，对于笼络人心、安定社会秩序、加强封建专制统治，都有很好的效果。在弘历初政的十余年间，社会经济稳步发展，府库充实，成为康乾盛世的顶峰。

当然，弘历也不是诸事一概从宽，他说：“当宽而宽，当严而严。”他也有一些比较严峻的措施。例如，乾隆元年（1736年）四月，制定清厘僧道之法，严厉取缔“应付僧”（依附寺院为生的冒牌和尚）。弘历认为，“天下多一僧道，即少一力作之农民”，因此规定，凡戒僧、全真道士发给度牒，以为凭执；嗣后出家者必须请领度牒，方准剃头受戒，如有借名影射私行出家者，查出治罪。妇女年过四十方准出家，年少者严禁出家当尼姑。这些规定，一度限制了僧道的泛滥。弘历在上谕中还严词谴责“盗贼”“赌博”“打架”“娼妓”为“四恶”，是“劫人之财，戕人之命，伤人之肢体，破人之家，败人之德，为善良之害者莫大于此。”命以后州、县官如因政令废弛，使“四恶”复行于境内者，各省督抚察访得实即应严参；督抚、司道、郡守有不能督促州、县悉心捕治者，必以溺职治罪。还严禁烧酒制曲，使“有用之麦不致耗费于无用之地”。这类禁令，有的虽然以后成为一纸空文，但他的用心还是应当肯定的。

务本足国　首重农桑

弘历秉承康熙、雍正两朝施政，比较重视农业生产。他相信“民为邦本，食为民天”，“务本足国，首重农桑”。因此，他非常关心农事收成，关心水、旱、风、雹、虫等自然灾害，关心各地雨水、粮价。他深知年景丰歉、粮价涨落直接关系到社会秩序的安定和封建统治能否巩固。他遵守前两代皇帝的成例，命各地大员必须定期向他报告天气情况、庄稼长势、谷物商情，隐瞒灾情是要受严重处分的。如遇天时久旱不雨，他便要到天坛、社稷坛、黑龙潭去祈雨。旱情严重时，要“下诏修省”，斋居，素服，不乘辇，不设卤簿，步行去求雨，同时命刑部清理庶狱，减刑，乃至命群臣“直言得失”。在他一生写下的许多诗文中，有不少是“喜雨”“报雪”等即兴吟咏之作，反映了他“崇敦本业”的思想。

在发展农业生产中，弘历还十分注意提高耕作技术。他曾经比较我国南北方耕作技术的差异，认为北方粗放，南方精细，因此在上谕中说：“北方五省之民，于耕耘之术更为疏略，一谷不登即资赈济，斯岂久安长治之道？其应如何劝诫百姓或延访南人之习农者以教导之。”有的地区遍地皆桑，但不知蚕丝之利，弘历责成地方官雇募别省种棉织布、饲蚕纺绩之人设局教习。为保持水土，他提倡植树，上谕说：“朕御极以来，轸念民依，于劝农教稼之外，更令地方有司化导民人时勤树植，以收地力，以益民生。”在治河、海塘等项工程中，他都谆谆嘱咐要多种树木。他还经常训勉各地官员要不误农时。

弘历提倡开垦荒地。乾隆十一年（1746年）三月为此发布的上谕称：“各省生齿日繁，地不加广，贫民资生无策，无论边省内地，零星土地听民开荒。”其时广东有山场地七万多亩，他鼓励该地民人耕种，一概免其“升科”，并责令地方官给予印照，垦荒者可以永世为业。贵州的荒地也不少，他要求“穷民无力垦种者官给工本，分年扣还；豪强阻抑者，官给执照”。《熙朝纪政》一书载有清代的垦田数字，雍正二年（1724年）全国垦田六百八十三万七千九百余顷，乾隆三十一年（1766年）全国垦田七百九十一万五千二百余顷，增长了百分之十五有余。

↑ 乾隆刻本《农书·圃田》

弘历非常强调预防自然灾害给农业生产带来的重大损失。他很注意水利建设，特别重视治理黄河。历史上黄河不断决口改道。乾隆时期，解决黄河水患的关键工程在清口（今江苏淮安市淮阴区）、高家堰。清口地处黄淮交汇点，为河防要地，弘历多次到这里勘察水情，亲自部署整治河道，对治导、疏浚、护岸等项工程作出一些较好的决策。水利建设的另一项大工程是海塘的修建，这是雍正时期就开始的。弘历在位时，在江苏境内修建了自宝山至金山的“块石篓塘”，在浙江境内修建了自金山至杭县的“鱼鳞石塘”，在钱塘江南岸也修建了许多石塘和土塘。这些工程有力地保护了江浙一带富饶之区，使大片良田不致受到海潮的侵袭，对促进农业生产的发展大有裨益。

弘历比较注意关心人民疾苦。他认为，旱灾是逐渐形成的，可以防之在先；水灾则系骤至陡发，一旦洪水猝至，田禾浸没，庐舍漂流，生命财产荡然遽尽。他要求地方官员在水旱灾害发生后，一定要亲临灾区踏勘，“视百姓之饥寒为己身之疾苦。多方计议，此则封疆大吏之责无旁贷者”。他解决灾荒的措施大致有以下几项：

其一，蠲免。因水旱灾害减免赋税，比康熙、雍正年间皆有所扩大。康熙、雍正时，被灾五分以下不免。弘历说：“田禾被灾五分，则收成仅得其半，输将国赋未免艰难，嗣后着将被灾五分之处蠲免十分之一，永着为例。”除了因灾蠲免，还有国家有重大喜庆的恩蠲。弘历在位六十年，三次普免全国钱粮。

其二，赈恤。弘历说：“查赈之方在于无遗无滥。”灾情勘实以后进行赈济，分为极贫、次贫等级别。极贫之户，于冬初先行赈济；其次则俟寒冬，又次则待明春青黄不接之时。按定例，极贫之户赈四个月，次贫者赈三个月，又次贫者赈两个月。有时也酌情放宽，如乾隆四年（1739年）正月，因前一年江苏受灾，上谕称：“三四月间正青黄不接之际，在官仓虽有平粜之米，而无力之穷民仍苦籴买无资，难以糊口，著将极贫之民加赈一个月，上江（今安徽省）去年歉收较下江（今江苏省）为甚，著将被灾五分以下之州县加赈极贫、次贫者一个月，被灾四分以下之州县加赈极贫一个月。”雹灾向无赈济之例，偶尔也有例外。

其三，平粜。由地方官动支库帑，丰年时按照时价购粮储存，既不至于有谷贱伤农之虑，又可在歉收之年减价平粜或平借，以收平抑粮价之效，也有截留漕粮为受灾地区赈粜之需。

此外，还借给灾民口粮、种子、耕牛价银，一般不计利息，约期归还；也有以后蠲免不还的。在可以安排劳力的地区（如河工），还有以工代赈等措施。

与此同时，鼓励商贩从事粮食运销。商人到歉收之省运销粮食，可以免去关榷米税。如直隶因灾歉收，令将经过山东临清、天津两关装载米豆之船免其纳税。浙江歉收，由芜湖、浒墅、北新三关前往浙江的外省米船一律免税。甚至可以开海禁调剂粮食，如允许奉天、直隶、福建、浙江等沿海省份商人贩运豆麦由海口转入内河。弘历曾说：“严禁米谷出洋，原以杜嗜利之徒偷运外洋，若出口、入口均系内地，自应彼此流通，岂可因噎废食？”

在封建社会，旱灾、涝灾、蝗灾等自然灾害，是连年不断的常见现象。弘历能够把预防自然灾害和赈灾救荒放在重要地位，反映出他比较重视黎民生计。这些措施如果认真办理，对于减轻灾情，度过荒年歉岁，是有积极作用的。但由于封建社会晚期的种种弊病，政治腐败，各级官吏层层中饱，仓储不敷赈粜之用，自然灾害仍不免造成人民生命财产的重大损失。弘历只好以“自古救荒无善策”来自解。至于蠲免赋税，首先是对业主有利，对拥有少量土地的自耕农和无地的佃农，虽然多少也减轻了一些负担，但不能从根本上改变他们贫困的处境。乾隆中叶以后，封建统治由盛转衰，水利失修，广大农村灾害频仍，流民遍地，使社会矛盾更加尖锐。

整顿吏治　贪风难挽

乾隆时期，天下承平日久，官员腐化日深，弘历为维持清朝的鼎盛局面，不得不用很大的精力来选拔官吏，惩治贪污，澄清吏治。他从祖、父辈的统治经验中得益不少，某些方面甚至更为严格。但官场的贪风并未收敛，吏治废弛，日甚一日。

清朝的官吏来源主要有两个途径，一是科举，一是捐纳。玄烨为了延揽学行兼优、文词卓越的人才，特别是作为对汉族知识分子的笼络，于正科之外，增加特科，如博学鸿词科，经学特科，孝廉方正科；历次南巡，还有特别召

↑ 北京贡院

试。弘历仿其成例，于乾隆元年举行博学鸿词科，以后还有皇太后万寿恩科，南巡时也召试士子，赐给出身，使一批有才华的读书人以文获进。他比较重视从科举中选拔人才，曾经多次亲临贡院，巡视号舍，看到考场矮屋风檐，士子备极辛苦，命发给考生蜡烛木炭，准许入场时携带手炉以温笔砚，还关心考场的伙食。因会试时正值京师严寒，曾命展期三个月以待春暖。至于捐纳，乾隆朝文官可捐至道府、郎中，武官可以捐至游击，贡、监生都可以用钱捐得。弘历本人起初是不赞成捐纳制度的，但金川之役，为解决军饷，出师之始就开实官捐纳之例。乾隆以后，随着清朝的衰落，捐纳制度日益泛滥，成为一大弊政。

弘历自称“用人之权，从不旁落”，大臣的任命，都出于自己的裁夺。他召见大臣，往往随手记下观察得来的印象，作为日后用人的参考。他也要求臣僚荐贤举能，但对于滥举官员的，无论满汉大臣，都要受到严厉谴责或处分。乾隆三十一年（1766年）上谕中规定，督抚妄荐人员要判罪。此后，确有督抚因徇私妄荐而坐罪。清代考核官吏，三年一次，京官称为“京察”，外官称为“大计”，经过考核，将不称职的官吏分年老、有疾、浮躁、才力不及、疲软无为、不谨，贪、酷八种，给予不同处置。弘历认为，这是荐剡（音yǎn）人才，参革衰冗的大典，一定要认真执行。他连篇累牍地训斥部院堂官和督抚的姑息瞻徇之习，要求在“京察”“大计”中秉公查核。乾隆十八年（1753年）以后，多次对“京察”各官亲自裁定。以后又宣布对过去一向不考核的各省藩臬人员亦须考绩，并传谕京官可以密折奏闻属吏贤否。乾隆四十八年（1783年）规定“京察”“大计”中保举的卓异官如发现有犯赃行为，原保荐上司要受到议处。有资料统计，乾隆一朝，在考核中因“不谨”“罢软”而被革职的，因“老”“疾”被勒令“休致”的，因“才力不及”和“浮躁”而被降调的，合计受处分的达六千多人，这在中国封建社会政治史上是少见的。

弘历认为，题补官员，应当选择“年力精壮，心地明白者”，因而屡次对题补老冗或隐瞒他们年龄的大臣从重处罚。他强调指出，衰庸老官“留一日即多误一日之事”，特制定八旗武职年老休致例和各类衰惫老官休致例。乾隆二十二年（1757年）和三十三年（1768年）分别规定部院属官五十五岁以上要详细甄别，“京察”二、三等六十五岁以上要带领引见，“候朕鉴裁”。对于边疆办事司员，年过六十以上就不许保送。他非常重视文官中的知县、武官中的总兵的年龄结构，因为“知县为亲民之官，一切刑名、钱谷、经手事件，均关紧要，自不便以年力就衰之人听其滥竽贻悞”；“总兵有整饬营伍、训练兵丁之责，岂可任年老衰颓之人因循贻悞”。只是漕务职司可以“稍有区别”，其他任何“亲民之官”均不得以任何理由留于原任。

弘历对自己身边的文臣要求更加严格。他即位后的第二年，在上谕中提出：“翰林乃文学侍从之臣，所以备制诏文章之选。朕看近日翰、詹等官，其中词采可观者固不乏人，而浅陋荒疏者恐亦不少，非朕亲加考试无以鼓励其读书向学之心。”他亲自命题、阅卷，命“自少詹讲读学士以下，编修检讨以上”皆要参加，且不许“称病托词”，考试后按其优劣分别升降。这样的考试曾举行过多次。

弘历坚决反对各级官员授意属员或地方缙绅为自己树立德政碑、去思碑，认为这是“俗吏不务实政”，是“欺名盗世之术”，“属员藉以逢迎上司”，下令一概毁掉。

封建社会的官场，贪赃枉法是难以挽救的痼疾。弘历即位初期，虽然政崇宽大，但对贪官污吏决不轻纵。他告诫督抚等“务以休养吾民为本，而一切扰累之事速宜摒除”，禁止督抚接受属员礼物。乾隆三年（1738年）六月，上谕中把贪官污吏比同恶棍奸民，如果包容，便是好坏不分，要严惩。随着官场贪污行贿的恶性发展，他下决心整顿。在秋审中处决了一批大贪污犯。他希望“经此一番办理，所谓文官不要钱，武官不惜死，人人奉公洁己，勉为良有司”。

乾隆时，发生了不少贪污巨款的案件，惩办了一批不法官僚，其中有的是总督、巡抚、布政使、按察使。当然，这些高级官吏被处极刑，都是罪恶昭彰，无法掩饰。例如，乾隆四十六年（1781年），浙江巡抚王亶望在甘肃布政使任内，贪污赈灾款项，此案牵连的官吏有六十多人，因贪污两万两以上被处以死刑的有二十二人；陕甘总督勒尔谨也被赐令自尽。与此案相关联的闽浙总督陈辉祖，在查抄王亶望的家产时，竟敢以银换金，隐藏珠玉等珍品，将搜出的赃物窃归已有，事情败露后，因闽、浙两省亏空钱粮很多，弘历令陈辉祖自尽。乾隆四十七年（1782年），山东巡抚国泰、布政使于易简等贪黩营私，向下属勒索钱财，以致山东各仓库亏空。国泰是和珅的心腹，和珅向国泰通风报信，竭力营救，也未能幸免，国泰等被赐令自尽。其他如江西巡抚郝硕、闽浙总督伍拉纳、福建巡抚浦霖、浙江巡抚福崧，都因贪污被处死。

乾隆后期，和珅地位显赫，深得弘历的倚重和信任，贪名最著，搜刮了骇人听闻的巨额财富。他是满洲正红旗人，出身低微，在銮仪卫充当校尉，因仪度俊雅，机灵善辩，受弘历宠信，很快就升为内务府大臣、户部尚书、文华殿大学士，晋封一等忠襄公，任军机大臣二十四年。他善于揣摩和迎合弘历心意，恃权恣横，贪财嗜货，生前在蓟州（今天津市蓟州区）为自己营造坟茔，设享殿，置隧道，规模宏大，像皇陵一样，被人称为“和陵”。他对不肯依附自己的人，往往故意激起弘历发怒以进行陷害；对纳贿者，则在皇帝面前为他说好话。朝内外大官僚都倚仗和珅为后台，往往“剥削其下以供所欲”。盐政和河工都是当时的肥缺，因为和珅征求无厌，逐渐陷于困境。以弘历的奢靡，加上和珅的贪婪，吏治的腐败，可以想见。所以，弘历与和珅是官场贪污之风的总根子。后世有人评论说，乾隆一朝“诛极愈重而贪风愈甚”，“明为惩贪，其实纵贪”。弘历死后的第五天，嘉庆帝颙琰宣布和珅二十大罪。和珅被捕下狱，不久被责令自尽，查抄的家产总计不下白银八亿两，民间有“和珅跌倒，嘉庆吃饱”的谚语。

↑ **和珅府（今恭王府）花园蝠厅**

编纂《四库全书》和大兴文字狱

清王朝竭力吸收并利用汉族的思想文化，以巩固封建统治。为了笼络汉族知识分子，表示“稽古右文，崇儒兴学”之意，康熙、雍正、乾隆时都招罗大批知识分子，大规模地搜集、编纂和注释古代典籍。

最大规模的编书是乾隆朝所编的《四库全书》。乾隆三十七年（1772年），安徽学政朱筠奏请自《永乐大典》中辑录古代亡佚典籍，弘历亲自批准设置四库全书馆，准备以十年时间，集中大批人力物力纂修一部规模庞大的丛书《四库全书》。编纂工作从乾隆三十八年（1773年）开始，至五十二年（1787年）《四库全书》缮写完毕，历时十多年。以后又检查书籍内容，校对错误缺漏，并补充一批书籍入四库，直至五十八年（1793年）编纂工作才全部告竣。它基本上包括了我国历代的重要著作，分经、史、子、集四部，共收图书三千四百五十七种，七万九千零七十卷，包罗宏大，丰富浩瀚，收录书籍远远超过历史上任何一部官修的大类书，为我国古代思想文化遗产的总汇，使许多有价值的古代典籍得以保存和流传下来。

参加《四库全书》编纂工作的有五百多人，除担任总裁官的多为宗室、大臣外，其余分任总纂官、总阅官、编纂、校勘、提调等职务的，不少是当时的知名学者。纪昀（晓岚）为实际主持者，次为陆费墀，有较大名望的还有戴震、邵晋涵、周永年、王念孙、姚鼐、翁方纲、于敏中、金简、陆锡熊、程晋芳、任大椿、朱筠等。四库著录的书，除小部分御制作品和奉旨撰述的官书外，其来源有的是清廷内府藏书，有的是从各省采进，有的是各地官员和藏书家私人进献，也有的是从明代《永乐大典》中辑出的已散佚的古籍。在编纂过程中，纪昀等著有《四库全书总目提要》共二百卷，对著录的三千四百五十七种书籍和未著录而存其“目”的六千七百六十六种书籍，简要地叙述这些书籍的学术渊源、版本异同和内容，评论其优劣得失，是一部重要的目录学著作。弘历自始至终关心编纂工作。经常向四库全书馆馆臣赏赐食品、文房四宝、衣物等，书成之后，大宴群臣庆功。

《四库全书》共缮写七部，分藏于宫中文渊阁，圆明园文源阁，沈阳文溯阁，承德避暑山庄文津阁和扬州文汇阁，镇江文宗阁，杭州文澜阁。文渊、文源、文津、文溯称为“内廷四阁”，又称“北四阁”，大臣经批准可以查阅。文汇、文宗、文澜称为“江浙三阁”，又称“南三阁”，弘历南巡时谕令准许读书人前往抄阅，但不得私自携出阁外。还有一部副本藏于翰林院。可惜圆明园文源阁本毁于英法联军之役，翰林院副本毁于八国联军之役，扬州文汇阁、镇江文宗阁藏本毁于太平天国战火。原在避暑山庄文津阁一部最完整，现藏北京图书馆。

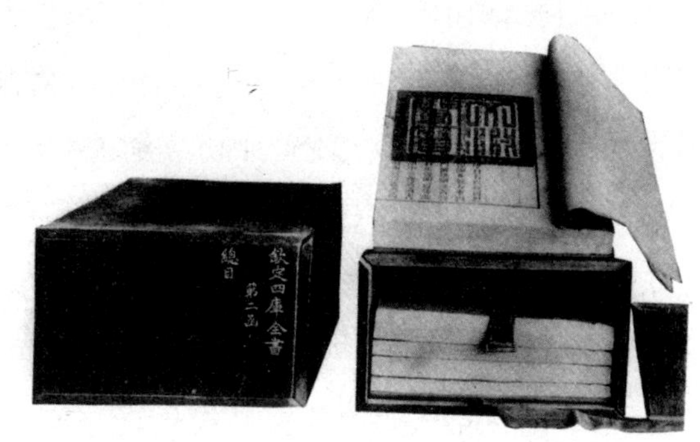

↑ **《四库全书》书影**

在编纂《四库全书》的同时，弘历命对全国书籍作了一次大规模的检查，查禁、销毁和删改了许多所谓“悖逆”和“违碍”书籍。在开设四库全书馆征求天下遗书的第二年，即乾隆三十九年（1774年），上谕中提出：“明季末造，野史甚多，其间毁誉任意，传闻异词，必有诋触本朝之语。正当及此一番查办，尽行销毁，杜遏邪言，以正人心而厚风俗，断不宜置之不办。”此后，在各地遍贴晓谕，劝令藏书之家呈交“违碍”书籍；官府也派人到各地查访，对各类书籍进行甄别，将查到的禁书送往北京；四库全书馆也从采进本中查寻禁书。这些禁书由弘历过目批准后，在武英殿前投炉烧毁。

所谓“悖逆”和“违碍”书籍，开始时是指明末清初史书中对于清代不利的一些记载，如清人入关后，对前世为明代臣仆，受过明代册封等都不愿提起，甚至禁止称入关前为“建州卫”“女真”。弘历有意要湮灭这些史迹，同时要禁绝明末清初一些进步思想家、文学家，如李贽、顾炎武、黄宗羲等人著作中的民族意识和进步思想。以后查缴禁书的范围有所扩大，从明代著作上溯到宋、元。凡宋人著作中言及辽、金、元，明人著作中言及元，其“议论偏谬尤甚者”也在查禁之列。后来稍稍放宽，有的著作只要“改易违碍字句”，可以毋庸销毁。如南宋初有一部书《攻媿集》，其中不少碑传、墓志铭于修《四库全书》时被改动。涂改最多的是有关妇女部分。宋初沿袭唐风，女子可以改嫁，夫妻可以离异。程朱以后讲理学，重名节，主张女人守节，从一而终。清代更发展到顶点，康熙以后，朝廷每年都要大力旌表夫死殉节、未婚守志之类的节妇，给银建坊，视为常例。修《四库全书》时，便删削了《攻媿集》中反映女人不守节的部分，都改成从一而终。其办法是两个丈夫中谁的官位高就算谁的夫人，别的丈夫涂去不记，实在荒唐得很。还有如“胡虏夷鞑”等字样，皆被改易。乾隆四十三年（1778年）十一月，正式颁布了四库全书馆拟定的《查办违碍书籍条款》，以后还陆续颁发一些补充规定。在查缴禁书中，有二十多人的著述被焚毁，其中有吕留良、屈大均、金堡、戴名世、尹嘉铨、王锡侯以及钱谦益等。不但把这些书烧了，还要追查印书的版片。弘历共下令烧毁了多少书，当时没有精确统计，后世有人据《禁书总目》《办理四库全书档案》等史料考察，销毁书籍达三千余种，六七万部以上。这是弘历打着“文治光昭”的旗号干的坏事和蠢事。

弘历除了焚毁和删改大批书籍外，还大兴文字狱，对不利于清王朝统治的思想言行进行严厉钳制和残酷镇压。

文字狱自古以来就是统治者借挑剔文字的过错而兴起的大狱。清代自顺治初就有，经康熙、雍正两朝，到乾隆时期更为苛细频繁，案件比前两朝合计增加了四倍以上。其株连的广泛，惩治的严酷，都大大超过前两朝。反映了弘历对汉族地主官绅的猜忌，和他为了维护至高无上的封建专制皇权而使用的残忍手段。

乾隆朝的文字狱，除了少数几起是追查清初文人著作中流露的反满思想外，大部分是望文生义、捕风捉影，任意罗织罪状，滥杀无辜。如乾隆二十年（1755年）内阁学士胡中藻的《坚磨生诗钞》内有“一把心肠论浊清”之句，其所拟的试题为《乾三爻不像龙说》，弘历横加指摘说：“加浊字于国号之上，是何肺腑？”并认为试题是讥讽皇上，将胡中藻处斩；胡的座师鄂尔泰已故，命撤出贤良祠；鄂尔泰的侄子鄂昌（蒙古族）因和胡中藻交往，以比昵标榜问罪，后来又因他的《塞上吟》诗中，称蒙古为胡儿，说他“忘本自诋”，令其自尽。乾隆四十三年（1778年），浙江举人徐述夔《一柱楼诗集》内有“明朝期振翮，一举去清都”，还有咏正德杯诗“大明天子重相见，且把壶儿（谐音胡儿）搁半边”，弘历认为他有反清复明之心，徐述夔已故，照大逆罪戮尸；前礼部尚书沈德潜是弘历宠信的文学侍从，因给《一柱楼诗集》作序，沈德潜已故不予深究，仅撤销谥号，并将御赐碑文销毁。曾任大理寺卿的尹嘉铨，向弘历上疏为他父亲尹会一请谥，弘历批驳不准，认为赐给谥号是皇帝的权力，不能由臣下主动要求，同时告诫他家居要“安分”；尹嘉铨又上疏请将他父亲和本朝名臣汤斌、范文程、李光地、顾八代、张伯行等一起从祀文庙，这一下触怒了弘历，认为是“大肆狂吠，不可恕矣”，命锁拿解交刑部审讯。在抄尹嘉铨的家时，详细搜查他所著书籍，发现其著作中有“为帝者师”之句，弘历生拉硬扯，竟然认为尹嘉铨是“俨然以师傅自居”，又指责说：“无论君臣大义不应如此妄语，即以学问而论，内外臣工各有公论，尹嘉铨能为朕师傅否？”尹嘉铨年过七十，自称“古稀老人”，源出于杜甫的诗“人生七十古来稀”，没想到弘历自称“古稀天子”，这又构成触犯御名、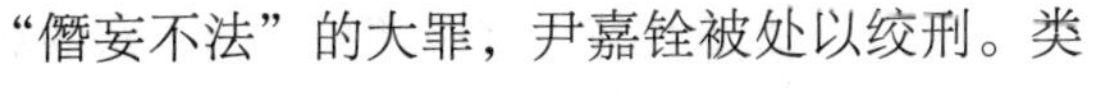“僭妄不法”的大罪，尹嘉铨被处以绞刑。类似的冤狱几乎遍于全国。清代诗人王撰有《闻雁有感》一诗：“数声哀怨半天闻，无限离愁寄白云。矰缴每从文字起，书空咄咄却忧君。”龚自珍也有诗：“避席畏闻文字狱，著书都为稻粱谋”，都是文字狱残酷迫害知识分子的生动写照。

↑ 沈德潜像

文字狱是封建专制统治空前强化的产物。其根本目的是要在思想文化领域树立皇帝至高无上、生杀予夺的绝对权威，维护满洲贵族统治的核心地位。它和笼络羁縻汉族知识分子是“刚柔相济，宽猛并用”的两手政策，起着禁锢思想、钳制言论、摧残人才的恶劣作用，其后果是很严重的，造成政治上和学术上沉寂窒息的局面。读书人不敢议论时政，不愿意探讨与现实关系密切的义理经济，而是把时间和精力用在古代典籍的整理上，寻章摘句，爬来梳去，以逃避现实。弘历统治后期，各地人民纷纷起义，使他的注意力转移，顾不上在文字上吹毛求疵，才不得不放松文网，文字狱逐渐减少。

“十全武功”与统一多民族国家的巩固和发展

弘历自称文治武功为古今第一人。在“武功”方面，乾隆时期也号称极盛，先后有两次平定准噶尔之役，回疆之役，大、小金川之役，镇压林爽文领导的台湾人民起义，两次廓尔喀之役，缅甸之役，安南之役。弘历对这些战役都非常重视，亲自遴选将帅，批答奏章，每克一敌下一城，都要举行盛大仪式，祭告宗庙，大赏有功将士；又在紫禁城建紫光阁，将一些战役中有功之臣绘像于其上，赋诗立传，极尽渲染之能事。这十次战役，对国内边疆少数民族的战争取得了胜利，对外战争也以邻国请和而结束。弘历因此志骄意满，夸耀为“十全武功”，晚年自号“十全老人”。在承德兴建规模宏大的普乐寺、普宁寺、安远庙、普陀宗乘之庙等建筑，以纪念这些历史性事件，并为自己记功。

因为这些战役的起因和性质不同，如何评价，是一个复杂的问题，需要进行具体分析。有的战役是正义的，对统一多民族国家起了积极的作用；有的战役并不是正义的。例如，平定准噶尔部封建割据势力的战争，对于维护国家统一，巩固西北国防有着极为重大的意义。回疆之役，在天山南路平定大、小和卓的叛乱，统一天山南北地区，又设置伊犁将军作为新疆地区的最高军政长官，对加强新疆地区与清朝中央政府的关系，巩固边防，起了积极的作用，维护了国家的统一和领土完整。大、小金川之役，是清军和大、小金川地区藏族土司之间进行的战争，史学界目前虽然众说不一，褒贬互异，但大、小金川之役以后，少数民族与汉族在经济、文化上的联系增多了，加速了少数民族地区经济、文化的发展。镇压林爽文之役，是镇压台湾农民起义，是反动的。廓尔喀之役的起因：乾隆四十五年（1780年），六世班禅到承德觐见，庆贺弘历七十寿辰。不久六世班禅患天花死于北京西黄寺，弘历赏赐他的金银珠宝被他的兄弟仲巴呼图克图所侵占，他的另一兄弟沙玛尔巴未能分得这笔财富，极为不满，逃往尼泊尔，唆使和带领廓尔喀侵略军，深入到日喀则，占领扎什伦布寺，到处烧杀掠夺。弘历派福康安率兵入藏，迎击入侵之敌。清军所到之处，受到达赖喇嘛和藏族人民的欢迎。清军很快将廓尔喀侵略军逐出西藏，廓尔喀统治者向清廷表示：愿退回在扎什伦布寺所劫掠的财物，承允今后永不侵犯西藏。清军撤回。此后，清廷大力整顿和改革西藏的政治与宗教制度。乾隆五十七年（1792年），福康安会同八世达赖、七世班禅会商颁布了《钦定西藏章程》。《钦定西藏章程》中规定，提高驻藏大臣的权力，以防止西藏贵族独揽藏政，分裂割据。又规定达赖、班禅和各地黄教“呼图克图”的转世，必须在驻藏大臣监视下，用金瓶抽签来决定，即所谓“金瓶掣签”（金奔巴）制度。通过这些措施，加强了清廷对西藏地区的管辖，因此，反击廓尔喀入侵事件的历史作用是应当充分予以肯定的。至于出兵国外，用大国的武力威胁邻国，如缅甸之役、安南之役，是非正义性的。这些战争的军费开支很大，一些高级将领在军中奢侈无度，靡费极多，大、小金川之役军费达七千余万两，有的战役目前还不清楚具体数字。沉重的军费负担和战争中对无辜群众的杀戮，都给各族人民造成灾难。

↑ 敕封第七辈班禅额尔德尼金册

清代康熙、雍正、乾隆三朝，最突出的成就是奠定了中国这样一个版图辽阔的多民族统一国家的基础。弘历完成了对新疆、西藏行政体制的改革，加强了对这些地区的管辖，使我国的版图最后稳定下来。这时的疆域，东北至外兴安岭、乌第河和库页岛，北达恰克图，西北到巴尔喀什湖和葱岭，南及南沙群岛、西沙群岛，东括台湾及其附属岛屿钓鱼岛。在这个境域之内，除顺天府和盛京外，还划有直隶（河北）、山东、山西、河南、陕西、甘肃、四川、湖北，湖南、广东、广西、福建、江西、安徽、浙江、江苏、云南、贵州十八个行省，以及内蒙古、青海蒙古、喀尔喀蒙古、唐努乌梁海、新疆、西藏等几个边境特区。国土的辽阔和国势的强大，边疆地区对清廷中央政府向心力的日益加强，国内各民族人民经济、文化的联系，都是以往任何朝代所不能比拟的。这是清王朝超过历代封建王朝取得的历史业绩。这一业绩当然不能完全归功于弘历。清代的大统一是中国历史长期发展的必然结果，但弘历个人的作用也是不能抹杀的。

骄奢淫逸　财用耗竭

弘历秉政时，清朝的统治达到鼎盛阶段，经济已经恢复并有较大的发展。到乾隆中期，全国耕地面积已超过明末耕地的最高数字，达六百余万顷，比顺治末年增加了三分之一左右。已拥有两亿多人口。随着商业的发展，城市也日趋繁荣。社会财富大量积累起来，统治阶级追求享乐之风也日盛一日。皇帝居于封建统治的最高层，饮食服御，尽情挥霍，骄奢淫逸，达到惊人的程度。

弘历仿效玄烨六次南巡，所到之处，大肆铺张，修行宫，搭彩棚，办酒筵，靡费特甚。自北京至杭州，往返近六千里，途中建行宫三十处；每隔二三十里设尖营。巡幸的队伍沿运河南行，船只千余艘，舳舻相接，旌旗蔽空。随行的有后妃、王公、亲贵、文武百官以及担任警卫扈从的大批士兵。帝后妃嫔乘坐的御舟，用纤夫三千六百名，分六班轮流拉纤。搬运帐篷、衣物、器具，动用马六千匹，骡马车四百辆，骆驼八百只，征调夫役近万人。不仅地方官要进献山珍海味、土产方物，还要从全国各地运来许多食品，连饮水都是从北京、济南、镇江等地远道运去的著名的泉水。每逢皇室的喜庆盛典，更是穷奢极欲。如乾隆十六年（1751年）皇太后六十寿辰，二十六年（1761年）皇太后七十寿辰，在京的文武百官和各地大僚、富商，极力搜求贡品，网罗能工巧匠，制办各种奇异珍玩器物。庆祝活动瑰丽无比，自紫禁城的西华门至清漪园（今颐和园），一路张灯结彩，两旁遍设戏台，陈列各种贡品。生日前后，内廷每日恭进寿礼九种，每种九件，凡金玉珠宝、犀角象牙、玛瑙翡翠、佛像佛经、冠服簪珥、珍贵裘衣、工艺陈设，无一不是工巧精致的旷世稀珍。弘历晚年还两次举行“千叟宴”，据礼亲王昭梿在《啸亭杂录》中记载，赴宴者一次是三千九百余人，一次是五千九百余人。弘历喜爱摆排场，显示皇家的煊赫豪富，于此可见。

↑ 《乾隆南巡图》中的观戏场景

弘历还大兴土木，修建了不少宫殿、园林和寺庙。为皇太后六十岁生日修建的清漪园（颐和园前身），工程历时十五年，耗银近四百五十万两。雍正时开始扩建圆明园，弘历又花费大量人力物力增修扩充，许多景观是仿照江南园林修建的。近代学者、文学家王闿运所作长诗《圆明园》有“谁道江南风景佳，移天缩地在君怀”之句，描绘了圆明园当年的秀美壮观。承德避暑山庄和周围宏伟的寺庙群（外八庙），大部分也是乾隆时期修建的。仅须弥福寿之庙和普陀宗乘之庙的鎏金铜瓦就用去黄金三万两。弘历后来也感到南巡和营建过于耗费民力，他说：“朕临御四十余年，凡京师坛庙、宫殿、城廓、河渠、苑囿、衙署，莫不修整。皆物给价，工给值。然究以频兴工作，引为已过。”尽管承认靡费太大，但他晚年仍复如此。

皇帝过着锦衣玉食般的豪华生活，影响整个社会风气由俭入奢。满洲亲贵，汉族官僚，大地主、大商人，无不挥金如土，竞相奢靡。封建社会的盛世，必然蕴藏着走向衰落的危象。骄奢淫逸之风正是社会衰败和动荡的反映。弘历即位初期，国库丰盈，储存常达七八千万两。弘历南巡和营建，连年用兵，耗费极大，使国家财力日绌，到他退位的时候，已经是国库空虚，财用耗竭了。

盛极转衰　遍地烽烟

乾隆三十九年（1774年）八月，山东省寿张县爆发了白莲教支派清水教领袖王伦领导的农民起义。这对于正处在鼎盛阶段的清朝统治者来说，是“日之将夕，悲风骤至”的严重讯号。

这次起义酝酿已久，王伦揭竿而起后，几天之内就骤集义军两千余人，攻入寿张县城，杀死知县沈齐义，乘胜攻打阳谷、堂邑。义军“攻城只杀官劫库，不杀百姓”。在击败清军兖州总兵惟一和山东巡抚徐绩的围剿后，义军北上直逼临清。临清位于山东西北部大运河畔，是南北水路交通的枢纽，控扼漕运的要地，每年东南数省有数百万石粮食由运河北运，万一阻塞，将关系清王朝的安危。义军攻占了临清旧城后，清军躲在临清州城待援。弘历这时正在承德避暑山庄，闻讯后，立派大学士舒赫德、额驸那旺多尔济、左都御史阿思哈率健锐、火器二营禁卫军千余人前往镇压。在清军兵力占绝对优势的情况下，义军失败。王伦举火自焚，壮烈牺牲。

这次起义规模不大，为时短暂，只持续了一个多月，但给予清朝统治者一次很大的震动。因为它是明末农民大起义以后，清朝承平一百多年所未有的，也是以后一系列武装起义的序幕。以此为开端，乾隆四十六年（1781年）在甘肃循化（今属青海）爆发了由苏四十三领导的撒拉族人民起义。四十七年（1782年）爆发了田五领导的回民起义。五十一年（1786年）在台湾爆发了林爽文领导的汉族、高山族农民的大规模起义。五十九年（1794年）爆发贵州、湖南苗民起义，这次起义前后达十二年之久，是清朝苗民规模最大的反抗。嘉庆元年（1796年），弘历名义上已退居太上皇，实际上仍掌握军政大权，这时，川楚白莲教大起义爆发，人数达四五十万人，遍及川、楚、陕、甘、豫五省。“渔阳鼙鼓动地来”，惊破了弘历“太平天子”的美梦。他当然不会甘心，便决心要扑灭这遍地烽烟，在他生命垂危的时刻，还拉着嘉庆帝颙琰的手，“频望西南，似有遗憾”，把“剿贼”的重任托付给新皇帝。无奈“盛世”的繁荣已经一去不复返，从此清王朝一步一步地走向“衰世”。

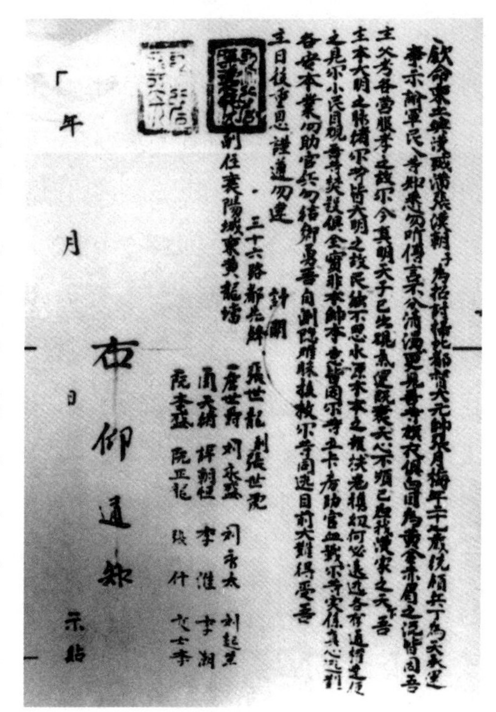

↑ 白莲教起义军发布的告示

弘历在位六十年，他勤于政事，大权独揽，标榜自己“宵旰勤劳，无间寒暑”，实际上晚年有些倦勤。他对汉族文化有较深的素养，自称对喇嘛教经典颇有研究，并懂得蒙文、藏文、维吾尔文等多种民族文字，能在召见各少数民族王公贵族时“弗藉舌人通译语”。他精于骑射，每年都要到木兰围场走马行围，经常告诫子孙毋忘满洲贵族重视骑射的“家风”。他自己到七十八岁时才在阅兵中改乘“轻舆”，不再骑马射箭。他即位时曾焚香告天：“若蒙昊苍垂佑，得在位六十年，即当传位嗣子，不敢上同圣祖康熙纪元六十一年之数。”他遵照雍正帝胤禛密建储位之法，初以次子永琏为皇位继承人，书名密置于乾清宫，两年后，永琏病殇；以后又想使七子永琮继位，永琮也早逝。乾隆三十八年（1773年）他决定以皇十五子颙琰为嗣子，因为两次建储遭到挫折，这次特地郑重其事地祭告上苍，并祭告盛京祖陵。乾隆六十年（1795年），弘历已经八十五岁了，他下诏谕正式册立皇十五子、嘉亲王颙琰为皇太子，于次年正月初一举行传位仪式。届时，弘历御太和殿宝座，亲自将宝玺授予嗣皇帝，颁发传位诏书，改元嘉庆，自己退为太上皇。这时嘉庆帝颙琰已经三十七岁了，弘历仍紧紧抓住军国大事和用人行政大权，躬亲处理，嗣皇帝只能“朝夕敬聆训谕”。

弘历当了三年太上皇，嘉庆四年（1799年）正月初三日辰刻病卒于养心殿，终年八十九岁，谥曰纯皇帝，庙号高宗。同年九月葬于河北遵化马兰峪裕陵。他曾册立过三位皇后，有妃、嫔、贵人等四十多人，子十七人，女十人。

左步青

中国大百科全书出版社编审，专攻清史，发表《乾隆初政》《乾隆南巡》等学术论文几十篇；主编《清代皇帝传略》《爱新觉罗家族统治268年》；选编《康雍乾三帝评议》等。